21 世纪高校管理类、经济类核心课程教学用书

人力资源管理实务

（第 3 版第 2 次修订本）

主　编　暴丽艳　徐光华

副主编　郝　丽　罗俊峰　吕　佳

清 华 大 学 出 版 社

北京交通大学出版社

·北京·

内 容 简 介

本书主要介绍了现代企业人力资源管理的基本原理、最新的理论和各流程的实务知识，其中涵盖了人力资源管理基础知识、人力资源规划、职务分析、招募与甄选、培训与职业生涯管理、绩效管理、薪酬管理、劳动关系管理及跨文化人力资源管理等具体内容。

本书体系结构合理，编排条理清晰，文字通俗易懂，内容详略得当，特别突出其实用性。为便于教学，每章均以"引言"开头，据此引出本章的主题内容，并给出本章学习目标；在每章的最后，给出本章小结、习题及与本章内容相关的案例分析题。

本书既可作为高等学校管理类专业"人力资源管理"课程的教材，也可供企事业单位及行政机关中的人力资源管理人员学习使用。

图书在版编目（CIP）数据

人力资源管理实务/暴丽艳，徐光华主编. —3 版. —北京：北京交通大学出版社；清华大学出版社，2016.7（2021.8 修订）

　　ISBN 978-7-5121-2880-4

　　Ⅰ. ① 人…　Ⅱ. ① 暴…　② 徐…　Ⅲ. ① 人力资源管理　Ⅳ. ① F241

中国版本图书馆 CIP 数据核字（2016）第 155537 号

人力资源管理实务

RENLI ZIYUAN GUANLI SHIWU

责任编辑：陈建峰

出版发行：清 华 大 学 出 版 社　　邮编：100084　　电话：010-62776969
　　　　　北京交通大学出版社　　邮编：100044　　电话：010-51686414
印　刷　者：北京时代华都印刷有限公司
经　　　销：全国新华书店
开　　本：185 mm×260 mm　　印张：21.25　　字数：530 千字
版　　次：2016 年 7 月第 3 版　　2018 年 6 月第 1 次修订　　2021 年 8 月第 3 次印刷
书　　号：ISBN 978-7-5121-2880-4/F·1621
印　　数：4 001～5 000 册　　定价：59.00 元

前　言
第3版

　　随着我国资源环境约束日益强化，要素的规模驱动力逐步减弱，传统的高投入、高消耗、粗放式发展方式难以为继；经济发展进入新常态，需要从要素驱动、投资驱动转向创新驱动，因此人力资源的作用更加凸显。与此同时，互联网经济开始发力，企业发展需要基于互联网思维，人力资源管理进入了"量化"和"质化"并重的新时代；人力资源管理的相关理论研究和社会实践也发生了很大的变化，许多新理论、新实践层出不穷。如何最大限度发挥人力资源的积极性、主动性和创造性，如何使企业人力资源管理对企业发展战略强力支持等问题的解决，亟须与时俱进、科学的人力资源管理理论作为指导和支撑。《人力资源管理实务》（第3版）正是基于这样的背景修订再版的。

　　本书是在2010年8月第2版的基础上，秉承"传承人力资源管理理论，聚焦人力资源管理实践，关注热点、难点，寻求解决之道"的理念，以"人力资源管理各大模块及其之间的相互关系"为主题，根据国家最新出台的与人力资源管理有关的政策、法律法规，充分吸收和体现我国人力资源管理的理论研究和社会实践过程中产生的新理论和新实践内容编写而成。全书围绕当前企业管理实践中的人力资源管理问题，从理论和实践相结合的角度构建了企业人力资源管理的基本框架，力求做到"准""新""实"。所谓"准"，就是准确地阐述理论、概念和实务；所谓"新"，就是结合经济发展新常态和"互联网＋"浪潮汹涌来袭的新背景，根据不断完善的与人力资源管理相关的法律法规，把本学科的最新发展动态和最新研究成果呈现在读者面前；所谓"实"，就是学以致用，特别是联系中国企业人力资源管理的实践，结合企业人力资源管理师国家职业资格考试大纲的内容，注重人力资源管理岗位技能培养，开拓读者的人力资源管理视野，创新人力资源管理模式。

　　本书保留了第2版教材的整体框架和结构体例，以及第2版教材中的特色案例和习题。全书从结构上分为3部分：第1部分为第1章，主要介绍人力资源管理的基础理论知识、基本概念；第2部分包括第2～8章，主要介绍人力资源管理的基本职能和管理过程；第3部分为最后一章，主要介绍跨国企业的跨文化人力资源管理。

　　与第2版相比，第3版主要有以下特点。

　　（1）突出技能训练。本书力求打破以"人力资源开发与管理知识传授"为主要特征的传统教材模式，转变为以"人力资源开发与管理工作任务"为中心、结合企业人力资源管理师国家职业资格考试大纲的要求设计教材内容，重点突出对人力资源管理技能的训练；理论知识的选取紧紧围绕人力资源管理工作任务完成的需要来进行。

　　（2）注重与基础课程的衔接性。教材内容设计注重与基础课程的衔接性，避免知识的交叉重复，从而降低学习者的学习时间成本，提高教学效率和学习者的学习质量。

（3）案例与时俱进。编写者参考了大量的相关书籍和期刊，对一些案例进行了调整，增加了一些最新的案例，使教材内容更为丰富，案例更加与时俱进。

（4）习题更具针对性。本次修订了大量习题，便于读者掌握所学的最新知识。习题更加注重提高学生运用理论知识分析和解决组织最新人力资源管理实践问题的能力。

本书由暴丽艳、徐光华担任主编，郝丽、罗俊峰、吕佳担任副主编。各章节内容的编写分工如下：徐光华负责编写第1章，暴丽艳负责编写第2、3、4章，郝丽负责编写第5章，吕佳、罗俊峰负责编写第6章，罗俊峰、吕佳负责编写第7章，罗俊峰负责编写第8章，吕佳、郝丽负责编写第9章。博士生导师陈万明教授审阅了编写大纲，全书最后由暴丽艳、徐光华总纂定稿。

在修订过程中，我们得到了相关院校领导和同仁的大力支持，并且参考了大量的资料，在此谨向有关作者、译者及所有对本书修订工作给予支持和关心的人们表示衷心的感谢！同时也希望各位专家、同仁和读者朋友能够一如既往地提出建设性建议，支持人力资源管理的教材建设工作，共同推动我国人力资源管理水平不断提高。

编　　者
2016 年 6 月

前言
第2版

当今世界，随着知识经济的兴起和信息技术的日新月异，以经济、科技为重点的新一轮国际竞争日趋激烈。在科学技术越来越成为第一生产力的今天，无论是国家之间还是企业与社会组织之间的竞争，其实质和核心都是人才的竞争。谁拥有高素质的人才，谁就有了对未来经济和社会发展的主导权，谁就能够屹立于市场的制高点。因此，重视人才、加强人力资源管理已成为企业和各种社会组织管理者的共同理念。

人力资源管理与传统的人事管理相比，不仅是字面上的不同，而且其内涵也发生了本质上的变化。人力资源管理更加强调以人为本，更加突出人力资源开发，更加重视人力资本的价值，更加自觉地从战略层面思考人的管理问题。人力资源管理作为一门崭新的学科，脱离了传统人事管理对政策依附和解读的桎梏，已经上升为管理类专业学生的专业核心课程，也日益成为企业和各种社会组织培训教育的必选科目。

基于以上考虑，根据教育部关于高等院校应用型人才培养目标的指导思想，我们于2005年8月编写了《人力资源管理实务》一书。然而，随着时间的推移，人力资源管理的理论研究和社会实践也发生了很大的变化，许多新理论、新实践层出不穷，不断丰富和完善着人力资源管理的学科内容。使用单位在肯定本书的同时，也迫切希望通过再版增加和充实新的内容。鉴于此，根据各方面的意见和建议，我们对《人力资源管理实务》第1版进行了修订。在修订中，既保持了原版教材的理论性、系统性，又充分吸收和体现了我国2008年1月1日开始实施的《中华人民共和国劳动合同法》《中华人民共和国就业促进法》《职工带薪年休假条例》，2008年5月1日开始实施的《中华人民共和国劳动争议调解仲裁法》，2008年9月18日开始实施的《中华人民共和国劳动合同法实施条例》"三法两条例"的最新内容，纳入了国内外人力资源管理的新思想、新技术、新方法，进一步做到了继承与创新、理论与实务、形式与内容的有机统一，是一部集思想性、理论性、系统性、实用性、操作性为一体的人力资源管理教材。本书既可作为高等学校管理类专业"人力资源管理"课程的教材，也可供企事业单位及行政机关中的人力资源管理人员学习使用。

本书保留了第1版教材的整体框架和结构体例，以及第1版教材中的特色案例和习题。全书从结构上分为3部分：第1部分为第1章，主要介绍人力资源管理的基础理论知识、基本概念；第2部分包括第2～8章，主要介绍人力资源管理的基本职能和管理过程；第3部分为最后一章，主要介绍跨国企业的跨文化人力资源管理。

与第1版相比，第2版主要做了以下一些调整和改进。

（1）对第1版教材中内容不恰当的地方进行了勘误和修正，使内容更为严谨、科学。

I

（2）对部分章节的内容和结构进行了较大的改动，如第 6 章、第 7 章，不仅对章节重新进行了命名，而且还对内容进行了增减，并对结构进行了重新安排，使体系更加新颖，内容更加贴近实际。

（3）编写者参考了大量的相关书籍和期刊，对一些案例进行了调整，增加了一些最新的案例，使教材内容更为丰富，案例更加与时俱进。

（4）将有关劳动关系管理的内容从第 7 章分离出来，作为单独的一章，从劳动关系概述、企业劳动关系管理、工会、劳动争议处理四个方面重点分析"三法两条例"背景下的劳动关系管理。

（5）修订了部分习题，便于读者掌握所学的最新知识。

本书由暴丽艳、徐光华担任主编。各章节内容的编写分工如下：徐光华负责编写第 1 章，暴丽艳负责编写第 2、3、4 章，郝丽、张晔林负责编写第 5 章，张晔林、罗俊峰负责编写第 6 章，罗俊峰、吕佳负责编写第 7 章，罗俊峰负责编写第 8 章，吕佳、郝丽负责编写第 9 章。博士生导师陈万明教授审阅了编写大纲，全书最后由暴丽艳、徐光华总纂定稿。

在修订过程中，我们得到了相关院校领导和同事的大力支持，并且参考了大量的资料，在此谨向有关作者、译者及所有对本书修订工作给予支持和关心的人们表示衷心的感谢！

通过本次修订，我们希望本书能更加贴近实际，更加适应应用型人才培养和教学工作的需要。虽然修订中编者反复斟酌、大量借鉴人力资源管理方面的相关文献、案例和相关著作，选用了有关报刊和互联网的资料，但由于知识和实践经验有限，书中错误和疏漏在所难免，诚恳地希望广大读者提出宝贵的意见和建议，以便我们更好地修订和改进。

编　者
2010 年 8 月

前 言

第1版

当比尔·盖茨谈及微软在企业管理中的问题时，他说："微软所要面对的最大挑战，就是继续快速地发掘和雇佣最优秀的人才。"的确，人力资源管理已成为现代企业管理的核心内容之一。同时，人力资源已成为经济和社会发展的稀缺资源、企业和国家的第一资源。人力资源管理的成败将决定企业在激烈的市场竞争中能否健康运行、能否持续发展，甚至关系到企业的生死存亡。

进入21世纪以来，随着经济全球化步伐的急剧提速，科学技术、社会经济变革的日新月异，企业对人力资源的依赖和渴求达到了前所未有的程度，同时也对企业人力资源管理提出了更高、更新和更前瞻的要求。作为人力资源管理的研究工作者，我们理应责无旁贷地担负起探寻符合中国企业实际的现代人力资源管理理论和方法，为中国人力资源的高等教育尽绵薄之力，这也是我们编写本书的初衷。

参加本书编写工作的有徐光华、暴丽艳、赵蕾和张晔林。其中第1章由徐光华撰写，第2、3、4章由暴丽艳撰写，第5、6、7章由张晔林撰写，第8、9章由赵蕾撰写。博士生导师陈万明教授审阅了编写大纲，全书最后由徐光华、暴丽艳总纂定稿。

由于人力资源管理理论和方法仍处在不断发展的过程中，加之我们仓促走笔，书中缺点乃至错误恐难避免，恳请大家不吝指正，以使本书渐臻完善。

编 著 者
2005 年 8 月于南京

目　录

I

第1章

总　　论

> 盘活企业，首先盘活人。如果每个人的潜能发挥出来，每个人都是一个太平洋，都是一座喜马拉雅山，要多大有多大，要多深有多深，要多高有多高。

> ——张瑞敏

 学习目标

1. 明确人力资源和人力资本的概念及两者的联系与区别。
2. 理解人力资源管理的概念和人力资源管理的理论基础。
3. 掌握人力资源管理的主要内容。
4. 了解人力资源管理的产生与发展。
5. 掌握现代企业人力资源管理者应扮演的角色。
6. 熟悉战略人力资源管理及其内容。

 **引　言**

阿里巴巴：造就万名千万富翁的 HR 管理

阿里巴巴作为第一家中国公司登陆纽交所，并创下美股史上最大规模 IPO（首次公开发行上市）的纪录，这注定被国人视为"走向世界"的骄傲、被世界视为"中国崛起"的信号，向世界讲述了一个中国故事。阿里巴巴的 HR 所面临的最大挑战是：在如此快速成长而多变的业务形态下，要能够兜得住底，稳住整个团队的同时还要引进人才。

目前阿里巴巴正在进行的 HR 组织变革将管理重心更多地转移到与业务结合紧密的员工个性化管理上来。通过建立薪酬服务中心，以及更全面覆盖招聘、入离职、报销等标准化公共服务的 HR 运营中心，原本分散在各人力资源业务伙伴的事务性工作将会被集中起来统一管理。而从中被解放出来的 HR，则能将更多的精力投入到与业务紧密相关的人才盘点、绩效评估、组织文化建设等事务上。

招聘：以诚信为最优先考虑因素

在阿里巴巴，价值观是决定一切的准绳。招聘形式有很多，但无论哪种形式，诚信都是第一考量的因素。(1) 选人，诚信为先。对于阿里巴巴来说，其招聘人才的首要要求就是诚信。马云认为这是最基本的品质，有就有，没有是很难培养的。（2）重视职业道德。阿里巴巴很看重员工的职业操守，这是阿里巴巴不愿意高薪挖人的一个重要的原因，因为不希望挖过来的员工变成不忠、不孝、不义的人。（3）跳槽多不可靠。马云曾这样说过："我不喜欢跳槽的人，如果一个年轻人的简历上写着前面五年换过八个工作，那么我一定不要他，因为他不知道自己想干什么，尤其跨 N 多的领域，不太会有出息。"

让员工自主学习的培训才有效

阿里巴巴会根据员工的不同偏好，提供三个职业阶梯，使性格不同、对自己未来规划不同的员工都能够满意。比方说，如果你希望平衡生活，按部就班，照顾家庭，不需要有太多挑战、太多压力，你可以选择去做 S 序列；如果你很擅长跟人打交道、跟别人沟通，而并不喜欢对着机器做事情，你可以选择去 M 序列发展。不同类型的员工，选择各不相同，所以员工的发展绝不仅仅是企业一厢情愿的事情，而是企业和个人共同努力的结果。为满足共同需求的培训，才会得到各方面的配合，才能得到认同，才能把"试"转化为"学"。阿里巴巴鼓励内部教学相长的文化，努力培养内部员工的共享精神，希望营造一个要学一定要有行动、有了行动一定要有结果的学习氛围。

以"六脉神剑"考核员工，价值观与业绩各占 50%

阿里巴巴的"六脉神剑"包括：客户第一、团队合作、拥抱变化、诚信、激情、敬业。与一般企业只把口号挂在墙上不同，阿里巴巴的价值观是真真切切地落在实处的，因为在阿里巴巴的考核体系中，个人业绩的打分与价值观的打分各占 50%。也就是说，即使一个业务员拥有很好的业绩，但如果对其价值观的打分不达标，在阿里巴巴依然会面临淘汰。

留住员工的秘诀：双重层面激励员工

如何让员工愿意在阿里巴巴工作？物质层面和精神层面的双重因素同等重要。在物质层面，不能让员工每个月拿 500 元还很高兴。阿里巴巴每年都请专业公司调查行业薪资，根据这个来确保公司的薪酬是有竞争力的。做到这些，还只能是留住员工，而不能激励员工、让员工向上走。员工能否得到激励主要在于：他的工作能不能得到认可，他的工作能否推动公司的发展。阿里巴巴经常给员工讲一个故事：三个人在那里砌房子，当你问他们在做什么时，第一个人说他在砌砖头，第二个人说他在垒墙，而第三个人说他在建造世界上最美的教堂，每天钟声会响起。阿里巴巴希望所有的员工都能像第三个人一样，每天都有进步，同时公司也在成长，这是多少钱都买不到的。

另外，阿里巴巴要求管理者不断地赞美员工的进步；没有人愿意生活在失败当中，这样他就觉得没意思了，所以要认可他的每个进步。当然，合适的批评也同样可以起到积极作用。有一些管理者认为批评员工不好，实际上你为他好才是真的好，让他知道自己在哪方面有哪些不足需加以改正，同样会使其对工作、生活充满希望。

在阿里巴巴，任何资历、背景都不重要，只要你具有相应职位所要求的能力就会得到提拔。

——资料来源：阿里巴巴：造就万名千万富翁的 HR 管理［EB/OL］．（2014-09-24）
［2015-12-01］．http：//www.chinahrd.net/article/2014/09-24/200053-
1.html.

从以上案例可以看出，阿里巴巴的成功离不开其特有的一套人力资源管理措施，它将人才管理体系化并形成制度，这种用人方式使其在与对手的较量中赢得了竞争优势。这说明人力资源将成为企业战略性资源，企业的人力资源管理工作也越来越重要。

1.1 人力资源管理概述

企业人力资源管理的对象是企业所拥有的人力资源。因此，要研究人力资源管理，首先必须对人力资源进行明确的界定。

1.1.1 人力资源的概念

经济学把可以投入到生产中创造财富的生产条件通称为资源。世界上的资源可分为若干种类，如物力资源、财力资源、信息资源、时间资源、技术资源、人力资源等。在所有的资源中，人力资源是第一资源，它是指全部人口中具有劳动能力的人。

彼得·德鲁克（Peter Drucker）1954 年在其《管理的实践》一书中引入了"人力资源"这一概念。他指出：人力资源和其他所有资源相比较而言，唯一的区别就在于它是人的资源，并且是经理们必须考虑的具有"特殊资产"的资源。

美国学者伊万·伯格（Ivan Berg）认为，人力资源是人类可用于生产产品或提供各种服务的活力、技能和知识。

内贝尔·埃利斯（Nabil Elias）提出，人力资源是企业内部成员及外部的与企业相关的人，即总经理、雇员、合作伙伴和顾客等可提供潜在合作与服务及有利于企业预期经营活动的人力的总和。

雷西斯·列科（Rensis Lakere）提出，人力资源是企业人力结构的生产和顾客商誉的价值。

国内学者郑绍廉则主要从整个社会经济发展的宏观角度来对人力资源进行界定。他认为：人力资源是指能够推动整个经济和社会发展的、具有智力劳动和体力劳动能力的人们的综合。

我们认为人力资源的概念有狭义与广义之分。狭义的人力资源是指具有劳动能力的劳动适龄人口。广义的人力资源是指劳动适龄人口再加上超过劳动年龄仍有劳动能力的那部分人口。

总之，人力资源是指能够推动整个经济和社会发展的、具有智力劳动和体力劳动能力的人口的总称。在这里，人力资源主要强调人具有劳动能力。因此，它超过了劳动力的范围，即只要具有劳动的能力，即使是潜在的，如未进入法定劳动年龄或超出法定劳动年龄的人们，都属于人力资源。如果考虑到潜在的或未来的人力资源，这个范围还要广泛。因此，可以说，从全部人口中剔除已经丧失劳动能力的人口，其余的都属于人力资源。

宏观意义上的人力资源概念以国家或地区为单位进行划分和计量，微观意义上的人力资源以企事业单位或用人部门等进行划分和计量。

人力资源包括人的智力和体力，在数量上的构成可包括为以下 8 个方面。

（1）处于劳动年龄之内，正在从事社会劳动的人口（我国现行劳动年龄规定：男性为 16 ～ 60 岁，女性为 16 ～ 55 岁）。这部分人口占人力资源的大部分，也叫适龄就业人口。

（2）尚未达到劳动年龄，已经从事社会劳动的人口，即未成年就业人口。

（3）已经超过劳动年龄，继续从事社会劳动的人口，即老年就业人口。

（4）处于劳动年龄之内，具有劳动能力并要求参加社会劳动的人口（我国目前称作求业人口、下岗待业人口，等等）。

（5）处于劳动年龄之内，正在从事学习的人口，即就学人口。

（6）处于劳动年龄之内，正在从事家务劳动的人口。

（7）处于劳动年龄之内，正在军队服役的人口。

（8）处于劳动年龄之内的其他人口。

这8部分人口的关系如图1-1所示。

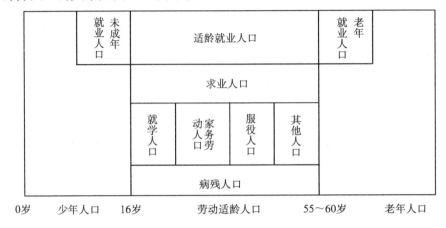

图1-1　人力资源构成图

1.1.2　人力资源的特点

人力资源与物质资源和其他生物资源相比，具有以下一些特点。

（1）生物性。人力资源的载体是人，从而决定了它是有生命的、"活"的资源，这与人的自然生理特征息息相关。

（2）能动性。这是人力资源的一个最重要的特征，是人力资源与其他一切资源最根本的区别。人是有思想、有感情的，具有主观能动性，能够有目的、有意识地进行活动，能够能动地认识自然和改造自然，并能有意识地对所采取的行为、手段及结果进行分析、判断和预测。这种意识不是低级水平的动物意识，而是对自身和外界具有清晰看法、对自身行动做出抉择、调节自身与外部关系的社会意识。人不仅拥有而且也能自主地支配自身的人力资源，以一定的功利性目的为依据，有目的、有意识地控制和选择人力资源的投向，决定或指导其对于专业、职业、工作单位等问题的选择和变动。

（3）时效性。人力资源的形成、开发和利用都要受时间方面的限制。从个体角度来看，作为生物机体的人，有其生命周期，如幼年期、青壮年期、老年期，各个时期的劳动能力各不相同；从社会角度来看，人力资源也有培养期、成长期、成熟期和老化期。这要求我们要研究人力资源运动的内在规律，使人力资源的形成、开发、配置和使用等处于一种动态的平衡之中，从而更好地发挥人力资源的效用。

（4）资本性。人力资源是资本性资源，可以投资并得到回报。但与物质资本的被动性不同，人力资本具有能动性。它是一种活的资本，是劳动者能力和价值的资本化。劳动者有自己的意识、需要、权利和感情，可以能动地进行自我投资、自主择业和主动创业，并且可以自我增值和自我利用。

（5）智力性。人类在劳动中创造了机器和工具，通过开发智力，使器官得到延长、放大，从而使自身的功能大大扩大，而人的智力具有继承性，人的劳动能力随着时间的推移而得以积累、延续和增强。

（6）再生性。资源可以分为可再生资源和不可再生资源两大类。可再生资源，如森林等；不可再生资源，如矿藏等（煤矿、金矿、铁矿、石油等）。人力资源因基于人口的再生产和劳动力的再生产而具有再生性，这决定了人力资源的再生性不同于一般生物资源的再生性——除了遵循一般生物规律之外，还受到人类意识的支配和人类活动的影响。

（7）社会性。从人类社会活动的角度来看，任何人都生活在一定的群体之中：人类的劳动是群体劳动，劳动者一般都处于劳动集体之中，这是人力资源社会性的微观基础。从宏观上来看，人力资源总是与一定的社会环境相联系的。它的形成、开发、配置和使用都离不开社会环境和社会实践，是一种社会活动。从本质上讲，人力资源是一种社会资源，应当归社会所有，而不是归于某一社会经济单位。

1.1.3 人力资源与人力资本

西方发达国家的人力资源开发是以"人力资本"理论为依据的，这一理论体系的历史发展进程显示出，在西方经济现代化进程中，人们对人力资源及其作用的认识在不断深化。

1. 人力资本的含义

人力资本（human capital）是指人们以某种代价获得的、并在劳动力市场上具有一定价格的能力或技能。

当代发展经济学和教育经济学的研究表明，随着教育水平和医疗保健水平的提高，人们的知识水准上升，知识结构合理化，体质不断增强，因此提高了劳动力的质量，使劳动者的工作技能、熟练程度大大改观并带来了生产率的上升。这种对人力资源进行开发性投资所形成的可以带来财富增值的资本形式叫作人力资本。

从人力资本到人力资源是一个智力加工的过程，是人力资本内涵的继承、延伸和深化。现代人力资源理论是以人力资本理论为根据的，人力资本理论是人力资源理论的重点内容和基础；人力资源经济活动及其收益的核算是基于人力资本理论的，两者都是在研究人力作为生产要素在经济增长和经济发展中的重要作用时产生的。因此，人们常将两者相提并论，但两者还是存在一些区别。

2. 人力资本与人力资源的区别

人力资本与人力资源在理论渊源、研究对象、分析目的一致的基础上，在理论视角、分析内容上有一定的区别。这主要表现在以下几个方面。

（1）两者说明问题的角度有一定的区别。人力资本是通过投资形成的存在于人体中的资本形式，强调以某种代价获得的能力或技能的价值，投资的代价可在提高生产力过程中以更大的收益收回；人力资源是经过开发而形成的具有一定体力、智力或技能的生产要素资源形式，强调人力作为生产要素在生产过程中的生产、创造能力，它在生产过程中可以创造产品，创造财富，促进经济发展。

（2）两者所分析问题的内容有所区别。人力资本强调投资付出的代价及其收回，考虑投资的成本带来多少价值，全社会的人力资本投资为社会带来多大收益，研究价值增值的速度和幅度；而人力资源，除了人力资本涉及的内容外，还要分析人力资源形成、开发、使用、配置、管理等多种规律和形式，揭示人力资源在社会经济生活中的作用。

（3）两者的经济学内容不同。人力资本理论揭示由人力投资所形成的资本的再生、增值能力，可进行人力开发的经济分析和人力投入产出研究。从会计学角度看，进行经济核算的意义十分明显。人力资源理论不仅包括了对人力投资效益的分析，而且作为生产要素，其经济学内容更为广泛和丰富。

因此，人力资本与人力资源之间的区别是内容递进性和范围拓展性的区别，人力资源把人力资本研究、分析问题的视角和内涵推向纵深。

1.1.4 人力资源管理

人力资源管理作为企业的一种职能性管理活动的提出，最早源于工业关系和社会学家怀特·巴克（Wight Bakke）于1958年编著出版的《人力资源功能》一书，该书首次将人力资源管理作为管理的普通职能来加以讨论。怀特·巴克主要从以下7个方面来说明为什么人力资源管理职能超出了人事或工业关系经理的工作范围。

（1）人力资源管理职能必须适应一定的标准，即"理解、保持、开发、雇佣或有效地利用及使这些资源成为整个工作的一个整体"。

（2）人力资源管理必须要在任何组织活动开始前加以实施。

（3）人力资源管理职能的目标是使企业所有员工有效地工作和取得最大的发展机会，并利用他们所有与工作相关的技能使工作达到更高的效率。

（4）人力资源管理职能不仅包括和人事劳动相关的薪酬和福利，还包括企业中人们之间的工作关系。

（5）人力资源管理职能和组织中各个层次的人员都息息相关，甚至包括CEO。

（6）人力资源管理职能必须通过组织中负责监督他人的每一个成员来实现，直线管理者在期望、控制和协调等活动方面承担着基本的人力资源管理职能。

（7）人力资源管理的结果所关注的一定是企业和员工根本利益的同时实现。

随着人力资源管理理论和实践的不断发展，当代人力资源管理的各种流派不断产生，同时也使得学者们很难在人力资源管理的概念上达成一致。本书在此将引用人力资源管理学界具有代表性的一些观点来阐释人力资源管理的基本内涵和主要特征。

美国著名的人力资源管理专家雷蒙德·A. 诺伊（Raymond A. Noe）等在其《人力资源管理：赢得竞争优势》一书中提出：人力资源管理是指影响雇员的行为、态度及绩效的各种政策、管理实践及制度。

美国的舒勒等在《管理人力资源》一书中提出：人力资源管理是采用一系列管理活动来保证对人力资源进行有效的管理，其目的是实现个人、社会和企业的利益。

加里·德斯勒（Gary Dessler）在其所著的《人力资源管理》一书中提出：人力资源管理是为了完成管理工作中涉及人或人事方面的任务所需要掌握的各种概念和技术。

迈克·比尔提出：人力资源管理包括影响公司和雇员之间关系的人力资源性质的所有管理决策和行为。

台湾著名人力资源管理专家黄英忠则提出：人力资源管理是将组织所有人力资源做最适当的确保（acquisition）、开发（development）、维持（maintenance）和使用（utilization），以及为此所规划、执行和统制的过程。

国内著名学者赵曙明则将人力资源管理界定为：对人力这一特殊的资源进行有效的开发、合理的利用与科学的管理。

综合国内外学者对人力资源管理概念界定的各种不同观点，我们认为：人力资源管理是依据组织和个人发展的需要，建立高效的机制和合理的流程，采用先进的技术和科学的方法，对组织中的人力这一特殊资源进行有效开发、合理利用与科学管理的过程。

1.2 人力资源管理的内容与角色定位

1.2.1 人力资源管理的产生与发展

目前我国人力资源管理仍处于起步阶段。一般认为，至今为止世界人力资源管理经历了以下 3 个发展阶段。

（1）第一个阶段，我们叫作"档案管理"阶段。它代表了 20 世纪 60 年代中期人力资源管理的状况，也反映出那时对雇员关心重视的程度。

"人事"在那个时候已具有特殊的使命了，比如新工人录用、职前教育、人事档案管理（出生日、参加工作时间、受教育程度等的记载）、公司郊游计划及备忘录的周转等。人事在这一阶段似乎"不过是那些不得要领的事情比不相干的事干得要多一些罢了"。

（2）人力资源管理的第二阶段，是继美国 1964 年《民权法》通过之后开始的，即被称为"政府职责"的阶段。在这一阶段，《种族歧视法》《退休法》《保健与安全法》等各种相关法规对就业的各个方面都产生了影响，进而加速了要把人力资源管理的职能提到政府议事日程上来这一发展进程。许许多多的集体诉讼和胜诉所产生的大量经济后果都反映了错误的人事管理所付出的代价。所以，在 1973 年，美国电话电报公司在与联邦政府达成的一项协议中同意，将晋升到管理职位上的女雇员的起点工资与晋升到同样职位上的男雇员的工资拉平。仅此一项就花去该公司 3 亿美元。

由于高层管理人员对人事管理工作者的一丁点儿不称职都不能容忍，那些不专门从事人事管理工作的经理们开始对这一领域重视起来，而别进联邦法院的门已成了组织的第一原则，这种形势也说明人事管理的各个方面都必须满足组织的需求。

所以，在人事管理领域内，一批酬劳与福利专家、赞助性活动（出于对少数民族就业的关心所采取的行动）专家，以及劳工关系专家和培训与发展专家都纷纷出现。另外，为服从一些规定的活动还要消耗大量的资源，比如填写政府要求的有关各工种招收、录用和提升少数民族和非少数民族成员数量的报告。对于这类活动，许多高层管理人员都视其为整个组织的非生产性消耗。

在 20 世纪 70 年代末和 80 年代初，很多组织还处于仅为了生存而奋斗的时期，经济和政治因素的双重影响（高利率、全球经济衰退、美国生产力下降）要求所有企业的各职能机构都要以经济形式承担更大的责任。这种经济责任制对人力资源管理活动也不例外。那时，虽然评价人事规划的成本与收益已经具有可能性，但却鲜为人知。此外，各种社会趋势（如劳动大军中出现了越来越多的妇女、少数民族、年迈者及受教育程度高的人）又提高了对职业生活质量进行改善的要求。

（3）20 世纪 80 年代，人力资源管理发展到了第三阶段，即"组织的职能"阶段。伴随着对物力、财力的有效管理，对人有效管理的任务也更多地落到了直线经理的肩上。这里，直线经理是指那些总体负责企业运转的人。以当时的观点看，所有的经理们无论负责什么工作，都必须从人事管理活动的经济效果来对其组织负责；同时，又必须以所提供的职业生活质量对其下属雇员负责。于是，似乎可以这样说，最有效的人力资源管理方法也许产生于人事行政部门与肩负充分利用各种资源使命的直线经理相互之间的亲密合作。更明确地说，档案管理和政府职责仍然属于人事管理部门的工作，但是就整体而言，人力资源管理还应视为一种联合职责。

1.2.2 人力资源管理的内容

从企业管理的角度考虑，人力资源管理的主要内容可以归纳为以下几方面。

1. 制订人力资源规划

这是根据组织的发展战略和经营计划，评估组织的人力资源现状及其发展趋势，收集和分析人力资源供求信息和资料，预测人力资源供求的发展趋势，制订人力资源使用、培训与发展规划。

2. 职务分析

这是把组织内的任务、责任、权力和利益等进行有效组合和协调，并对组织中的各个工作岗位进行考察和分析，确定它们的职责、任务、工作环境、任职人员的资格要求和享有的权利等，以及相应的教育与培训方面的情况，最后制成职务说明书。

3. 招聘与甄选

企业向社会公开招聘员工是企业人力资源开发的主要渠道，它是根据人力资源规划的要求，招聘合适的人员补充企业的职位空缺。企业能否招聘和甄选到满足工作需要的人才，直接关系到企业的生存和发展。

4. 员工培训与发展

企业是在一个不断变动的经济技术环境中生存和发展的，员工的知识、技能和工作态度就必须要与这种不断变动的外部环境相适应，知识需要不断更新，技能需要不断提高。这就需要企业对员工进行各种形式的培训。

此外，人力资源管理部门和管理人员有责任鼓励和关心员工的个人发展，帮助其制订个人发展计划，使它与组织的发展计划相协调，并及时进行监督和考察。这样做有利于使员工产生作为组织一员的良好感觉，激发其工作积极性和创造性，从而促进组织效益的提高和组织自身的发展。

5. 绩效考评与反馈

绩效考评就是对照职务说明书，对员工的工作做出评价。这种评价涉及员工的工作表现和工作成果等，应定期进行，并与奖惩挂钩。开展绩效考评和奖惩，目的是调动员工的积极性，检查和改进人力资源管理工作。

6. 薪酬与福利

薪酬管理是企业人力资源管理的重要组成部分，而且常常是最受重视的部分，因为薪酬的分配不公会导致人心混乱，从而极大地影响甚至打击人们的积极性。

福利是组织整体报酬体系的一部分，是企业通过福利设置和建立各种补贴，为员工生活提供方便，减轻员工经济负担的一种非直接支付。

人力资源管理一方面要通过改善劳动条件，建立和健全劳动保护规章制度，进行安全生产和安全技术教育，保护员工的安全和健康；另一方面要制订合理的工资福利制度，从员工的资历、职级、岗位及实际表现和工作成绩等方面考虑制订相应的、具有吸引力的工资报酬标准和制度，并安排养老金、医疗保险、工伤事故、节假日等福利项目。

7. 劳动关系

劳动关系是管理者为确保他们与代表员工利益的工会之间的有效劳动关系所从事的活动。政府通过立法和实施法律的手段管理雇佣行为，有能力对那些不公平对待员工的不道德组织和管理者做出反应。

1.2.3 人力资源管理的角色定位

人力资源管理要支撑企业的竞争优势，帮助企业获得可持续成长与发展，所以必须对人力资源管理在企业中扮演的角色进行界定，并在此基础上进一步明确人力资源管理不仅是人力资源部门的职责，更是企业的高层管理者与直线管理者所必须履行的职责，是他们的管理工作的关键组成部分。

随着竞争的日益激烈，尤其是知识经济的初露端倪，现代人力资源管理在20世纪90年代发生了深刻的变化，即逐步从传统的强调专业职能角色的人力资源管理向战略导向的人力资源管理转变。但要实现这种转变，除了要在理论、技术和方法上解决人力资源管理如何支撑企业的战略之外，还需要对人力资源管理在企业中的角色重新进行定位，并在企业的日常运营中强化人力资源管理的战略职能，提升人力资源管理在整个运作体系中的位置。在雷蒙德·A.诺伊等人所著的《人力资源管理：赢得竞争优势》一书中，作者给出了对人力资源管理部门职能角色变化的实证数据：在20世纪末的最后5～7年时间里，人力资源部所履行的行政职能，如保持人事记录、审核控制、提供服务等方面所花费的时间比重已越来越小，而人力资源产品开发和战略经营伙伴的职能正日益上升。

另外，要提高人力资源管理的战略地位，实现人力资源管理与企业经营管理系统的全面对接，人力资源管理必须在企业中扮演战略伙伴、专家顾问、员工服务者和变革推动者四种角色，具体每一种角色所要求的行为和成果详见表1-1。人力资源管理通过这样的角色定位，必然能够有效地支撑企业的核心能力，帮助企业在激烈的竞争中获取竞争优势。

表1-1 人力资源管理的四种角色

角 色	行 为	结 果
战略伙伴	企业战略决策的参与者，提供基于战略的人力资源规划及系统解决方案	将人力资源纳入企业的战略与经营管理过程中，使人力资源与企业的战略相结合
专家顾问	运用专业知识和技能研究开发企业人力资源产品与服务，为企业人力资源问题的解决提供咨询	提高组织人力资源管理的有效性
员工服务者	与员工沟通，及时了解员工的需求，为员工提供帮助	提高员工满意度，增强员工忠诚感
变革推动者	参与变革与创新，组织变革（并购与重组、组织裁员、业务流程再造等）过程中的人力资源管理实践	提高员工对组织变革的适应能力，妥善处理组织变革过程中的人力资源问题，推动变革进程

诺华中国：让 HR 成为企业决策的合作伙伴

诺华总部十分重视中国市场的开发与建设，投入大量人力、物力和资金用于在中国市场建立事业部，发展业务。高速发展下的诺华中国自然而然地期望人力资源部成为战略合作伙伴，各个事业部都需要人力资源部为其提供战略性的设计和建议，做长期的计划，而不是草率地先招一批人干着再说。人力资源管理的开创者戴夫·乌尔里克在《人力资源的四个新角色》一文中指出：人力资源部的意义并不在于做了多少事情，而在于它能够帮助企业创造多少价值，为客户、投资者和员工提供多少增加值。诺华中国人力资源部通过一系列举措，很好地实践了该理论，成为企业决策的合作伙伴。

（1）参与企业决策。在诺华中国，每年都会有 2～3 个并购项目，而人力资源部在并购决策中担任了十分重要的角色。在前期的尽职调查中，人力资源部要对被并购方的企业文化、人才等方面做出评估。尽管任何并购都会有风险，但关键还是要看风险的大小及解决风险所需花费的成本，而人力资源部的评估结果将直接影响并购决策。

（2）确保企业持续发展。为了加速诺华中国的快速发展，使其尽快成为诺华总部在全球的战略性基地，诺华中国开展了名为"加速发展"的项目。人力资源部在这个项目中的核心工作大致可分雇主品牌建设、人才招聘、学习发展、员工福利及组织文化 5 个部分。其中，在"学习发展"方面，诺华中国于 2005 年成立了诺华领导力发展中心，而 2009 年的目标是建成诺华大学，除提供领导力方面的培训外，还向员工提供专业性、功能性及员工个人的发展培训。

（3）设计适合中国的组织架构。诺华中国的 6 个事业部有着各自汇报的主线，为了加强各事业部之间的横向合作与交流（如跨部门的人员流动、潜力员工谈话等），人力资源部开展了一系列项目。以 2006 年在诺华制药进行的"The Matrix"项目为例，为了改变市场部和销售部各自汇报的局面，人力资源部要求这两个部门的员工，同时向市场部和销售部的负责人汇报工作，这样更有利于产品的开发与推广。

（4）建立横向沟通体系。人力资源部在组织内建立了分享沟通机制，由各个事业部的人力资源负责人组成 HR 委员会，在沟通中发现矛盾和需求，并着手进行协调解决。例如在沟通中，HR 委员会发现，有的事业部缺人，而有的事业部有人才可以推荐，于是便逐步建立起一个内部共享人才库，并开发了统一的职位发布系统，这样就真正实现了资源共享，成本也自然降低了。

（5）支持业务部门工作。诺华认为，人力资源部与业务部门的沟通非常重要，人力资源部只有深入业务一线，了解业务需求，特别是员工的需求，才能在招人、职业发展、激励和留人方面真正满足业务部门的需求。诺华每年都会开展一个 OTR（organization talent review）项目。首先由员工和直接主管一起进行员工的个人分析，员工先谈自己的发展目标、优势及弱势，然后由直接主管帮助员工进一步分析判断，得出共同的结果。之后，人力资源部参与进来，将企业的发展目标、组织所需要的人才能力等内容与员工进行详细解释沟通，并将这些内容和员工个人分析结果结合，为员工制订职业发展计划，同时为其下一步培养做出周全安排。

除此之外，要使人力资源部成为企业的战略合作伙伴，还需要关注两个方面的职责。第一是企业社会责任与企业公民。诺华的人力资源部认为，企业社会责任如果没有员工的积极参与，那么就是流于形式的公关活动。因此，在诺华中国，由人力资源部设计出相关的企业社会责任的活动或项目，落实到具体的员工（志愿者），鼓励员工积极参加，这对企业价值观、企业文化建设有很大的帮助。第二是合规（职业道德、商业道德）。对于合规而言，仅有财务、法律方面的监督是不够的，还必须发挥人力资源部的作用。诺华人力资源部首先会制订一些政策，并组织员工进行学习、考核。其次，诺华设立了一个全球免费热线，只要涉及违规行为，任何人都可以拨打这个热线，并由人力资源部派专人负责调查。

——资料来源：诺华中国：让 HR 成为企业决策合作伙伴 ［EB/OL］．（2009-04-07）［2015-12-05］．http://www.ebusinessreview.cn/c/company_case_article-layoutId-48-id-2256.html.

1.3 人力资源管理的理论基础

人力资源管理的理论基础主要源于人性假设理论和激励理论。

1.3.1 人性假设理论

人性假设就是对人的本性所持的基本看法，例如《三字经》的首句"人之初，性本善"就是一种人性假设。人力资源管理是对人进行的管理，因此对人的基本看法将直接决定人力资源管理的具体管理方式与管理方法，人性假设从而也就构成了人力资源管理的一个理论基础。

人力资源管理的最终目的是实现企业的整体战略和目标，这一目的的达成是以每个员工个人绩效的实现作为基本前提和保证的。在外部环境条件一定的情况下，员工的个人绩效又是由工作能力和工作态度这两个因素决定的。一般来说，一个人的工作能力具有相对的稳定性，在短时期内很难发生大的变化，因此员工的工作绩效在很大程度上就取决于他的工作态度。正因为如此，如何激发员工的工作热情、调动他们的工作积极性和主动性就成为人力资源管理需要解决的首要问题。从这一角度理解，激励理论就构成了人力资源管理的另一个理论基础。

对于人性假设理论，很多学者都做过深入的研究，其中最具代表性的就是美国行为科学家道格拉斯·M. 麦格雷戈提出的"X 理论-Y 理论"和美国行为科学家埃德加·H. 沙因提出的"四种人性假设理论"。

1. X 理论-Y 理论

麦格雷戈认为，有关人的性质和人的行为的假设对于决定管理人员的工作方式来讲是极为重要的，不同的管理人员之所以会采用不同的方式来组织、控制和激励人们，原因就在于他们对人的性质的假设是不同的。经过长期研究后，1957 年 11 月他在美国《管理评论》杂志上发表了《企业中人的方面》一文，提出了著名的"X 理论-Y 理论"，并在以后的著作中对这一理论做了进一步发展和完善。

1）X 理论

麦格雷戈将传统的人们对人性的假设称为 X 理论，并将这一观点的内容归纳为以下几个方面。

（1）大多数人生性都是懒惰的，他们尽可能地逃避工作。

（2）大多数人都没有什么雄心壮志，不喜欢负什么责任，宁可让别人领导。

（3）大多数人都是以个人为中心的，这会导致个人目标与组织目标相互矛盾，为了达到组织目标，必须靠外力对其进行严格的监督与控制。

（4）大多数人都是缺乏理智的，不能克制自己，很容易受别人影响。

（5）大多数人习惯于保守，反对变革，安于现状。

（6）大多数人都是为了满足基本的生理需要和安全需要，他们将选择那些在经济上获利最大的事去做。

（7）只有少数人能克制自己，这部分人应当担负起管理的责任。

X 理论的观点非常类似于我国古代的性恶论，认为"人之初，性本恶"。在这种理论的指导下，必然会形成严格控制的管理方式，以金钱作为激励人们努力工作的主要手段，对消极怠工的行为采取严厉的惩罚，以权力或控制体系来保护组织本身和引导员工。

2）Y 理论

基于 X 理论，麦格雷戈提出了与之完全相反的 Y 理论，这一理论的主要观点如下所述。

（1）一般人并不是天性就不喜欢工作的，工作中体力和脑力的消耗就像游戏和休息一样自然。工作可能是一种满足，因而自愿去执行；也可能是一种处罚，因而只要可能就想逃避，到底怎样，要视环境而定。

（2）外来的控制和惩罚并不是促使人们为实现组织的目标而努力的唯一方法，它甚至对人是一种威胁和阻碍，并放慢了人成熟的脚步，人们愿意实行自我管理和自我控制来完成应当完成的目标。

（3）人的自我实现的要求和组织要求的行为之间是没有矛盾的，如果给人提供适当的机会，就能将个人目标和组织目标统一起来。

（4）一般人在适当条件下，不仅学会了接受职责，而且还学会了谋求职责，逃避责任、缺乏抱负及强调安全感通常是经验的结果，而不是人的本性。

（5）所谓的承诺与达到目标后获得的报酬是直接相关的，它是达成目标的报酬函数。

（6）大多数人，而不是少数人，在解决组织的困难与问题时，都能发挥较高的想象力、聪明才智和创造性，但是在现代工业生活的条件下，一般人的智慧潜能只是部分地得到了发挥。

Y 理论的观点非常类似我国古代的性善论，认为"人之初，性本善"。以这一理论为指导，管理的方式和方法必然也会不同，管理者的重要任务不再是监督控制，而是创造一个使人得以发挥才能的工作环境，发挥员工的潜力，使员工在完成组织目标的同时也达到自己的个人目标；同时，对人的激励主要是给予来自工作本身的内在激励，让员工担当具有挑战性的工作，担负更多的责任，满足其自我实现的需要。

麦格雷戈认为 Y 理论较 X 理论更为优越，因此管理应当按照 Y 理论来行事。但是后来，约翰·J. 莫尔斯和杰伊·W. 洛希这两位学者经过实验证明麦格雷戈的这一观点是不正确的。他们于 1970 年在《哈佛商业评论》上发表了《超 Y 理论》一文，提出了著名的"超 Y

理论"，对麦格雷戈的 X 理论-Y 理论做了进一步的完善。该理论的主要观点如下所述。

（1）人们是抱着各种各样的愿望和需要加入企业组织的，人们的需要和愿望有不同的类型。有的人愿意在正规化、有严格规章制度的组织中工作；有的人却需要更多的自治和更多的责任，需要有更多发挥创造性的机会。

（2）组织形式和管理方法要与工作性质和人们的需要相适应，不同的人对管理方式的要求是不一样的。对上述的第一种人应当以 X 理论为指导来进行管理，而第二种人则应当以 Y 理论为指导来进行管理。

（3）组织机构和管理层次的划分，员工的培训和工作的分配，工资报酬、控制程度的安排都要从工作的性质、工作的目标和员工的素质等方面考虑，不可能完全一样。

（4）当一个目标达到以后，可以激起员工的胜任感和满足感，使之为达到新的更高的目标而努力。

按照超 Y 理论的观点，在进行人力资源管理活动时要根据不同的情况，采取不同的管理方式和方法。

2. 四种人性假设理论

美国行为科学家埃德加·H. 沙因在其 1965 年出版的《组织心理学》一书中把前人对人性假设的研究成果归纳为"经济人假设""社会人假设"和"自我实现人假设"，并在此基础上提出了"复杂人假设"。他将这四种假设称为"四种人性假设"。到目前为止，应当说这是对人性假设所做的最为全面的一种概括和研究。

1）经济人假设

这种假设相当于麦格雷戈提出的 X 理论，沙因将经济人假设的观点总结为以下几个方面。

（1）人是由经济诱因来引发工作动机的，其目的在于获得最大的经济利益。

（2）经济诱因在组织的控制之下，因此人总是被动地在组织的操纵、激励和控制之下从事工作。

（3）人以一种合乎理性的、精打细算的方式行事，总是力图用最小的投入获得满意的报酬。

（4）人的情感是非理性的，会干预人对经济利益的合理追求，组织必须设法控制人的感情。

2）社会人假设

这种假设是人际关系学派的倡导者梅奥等人提出的，它最初的依据就是历时长达 8 年之久的霍桑实验所得出的一些结论。按照社会人的假设，管理的重点就是要营造和谐融洽的人际关系。沙因将社会人假设的观点总结为以下 4 点。

（1）人类工作的主要动机是社会需要，人们要求有一个良好的工作氛围，要求与同事之间建立良好的人际关系，通过与同事的关系获得基本的认同感。

（2）工业革命和工作合理化的结果使得工作变得单调而无意义，因此必须从工作的社会关系中寻求工作的意义。

（3）非正式组织有利于满足人们的社会需要，因此非正式组织的社会影响比正式组织的经济诱因对人有更大的影响力。

（4）人们对领导者的最强烈期望是能够承认并满足他们的社会需要。

3）自我实现人假设

这种假设相当于麦格雷戈提出的 Y 理论，此外马斯洛的"需求层次理论"中自我实现的需要和克里斯·阿吉里斯的"不成熟-成熟"理论中个性的成熟也都属于自我实现人的假设。沙因将自我实现人假设的观点总结为以下几点。

（1）人的需要有低级和高级之分，从低级到高级可以划分为多个层次，人的最终目的是满足自我实现的需要，寻求工作上的意义。

（2）人们力求在工作上有所成就，实现自治和独立，发展自己的能力和技术，以便富有弹性，能适应环境。

（3）人们能够自我激励和自我控制，外部的激励和外部的控制会对人产生威胁，产生不良的后果。

（4）个人自我实现的目标和组织的目标并不是冲突的，而是能够达成一致的；在适当的条件下，个人会自动地调整自己的目标并使之与组织目标相配合。

4）复杂人假设

这种假设类似约翰·J.莫尔斯和杰伊·W.洛希提出的超 Y 理论。沙因认为，经济人假设、社会人假设和自我实现人假设并不是绝对的，它们在不同的环境下针对不同的人分别具有一定的合理性。由于人们的需要是复杂的，因此不能简单地相信或使用某一种假设，为此他提出了复杂人假设。这一假设包括以下几个方面的观点。

（1）每个人都有不同的需要和不同的能力，工作的动机不但非常复杂而且变动性也很大。人们的动机安排在各种重要的需求层次上，这种动机阶层的构造不但因人而异，而且对同一个人来说，在不同的时间和地点也是不一样的。

（2）人的很多需要不是与生俱来的，而是在后天环境的影响下形成的。一个人在组织中可以形成新的需求和动机，因此一个人在组织中表现的动机模式是他原来的动机模式与组织经验交互作用的结果。

（3）人们在不同的组织和不同的部门中可能有不同的动机模式，例如有人在正式组织中满足物质利益的需要，而在非正式组织中满足人际关系方面的需要。

（4）一个人在组织中是否感到心满意足，是否肯为组织奉献，取决于组织的状况与个人的动机结构之间的相互关系，工作的性质、本人的工作能力和技术水平、动机的强弱及同事之间的关系等都可能对个人的工作态度产生影响。

（5）人们依据自己的动机、能力及工作性质，会对一定的管理方式产生不同的反应。

按照复杂人假设，实际上不存在一种适合于任何时代和任何人的通用管理方式和方法，管理必须是权变的，要根据不同的人的不同需要和不同情况采取相应的管理方式。

1.3.2 激励理论

所谓激励，顾名思义，就是激发和鼓励的意思。激发是对人的动机而言的，鼓励是指对人的行为趋向加以控制。人的行为来源于人的动机，而人的动机又产生于人的需要。需要是人的一种必不可少的主观心理状态，是生活与实践中各种相关事物在人头脑中的具体反映。动机是对需要的满足程度，是由需要引发的内在动力。而行为是人在动机支配下的外在表现。如果说行为的产生是靠激发内在动机的话，那么行为的保持和巩固，就需要借助于强化内在动机；没有"强化"，一个行为就很难持续到底。所谓员工激励，简单地讲就是这样一个激发和强化的过程，也就是说在人力资源管理工作中，采用激励的理论和方法，对工作人员的各种需要予以不同程度的满足或限制，以此引起他们心理状况的变化而达到激发动机、引起行为的目的，再通过正、反两方面的强化，对行为加以控制和调节。

激励理论主要包括内容型激励理论、过程型激励理论、行为改造型激励理论、综合型激励理论。

1. 内容型激励理论

内容型激励理论（content theories）着重研究激发人们行为动机的各种因素。由于需要是人类行为的原动力，因此这一理论实际上是围绕人们的各种需要来进行研究的，故又把这种理论称为需要理论。内容型激励理论主要包括：马斯洛的需要层次理论、阿尔德弗的ERG理论、赫茨伯格的双因素理论、麦克莱兰的成就需要理论等。

1）需要层次理论

美国心理学家马斯洛在1943年出版的《人类激励的一种理论》一书中，首次提出需要层次理论（hierarchy of needs theory）。他认为人类有五个层次的需要，如图1-2所示。

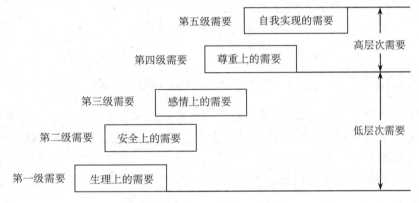

图 1-2 马斯洛的需要层次模型

人的五种需要像阶梯一样从低到高，按层次逐级递升，但这种次序不是完全固定的，是可以变化的，也有种种例外情况。一般来说，某一层次的需要相对满足了，就会向高一层次发展。追求更高一层次的需要就成为驱使行为的动力。相应地，获得基本满足的需要就不再是一股激励力量。五种需要可以分为高层次和低层次两级：低层次需求刚性大，激励保健性强，持续性差；高层次需求弹性大，激励空间大，持续性强。同一时期，一个人可能有几种需要，但每一时期总有一种需要占支配地位，对行为起决定作用。任何一种需要都不会因为更高层次需要的发展而消失。各层次的需要相互依赖和重叠，高层次的需要发展后，低层次的需要仍然存在，只是对行为影响的程度大大减小。

马斯洛先提出五个需要的层次，后来又在尊重需要和自我实现之间加了求知和审美两个需要层次。求知需要包括好奇心、求知欲、探索心理及对事物的认知理解。审美需要指由追求匀称、整齐、和谐、鲜艳、美丽等事物而引起的心理上的满足。

马斯洛的需要层次理论将人们的需要进行了内容上的划分，有其科学的一面。他对人的需要的分类比较细致，符合需要多样性的特点。他指出人的需要是一个发展的过程，需要具有递进式发展的性质。但是，他的理论没有得到实证研究的证明，并且没有考虑到人们的主观能动性。他认为满足的需求将不再成为人们的动机，但是对于满足需求的意义的解释却不是很明确。在现实中，当一种需要得到满足后，很难预测到哪一个层次的需要会成为下一个必须满足的需要。

2）ERG 理论

ERG 理论（existence-relatedness-growth theory）是阿尔德弗（C. P. Alderfer）于 1969 年提出的。他在大量实证研究的基础上，对马斯洛需要层次理论进行了修正。他认为：低层次的需要是 E 层面的生存需要；第二层次的需要是 R 层面的关系需要；高层次的需要是 G 方面的成长需要。三者的层次如图 1-3 所示。

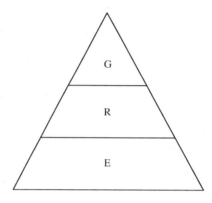

图 1-3　ERG 需求层次

ERG 理论的基本观点是：① 某种需要在一定时间内对行为起作用，当这种需要得到满足后，可能去追求更高层次的需要，也可能没有这种上升趋势；② 当较高级需要受到挫折时，可能会降而求其次；③ 某种需要在得到基本满足后，其强烈程度不仅不会减弱，还可能会增强。ERG 理论中需要变化的过程如图 1-4 所示。

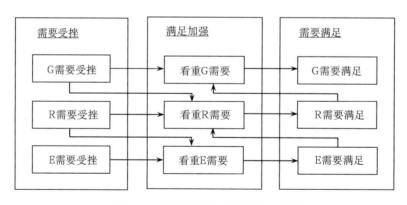

图 1-4　ERG 理论中需要变化的过程

阿尔德弗的 ERG 理论比马斯洛的需要层次理论少了很多限定，而且 ERG 理论有良好的实证研究作为支撑。然而，该理论在需要的分类上并不比马斯洛的理论完善，对需要的解释也并未超出马斯洛需要理论的范围。

3）双因素理论

双因素理论（two-factor theory）是美国行为科学家弗雷德里克·赫茨伯格（Fredrick

Herzberg）提出的，又称激励因素-保健因素理论（motivation-hygiene theory）。激励因素（motivation factors）和保健因素（hygiene factors）的内容如图 1-5 所示。

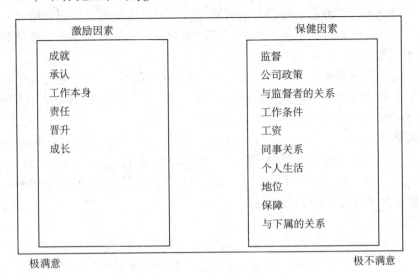

图 1-5　激励因素与保健因素

在双因素理论中，主要有以下观点。

（1）使员工对工作感到满意的因素和使员工感到不满意的因素是不同的。当员工对工作感到满意时，往往归于激励因素；而当他们感到不满意时，则常常抱怨保健因素。

（2）与传统观念不同的是，满意的对立面不是不满意，而是没有满意；不满意的对立面也不是满意，而是没有不满意。

（3）改善保健因素只能起到安抚员工的作用，带来的是"没有不满意"，而不一定能起到激励作用。因此，要想真正激励员工努力工作，就必须要去改善那些与工作本身紧密联系在一起的"激励因素"，这样才会增加员工的工作满意感。

赫茨伯格及其同事后来又对各种专业性和非专业性的工业组织进行了多次调查，他们发现激励因素基本上都是属于工作本身或工作内容的，保健因素基本上都是属于工作环境和工作关系的。激励因素和保健因素都有若干重叠现象。例如，赏识属于激励因素，基本上起积极作用；但当没有赏识时，又可能起消极作用，这时表现为保健因素；工资是保健因素，但有时也能产生使员工满意的结果。

赫茨伯格的双因素理论对于人力资源管理的指导意义在于管理者在激励员工时必须区分激励因素和保健因素。对于保健因素不能无限制地满足，这样做并不能调动他们的积极性，而应当更多地从激励因素入手，满足员工在这方面的需要才能使员工更加积极主动地工作。此外，在人力资源管理过程中要采取有效措施，将保健因素尽可能转化为激励因素，从而扩大激励的范围。

4）成就需要理论

美国心理学家麦克莱兰提出了成就需要理论（achievement theory），他阐明了三类基本的激励需要，即权力的需要、归属的需要和成就的需要。他认为不同的人对这三种需要的排列层次和所占比重是不同的，成就需要强烈的人往往具有内在的工作动机。然而，成就需要不是天生就有的，可以通过教育和培训造就具有高成就需要的人。如果说需要层次理论和ERG 理论普遍适用于大多数人的话，那么成就需要理论则更适合于对企业家的研究。

成就需要理论告诉管理者，在进行人力资源管理时，应当充分发掘和培养员工的成就需要，给员工安排具有一定挑战性的工作和任务，从而使员工具有内在的工作动力。

2. 过程型激励理论

当个人感到有某种需要时，他往往倾向于采取某些行动，以满足他的这种需要。但未满足的需要激发出来的行为未必就是企业所期望的行为。内容型激励理论无法解决这一问题，该问题是由过程型激励理论来解决的。

过程型激励理论（process theories）着重研究人从动机产生到采取行动的心理过程。这类理论表明，要使员工出现企业期望的行为，须在员工的行为与员工需要的满足之间建立起必要的联系。这方面的研究理论主要有弗罗姆的期望理论、亚当斯的公平理论、洛克与拉色曼的目标设置理论和斯金纳的强化理论。

1）期望理论

期望理论（expectancy theory）是美国耶鲁大学教授、心理学家弗罗姆首先提出的。期望理论认为，一种行为倾向的强度取决个体对于这种行为可能带来的结果的期望强度及这种结果对行为者的吸引力。具体而言，当员工认为努力会带来良好的绩效评价，良好的绩效评价会带来组织的奖励，如奖金、加薪或晋升等，组织奖励会满足员工的个人目标时，他就会受到激励而付出更大的努力。这个理论着眼于三种关系，如图 1-6 所示。

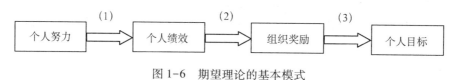

图 1-6 期望理论的基本模式

（1）个人努力-个人绩效关系：个人认为通过努力会带来一定绩效的可能性。

（2）个人绩效-组织奖励关系：个人相信一定水平的绩效会带来所希望的奖励结果的程度。

（3）组织奖励-个人目标关系：组织奖励满足个人目标或需要的程度及这些潜在的奖励对个人的吸引力。

按照期望理论的观点，人力资源管理为了达到激励员工的目的，必须对绩效管理系统和薪酬系统进行改善。在绩效管理系统中，一方面给员工制订的绩效目标要切实可行，另一方面要及时对员工进行绩效反馈，帮助其更好地实现目标。对薪酬管理而言，一方面是要根据绩效考核的结果及时给予各种报酬和奖励，另一方面就是要根据员工不同的需要设计个性化的报酬体系，以满足员工不同的需要。

2）公平理论

公平理论（equity theory）是美国心理学家亚当斯（J. S. Adams）于 20 世纪 60 年代首先提出的，主要讨论报酬的公平性对人们工作积极性的影响。亚当斯认为，当一个人获得了成绩并取得了报酬的结果之后，他不仅关心报酬的绝对量，而且还关心报酬的相对量。奖励与满足的关系，不仅在于奖励本身，还在于奖励的分配上。个人会自觉或不自觉地将自己的付出与所得的报酬和心目中的参照系比较。这种比较可用以下的公式来说明：

$$Q_\mathrm{P}/I_\mathrm{P} = Q_\mathrm{X}/I_\mathrm{X}$$

式中：Q_P——自己所获得的报酬；

　　　I_P——自己的投入；

　　　Q_X——参照系所获得的报酬；

　　　I_X——参照系的投入。

（1）个人会思考自己所得报酬与所付出的投入是否相当，然后将自己的所得与付出比同相关他人的所得与付出比进行比较。如果觉得自己的比率与他人的比率相同，则可能产生公平感，个人会觉得自己的报酬是合理的、公平的，其心态就比较平衡，其行为才会得到比较有效的激励。如果个人觉得自己的报酬低了，不公平了，就会设法消除这种不公平，通常会要求增加报酬；如果不能做到，则会产生抱怨情绪，降低工作的积极性，用减少付出的办法来求得心理平衡。如果个人的报酬水平大于别人，个人可能会一时感到满足或因愧疚而努力工作，但在一段时间后，他会满足于侥幸的所得或在心理上进行自我平衡调节，致使工作又恢复常态。

（2）在许多情况下，个人往往会过高地估计自己的投入与他人的报酬，而过低地估计自己的报酬与他人的投入。

公平理论对人力资源管理的意义更多的是集中在薪酬关联方面，即要实施具有公平性的报酬体系。这种公平体现在内部公平、外部公平和自我公平三个方面，要使员工感到自己的付出得到了相应的回报，从而避免员工产生不满情绪。为了保证薪酬体系的公平合理，要从两个方面入手：一方面是薪酬体系的设计，如采用薪酬调查、职位评价等技术来保证公平；另一方面是薪酬支付要与绩效考核挂钩，这就从另一个方面对绩效考核体系的公平提出了要求。

3）目标设置理论

洛克与拉色曼的目标设置理论（goal-setting theory）提出，指向一个目标的工作意向是工作激励的主要源泉。也就是说，目标告诉员工需要做什么，以及需要做出多大的努力。明确的目标能提高绩效，一旦接受了困难的目标，会比容易的目标带来更高的绩效。具体的、困难的目标比"尽最大努力"的笼统目标效果更好。目标设置理论的基本模式如图 1-7 所示。

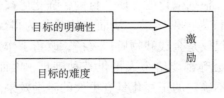

图 1-7　目标设置理论的基本模式

如果能力和目标的可接受性因素保持不变，实现目标的难度就越大，绩效水平就越高。但是，合乎逻辑的假设是目标越容易越可能被接受。不过一旦接受了一项艰巨的任务，他就会投入更多的努力，直到目标实现、目标降低或放弃目标。

如果员工有机会参与设置自己的目标，他们会更努力地工作吗？参与设置目标是否比指定目标更有效？答案并不确定。在某些情况下，参与式的目标设置能带来更高的绩效；在另一些情况下，上司指定目标时绩效更高。参与的一个主要优势在于提高了目标本身作为工作努力方向的可接受程度。目标越困难，阻力就越大，如果让员工参与目标设置，即使是一个困难的目标，相对来说也更容易被员工接受。其原因在于，人们对于自己亲自参与做出的选择投入程度更高。因此，尽管在可接受度既定的情况下，参与式的目标不比制订的目标更有优势，但参与确实可以使困难的目标更容易被接受，并提高采取行动的可能性。

除了反馈带来更高的绩效，还有其他三个因素影响目标和绩效的关系：目标承诺、适当的自我效能感和民族文化。目标设置理论的前提是每个人都忠于目标。自我效能感是一个人对他能胜任一项工作的信心。目标设置理论是受文化限制的，它适用于部分国家，如美国和加拿大，因为这个理论的关键部分与北美文化相当一致，但对于其他的国家和地区也有借鉴意义。

目标设置理论对人力资源管理的意义体现在绩效管理方面。按照目标设置理论的要求，在制订员工的绩效目标时要注意以下几个问题：一是目标必须具体、明确；二是目标要有一定难度；三是制订目标时要让员工共同参与，使员工能够认同和接受这一目标。

3. 行为改造型激励理论

行为改造型激励理论着重研究如何改造和转化人们的行为，变消极为积极，以期达到预定的目标。行为改造型激励理论以强化理论最为典型。

强化理论（reinforcement theory）是由美国心理学家斯金纳（B. F. Skinner）首先提出的。斯金纳最初把它应用于训练动物上，后来又将它进一步发展并用于人的学习上。现在，强化理论又被广泛地应用于激励人和改造人的行为。斯金纳的强化理论几乎不涉及主观判断等内部心理过程，而只讨论刺激和行为的关系。强化理论反映在循环学习的过程中过去的行为结果如何影响未来行为。这个过程可以用图1-8表示。

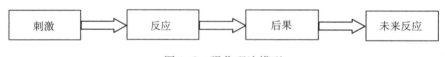

图1-8　强化理论模型

强化理论认为，人的行为是对其所获刺激的一种反应。当行动的结果对他有利时，他就会趋向于重复这种行为；当行动的结果对他不利时，这种行为就会趋向于减弱或者消失。因此，管理者就可以通过强化的手段，营造一种有利于组织目标实现的环境和氛围，以使组织成员的行为符合组织的目标。根据强化的性质和目的，强化可被分为以下4种基本类型。

（1）正强化。对个人的行为提供奖励，从而使这些行为得到进一步加强，就是所谓的正强化。正强化的刺激物不仅仅是金钱和物质，表扬、改善工作条件、提升、安排承担挑战性工作、给予学习提高的机会等都能给个人提供某种满足，因而都可能成为正强化的刺激物。间断的、时间和数量都不确定的正强化具有更大的激励效果。

（2）负强化。负强化是一种事前的规避，它通过对什么样的行为会不符合组织目标的要求及如果员工发生不符合要求的行为将予以何种惩罚的规定，使员工从力图避免得到不合意、不愉快结果的考虑中对自己的行为形成一种约束力。这是一种非正面的对所希望行为的强化。

（3）惩罚。对那些不符合组织目标实现的行为进行惩罚，以使这些行为削弱，直至消失。惩罚的手段可以是扣发奖金、批评、开除等。与正强化相反，惩罚主要应采用连续的方式。

（4）忽视。对已出现的不符合要求的行为进行冷处理，达到无为而治的效果。与惩罚一样，忽视也可能使组织所不希望的行为弱化下来，从而自然消退。

管理者影响和改变员工的行为应将重点放在积极的强化而不是简单的惩罚上，惩罚虽然在表面上会产生较快的效果，但其作用通常是暂时的，而且对员工的心理易产生不良的副作用。负强化和忽视对员工行为的影响作用也不应该轻视。因此，这 4 种行为应该配合起来使用。

4. 综合型激励理论

上述各种类型的激励理论都是从不同角度出发来研究激励的，因此都不可避免地存在问题，而综合型激励理论试图综合考虑各种因素，从系统的角度来理解和解释激励问题。这种理论主要有勒温的早期综合激励理论、波特和劳勒的综合激励理论。

1）勒温的早期综合激励理论

最早期的综合激励理论是由心理学家勒温提出来的，称作场动力理论，用函数关系可以表示为：

$$B=f(P \cdot E)$$

式中：B——个人行为；

P——个人的内部动力；

E——环境的刺激。

这一公式表明，个人的行为力量是由个人内部动力和环境刺激的乘积决定的。

根据勒温的理论，外部刺激是否能够成为激励因素，还要看内部动力的大小，两者的乘积才决定了个人的行为方向。如果个人的内部动力为零，那么外部环境的刺激就不会发生作用；如果个人的内部动力为负数，外部环境的刺激就有可能产生相反的作用。

2）波特和劳勒的综合激励理论

美国学者波特和劳勒于 1968 年提出了一种综合型激励理论，它包括努力、绩效、能力、环境、认知、奖酬和满足等变量，它们之间的关系如图 1-9 所示。

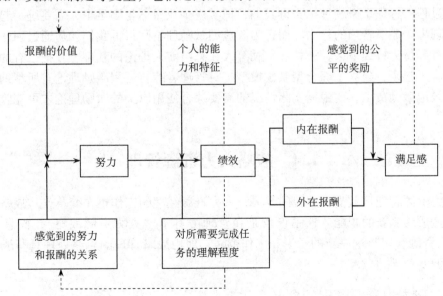

图 1-9　波特和劳勒的综合激励模型

这一模型表明，先有激励，激励导致努力，努力产生绩效，绩效导致满足。它包括以下几个变量。

（1）努力程度。它是指员工所受到的激励程度和所发挥出来的力量，取决于员工对某项报酬价值的主观看法，以及通过努力得到报酬的可能性的主观估计。报酬价值的大小与对员工的激励程度是成正比的，报酬价值越大，对员工的激励程度越大，反之则越小。员工每次行为最终得到的满足会反过来影响他对这种报酬的价值估计。同时，努力程度与经过努力得到报酬的可能性大小也成正比，经过努力取得绩效进而获得报酬的可能性越大，努力程度就越大。员工每一次行为所形成的绩效也会反过来影响他对这种可能性的估计。

（2）工作绩效。工作绩效不仅取决于员工的努力程度，还取决于员工自身的能力和特征，以及他对所需完成任务的理解程度。如果员工自身不具备相应的能力，即使他再努力也可能无法完成工作任务；如果员工对自己所要完成的任务了解得不是很清楚，也会影响工作绩效。

（3）工作报酬。报酬包括内在报酬和外在报酬，它们和员工主观上感觉到的公平的奖励一起影响着员工的满足感。

（4）满足感。这是个人实现某项预期目标或完成某项预定任务时所体验到的满足感，它依赖于所得到的报酬同所期望得到的结果之间的一致性。当实际的结果大于或等于预期时，员工会比较满足；当实际的结果小于预期时，员工会产生不满。

波特和劳勒认为，员工的工作行为是多种因素激励的结果。要想使员工做出好的工作业绩，首先要激发他们的工作动机，使他们努力工作；然后，要根据员工的工作绩效实施奖励，在奖励过程中要注意公平，否则就会影响员工的满足感；而员工的满足感反过来又变成新的激励因素，促使员工努力工作获得新的绩效，如此循环反复。

内容型激励理论、过程型激励理论和行为改造型激励理论是相互联系和相互补充的，它们分别强调了激励的不同方面。内容型激励理论告诉我们人有哪些需要，并认为激励就是满足需要的过程。过程型激励理论告诉我们，把实现企业目标与满足个人需要统一起来有助于使员工表现出企业所希望的行为。而行为改造型激励理论则告诉我们如何通过强化物的刺激使员工的良好行为持续下去。波特和劳勒等人在总结前人理论的基础上，把已有的激励理论有机地整合了起来，建立了综合型激励模型，对管理者综合运用激励理论有所帮助。管理者如果想有效地激励员工，要根据实际情况的需要综合使用以上的激励理论才可能收到良好的效果。

1.4　战略人力资源管理

在人力资源管理日益受到重视的今天，人力资源经理的工作也在变革，从战略的角度进行管理已经成为其新的职能。这不仅仅是在管理中有了"人力资源战略"，而且正在形成"战略人力资源管理"这一新的学说和工作范畴，即用战略管理的思路处理具有战略性作用的人力资源实务问题。

1.4.1　战略人力资源管理的含义

在战略人力资源管理范畴上，存在多种不同的观点。有的学者认为，战略人力资源管理主要关注的是环境因素与人力资源管理政策之间的关系，认为"适应外部环境"的任务决定了人力资源管理政策。有的学者指出，一些人力资源管理工作具有战略性，包括内部职业计划、正规培训系统、结果导向的评估、利润共享、雇佣保证、员工参与和工作描述等。更多的人则关心各种人力资源管理实践与组织绩效之间的关系，认为这一关系对组织的生存与发展至关重要，因而就具有战略性。

我们认为：战略人力资源管理是指从企业经营的战略性目标出发，从事人力资源管理活动和改进人力资源部门的工作方式、发展组织文化，以提高组织总体和长期绩效的人力资源管理活动模式。战略性人力资源管理作为一种新的人力资源管理模式，是统一性和适应性相结合的人力资源管理，它要求组织的人力资源管理和组织的总体战略完全统一，人力资源政策在组织中的各个层面要完全一致，组织内各个部门的负责人和员工要把人力资源政策的调整、接受和应用作为日常工作的一部分。

1.4.2 战略人力资源管理的产生背景

1. 经济全球化的趋势

当企业处于全球化阶段时，企业的战略是建立在全球范围不同业务单位的所有资源、技能和知识整合的基础上，建立在全球公司网络中资源流动的基础上。全球化中的企业在全球范围规划企业的经营、在全球范围开展研发活动和在全球范围进行各种商务活动。例如，微软建立中国研究院，海尔与许多外国企业合资并在美国设立工业园，许多股份公司在国外上市，许多国内企业聘请"外籍兵团"担任高管（如我国的平安保险公司）……在一个全球性的公司中，任何一个部分对于知识和信息的流动与整合都是平等的。在全球范围塑造企业的先进管理文化、培育优秀人才和使用人才，采取全球化与本土化结合的方式进行跨文化的管理，也就成为现代人力资源管理的战略性命题。

2. 竞争压力的加剧

当今世界面临着多重的、快速变化的竞争压力。一个组织要维持生存和持续发展，就必须对这些压力进行持续的适应。组织环境的动态性变化引起人力资源管理部门的更多思考，他们要寻求能够适应变化、进而具备竞争优势的员工和组织结构，包括对自身系统的调整，这就必然引导出战略人力资源管理。

3. 现代信息技术的应用

电子计算机、通信、互联网等技术的迅猛、广泛发展，将世界的不同角落不断拉近。新技术的飞速发展，不仅提高了企业的经营生产效率，大大降低了交易费用，而且对企业管理方式产生了巨大的冲击，也在不断地重新定义工作的方式。正是信息经济和技术的飞速发展，使得企业愈发认识到创造发明技术的人的重要作用。此外，与各个领域对电子计算机的应用一样，现代的人力资源管理也在大量应用现代信息，管理中打上了"E"的印记。人力资源部门的工作开始逐渐享受到与其他职能部门相同，甚至更高重视程度的地位。

1.4.3 战略人力资源管理的主要内容

一般来说，战略人力资源管理主要包括以下3个方面的内容。

1. 人力资源战略目标的设定

人力资源战略目标往往是企业人才观念的集中体现。目标的内容种类很多，也呈现出多种色彩，如：微软公司奉行的是"以最丰厚的政策吸引最优秀的人才"；宝洁公司强调与员工共同成长和健康的生活；而亚洲最佳雇主 Leviala 公司则追求员工的快乐工作……这些目标都反映了企业如何从根本上评价员工的价值，并根据这样的价值观来确定管理的方向。

2. 人力资源战略原则的制订

（1）成本约束原则，即认为对员工付出所给予的报酬是经营成本，要通过控制和约束机制进行管理，以达到成本领先的优势。

（2）相对效应原则，即认为对员工的投入要在成本和利润之间进行平衡，要对应于不同的状况做出调整。

（3）合理利润原则，即认为对员工的投入是与员工共享成功的一部分，员工利益的增长能够带来企业利益的持续增长，企业不应该追求利润最大化，而应该追求利润合理化。

3. 战略人力资源管理的主要措施

战略人力资源管理必须在实践中展开，表现为一个根据企业具体情况进行协调、变革的过程。其主要措施有以下几个方面。

（1）环境分析。根据企业战略对内外部的环境进行 SWOT 分析，确定人力资源战略。

（2）重点工作。在环境分析的基础上确定三方面的内容：其一，根据企业战略和相应的人力资源战略确定人力管理政策；其二，通过对企业战略目标的分解，形成关键绩效指标（KPI），并通过绩效指标分解获得部门指标和个人指标；其三，按照企业战略的要求，设定所需要的部门和相应岗位。

（3）优化开发。在企业战略和人力资源政策指导下，进行人力资源的搜寻、培训、培养等各项开发工作，形成适当的员工素质结构，并通过绩效沟通来促进员工素质的进一步提高。

（4）人力奖酬。以员工素质表现和绩效评价为依据，追求内部公平性和外部竞争性的薪酬管理，是影响员工状况的最直接的因素。平衡计分卡是一种颇受重视的新工具。

（5）评价调整。根据人员流动率、员工满意度、人工费用比等状况进行分析，可以看出企业人力资源状况，为人力资源战略的调整提供依据。

1.4.4　舒勒的战略人力资源管理理论

美国学者罗纳德·舒勒认为，战略人力资源管理可以分成几个不同的组成部分，包括人力资源管理的哲学、政策、计划、实践和过程。在每个部分中都包含着战略人力资源管理所要实施的内容，它们之间通过组织的层级而相互联系，并成为一个整体。总之，它们的目的是更有效地利用人力资源以适应组织的战略需要。

传统上，组织决定了其变化期间的企业战略需求，这种需求反映了管理在各个方面的整体计划，包括生存、增长、适应和盈利等方面的计划。同时，以组织文化和组织特性为代表的内部特征和以国家的经济状况和产业因素为代表的外部特征都在不同程度上影响着上述需求的确定。然而，影响战略人力资源管理的最大因素不是上述的普遍特征，而是制订计划模式的改变。在早期，组织在制订战略发展计划的过程中，并没有考虑到人力资源管理方面的需求，战略人力资源管理的发展则导致了组织在制订计划模式上的改变，人力资源管理人员参与组织战略发展计划的制订。企业为了实施一项特殊的行动，通常将企业的需求转换为更具可行性的"企业的战略目标"，这对于有些组织来讲，就是"企业的使命"。舒勒认为这种"企业的战略目标"能表达出一种更特殊的行动信号，从而开始影响企业中人力资源的哲学。舒勒从以下 6 个方面阐述了战略人力资源管理的活动。

1. 人力资源管理哲学

人力资源管理哲学是指组织如何看待它的人力资源、人力资源在组织成功中的作用及如何对待和管理人力资源。通常，这种哲学都是原则性的，企业必须把这些原则转化为具体行动并加以落实。同时，在解决企业与人有关的问题和实施以战略需求为基础的人力资源开发与实践中也是以这些原则作为指导的。

2. 人力资源政策

这里强调的人力资源政策不是指所谓的"人力资源手册"，即指导员工日常工作行为的指南，而是指以开发具体的人力资源计划和实践为目标的总体指导原则，这些计划和实践包括人力资源活动的每一个方面，如薪酬、培训等。通过这些政策的实施，每一个业务单位都可以实施与组织人力资源管理政策相一致的具体的人力资源实践。

3. 人力资源计划

人力资源计划是由人力资源政策所决定的，它对于人力资源的活动来讲起着协调作用，并保证人力资源的活动从开始到结束都能朝着企业战略需求所要求的方向发展。这些活动一般是从组织的高层开始，逐步向下扩展或者从其他地方展开。人力资源计划可以通过组织战略变化活动的多种形式来加以实施、扩展和维持。这些组织战略变化的活动通常包括两个方面：一是它们从组织的战略计划和目标中获得推动力；二是它们把人力资源管理问题包含在人力资源计划内，而这些人力资源管理问题则主要指和人有关的企业问题，这些问题需要通过组织的变化活动来加以解决和阐述。

4. 人力资源管理实践

一个人在组织中有三个方面的作用，即领导、管理和实践。在组织中，个体行为的每一个活动所发挥的作用都应该支持组织的战略需求。领导作用包括确定方向、联系员工、激励和促进员工发展及实行一些必要而有用的变革。管理作用则是指通常所说的计划、组织、协调、指挥、控制等活动。实践作用就是传递服务和生产产品。实际上，在这些作用中，"做"是最重要的。虽然我们把这几个作用分别称为领导、管理和实践，但并不意味着只有非管理人员才从事实践活动。组织在形成和实施战略目标时，常常必须考虑"谁做什么"的问题。在有些情况下，一些工作的责任是会发生转移的。在许多组织中，一线主管的工作常常是分配工作任务，然而，有调查发现这些工作中大部分却是由非管理人员承担的。无论是领导、管理或是实践，一旦员工的行为作用被确定，人力资源管理实践就可能影响到员工行为的绩效。组织在人力资源管理实践的实施过程中，其实践活动必须和组织的战略需求紧密相连。例如，一个公司如果要提高它的产品质量，从人力资源实践的角度考虑，它就必须加强其在团队参与和质量控制测量等方面的人员培训，以保证公司提高产品质量这一战略目标的实现。

5. 人力资源管理过程

人力资源管理过程是指人力资源活动的确定、形成和实施，它是重要的战略人力资源管理活动。对于所有战略人力资源管理活动来讲，要求人力资源管理活动必须保持一致性。这是因为这些活动过程影响到每一个员工的行为，如果他们之间不能保持一致性，就无法传递相同的信息（这些信息是指他们所期望得到的东西），也就无法提供成功实施企业战略需求所需的环境。所以，人力资源管理的一致性要求对战略人力资源管理来讲是非常重要的。舒勒认为，如果人力资源管理过程能够和组织的战略保持一致，就能促进员工绩效和组织绩效的提高。

6. 战略国际人力资源管理

随着世界的竞争性、不确定性和不稳定性的加剧，为了取得成功，许多企业必须参与全球性的竞争。由于新产品的开发成本和市场开拓成本过大，仅仅在像美国或欧洲这样一个大的市场中进行分摊是远远不够的。虽然有些产品和服务要和当地的客户、习惯及常规相适应，但是，对许多跨国公司来讲，在不同环境下运作的可能性从来没有像今天这么大。这些跨国公司在参与全球竞争时，必须进行全球性的管理，把世界当成一个大的市场，同时还要进行地区性的管理，把世界看成是由众多分离和松散的市场所组成的结合体。在面临这种巨大的挑战和机遇时，跨国公司如何才能有效地参与这种竞争呢？对战略国际人力资源管理的研究可以很好地回答这个问题。这里所讲的战略国际人力资源管理，是指跨国公司的战略活动所产生的人力资源管理方面的问题、作用、政策和实践，以及它们对这些公司国际战略目标的影响。这一定义是和在一个国家或在国内的人力资源管理定义相一致的。跨国公司的战略组成及它们之间的关系对国际战略人力资源管理的影响日益加强。根据亨那特和法塔克的理论，跨国公司的战略组成中有两个主要的部分对战略人力资源管理具有影响，这就是内部单位的联系和内部运作。

（1）内部单位的联系。由于跨国公司主要考虑的是在不同国家的有效运作，所以它们更加关心的是如何管理它们的不同运作单位，具体来讲就是这些单位有多大程度的差异，如何使这些单位成为一个整体并加以控制和协调。差异性和整体性影响到公司的绩效，因而是非常重要的。正因为如此，从差异性和整体性中进行选择也是一种非常重要的挑战。汉姆布瑞克和斯诺则把这种重要性和挑战看成是公司的一种战略。因而，国际人力资源管理也就具有了战略性。实际上，对于战略国际人力资源管理来讲，跨国公司内部单位的差异性和整体性问题就是对战略国际人力资源管理的问题、作用、政策及实践的影响。

（2）内部运作。除了解决内部单位之间联系的问题以外，跨国公司也注意到了战略问题，并注重考虑这些单位的内部运作问题。每一个单位必须在当地地理环境、法律、政策、文化及社会环境的约束下运作，同时还必须尽可能结合公司和单位的竞争战略而更有效地运作。所以，对于跨国公司来讲，单位内部运作的考虑也同样具有战略性，并且在某种程度上，它们可能还会对跨国公司和战略国际人力资源管理产生重要的影响。

揭秘 Facebook 人才战略

在硅谷，人才的抢夺比世界任何地方都激烈。为了将人才的流失风险降到最低，Facebook 有着相当严谨的内部人才建设规划。在 Facebook，不论你曾经多么风光，在入职时都将和你曾经的职务完全告别，你和普通的技术员没有任何区别，你要亲自去写代码，去做细致入微的普通工作，而后根据你的能力安排工作。

在 Facebook，所有人都以成绩说话。只要完成一个重要项目并且在规定的时间内完成目标数据，公司立即对项目成员进行加薪和晋升。当然如果被发现作假，你将会面临被起诉、被开除、退回多加的薪水等各种严厉的惩罚。

Facebook 崇尚技术人才。一线员工在公司的地位是最高的，而管理者往往是为员工服务，做后勤工作的。

Mark Zuckerberg 认为做一流的企业，要有一流的人才，更要有一流的回报；在这里你将拥有比 Google、Apple 更高的薪水，当然你也要做好随时被裁员的准备，任何一个人都将有离开的一天，所以在 Facebook 你不能有一丝的懈怠。

"黑客之道"（the hacker way）是 Facebook 的文化核心：永远都在改变，没有完成的时候。"完成比完美好""快速行动，破除成规"的标语在 Facebook 内部随处可见。创办人扎克伯格正是这群顶尖黑客的教主。Facebook 工程师对扎克伯格的崇拜程度，和苹果员工对乔布斯的崇拜不相上下。对许多人来说，得到扎克伯格的肯定就是最好的报酬。

而这种严重的个人崇拜的形成与其另类的经营管理密不可分，也是其他企业难以模仿的独特成功秘方。

爱表现是应该的——每位新进员工第一天打开计算机时，会收到 6 封信件，一封是欢迎他们加入 Facebook，另外 5 封全都是关于未来的工作内容，其中包括修正 Facebook 网站的漏洞。其目的是让新进员工知道，不论资深或资浅，任何人都有权做出改变，员工唯一要做的就是拿出看家本领，用自己的方式提出创意。

不安于室才有未来——每 18 个月，所有工程师都必须离开自己的职务至少一个月的时间，参与其他的项目团队。一个月之后，工程师可以选择回到原来的工作团队，不过有三分之一的工程师最后决定加入新团队。这种内部流动是 Facebook 维持创新的重要因素。

产品开发团队越精简越好——与苹果相似，产品开发团队的人数越少越好。以"点赞"的功能及设计为例，这是由一个 3 人小组所开发的，成员只有一位产品经理、一位设计师，以及一位兼职工程师。

证明扎克伯格是错的才是真本事——相信自己的产品是好的，就要极力去争取，即使一开始遭到扎克伯格或其他高层主管反对，仍不能死心，力争到底。如今 Facebook 上广受欢迎的"Message"功能，便曾遭到扎克伯格多次否决，但产品开发小组同样不退让，最后证明"Message"功能大受欢迎。

Facebook 的成功与苹果有着异曲同工之处，其中最重要的一点就是从产品到人才永远做一流。乔布斯不能忍受苹果团队里充斥着二流员工，不能忍受任何瑕疵，在他的字典里除了"完美"就是"垃圾"。他能够在大庭广众面前大声呵斥和哭泣；他可以当着众多苹果员工，破口大骂并辞退项目经理。而扎克伯格以另一种温和的方式在无意中将苹果的精髓植入到自己的管理当中。

——资料来源：揭秘 Facebook 人才战略［EB/OL］.（2012－03－09）［2015－12－10］. http：//hr.hyrckf.com/hrhtml/hywt＿1272＿1117.html.

本章小结

人力资源是指能够推动整个经济和社会发展的、具有智力劳动和体力劳动能力的人口的总称。它超过了劳动力的范围，即只要具有劳动的能力，即使是潜在的，如未进入法定劳动年龄或超出法定劳动年龄的人们，都属于人力资源。

人力资源与物质资源和其他生物资源相比，具有生物性、能动性、时效性、资本性、智力性、再生性和社会性等特点。人力资本是人们以某种代价获得的并在劳动力市场上具有一定价格的能力或技能。它是对人力资源进行开发性投资所形成的可以带来财富增值的资本。从人力资本到人力资源是一个智力加工的过程，是人力资本内涵的继承、延伸和深化。

人力资源管理是依据组织和个人发展的需要，建立高效的机制和合理的流程，采用先进的技术和科学的方法，对组织中的人力这一特殊资源进行有效开发、合理利用与科学管理的过程。

从企业管理的角度考虑，人力资源管理的主要内容包括制订人力资源规划、职务分析、招聘与甄选、员工培训与发展、绩效考评与反馈、薪酬与福利、劳动关系。人力资源管理的理论基础主要源于人性假设理论和激励理论。

战略人力资源管理是从企业经营的战略性目标出发，从事人力资源管理活动和改进人力资源部门的工作方式、发展组织文化，以提高组织总体和长期绩效的人力资源管理活动模式。

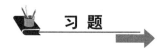 习　题

⇨ **思考题**

1. 什么是人力资源和人力资本？三者之间有何联系与区别？

2. 什么是人力资源管理？它在现代企业管理中处于什么样的地位？

3. 人力资源管理的主要内容包括哪些？

4. 现代企业人力资源管理者应扮演什么样的角色？

5. 简述内容型激励理论、过程型激励理论、行为改造型激励理论、综合型激励理论的内容。

6. 什么是战略人力资源管理？它包括哪些内容？

⇨ **讨论题**

1. 如果你是一名人力资源部经理，你将如何开展工作？

2. 人力资源管理与传统人事管理有何区别？

⇨ **自测题**

1. 人力资源与物质资源和其他生物资源相比，其特点有（　　　）等。

　　A. 生物性　　　　　　B. 能动性　　　　　　C. 时效性　　　　　　D. 资本性

2. 人力资本与人力资源的区别是（　　　）。

　　A. 两者说明问题的角度有一定区别

　　B. 两者分析问题的内容有所区别

　　C. 两者的研究对象不同

　　D. 两者的经济学内容不同

3. 从企业管理的角度考虑，人力资源管理的主要内容包括（　　　）等。

　　A. 组织设计与职务分析

　　B. 制订人力资源规划

　　C. 招聘与甄选

D. 绩效考评与反馈

4. 人力资源管理的理论基础主要源于（　　　）。

    A. 人性假设理论　　B. 生命周期理论　　C. 激励理论　　D. 扁平化理论

5. 战略人力资源管理的主要措施包括（　　　）等。

    A. 环境分析　　　　B. 重点工作　　　　C. 人力奖酬　　D. 评价调整

6. 内容型激励理论主要有（　　　）。

    A. 期望理论　　　　B. 需要层次理论　　C. ERG 理论　　D. 成就需要理论

7. "运用专业知识和技能研究开发企业人力资源产品与服务"属于人力资源管理的（　　　）角色。

    A. 战略伙伴　　　　B. 专家顾问　　　　C. 员工服务者　　D. 变革的推动者

8. 战略人力资源管理产生的背景主要有（　　　）。

    A. 全球化的兴起　　　　　　　　　　　B. 现代信息技术的推广和应用

    C. 竞争压力的加剧　　　　　　　　　　D. 知识革命的推动

案例分析

美国知名企业怎么做人才管理

CarMax 是美国最大的二手车交易商，在美国拥有超过 120 家二手汽车超市，每年销售超过 400 万辆二手车。身为世界 500 强企业，CarMax 曾被《财富》杂志评选为美国 Top100 最佳雇主。

CarMax 经过研究发现，员工的忠诚度与个人发展机会有紧密联系。公司过去快速发展的历史，也与此密切相关。为此，CarMax 专门就人才管理的实践进行了梳理，得出如下经验总结。

一、优先提拔公司内部人才，为每位员工制订个人发展计划

CarMax 为公司的基层员工提供基础的胜任岗位培训，也帮助员工规划其职业并提供发展机会。CarMax 鼓励员工积极发展自我。每一年，员工都会和自己的主管一起来制订个人发展计划，内容包括：分析自己的强项、需要发展的领域，以及如何对未来的成功做好准备。这样，每一个员工都有一个属于自己的、目标清晰的职业发展计划，并且这个计划是由个人和公司共同投入来完成的。

二、发展计划——让每一个发展项目都增强职业技能

一旦确定了个人职业发展计划，员工就会进入 CarMax 提供的职业技能发展项目，目的是成功完成发展计划。以"迈向成功的职业化成长"项目为例，它以储备主管和经理为主要对象，计划有 4 部分，主要内容包括：① 讲师主导培训，由公司的持续学习学院主持；② 研讨会，目标是建立"软技能力"，学习课程包括领导力引导、沟通和个人行动计划；③ 练习运用，即就指派的任务建立项目团队，合作完成案例讨论、模拟场景练习；④ 展示熟练度，过程是通过和一个"虚拟的学员"练习完成。

该计划的每个部分，每一个员工都会被要求完成一定数量的课程和研讨，并获得一个证书；每个季度，每一位参与者都要和项目课程经理讨论进展情况，并向学员主管通报。不过，整个项目尽管给学员提供了一个职业发展的标准路径，但还是容许学员安排自己的发展节奏。CarMax 的培训经理 Sandy Lieberman 对此解释称："我们发现，灵活的环境更有助于让人积极参与这个项目，并最终完成整个计划。"

三、开发计划——确保每一个项目都保证技术领先

CarMax 提供的所有项目，目的都是要帮助员工提高技术能力，进而拓展或升级自己的职业生涯。以 IT 部门的员工培训项目为例，CarMax 会提供 3 种主要方法，以帮助员工提升 IT 技术能力。

（1）CarMax 的 IT 认证。这个认证项目的目标包括：更好地理解公司的业务流程；理解运用和系统提出的需求；学会设计正确的开发和运用方法，以改进系统质量；管理开发、运用及系统性项目。为此，CarMax 提供了 75 门不同的课程，要获得公司 IT 认证的 IT 部门员工，必须完成 4 门业务流程课程、3 门技术和/或系统分析课程，以及 4 门团队领导课程。而为了维持这项资格认证，他们还必须每年完成 4 门学习课程。

（2）技术午餐和学习。其目的是给 IT 员工提供高端技能，即告诉员工最佳实践的第一手经验，包括如何将技术和实践融合、如何开发工具。技术午餐和学习设计有主持人、主题，一般是经验丰富的员工按照一定的规则来主持，主题则包括微软 Kinect 开发、企业授权策略、汇报、服务等。这样的学习不仅能提供给员工最新的行业趋势，还可以引发参与者的新想法，并形成一种创新文化。

（3）CarMax IT 学会。该学会每年举办一次活动，主要针对初级 IT 人员进行基础技能训练，以确保其顺利上岗。但是，其目标不止于提供技术类、IT 流程、基础商业知识等培训，还包括为新员工营造团队氛围，让员工感受到多方位支持。其实，该学会是员工和公司之间的桥梁。

CarMax 的这一经验总结，其实并不只是一家美国知名企业的经验之谈，众多美国知名企业都有人才管理方面的实践，他们各自结合企业实际，都有其独到的做法。例如，全球性公司万事达，其人才管理方面的特点是：关注人才管理新趋势，并据此制订、改进计划。

从企业人才管理的角度来讲，人才培养既要帮助学员投入学习，还要挑选那些更及时、更具成本效益的方式。面对市场上众多的选择，企业要明确寻找最适合的方式。

——资料来源：龚乐. 美国知名企业怎么做人才管理 [J]. 商学院，2013，(10).

思考题

1. 你如何评价 CarMax 的人力资源管理措施？

2. 对于我国的企业人力资源管理实践而言，CarMax 的人才管理有哪些借鉴意义？

第 2 章

人力资源规划

规划在先：要未雨绸缪，事先建好方舟。

——理查德·卡盛（Richard Cushing）

 学习目标

1. 了解人力资源规划的含义，认识人力资源规划在人力资源管理工作中的作用。
2. 了解企业人力资源管理费用的项目构成。
3. 了解人力资源费用支出控制的作用与原则。
4. 理解人力资源规划的内容和程序。
5. 掌握各种人力资源规划的方法及其平衡分析。
6. 掌握人力资源管理费用预算的原则及预算的程序与方法。
7. 掌握人力资源费用支出的基本程序。

引　言

AT&T 和许多跨国公司一样，在人力资源规划方面，极其重视对所需人员，尤其高层管理人员的能力要求。公司需要一种"新类型"的经理，这些人对于公司的新产品和服务有丰富的知识，有能力对收购与合并进行管理，并有能力在不确定的环境中有效地行使其职能。

AT&T 重新进行了详细的人力资源规划，并重点对高层管理者的素质和技能进行了描述，借助开发和实行一套职业生涯管理系统来解决高层管理者配备的管理问题。这一系统有两个方面的目的：第一，确认公司新的全球商业计划所要求的管理技能；第二，追踪所有有志于高层管理职位的现有经理的技能水平。这样一个系统将允许 AT&T 能在出现空缺时去"推荐"并最终选择就任人选。

系统中储存了有关 AT&T 的人员和职位的大量信息。例如，"人员档案"包括了有关每一个经理的信息，如工作历史、教育程度、优点和缺点、领导开发需要、开发计划、培训（参加过的和计划参加的）和特殊技能（如对外语的精通程度）。对于每个作为目标的高层管理职位，"职位方案"都列出了职位头衔、就任地点、技能要求（现在的和将来的），以及这一职位的可能的继任者。

AT&T借助人力资源规划保持了其高层领导的连续性。具体地说，就是描述定义对于不同的高级职位所需的领导技能，了解有资格升至某个确定职位的雇员，对每个候选人进行充分的培训开发。

通过这些做法，公司掌握了一个在高层管理职位出现空缺时可以从中进行挑选的全世界的合格内部候选人的后备库。而且，规划具有相当的灵活性，允许公司对突然的变化需要做出快速反应。例如，当巴黎的高层管理职位由于合并而突然出现悬而未决的情况时，这一系统会迅速地确定一个能流畅地使用法语的合格候选人。

——资料来源：http：//www.pkurc.com/news/note＿3＿2940＿1.html.

由以上案例可以看出，人才管理的终极结果是连续的人才供应。无论企业如何调整其经营战略，它们必须要评估和重视支撑企业发展的人才需求，必须认识到人力资源规划的必要性。未雨绸缪，方显人力资源规划的价值。

2.1　人力资源规划概述

俗话说：凡事预则立，不预则废。组织的管理工作首先是从做规划开始的，规划有助于减少未来的不确定性。人力资源管理的重要性在于它的战略地位，而战略地位的保证则是人力资源规划的制订与实施。人力资源规划是组织计划的重要组成部分，是各项具体人力资源管理活动的起点与依据。就像一个出色的裁缝可以用最少的布料做出一套舒适合身的西装一样，有效的人力资源规划可以预防组织的臃肿，使资源的配置达到最优化。

2.1.1　人力资源规划的含义

人力资源规划，也称人力资源计划（HRP），是指根据组织发展战略与目标的要求，科学地预测、分析组织在变化的环境中的人力资源的供给和需求状况，制订必要的政策和措施，以确保组织在需要的时间和需要的岗位上获得各种需要的人力资源，并使组织和个人得到长期的利益。

准确理解人力资源规划的含义，需要把握下列4个基本点。

（1）人力资源规划应充分考虑组织内外环境的变化。组织所处的内、外部环境总是在不断变化的，不断变化的环境必然会对组织的人力资源的供求状况产生持续影响，人力资源规划就是要对这些变化进行合理的预测，使组织的人力资源管理处于主动的地位。在企业中，内部变化主要是指销售的变化、开发的变化、企业发展战略的变化及公司员工流动的变化等；外部变化主要指社会消费市场的变化、政府有关人力资源政策的变化、人才市场供需矛盾的变化等。

（2）组织应制订必要的人力资源政策和措施，以保证对人力资源需求的满足。例如，内部人员的调动补缺、晋升或降职，外部招聘和培训及奖惩等都要切实可行，否则就无法保证人力资源计划的实现。

（3）确保人力资源与组织未来发展各阶段的动态适应。组织的人力资源供求平衡问题是人力资源规划应解决的核心问题。它包括人力资源需求预测、供给预测、人员的内部流动预测、社会人力资源供给状况分析、人力资源流动的损益分析等。只有有效地保证企业的人力资源供求平衡，才可能进行更深层次的人力资源管理与开发。

（4）使组织和员工都得到长期的利益。人力资源规划不仅是面向组织的计划，而且是面向员工的规划。组织的发展和员工的发展是互相依托、互相促进的关系。如果只考虑组织的发展需要，而忽视员工的发展，则会使组织的发展目标难以达成。优秀的人力资源规划一定是能够使组织和员工得到长期利益的计划，一定是能够使组织和员工共同发展的计划。在实现组织目标的同时，要满足员工个人的利益。

2.1.2 人力资源规划的内容

人力资源规划主要包括两个层次：总体规划和各项业务计划。人力资源总体规划是指根据组织的总体发展战略，对有关计划期内人力资源开发与管理的总目标、总政策、实施步骤和总预算的系统筹划；人力资源业务计划则是总体规划的展开和具体化，每一项业务计划都由目标、任务、政策、步骤及预算等部分构成。这些业务计划实施的结果应能保证人力资源总体规划目标的实现。人力资源业务计划主要包括以下几个方面。

（1）配备计划。这表示组织中长期内处于不同职务、部门或工作类型的人员的分布状况。组织中各个部门、职位所需要的人员都有一个合适的规模，这个规模是随着组织内外部环境和条件的变化而变化的。配备计划就是要确定这个合适的规模及与之对应的人员结构是怎样的，这是确定组织人员需求的重要依据。

（2）使用计划。使用计划的主要内容是晋升与轮换。晋升计划就是根据组织的人员分布状况和层级结构，拟定人员的提升政策。轮换计划即是为实现工作内容的丰富化、保持和提高员工的创新热情和能力、培养员工多方面的素质而拟订的大范围地对员工的工作岗位进行定期变换的计划。晋升表现为员工岗位的垂直上升，轮换则主要表现为员工岗位的水平变动。

（3）退休解聘计划。组织每年都会有一些人因为达到退休年龄或合同期满、组织不再续聘等原因而离开组织。在经济不景气、人员过剩时，有的组织还常常采取提前退休、买断工龄甚至解聘等特殊手段裁撤冗员。在这些方面，组织都应根据人员状况提前做好计划。

（4）补充计划。补充计划也称招聘计划。因为种种原因，例如组织规模的扩大、原有人员的退休、离职等，组织中经常会出现新的或空缺的职位，这就需要组织制订必要的招聘政策和措施，以保证在组织出现职位空缺时能及时地获得所需数量和质量的人力资源。

（5）培训开发计划。人力资源的开发和利用是人力资源规划的重点，它包括组织全员培训开发规划、员工职业道德的教育计划、员工职业技能的培训计划、专门人才的培养计划，等等。这类计划的编制和实施，一方面可以使组织成员更好地适应正在从事的工作，另一方面也为组织未来发展所需要的一些职位准备了后备人才，有利于提高组织整体素质和员工个体素质，增强组织智力资本的竞争优势。

（6）职业生涯计划。员工的成长与发展只有在组织中才能实现，因而它不仅是个人的事，也是组织所必须关心的事。这里所说的职业生涯计划，就是组织为了不断地增强其成员的满意度并使其能与组织的发展和需要统一起来，制订有关员工个人的成长、发展与组织的需求、发展相结合的计划。其主要内容是组织对员工个人在使用、培养等方面的特殊安排。一般情况下，组织不可能也没有必要为所有的员工都制订职业生涯计划，职业生涯计划的主要对象应是组织的骨干员工。

（7）绩效与薪酬福利计划。这项计划的内容包括绩效标准及其衡量方法、薪酬结构、工资总额、工资关系、福利项目及绩效与薪酬的对应关系等。

（8）劳动关系计划。即关于如何减少和预防劳动争议，改进劳动关系的计划。

（9）人力资源预算。以上各方面都或多或少地涉及费用问题，所以要在制订各项分预算的基础上，制订出人力资源的总预算。

上述9个方面是相互关联的，例如：培训开发计划、使用计划都可能带来空缺岗位，因而需要补充人员；补充计划要以配备计划为前提；补充计划的有效执行需要有培训开发计划、薪酬福利计划、劳动关系计划来保证；职业生涯计划与使用计划相辅相成；等等。

怎样编写人力资源计划

一、公司战略与业务趋势分析

分析公司的战略与业务发展趋势中与人力资源工作有较大关联的部分，以此作为依据分析给人力资源工作带来的变化与要求。

二、公司组织调整建议与岗位变动预测

由上一节的分析得出的可能涉及组织调整及岗位变动的预测分析及调整建议。

三、公司人员配备计划（需求分析、供给分析）

根据上一节的分析，在需求分析中阐明需求岗位的名称、数量要求、素质要求、到岗计划等；在供给分析中主要阐述人员供给的方式、内部供给流动政策、外部供给流动政策等，通过分析预测未来的供给情况。

四、公司招聘与劳务计划

主要是依据上一节的分析结果，以需求与供给之间的缺口为依据，提出招聘与劳务配给计划。招聘可以是外部招聘，也可以是内部招聘。招聘计划需要列明招聘方式、途径、岗位、数量、素质要求、招聘计划等。

五、公司培训与提升计划

依据前面两节的分析内容，确定提升现有人员素质及培训新入职员工的培训计划，包括培训制度、培训需求、培训内容、培训方式、培训评估等。

六、公司薪酬与激励调整建议

主要阐述薪酬与激励方面一些调整建议的调整原因、调整范畴、调整计划等，比如调整薪酬的结构、发放方式，调整激励政策等。

七、公司绩效管理完善建议

主要阐述绩效管理方面一些调整建议的调整原因、调整范畴、调整计划等，比如调整绩效管理政策、某些部门的考核指标、考核流程、考核方式、考核兑现等。

八、公司人员流失控制与劳资关系处理预案

主要阐述如何合理控制企业人员流动比率及协调处理好劳资关系，比如控制人员流失率的目标值、流失情况预测、人才流失控制方式、人员分流渠道与措施、劳资关系协调原则、

劳资事务处理预案等。

九、公司人力资源工作费用预算

主要是指招聘费用、培训费用、增加福利费用、额外激励费用等的预算，人工成本的预测与计划应另外成文。

十、公司人力资源工作危机处理预案

主要是针对人力资源工作过程中可能遇到的意外风险，比如招聘不及时、招聘失败、培训没有效果、薪酬与激励政策引起员工不满等，通过危机识别、风险评估、危机处理、风险监控等一系列预案措施来防范风险的发生或降低风险的危害。

——资料来源：杨霏. 怎样编写人力资源计划.（2010-01-25）[2015-12-15]. http://www.chinahrd.net.

2.1.3 人力资源规划的作用

（1）有利于组织战略目标和发展规划的制订和实施。组织的高层管理者在制订战略目标和发展规划及选择决策方案时总要考虑组织自身的各种资源，尤其是人力资源的状况。如果有科学的人力资源规划，就有助于高层领导了解组织内目前各种人才的余缺情况及在一定时期内内部抽调、培训或对外招聘的可能性，从而有助于他们进行决策。人力资源规划要以组织的战略目标、发展规划和整体布局为依据；但反过来，人力资源规划又有利于战略目标和发展规划的制订，并可以促进战略目标和发展规划的顺利实现。

（2）确保组织发展对人力资源的需求。任何企业都处在一定的内外环境之中，而影响环境的因素又不断地变化和运动，其中的一些因素会对企业的人力资源需求状况产生很大的影响。例如，在激烈的市场竞争环境下，企业技术变化很快，一项新技术的采用往往会导致生产率的提高，这既可以节省许多劳动力，同时也要求对在岗的员工进行再培训以适应新技术的要求。这时，如果不能事先对组织的人力资源状况进行认真的分析，提高现有员工的素质或吸引外部较高素质的劳动力，组织就不可避免地会出现人力短缺的现象，从而影响正常的生产活动。如果说低技能的一般员工可以随时通过劳动力市场而获得，或者通过对现有员工进行简单培训即可满足工作需要的话，那么那些对组织关键环节起决定性作用的技术人员和管理人员的短缺则无法立即满足组织的需要。组织内部的其他因素也在不断变化，如退休、自然减员、辞职、辞退、开除、工作岗位的调动、职务升降，以及国家有关退休年龄的法规政策的变动，等等，这些因素的变化也会导致人力资源数量、质量和结构等方面的变化，需要适时地进行调整。

对于处于稳定状况下的组织来讲，一般不需要进行人力资源规划，只需要对人员进行简单的调整，因为组织的生产经营范围和生产技术条件等没有发生变化，人力资源的数量、质量和结构也相对稳定。这种组织在短期内是存在的，但从较长时期来看，大多数组织处于不稳定的发展状态下，组织的生产技术条件所决定的人员需求的数量、质量和结构会有较大的波动，使组织劳动力的需求量和拥有量不能自动实现均衡。因此，组织人力资源部门必须分析组织人力资源需求和供给之间的差距，制订各种规划来满足组织对人力资源的需要。

（3）有利于调动员工的积极性和创造性。现代人力资源管理要求在实现组织发展目标

的同时，满足员工的个人需要，包括物质需要和精神需要，这样才能激发员工的持久积极性。只有在人力资源规划的条件下，员工对自己可满足的东西和满足的水平才是可知的。当组织所提供的与员工自身所需求的大致相符时，他们就会努力追求，在工作中表现出主动性、积极性和创造性；否则，在前途未卜和利益未知的情况下，员工的积极性就会下降，甚至离开组织另谋高就。而人员流失特别是有才能的人流失多，必然削弱组织的力量，使组织效益下降，士气低落，从而进一步加速人员的流失，形成恶性循环。

（4）有利于更好地控制人工成本。人工成本中最大的支出项目是工资，而组织工资总额在很大程度上取决于组织的人员分布状况，即人员在不同职务和不同级别上的数量状况。在组织发展初始阶段，由于低工资的人员较多，人工成本相对便宜。随着组织的成长和发展、员工职务的提高，工资成本也将上升，加上物价等因素的影响，使组织的人工成本可能超过组织的负担能力。如果没有人力资源规划，不对组织的人员结构、职务布局等进行合理的调整，势必造成组织的人工成本上升，企业效益下降，从而影响组织经营战略的实现。所以，要通过人力资源规划预测组织人员的变化，调整组织的人员结构，把人工成本控制在合理的水平上，这是组织良性发展不可缺少的重要的一环。

（5）有利于人力资源管理活动的有序化。与职务分析一样，人力资源规划是组织人力资源管理的基础，它由总体规划和各分项业务规划构成，为管理活动，如确定人员的需求量和供给量、调整职务和任务、培训等提供可靠的信息和依据，进而保证管理活动的有序化。如果没有人力资源规划，那么组织什么时候需要补充人员，补充哪个层次的人员，如何避免各部门人员提升的机会不均等，以及如何组织培训，等等，都会出现很大的随意性和混乱。

2.1.4　人力资源规划的程序

一般来说，人力资源规划的程序可分为以下 7 个步骤，如图 2-1 所示。

1. 收集分析有关信息资料

收集分析有关信息资料是人力资源规划的基础，它的质量如何对整个工作影响很大，必须高度重视。

通常来说，需要收集的信息资料主要有以下几个方面。

（1）组织的经营战略和目标。

（2）组织结构的检查与分析。

（3）职务说明书。职务说明书明确地指出了每个职务应有的职位、责任、权力，以及履行这些职、责、权所需的资格条件，这些资格条件就是对员工素质及水平的要求。

（4）组织现有的人力资源状况。其关键在于弄清现有人力资源的数量、质量、结构及分布状况。这一部分工作是本阶段的重点，需要结合人力资源管理信息系统和职务分析的有关信息来进行。如果企业尚未建立人力资源管理信息系统，这项工作最好与建立该信息系统同时进行。

（5）外部环境信息。这类信息包括两类。一是宏观经营环境信息，如社会、法律、政治、经济、文化等。由于人力资源规划同企业的生产经营活动密切联系，因此这些影响企业生产经营的环境因素也会对人力资源的供给和需求产生重大影响。二是直接影响人力资源供求的环境信息，如外部劳动力市场的供求状况、政府的职业培训政策和教育政策及竞争对手的人力资源管理政策等。

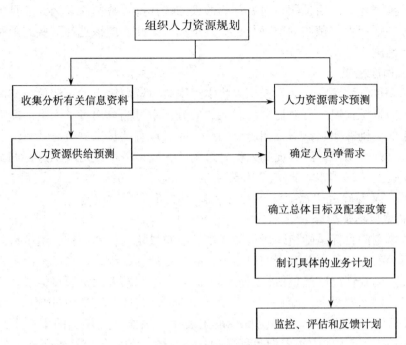

图 2-1 人力资源规划的程序

2. 人力资源需求预测

这一步的工作可以与上一步同时进行，它主要是根据组织战略规划和组织的内外条件选择预测技术，然后对人力资源需求的结构、质量和数量进行预测。其主要任务是分析组织需要什么样的人及需要多少人。为此，分析人员首先要了解哪些因素可能影响到企业的人力资源需求，这些因素包括组织技术和设备条件的变化、组织规模的变化、组织经营方向的调整、原有人员的流动及外部因素对组织的影响等。

一般来说，商业因素是影响员工需求类型、数量的重要变量，预测者要善于分析这些因素，并且要善于收集历史资料，为预测打好基础。例如，一个企业的产量和需要的员工数目之间经常存在着直接的关系，产量增加时，劳动力一般会成比例地增长。如果实际情况确实如此，只有产量等少数几个有限的商业因素影响人力需要的话，那么进行人力资源需求的预测就要简单一些。可实际情况往往不是这样，员工人数的增加并不单纯是由产量增加引起的，改进技术、工作方法和管理方式等非商业因素都会增进效率，从而导致产量和劳动力之间的关系发生变化。从逻辑上讲，人力资源的需求是产量、销售量、税收等的函数，但对不同的企业，每一因素的影响并不相同。

3. 人力资源供给预测

人力资源供给预测包括两方面：一方面是内部人员拥有量预测，即根据现有人力资源及其未来变动情况，预测出计划期内各时间点上的人员拥有量；另一方面是外部供给量预测，即确定在计划期内各时间点上可以从组织外部获得的各类人员的数量。一般情况下，内部人员拥有量是比较透明的，预测的准确度较高，而外部人力资源的供给则有较高的不确定性。组织在进行人力资源供给预测时应把重点放在内部人员拥有量的预测上，外部供给量的预测则应侧重于关键人员，如高级管理人员、技术人员等。

无论需求预测还是供给预测，对做预测的人的选择都十分关键，因为在预测过程中，预测者及其管理判断能力与预测的准确与否关系重大。因此，应该选择那些有经验、判断力较强的人来进行预测。

4. 确定人员净需求

人员需求和供给预测完成后，就可以将本组织人力资源需求的预测情况与同期内组织本身可供给的人力资源情况进行对比分析。从比较分析中可测算出各类人员的净需求情况。如果净需求是正的，则表明组织需要招聘新的员工或对现有的员工进行有针对性的培训；如果净需求是负的，则表明组织这方面的人员是过剩的，应该精简或对员工进行调配。需要说明的是，这里所说的"净需求"既包括人员数量，又包括人员结构和人员标准，即既要确定"需要多少人"，又要确定"需要什么人"，数量和标准需要对应起来。

5. 确立总体目标及配套政策

人力资源规划的目标是随组织所处的环境、组织战略与战术计划、组织目前的工作结构与员工工作行为的变化而不断改变的。当组织的战略计划、年度计划已经确定，组织目前的人力资源需求与供给情况已经摸清，就可以据此制订组织的人力资源目标了。目标可以用最终结果来阐述，例如"到明年年底，每个员工的年培训时间达到40小时""到明年年底，将人员精简1/3"；也可以用工作行为的标准来表达，例如"到培训的第三周，受训者应该会做这些事……"。组织的人力资源目标通常都不是单一的：每个目标可能是定量的、具体的，也可能是定性的、比较抽象的。

6. 制订具体的业务计划

这包括制订配备计划、补充计划、使用计划、培训开发计划等。计划中既要有指导性、原则性的政策，又要有可操作的具体措施。供求预测的不同结果决定了应采取的政策和措施也不同。

7. 监控、评估和反馈计划

对一个组织人力资源规划的监控、评估和反馈是对该组织人力资源规划所涉及的各个方面及其所带来的效益进行综合的监督、审查与评价，也是对人力资源规划所涉及的有关政策、措施及招聘、培训发展和报酬福利等方面进行审核与控制，发现规划的不当之处并进行及时调整和反馈，以确保人力资源规划的适用性和有效性。

在西方国家的大企业中，一般都有人力资源管理委员会。该委员会由一位副总裁、人力资源部经理及若干专家和员工代表组成。委员会的主要职责是定期地检查各项人力资源政策的执行情况，并对政策的修订提出修改意见，交董事会审批。委员会的主席由委员们轮流担任，任期一年。除委员会外，人力资源部也定期地检查人力资源政策的执行情况及具体项目的执行效果。我国企业可以借鉴西方国家的经验，但也要注意符合我国的国情。例如，在国有企业中，党委、工会在人力资源管理委员会中应该有代表参加。

2.2　人力资源供求预测及其平衡

2.2.1　人力资源需求预测

人力资源需求预测主要是根据组织战略规划和组织的内外条件选择预测技术，然后对人力资源需求的结构、质量和数量进行预测。其主要任务是分析组织需要什么样的人及需要多少人。为此，规划人员首先要了解哪些因素可能影响到组织的人力资源需求，然后根据这些因素的变化对组织的人力资源需求状况进行预测和规划。

1. 人力资源需求规划的影响因素

人力资源的需求规划受多种因素的影响，主要包括以下几个方面。

（1）组织的发展战略和经营规划。组织的发展战略和经营规划直接决定了组织内部的职位设置情况及人员需求数量、质量与结构。当组织决定实行扩张战略时，未来的职位数和人员数肯定会有所增加；如果组织对原有经营领域进行调整时，未来组织的职位结构和人员构成也会相应地进行调整。

（2）生产技术和管理水平的变化。不同的生产技术和管理方式很大程度上决定了企业内部的生产流程和组织方式，进而决定了组织内职位设置的数量和结构。因此，当组织的生产和管理技术发生重大变化时，会引起组织内职位和人员情况的巨大变化。当企业采用效率更高的生产技术的时候，同样数量的市场需求可能只需要很少的人员就可以，同时新的技术可能还要求企业用能够掌握新技能的员工来替换原有员工。但是新的技术也可能会有一些新的职位要求，如设计、维修等，也会在一定程度上增加对某一类员工的需求。

（3）企业的产品或服务的社会需求。一般地，在生产技术和管理水平不变的条件下，企业产品需求与人力资源需求成正比关系，当企业产品和服务需求增加时，企业内设置的职位和聘用的人数也会相应地增加。

（4）组织现有的人力资源状况。

（5）组织所拥有的财务资源对人员需求的约束。

（6）外部环境对组织的影响。外部环境包括社会、政治、经济、法律等环境。经济环境包括未来的社会经济发展状况、经济体制的改革进程等，它对组织人力资源需求影响较大，可预测性较弱；社会、政治、法律因素虽然容易预测，但如何对组织产生影响却难以确定；技术对组织人力资源影响较大，如工业革命大大提高了劳动生产率，使对人力资源的需求锐减，而目前以生物、新材料等为代表的技术革命势必对组织的技术构成产生重大影响；组织外部竞争对手的易变性导致的社会对企业产品或劳务需求的变化，也会影响企业人力资源需求。

外部环境是组织人力资源规划的"硬约束"，任何政策和措施均无法规避。例如，《中华人民共和国劳动法》规定：禁止用人单位招用未满 16 周岁的未成年人。组织拟定未来人员招聘计划时，应该遵守这一原则，否则将被追究责任，计划亦无效。

以上复杂的内外环境的影响，使人力资源需求规划变得十分复杂和困难，既要考虑单个因素的影响，又要考虑各因素相互作用的影响；既要有主观定性的分析，又要有定量分析。而且，不同的组织的影响因素会有所不同，即使是同一种影响因素，对人力资源需求的实际影响也有所差异，因此人力资源需求规划应根据组织的具体情况，分析和筛选出对组织人力资源需求影响最为关键的因素，并确定这些因素对组织人力资源需求的实际影响，然后根据这些因素的变化对组织人力资源需求状况进行预测和规划。

2. 人力资源需求的预测方法

1）经验判断法

经验判断法（或称直觉预测法）是企业的各级管理者，根据自己工作中的经验和对企业未来业务量增减情况的直觉考虑，自下而上地确定未来所需人员的方法。具体做法是：先由基层管理者根据自己的经验和对未来业务量的估计，提出本部门各类人员的需求量，再由上一层管理者估算平衡，再报上一级的管理者，直到最高层管理者做出决策，然后由人力资源管理部门制订出具体的执行方案。这是一种非常简便、粗放的人力资源需求预测方法，主要适用于短期的预测。如果企业规模小，生产经营稳定，发展较均衡，也可用这种方法来预测中长期的人力资源需求。

2）德尔菲法

德尔菲法的基本特点如下。

（1）专家参与。邀请相同或相似学科甚至不同学科的专家共同参与预测，博采众长。

（2）匿名进行。参与预测的专家互不知情，"背对背"地、单独地做出自己的判断。

（3）多次反馈。预测过程必须经过多次反馈，使专家的意见互相补充、启发，并渐趋一致。

（4）采用统计方法。将每次反馈回来的预测结果用统计方法加以处理，做出定量的判断。

德尔菲法在人力资源预测的运用中，有以下具体的实施步骤。

（1）设计人力资源调查表，在表中应简要说明调查的注意事项，列出有关人力资源预测的各类问题（这些问题均能做统计运算处理）。

（2）选择20余名熟悉人力资源问题的专家，分为两组，第一组为被调查组，第二组为分析组，并为专家们提供相关的背景资料。

（3）做第一轮调查（普查，与专家组无关）后将调查表送交第一组专家，由专家匿名并独立地对上述问题进行判断或预测；然后，第二组专家对反馈回来的调查表进行分析，并用统计方法进行综合处理，第一轮调查结束。

（4）根据第一轮调查的专家意见与统计分析结果，设计第二轮调查表，并请第一组专家对第二轮调查表中的问题进行判断、预测，第二组专家对反馈的第二轮调查表进行分析并打分。

（5）对第二轮调查反馈的信息进行处理后，进行第三轮的调查、预测和分析。

（6）根据第三轮调查结果的情况和人力资源专家事先确定的满意度指标，决定是否终止调查。如果决定终止，此时确定分值最高的方案就是最佳方案。一般到这一步骤时，专家们的意见基本趋于一致。

（7）用图、表和文字相结合的方式总结预测结果，发布专家们的预测分析结论。

3）转换比率分析法

这种方法是根据过去的经验，把组织未来的业务量转换为人力资源的需求量的预测方法。具体做法是：先根据过去的业务活动量水平，计算出每一业务活动增量所需的人员相应增量，再把对实现未来目标的业务活动增量按计算出的比例关系，折算成总的人员需求增量，然后把总的人员需求量按比例折算成各类人员的需求量。例如，某炼油厂根据过去的经验，每增加1 000吨的炼油量，需增加15人，预计一年后炼油量将增加10 000吨，折算成人员需求量为150人；如果管理人员、生产人员、服务人员的比例是1∶4∶2，则新增加的150人中，管理人员约为20人，生产人员约为85人，服务人员约为45人。需要指出的是，转换比率方法假定组织的劳动生产率是不变的。如果考虑到劳动生产率的变化对员工需求量的影响，可以使用下面的员工总量需求预测方法，其计算公式为：

$$计划期末所需员工数量 = \frac{目前业务量 + 计划期业务量的增长量}{目前人均业务量 \times (1 + 生产率增长率)}$$

按照上述方法，假设某商学院在 2015 年有 MBA 学生 1 500 人，2016 年计划招生增加 150 人，目前平均每个教师承担 15 名学生的工作量，生产率保持不变，那么在 2016 年该商学院就需要教师 110 名。需要指出的是，这种预测方法存在着两个缺陷：一是进行估计时需要对计划期的业务增长量、目前人均业务量和生产率的增长率进行精确的估计；二是这种预测方法只考虑了员工需求的总量，没有说明其中不同类别员工需求的差异。

4）单变量趋势外推法

单变量趋势外推法属于一元回归分析，它只是根据整个企业或企业中各个部门过去的人员数量或业务量变动趋势来对未来的人力资源需求进行预测，而不考虑其他因素对人力资源需求量的影响。其基本的计算公式为：

$$Y = a + bX$$

$$b = \frac{\sum (X - \bar{X})(Y - \bar{Y})}{\sum (X - \bar{X})^2}$$

$$a = \bar{Y} - b\bar{X}$$

式中：Y——计划期所需人员数量；

X——单位产品产量/人员数量；

a，b——根据过去资料推算的未知数。

为了便于了解这种方法，通过下面实例来说明。

例如：已知某企业生产人员与产量数据如表 2-1 所示。

表 2-1 某企业生产人员与产量

年份	产量 X_i	人数 Y_i	$(X_i - \bar{X})$	$(X_i - \bar{X})^2$	$(Y_i - \bar{Y})$	$(X_i - \bar{X})(Y_i - \bar{Y})$
2004	11	21	−8	64	−8	64
2005	13	22	−6	36	−7	42
2006	14	23	−5	25	−6	30
2007	14	25	−5	25	−4	20
2008	17	28	−2	4	−1	2
2009	16	30	−3	9	1	−3
2010	19	32	0	0	3	0
2011	21	31	2	4	2	4
2012	20	32	1	1	3	3
2013	24	34	5	25	5	25
2014	28	34	9	81	5	45

年份	产量 X_i	人数 Y_i	$(X_i-\bar{X})$	$(X_i-\bar{X})^2$	$(Y_i-\bar{Y})$	$(X_i-\bar{X})(Y_i-\bar{Y})$
2015	31	36	12	144	7	84
合计	228	348		418		316

由表 2-1 中数据可计算出：

$$\bar{X} = \frac{\sum X_i}{N} = \frac{228}{12} = 19 \quad （N \text{ 为数据个数}）$$

$$\bar{Y} = \frac{\sum Y_i}{N} = \frac{348}{12} = 29$$

$$b = \frac{\sum (X-\bar{X})(Y-\bar{Y})}{\sum (X-\bar{X})^2} = \frac{316}{418} = 0.76$$

$$a = \bar{Y} - b\bar{X} = 29 - 0.76 \times 19 = 14.56$$

从而得出预测方程：$Y = 14.56 + 0.76X$

如果已知 2016 年产量为 35，那么 2016 年该企业的人员需求量为：

$$Y_{2016} = 14.56 + 0.76 \times 35 = 41$$

即：到 2016 年时，该企业需净增加 5 个人。

如果不考虑其他因素对 $Y = 14.56 + 0.76X$ 的影响，根据上一年的产量数即可推测以后各年度企业对人员的需求量。

5）考虑生产率变化影响的模型

企业的劳动生产率对人员的需求量影响很大，要准确地预测人力资源的需求水平，就需要一种考虑相关变量的更加全面的模型。这个模型的表达式为：

$$Y_t = \frac{Y_0}{P_0} \times P_t + \left(\frac{Y_0}{P_0} - \frac{Y_{-1}}{P_{-1}}\right) \times P_t$$

式中：Y_t——时间为 t 时的企业人员需求量；

$\quad Y_0$——$t=0$ 时企业人员的需求量；

$\quad Y_{-1}$——$t=-1$ 时企业人员的需求量；

$\quad P_t$——时间为 t 时企业的生产水平；

$\quad P_0$——$t=0$ 时企业的生产水平；

$\quad P_{-1}$——$t=-1$ 时企业的生产水平。

由于这一模型考虑了企业的劳动生产率水平，因此在运用过程中首先要对企业的生产水平进行预测，然后根据其变化情况预测相应的人力资源需求情况。

例如：假设 2015 年为 $t=0$，2014 年为 $t=-1$，现在要预测 2016 年（Y_{2016}）的人员需

求量。

已知：$Y_0 = 1\,000$ 人，$Y_{-1} = 900$ 人，$P_0 = 100\,000$ 吨，$P_{-1} = 80\,000$ 吨，$P_{2016} = 110\,000$ 吨，求 Y_{2016} 的值。

解：根据预测模型公式可得

$$Y_{2016} = \frac{1\,000}{100\,000} \times 110\,000 + \left(\frac{1\,000}{100\,000} - \frac{900}{80\,000}\right) \times 110\,000 = 962.5$$

从计算结果可以看出，由于企业的劳动生产率发生变化，使 2016 年所需的员工人数比 2015 年少 37.5 人。

6）劳动定额法

劳动定额是对劳动者在单位时间内应完成的工作量的规定。在已知企业计划期任务总量及制订了科学合理的劳动定额的基础上，运用劳动定额法能较准确地预测企业人力资源需求量。其公式为：

$$N = W / [q(1+R)]$$

式中：N——人力资源需求量；

　　　W——企业计划期任务总量；

　　　q——企业定额标准；

　　　R——计划期劳动生产率变动系数（$R = R_1 + R_2 - R_3$，其中 R_1 表示企业技术进步引起的劳动生产率提高系数；R_2 表示经验积累导致的生产率提高系数；R_3 表示由于劳动者及某些因素引起的生产率降低系数）。

上面介绍的几种方法都是以现存的或者过去的组织业务量和员工之间的关系为基础，都适合于预测具有共同特征的员工的需求。这些预测方法的精确性有赖于两者之间关系的强度、这种关系提炼方法的精确性和这种关系在将来继续保持的程度。如果员工的数量不仅仅是取决于业务量一个因素，而是取决于多个解释变量，那么就需要采用多元回归分析方法。

人力资源规划的一个关键是预测劳动力的老化和员工离职情况。人员减少量是辞职人数、解雇人数、调离人数和退休人数的总和。组织可以使用适应性预期的方法来预测离职率。在预测员工离职规模时，还应区分不可避免的和可以控制的两类情况，以及随着时间的推移各个不同的工作岗位上员工正常的流动率。无疑，这种预测的精确度越高，劳动力供给的估计在将来的价值也就越大。

还需要指出的是，不论使用什么预测方法，都是以函数关系不变作为前提，但是这经常是不符合实际的，因此需要用管理人员的主观判断进行修正。第一，提高产品或服务质量的决策或进入新市场的决策会影响到对新进人员和企业现有人员能力等特征的需要，这时，只有数量分析是不够的。第二，生产技术水平的提高和管理方式的改进会减少对人力资源的需求，这是数量分析中难以反映的。第三，企业在未来能够支配的财务资源不仅会制约新进员工的数量，也会制约新进员工的质量，因为财务资源制约着员工的薪资水平。

7）计算机模拟法

它是企业人力资源需求预测技术中最复杂同时也是最精确的一种方法，它能综合考虑各种因素对企业人员需求的影响。目前还没有通用的大众化的软件系统被广泛用于人力资源需求预测。

2.2.2　人力资源供给预测

人力资源供给预测，也称人员拥有量预测，是人力资源规划的又一关键环节。只有进行人员拥有量预测，并把它与人力资源需求量相对比之后，才能制订各种人力资源规划。人力资源供给预测与人力资源需求预测的区别在于：需求预测分析的是组织内部对于人力资源的需求，而供给预测则要研究组织内外部的供给两个方面。

1. 组织内部人力资源供给预测

组织内部未来人力资源供给是组织人力资源供给的主要部分（除新建组织外）。组织未来人力资源需求的满足应该优先考虑内部人力资源供给。

影响组织内部人力资源供给的因素包括：组织人员年龄阶段分布，职工的自然流失（伤残、退休、死亡等）、内部流动（晋升、降职、平调等）、跳槽（辞职、解聘等），新进员工的情况、员工填充预计的岗位空缺的能力等。常用的预测方法有以下几种。

1）人员核查法

这是对组织现有人力资源的数量、质量和结构，人力资源在各职位上的分布状况进行核查，以掌握组织拥有的人力资源整体现状。通过核查，可以了解员工在工作经验、技能、绩效、晋升潜力等方面的情况，从而帮助人力资源规划人员估计现有员工调换工作岗位及胜任可能性的大小，决定哪些人可以补充当前的职位空缺。为此，在日常的人力资源管理工作中，需要通过计算机等手段做好员工的工作能力及潜力方面的客观记录。这种记录工作通常是借助于人事资料登记表进行的。表2-2是一个人事资料登记表的示例。

表2-2　人事资料登记表

姓名：		部门：		科室：			工作地点：		填表日期：	
到职日期：			出生年月：			婚姻状况：			职称：	
教育状况	类别	毕业学校		毕业日期			所学专业		实习工作情况	
	高中									
	大学									
	硕士									
	博士									
训练背景	训练主题			训练机构			训练时间			
技能	技能种类				相关证书					
志向	你是否愿意担任其他类型的工作？								是	否
	你是否愿意调到其他部门去工作？								是	否
	你是否愿意接受工作轮调以丰富工作经验？								是	否
	如果可能，你愿意承担哪种工作？									

你认为自己需要接受何种训练？	改善目前的技能和绩效
	提高晋升所需要的经验和能力
你认为自己现在就可以接受哪种工作指派？	

人事资料登记表的主要优点是它提供了一种迅速和准确地估计组织内可用技能的信息，尤其是随着计算机和网络技术的广泛使用，人事资料登记表的制作和使用将越来越便利。除了为晋升和调动决策提供帮助之外，人事资料登记表还可以用于规划未来培训，甚至是员工的招聘工作。

人事资料登记表可以用于所有的员工，也可以仅包括部分员工。当然，不同员工类型的人事资料登记表，其具体项目可以根据需求进行修改和调整，以反映该员工类型的主要特征。例如，管理人员人事资料登记表除了上述主要信息外，还应包括管理者的管理幅度、管理的总预算、下属的职责范围、管理对象的类型、当前的管理业绩等信息。人事资料登记表的内容需根据员工情况的变化而不断更新，一旦出现职位空缺，人力资源部门便可根据它提供的信息及时挑选合适人选。

2）管理人员替换图

一些组织的人力资源管理部门利用管理人员替换图来对每一位内部候选人进行跟踪，以便为组织内重要的职位挑选候选人员。管理人员替换图记录各个管理人员的工作绩效、晋升的可能性和所需要的训练等内容，由此来决定哪些人员可以补充组织的重要职位空缺。这一方法的操作过程是：确定计划包括的工作岗位范围，确定每个关键职位上的接替人选，评价接替人选目前的工作情况及是否达到提升的要求，确定职业发展需要，并将个人的职业目标与组织目标相结合。其最终目标是确保组织未来能够有足够的合格的管理人员的供给。人员核查法中的人事资料登记表描述的是个人的技能，而管理人员替换图描述的是可以胜任组织中关键岗位的个人。图 2-2 是一个管理人员替换图的示例。

3）马尔科夫模型

马尔科夫模型是用来预测等时间间隔点上（一般为一年）各类人员的分布状况。模型要求：在给定时期内各类人员都有规律地由低一级向高一级职位转移，转移率是一个固定的比例，或者可根据组织职位转移变化的历史分析推算。如果各类人员的起始数、转移率和未来补充人数已给定，则组织中各类人员的分布就可以预测出来。

它是一种动态的预测技术，其基本思想是找出过去人力资源变动的规律来推测未来人力变动的趋势。马尔科夫模型的基本表达式为：

$$N_{i(t)} = \sum_{j=1}^{k} N_{i(t-1)} P_{ji} + V_{i(t)}$$
$$i, j = 1, 2, 3, \cdots, k; \ t = 1, 2, 3, \cdots, n$$

式中：k——职位类数；

$N_{i(t)}$——t 时刻 i 类人员数量；

P_{ji}——人员从 j 类向 i 类的转移率；

$V_{i(t)}$——在时间 $(t-1, t)$ 内 i 类所补充的人员数量。

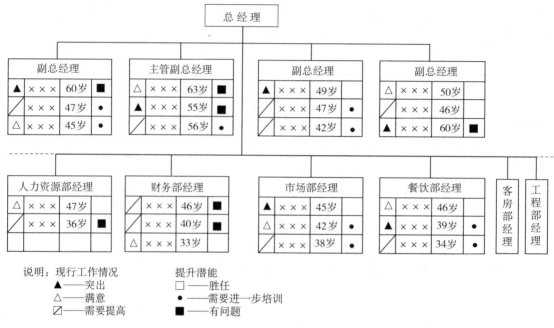

图 2-2 管理人员替换图

人员转移率可以根据下列公式计算出来，并可用转移矩阵给出或列表给出：

$$某类人员的转移率（P）= \frac{转移出本类人员数量}{本类人员原有数量}$$

人员转移率的转移矩阵为：

$$P = \begin{bmatrix} P_{11} & P_{12} & P_{13} & \cdots & P_{1k} \\ P_{21} & P_{22} & P_{23} & \cdots & P_{2k} \\ \vdots & \vdots & \vdots & & \vdots \\ P_{k1} & P_{k2} & P_{k3} & \cdots & P_{kk} \end{bmatrix}$$

下面我们用两个例子来说明马尔科夫模型的运用过程。

【例2-1】 已知三类人员的转移矩阵和现在三类人员的分布状况（见表2-3），如果每年向第一类补充80人，求未来人力资源的分布状况（$t = 0$，1，…，5年）。

表 2-3 现在三类人员的分布状况（2010年）

	类别			总数
	第一类	第二类	第三类	
$t = 0$ 2010年	140	100	60	300

三类人员的转移矩阵为：

$$P = \begin{bmatrix} 0.6 & 0.3 & 0 \\ 0 & 0.4 & 0.3 \\ 0 & 0 & 0.6 \end{bmatrix}$$

解：

（1）已知人员转移率 P，$t=0$ 时的人员分布情况，每年向第一类补充人数 80 人。

（2）根据马尔科夫计算公式：

某类人员在 t 时刻的供给量 Y_t =该类人员总数×存留率+下一类人员总数×晋升率。而其中第一类职务，由于没有从下边晋升上来的人员，就只有从组织外部补充人员。这时计算公式为：Y_t =该类人员总数×存留率+补充人员数。

（3）列表预测 2011—2015 年三类人员的供给情况（见表 2-4）。

表 2-4　2011—2015 年三类人员的供给情况

时间	类　别			总数
	第一类	第二类	第三类	
	补充+存留	晋升+存留	晋升+存留	
$t=0$	140	100	60	300
$t=1$	80+140×0.6=164	140×0.3+100×0.4=82	100×0.3+60×0.6=66	312
$t=2$	80+164×0.6=178	164×0.3+82×0.4=82	82×0.3+66×0.6=64	324
$t=3$	80+178×0.6=187	178×0.3+82×0.4=86	82×0.3+64×0.6=63	336
$t=4$	80+187×0.6=192	187×0.3+86×0.4=91	86×0.3+63×0.6=64	347
$t=5$	80+192×0.6=195	192×0.3+92×0.4=94	92×0.3+64×0.6=66	355

【例 2-2】　某公司任何一年平均有 80% 的高层管理人员留用，20% 的高层管理者退出（晋升或退休），65% 的技术人员留在原岗位，15% 的技术人员提升为高级工程师，20% 的技术人员离职。公司中的职位转换矩阵和初始人数如表 2-5 所示。

表 2-5　职位转换矩阵和初始人数表

人员类别	初始人数	高级管理人员	部门经理	高级工程师	技术员	离职
高级管理人员	40	0.8				0.2
部门经理	80	0.1	0.7			0.2
高级工程师	120		0.05	0.8	0.05	0.1
技术员	160			0.15	0.65	0.2

试运用马尔科夫模型求解下一年相关人员的供给情况。

解：根据人员变动概率矩阵和所给出的相关初始人数（见表 2-5）列表计算年初相关人员的供给情况（见表 2-6）。

表 2-6　人力资源调整表

初始人数	高级管理人员	部门经理	高级工程师	技术员	离　职
40	32	0	0	0	8
80	8	56	0	0	16
120	0	6	96	6	12
160	0	0	24	104	32
总数	40	62	120	110	68

根据计算出的该年度相关人员的供给情况，就可以制订出相应的人力资源调整政策。

2. 组织外部人力资源供给预测

外部供给预测是根据组织生产经营变化和人员自然减员情况，预测劳动力市场上组织所需要的劳动力供给情况。组织职位空缺不可能完全通过内部供给解决。组织人员因各种主观和自然原因退出工作岗位是不可抗拒的规律，这必然要求组织从外部不断补充人员。

1）影响组织外部劳动力供给的主要因素

（1）宏观经济形势和失业率预期。一般来说，宏观经济形势越好，失业率越低，劳动力供给就越紧张，招聘工作就越困难。

（2）人口资源状况。人口资源状况决定了组织现有外部人力资源的供给状况，其主要影响因素包括人口规模、人口年龄和素质结构、现有的劳动力参与率等。

（3）劳动力市场发育程度。社会劳动力市场发育良好将有利于劳动力自由进入市场，由市场工资率引导劳动力的合理流动；劳动力市场发育不健全及双轨制的就业政策势必影响人力资源的优化配置，也给组织预测外部人员供给带来困难。

（4）社会就业意识和择业心理偏好。例如，一些城市失业人员宁愿失业也不愿从事一些苦、脏、累、险的工作。再如，应届大学毕业生普遍存在对职业期望值过高的现象，大多数人希望进入国家机关、大公司或合资企业工作，希望从事工作条件舒适、劳动报酬较高的职业，而不愿意到厂矿企业从事一般岗位的工作。

（5）本地区的经济发展水平、教育水平、地理位置、外来劳动力的数量与质量、同行业对劳动力的需求等都将直接或间接影响人力资源供给的数量、质量和结构。

2）组织外部人力资源供给的主要渠道及预测

组织外部人力资源供给的主要渠道有大中专院校及技职校应届毕业生、复员转业军人、失业人员与流动人员、其他组织在职人员等。

大中专院校及技职校应届毕业生的供给较为确定，主要集中于春季，且其数量和专业层次、学历等均可通过各级教育部门获取，预测工作容易。

复员转业军人由国家指令性计划安置就业，也较易预测。

比较困难的是城镇失业人员和流动人员的预测，在预测过程中须综合考虑城镇失业人员的就业心理、国家就业政策、政府对农村劳动力进城务工的控制程度及其他一些因素。

对于其他组织在职人员的预测则需考虑诸如社会心理、个人择业心理、组织本身的经济实力及同类组织相当人员的福利、保险、工资、待遇等因素。组织应在本单位可能提供的待遇前提下，科学地预测外部人员的可供给量。

2.2.3 人力资源供给和需求的平衡分析

人力资源供求关系达到平衡（包括数量和质量）是人力资源规划的目的。将组织人力资源供给和需求预测进行比较，可能的结果是：供给和需求在数量、质量及结构等方面都平衡；供给和需求在数量上平衡，但结构不匹配；供给和需求在数量方面不平衡，包括供给大于需求和供给小于需求。人力资源规划就是要根据组织人力资源供求预测结果，制订相应的政策措施，使组织未来人力资源供求实现平衡。

在现实中，组织人力资源供求完全平衡这种情况极少见，甚至于不可能。即使是供求总量上达到平衡，也会在层次、结构上发生不平衡。这时，组织需要对现有人力资源进行结构调整，如将一部分人员从某些供过于求的职位上转移到某些供小于求的职位，其办法包括提升、平调，甚至降职。另外，也可以针对某些人员进行专门培训，同时辅之以招聘和辞退，以保证人员结构的平衡。

当供求数量不平衡时，组织也可以采取相应的措施加以调节。

如果预测结果表明组织在未来某一时期内在某些岗位上人员短缺，即需求大于供给，这时的政策和措施有以下几个方面。

（1）培训本组织员工，对受过培训的员工根据情况择优提升补缺并相应提高其工资等待遇。

（2）进行平行性岗位调动，适当进行岗位培训。

（3）延长员工工作时间或增加工作负荷量，给予相应的补偿或奖励。

（4）重新设计工作以提高员工的工作效率。

（5）雇用临时工。

（6）改进技术或进行超前生产。

（7）制订招聘政策，向组织外进行招聘。

（8）将一部分工作外包出去。

（9）减少工作量（产量/销量）。

（10）增加新设备，用先进设备提高生产能力来减少对人力资源的需求。

以上这些措施，虽是解决组织人力资源短缺的有效途径，但最为有效的方法是通过科学的激励机制、培训并提高员工生产业务技能、改进工艺设计等方式来调动员工积极性，以提高劳动生产率，减少对人力资源的需求。

如果预测结果表明组织在未来某一时期内在某些岗位上人员过剩，即供过于求，则可选择的一般策略有以下几个方面。

（1）扩大有效业务量。

（2）永久性辞退员工。

（3）暂时或永久性地关闭一些不盈利的分厂或车间，精简职能部门。

（4）进行提前退休。

（5）对员工重新进行培训，调往新岗位，或适当储备一些人员。

（6）减少工作时间，随之亦相应减少工资。

（7）由两个或两个以上的人分担一个工作岗位，并相应地减少工资等。

在制订平衡人力资源供求的政策措施过程中，不可能是单一的供大于求或供小于求，往往可能出现的情况是某些部门人力资源供过于求，而另几个部门可能供不应求，或者是高层次人员供不应求，而低层次人员供给却远远超过需求。所以，应具体情况具体分析，制订出相应的人力资源部门或业务规划，使各部门人力资源在数量、质量、结构、层次等方面达到协调平衡。

不同的平衡措施，其实施效果差别很大，而且对组织和员工常常具有不同的含义。例如，在解决供给过剩问题方面，裁员要比自然减员速度快得多，因而对组织更有利；但对员工来说，裁员所带来的经济和心理方面的损害要比自然减员严重得多，因而可能会遭到员工的强烈反对。表 2-7 对各种平衡措施的效果进行了比较。

表 2-7　人力资源供需平衡方法比较

方　法		解决问题的速度	员工受伤害的程度
供给大于需求	裁员	快	大
	减薪	快	大
	降级	快	大
	工作分享或岗位轮换	快	中等
	提前退休或自然减员	慢	小
	再培训	慢	小
方　法		解决问题的速度	可以撤回的程度
供给小于需求	加班	快	高
	临时雇用	快	高
	外包	快	高
	培训后换岗	慢	高
	减少流动数量	慢	中等
	外部雇用新人	慢	低
	技术创新	慢	低

资料来源：诺伊. 人力资源管理［M］. 北京：中国人民大学出版社，2001：186.

2.3　人力资源费用的预算与审核

2.3.1　企业人力资源费用的项目构成

企业人力资源费用包括人工成本和人力资源管理费用。前者是指支付给员工的费用，如工资、福利、保险等；后者是指人力资源管理部门开展人力资源管理活动的经费，如招聘费用、培训费用等。

1. 人工成本

人工成本是指企业在一个生产经营周期（一般为一年）内支付给员工的全部费用。人工成本主要包括以下 3 个方面的内容。

（1）工资项目。即根据劳动合同及国家相关规定，定期直接支付给本企业全体员工的劳动报酬的总额，主要由计时工资、基础工资、职务工资、计件工资、奖金、津贴和补贴（包括洗理卫生费、上下班交通补贴），以及加班工资等部分组成。

（2）保险福利项目。即根据劳动合同及国家相关规定，定期支付给本企业全体员工，或定期替员工缴纳的保险、福利费用，如基本养老保险费和补充养老保险费、医疗保险费、失业保险费、工伤保险费、生育保险费、员工福利费、员工教育经费、员工住房基金，以及其他费用，如根据《中华人民共和国工会法》规定应提取的工会基金等。这部分人力资源人工成本与工资项目存在一定的比例依存关系，各个项目提取比例的大小与企业所在地区的经济发展水平、劳动力的结构状况、政府现行的法律法规和政策等有着直接的联系。

（3）其他项目。这些费用项目是在企业人力资源人工成本中，除上述两项基本费用之外的其他一些费用预算，如"其他社会费用""非奖励基金的奖金""其他退休费用"等，是在发生之后才有的费用项目。

2. 人力资源管理费用

人力资源管理费用是指企业在一个生产经营周期（一般为一年）内，人力资源部门全部管理活动的费用支出。它是计划期内人力资源管理活动得以正常运行的资金保证，主要包括以下 3 个方面的内容。

（1）招聘费用。即招聘过程中发生的所有费用。

① 招聘前：调研费、广告费、招聘会经费、高校奖学金等。

② 招聘中：选拔测试方案制订与实施的经费、获取测试工具的经费等。

③ 招聘后：通知录取结果的经费、分析招聘结果的经费、签订劳动合同的经费等。

（2）培训费用。即培训过程中发生的所有费用。

① 培训前：绩效考核经费和制订培训方案的经费，前者包括考评方案制订与实施的经费、获取考评工具的经费、处理考评结果的经费等。

② 培训中：教材费、教员劳务费、差旅费等。

③ 培训后：评价培训结果的经费等。

（3）劳动争议处理费用。即处理劳动争议的过程中发生的费用，如法律咨询费等。

2.3.2 人力资源费用预算的原则

（1）合法合理原则。即为了保证人力资源费用预算的正确性和准确性，人力资源管理人员应当关注国家相关部门发布的各种相关政策和法律法规信息，如地区与行业的工资指导线、消费者物价指数、最低工资标准等涉及员工权益资金、社会保险等方面规定标准的变化情况，以及本企业对下一年度工资调整的指导思想和要求等。凡涉及各自主管项目的子项目比例变化的，要准确地反映到预算中。

（2）客观准确原则。即各种项目的预算要客观合理，防止人为加大加宽，以至于出现有预算没使用的情况。

（3）整体兼顾原则。即从企业整体出发，密切注意不同预算项目之间的内在联系，防止顾此失彼，造成整体预算失衡。

（4）严肃认真原则。即在进行费用预算时，要秉持严肃认真、实事求是的工作作风，缜密地进行分析测算，不可主观臆测。

2.3.3 人工成本预算的编制

1. 工资费用的预算

1) 工资费用预算的前期工作

（1）分析当地政府相关部门本年度发布的最低工资标准，如有新的变化将影响到企业工资的标准水平，需要对工资费用预算进行必要的调整。

（2）分析当年同比的消费者物价指数，是否大于或等于最低工资标准增长幅度。在一般情况下，消费者物价指数只会大于或等于最低工资标准的调整幅度，因为最低工资标准是根据消费者物价指数进行调整的。

（3）掌握并理解企业高层领导对下一年度工资调整的意向。因为政府虽然对计划期内的工资指导线即基准线、预警线和下线提出了建议，但采取何种工资调整策略，完全取决于企业高层领导者的决策。

（4）考察和对比上一年度工资各子项目的预算和结算情况，分析上一年度工资费用的发展趋势，以及公司的生产经营状况。

（5）考察和对比本年度工资各子项目的预算和已发生费用的结算情况，分析本年度工资费用的发展趋势，以及公司的生产经营状况。

2) 工资费用预算的步骤

（1）单纯从工资费用预算、结算结果的发展趋势进行预测。

① 分析上一年度和本年度的工资费用预算、结算情况，分析二者之间的规律，例如：本年度预算（结算结果）是否比上一年度上升（下降）？上升（下降）幅度有多大？

② 根据上述规律，预测下一年度工资费用的变化趋势，从而提出下一年度的预算方案一。

（2）从公司的生产经营发展趋势进行预测。

① 根据上一年度和本年度工资费用的发展趋势和公司的生产经营状况，预测下一年度工资费用的发展趋势和公司的生产经营状况。例如：某类人员因供不应求（供过于求），其工资有上涨（下降）趋势；某类产品产量需求有扩大（减少）趋势；某类技术创新带来了生产技术的集约化等。

② 根据工资费用的发展趋势和公司的生产经营状况，预测下一年度工资费用的变化趋势。例如，若某类人员因供不应求（供过于求），其工资有上涨（下降）趋势，则应相应地加大（减少）这类人员工资费用的预算；若某类产品的产量需求有扩大（减少）趋势，则相应岗位上的人员必将增多（减少），应相应加大（减少）这些岗位上工资费用的预算；若某类技术创新带来了生产的集约化，则相应岗位上的人员数量需求必将减少，人员的素质需求也可能改变，此时应根据实际情况调整预算。

③ 在上述分析的基础上，按照工资总额的项目逐一进行测算、汇总，提出预算方案二。

（3）结合最低工资标准、消费者物价指数和工资指导线，以及企业高层领导对下一年度工资调整的意向，对比分析并调整预算方案一、二，形成最终工资费用预算方案，并写出研究报告和工资年度预算表，提出工资调整的正确建议。

① 对比最低工资标准和消费者物价指数，取增长幅度较高的指数作为调整工资的标准，以此保证公司合法经营，又不降低员工的生活水平。

② 分析当地政府相关部门发布的工资指导线，作为编制工资费用预算的参考指标之一。

③ 根据企业高层领导对下一年度工资调整的意向做最后的费用预算。

总之，人力资源管理人员应根据自己的分析判断，针对上述三类指标，通过对比分析，对工资调整提出合理的建议。例如，当企业对下一年度工资调整的意向小于最低工资标准调整幅度与消费者物价指数二者增长幅度的最高比例时，应建议企业适当提高调整幅度，以求正确地解决现存问题，切实保证企业合法经营。

3）工资费用预算的流程

工资费用预算的流程如图 2-3 所示。

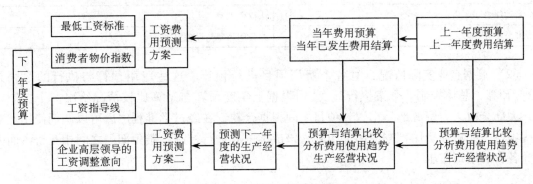

图 2-3　工资费用预算的流程

2. 社会保险费与其他项目的预算

这类费用主要受国家、地区相关规定的影响，具有较强的连续性，相对易于预测。

（1）分析、检查和对照国家相关规定，考察对涉及员工权益的项目有无增加或减少，标准有无提高或降低。

（2）掌握本地区相关部门公布的各种有关员工上年度工资水平的数据资料，如上年度员工平均工资水平等。

（3）掌握企业上一年度工资及社会保险等方面的相关统计数据和资料，因为本类项目的提取比例一般是按照本地区上年度员工月平均工资测算的。

2.3.4　人力资源管理费用预算的编制

人力资源部门在日常业务工作中必须有一定的费用保障，这些费用是人力资源部门自身活动和建设的需要。

（1）认真分析人力资源管理各方面的活动及其过程，确定各个人力资源管理活动所需的费用项目，对这些费用按公司财务科目分类，分别统计核实，纳入相关会计科目。

以某公司人力资源部为例，其职责范围内的活动及所需费用项目如表 2-8 所示。

表 2-8　某公司人力资源部管理费用项目统计表

活动项目	费用项目
1. 招聘	广告费、招聘会经费、高校奖学金
2. 工资水平市场调查	调研费
3. 人员测评	测评费
4. 培训	教材费、教员劳务费、培训费（差旅费）

续表

活动项目	费用项目
5. 公务出国	护照费用、签证费
6. 调研	专题研究会议费用、协会会员费
7. 劳动合同	认证费
8. 辞退	补偿费
9. 残疾人安置	残疾人就业保障金
10. 劳动纠纷	法律咨询费
11. 办公业务	办公用品费与设备投资

（2）根据企业实际情况，对各个费用项目进行预算。这些费用预算与执行的原则是"分头预算，总体控制，个案执行"。公司根据上年度预算与结算比较情况给出一个控制额度，大部分由人力资源部门掌握，项目之间根据余缺，在经过批准程序后可以调剂使用。对有些项目，如培训费用，按使用部门划入该成本中心进行控制，避免部门之间相互挤占而完不成各自的培训需求。

2.3.5 人力资源费用预算的审核

人力资源费用预算的审核是指在一个生产经营周期内对各项人力资源费用的预算进行审核，以保证其符合政府有关规定及企业自身发展的需求，并为企业人力资源下一期费用的规划提供依据。

1. 审核人力资源费用预算的基本要求

（1）确保人力资源费用预算的合理性。人工成本及人力资源管理费用的各项内容应按照政府有关部门定期发布的工资指导线、消费者物价指数、最低工资标准、劳动争议处理办法等参照指标进行预算；同时，要兼顾企业自身发展情况，使企业人力资源费用规划具有合理性。

（2）确保人力资源费用预算的准确性。审核的根本目的是保证人力资源费用预算的准确性。人力资源管理人员应当掌握预算及核算的相关知识，对各项费用进行审查，不仅是对数字重新核算，还要对各项发生费用进行分析，使人力资源费用规划具有准确性。

（3）确保人力资源费用预算的可比性。各项人力资源费用是不断变化的，劳动力市场价位、招聘培训价位等的变化需要定期进行市场调查，并形成同行业、各项目之间的比较、分析模式。通过对人力资源费用预算的审核过程，能够完成一个生产周期内本企业各项费用的计划与实际对比、分析，为企业人力资源费用规划的动态调整提供依据。

2. 审核人力资源费用预算的基本程序

人力资源费用预算是企业在一个生产经营周期（一般为一年）内人力资源全部管理活动预期费用支出的计划。人力资源费用预算作为企业整体预算的重要组成部分，关系到企业整体预算的准确性、完整性和严肃性。因此，在编制和审核人力资源费用时必须慎之又慎，一旦企业的预算被董事会批准，如果发现存在纰漏，再予纠正是相当困难的。审核人力资源费用预算必须认真按照规定的程序，缜密思考，仔细审核。

在审核下一年度的人工成本预算时，首先要检查项目是否齐全，尤其是那些子项目。比如，工资项目下的工资、加班工资、轮班津贴、岗位津贴、奖金等，各企业根据不同的情况有不同的子项目；再如，基金项目下，劳动保险福利基金、养老储备金、员工医疗费、失业保险费、日常教育基金、住房基金、工会基金等，这些子项目一般都是根据国家有关规定设置的；其他费用项目一般是指属于人力资源管理费用范围，而又不属于工资与基金项目下的费用，如非奖励基金的奖金，还有一些其他社会费用等。在审核时，必须保证这些项目齐全完整，并注意国家有关政策的变化是否涉及人员费用项目的增加或废止。特别是应当密切注意企业在调整人力资源某种政策时，可能会涉及人员费用的增减问题，在审核费用预算时应使其得到充分体现，以获得资金上的支持。总之，工资项目和基金项目必须严格加以区别，千万不能混淆。

在审核费用预算时，应当关注国家有关规定和发放标准的新变化，特别是那些涉及员工权益的资金管理、社会保险等重要项目，以保证在人力资源费用预算中得以体现。审核人力资源管理费用预算的程序与审核人工成本预算基本相同。招聘、培训等管理费用的发生要分析其是否符合职位需求，要避免等级高于职位实际需求，造成资源的浪费。

3. 审核人工成本预算的方法

（1）注重内外部环境变化，进行动态调整。

① 关注政府有关部门发布的年度企业工资指导线，用三条线即基准线、预警线和控制下线来衡量本企业的生产经营状况，以确定工资增长幅度，维护企业和员工双方各自的合法权益。

基准线。生产发展正常、经营成果良好的企业可以围绕基准线调整工资水平。

预警线（上线）。生产发展快、经济效益增长也较快的企业可以在不突破预警线的范围内调整工资水平。预警线可以防止企业"吃光花光"的短期行为，给企业留有一定的发展空间。同时，也要注意不能去迎合董事会某些董事不正确的"利润越多越好"的心理状态，杜绝"鞭打快牛"的错误做法。在完成董事会下达的利润指标后，企业应当在调整工资之后，将剩余部分用于固定资产投资，改善和更新企业生产的工装设备，为提高生产能力做好准备，同时工资调整也不可突破预警线，要居安思危。提高员工的工资，员工们皆大欢喜，但是当企业遇到困难，要下调工资时，就会引起震动，人心浮动，造成员工的流失。所以说，工资是双刃剑，工资的增长应瞻前顾后，不仅要看到当前，还要考虑长远。

控制下线。那些当年经济效益严重下降或亏损的企业，在支付员工工资不低于当年本地区最低工资标准的前提下，工资应控制在下线不予增加。值得注意的是：如果当年本地区最低工资标准提高了，企业即使亏损，企业员工的工资如在最低标准以下，也要调整到最低工资标准水平。亏损企业要降低工资时，必须慎之又慎，除非企业领导与员工在这方面达成共识。

② 定期进行劳动力工资水平的市场调查，了解同类企业各类劳动力工资价位的变化情况，掌握劳动力市场工资水平的上线、中线和下线，由此对本企业各类员工工资水平进行比较分析，看清本企业工资水平处在何种位置上，对内是否公平合理，对外是否具有竞争力，并以此为依据，决定是否应当调整本企业工资，以及具体调整的幅度。

在这里，强调的是同类企业的比较，不同类型的企业比较会出现偏差，不是加大人工成本，使企业不堪重负，就是造成人员的流失，挫伤员工的积极性。

③ 关注消费者物价指数，因为消费者物价指数与老百姓的日常生活息息相关。消费者

物价指数是用某一时期的价格水平同另一时期的价格水平相比，来说明价格变动的趋势和程度的相对数。

在审核人工成本预算时，一般用同比的办法，也就是用本年当月的物价与上年同月比较，以此确认物价指数是上升还是下降。物价指数被称为"经济晴雨表"，它反映了全社会平均价格水平的变化。为了不使员工的生活水平降低，在物价指数上升的时候，工资应当相应地调整。

总之，国家的工资指导线、社会的消费者物价指数和企业的工资市场水平调查是相互关联的，在进行人工成本预算的审核时，应当将三者联系起来一同考虑。

（2）注意比较分析费用使用趋势。

在审核下一年度的人工成本预算时，先将本年度的费用预算和上一年度的费用预算，以及上一年度费用结算和当年已发生的费用结算情况统计清楚，然后比较分析，从预算与结算的比较结果，分析费用使用趋势，再结合上一年度和当年生产经营状况及下一年度预期的生产经营状况进行分析，具体如图2-4所示。

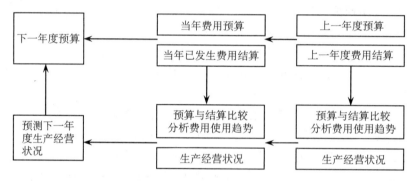

图2-4　人工成本预算过程图

（3）保证企业支付能力和员工利益。

预算人工成本在企业经营预算中的额度，以保证企业的支付能力和员工利益的实现。企业在做经营预算中，有两个公式，也就是两种模式：

$$收入-利润=成本$$
$$收入-成本=利润$$

这两个公式代表了两种经营思想，第一个公式实际上表达了"算了再干"，也就是企业在预测市场状况后应得到的总收入，首先保证股东的利益（利润），当然利润也是合情合理的，而不能竭泽而渔，这主要是为了控制成本，不得浪费。余下的是企业生产经营成本。第二个公式实际上表达了"干了再算"的思想，也就是企业在预测了市场状况后应得到的总收入，首先扣除企业生产经营成本，对于股东的利益是剩下多少是多少。在这两个公式中，成本与利润之间呈现出的是此消彼长的反比状态。当然这两个公式不能决然分开，而是交互使用，但总趋势是"收入-利润=成本"模式在企业经营预算中起主导作用，它体现了预算的严肃性、严谨性和严格性，使企业有序经营，防止了人为的随意性。企业经营成本的构成如表2-9所示。

表2-9 企业经营成本的构成

人工成本	材料成本	企业管理费用	销售费用	财务费用
直接成本		间接成本		
企业总成本				

从表2-9可以看出，人工成本是企业的直接成本，它是影响企业能否正常经营的关键因素之一。人工成本在直接成本中占多大的比例，在总成本中又占多大的份额呢？各个企业的性质不同，经营观念不同，它是有很大区别的。例如，生产型企业的人工成本的比例就低于科研型企业，而商业型企业的人工成本的比例又低于生产型企业。再如，采取成本领先战略的企业，人工成本比例低于采取差别化战略的企业，而采取产品差别化战略的企业又比采取市场焦点战略的企业要低。这是一般性的规律，并不排除例外或特殊的情况。

人工成本在直接成本或企业总成本中占多少比例和份额没有统一的定式，各个企业要按上述要点，具体情况具体分析。总之，企业要根据对外具有竞争性、对内具有公平性的原则，有效地控制住工资增长水平及人工成本比例，使人力资源费用能适应人力资源战略发展的需要。

最后，审核人工成本的预算，也应与人力资源规划工作结合起来。费用预算审核的实质是对企业人员的结构和数量的审核，因为人工成本的总预算是由人力资源规划和企业人员工资水平两个重要因素决定的。

2.3.6 人力资源费用支出的控制

1. 人力资源费用支出控制的作用

（1）人力资源费用支出控制的实施是在保证员工切身利益，使工作顺利完成的前提下使企业达成人工成本目标的重要手段。

（2）人力资源费用支出控制的实施是降低招聘、培训、劳动争议等人力资源管理费用的重要途径。

（3）人力资源费用支出控制的实施为防止滥用管理费用提供了保证。

2. 人力资源费用支出控制的原则

（1）及时性原则。人力资源费用支出的控制能及时发现费用预算与实际支出之间的差异，并结合有关制度规定的标准及时调整，消除偏差，减少失控期间的损失。

（2）节约性原则。在控制招聘、培训、劳动争议处理等人力资源管理费用支出时，要通过切实有效的控制活动降低成本，使费用利用价值最大化。

（3）适应性原则。随着时间的推移和内外部条件的变化，要使人力资源费用支出控制适应这种变化，并能在变化的条件下较好地发挥控制作用。

（4）权责利相结合的原则。实施人力资源费用支出的控制时，要严格把握各项费用的出处及去向，各部门及个人在使用费用的同时，也有责任充分利用，使之发挥作用。

3. 人力资源费用支出控制的程序

（1）制订控制标准。制订控制标准是实施控制的基础和前提条件。结合相关部门的有关规定及企业自身要求制订人工成本及管理费用的标准，要遵循合理、切实可行、科学严谨等原则。这个标准是在正常生产情况下，相对于各职位、各员工制订的，要有一个适度的范围。标准制订后，要组织人力资源管理人员在各部门进行论证。例如，制订培训费用时，要和需进行培训的部门进行沟通，确定需要何种等级的培训，以达到何种目标，而后进行市场调查等，以确定最优的培训费用标准。

（2）人力资源费用支出控制的实施。要将控制标准落实到各个项目，在发生实际费用支出时要看是否是在既定的标准内完成目标。要对费用支出实行过程控制，收集各种信息资料，并对其进行加工整理，形成系统的人力资源费用支出的控制材料。一般情况下，控制是在费用预算过程中就开始的，会有一定难度，因为有许多不确定因素会影响到预算的结果，致使人力资源费用的标准和实际支出的差异扩大，所以需要人力资源管理人员的努力，在预算与支出时遵守控制标准，如有差异，及时做出反馈。

（3）差异的处理。经分析得出的预算结果，如果和实际支出有差异，要尽快分析差异出现的原因，要以实际情况为准，进行全面的综合分析，并做出进一步调整，尽量消除实际支出与标准之间的差异。对人力资源费用支出的控制是一个循环反复的过程，只有持续地进行对比分析，并采取有效的改进措施，才能最终消除差异。当然，在预算与支出的平衡过程中，也存在标准制订不合理的情况，所以需要重新审核人力资源各项费用的预算，若是标准确实不合理，则要考虑对控制标准进行修订。

本章小结

人力资源规划是指根据组织发展战略与目标的要求，科学地预测、分析组织在变化的环境中的人力资源的供给和需求状况，制订必要的政策和措施，以确保组织在需要的时间和需要的岗位上获得各种需要的人力资源，并使组织和个人得到长期的利益。

人力资源规划主要包括两个层次：总体规划和各项业务计划。人力资源业务计划主要包括以下几个方面：配备计划、使用计划、退休解聘计划、补充计划、培训开发计划、职业生涯计划、绩效与薪酬福利计划、劳动关系计划和人力资源预算等。这些业务计划实施的结果应能保证人力资源总体规划目标的实现。

人力资源管理的重要性在于它的战略地位，而战略地位的保证则是人力资源规划的制订与实施。人力资源规划是组织计划的重要组成部分，是各项具体人力资源管理活动的起点与依据。

人力资源规划的程序可分为以下 7 个步骤：① 收集分析有关信息资料；② 人力资源需求预测；③ 人力资源供给预测；④ 确定人员净需求；⑤ 确立总体目标及配套政策；⑥ 制订具体的业务计划；⑦ 监控、评估和反馈计划。

人力资源规划是建立在人力资源需求和供给预测基础上的。人力资源需求预测是人力资源规划的重点，主要是根据组织战略规划和组织的内外条件选择预测技术，然后对人力资源需求的结构、质量和数量进行预测。人力资源需求的预测方法主要有经验判断法、德尔菲法、转换比率分析法、单变量趋势外推法、考虑生产率变化影响的模型、劳动定额法和计算机模拟法等。

人力资源供给预测是人力资源规划的又一个关键环节。只有进行人员拥有量预测，并把它与人力资源需求量相对比之后，才能制订各种人力资源规划。人力资源供给预测要研究组织内外部的供给两个方面。组织内部未来人力资源供给是组织人力资源供给的主要部分

（除新建组织外），常用的预测方法有以下几种：人员核查法、管理人员替换图和马尔科夫模型等。

人力资源供求关系达到平衡是人力资源规划的目的。组织人力资源供给和需求预测比较，可能的结果是：供给和需求在数量、质量及结构等方面都平衡；供给和需求在数量上平衡，但结构不匹配；供给和需求在数量方面不平衡，包括供给大于需求和供给小于需求。人力资源规划就是要根据组织人力资源供求预测结果，制订相应的政策措施，使组织未来的人力资源供求实现平衡。

企业人力资源费用包括人工成本和人力资源管理费用。前者是指支付给员工的费用，如工资、福利、保险等；后者是指人力资源管理部门开展人力资源管理活动的经费，如招聘费用、培训费用等。人力资源费用的预算应遵循合法合理、客观准确、整体兼顾、严肃认真的原则。

人力资源管理费用支出控制的原则有及时性原则、节约性原则、适应性原则、权责利相结合的原则。人力资源管理费用支出控制的程序包括制订控制标准、人力资源管理费用支出控制的实施及差异的处理。

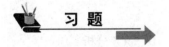

习题

思考题

1. 人力资源规划的作用表现在哪几个方面？
2. 如何运用马尔科夫模型进行人力资源规划？
3. 为什么说德尔菲法比经验判断法使用范围更广？
4. 人力资源规划包括哪些内容？
5. 简述人力资源规划的程序。
6. 人力资源需求的预测方法有哪些？
7. 人力资源供求的平衡措施有哪些？在实施效果方面有什么差别？
8. 简述人力资源费用预算的程序和方法。
9. 人力资源费用支出控制的程序是什么？
10. 某公司是一家中型企业，其产品在国内市场上销售量占 30% 以上。公司多年的实践证明，公司的销售额与公司的员工总人数之间有着高度相关的正比例关系。2015 年，公司的销售情况及人员情况如表 2-10 所示。根据以前的销售额和初步的预测，公司估计 2016 年的销售额为 6 300 万元。

表 2-10　某公司的销售情况及人员情况统计表

年度	销售额/万元	员工人数/人
2015	5 600	1 200
2016（预测）	6 300	

公司各类人员的比例从 2012 年至今变化不大，而且，根据预测，在未来 10 年中基本上

保持这一比例不变。表 2-11 所显示的是 2015 年该公司从事各岗位工作的员工人数。

表 2-11　2015 年该公司各类员工分布情况统计表

人员分类	高层管理人员	中层管理人员	主管人员	生产人员	总　　数
数量/人	100	200	300	600	1 200

（1）根据以上数据，请计算在 2016 年，该公司的员工总数要达到多少才能完成预期的销售额。

（2）在 2016 年，该公司内各类员工的数量会有哪些变化？

讨论题

1. 人力资源规划与人力资源预测有什么关系？
2. 在人力资源供求的平衡过程中，供给与需求哪个是主要矛盾？
3. 既然我们已经拥有统计学、运筹学等可以帮助我们对所研究的对象进行量化的学科工具及这方面的专家，我们能否把人力资源规划这项工作做得很准确？

自测题

1. （　　）是各项具体人力资源管理活动的起点与依据。

　A. 人员培训　　　　B. 劳动定员定额　　C. 人力资源规划　　D. 职务分析

2. 下列属于人力资源总体规划的是（　　）。

　A. 人员接替和晋升计划　　　　　　B. 薪酬福利计划

　C. 人力资源供需比较结果　　　　　D. 退休解聘计划

3. 按照人力资源规划的程序，收集和调查内外部环境信息是在（　　）。

　A. 准备阶段　　　　B. 预测阶段　　　　C. 实施阶段　　　　D. 评估阶段

4. 采用匿名投票、"背靠背"方式进行的人力资源需求预测方法是（　　）。

　A. 经验判断法　　　　　　　　　　B. 德尔菲法

　C. 转换比率分析法　　　　　　　　D. 趋势预测法

5. 当预测供给小于需求时，应该采取的措施是（　　）。

　A. 延长工作时间　　B. 扩大经营规模　　C. 永久性裁员　　　D. 鼓励提前退休

6. 以下不属于审核人力资源费用预算基本要求的是（　　）。

　A. 确保人力资源费用预算的合理性　　B. 确保人力资源费用预算的收益性

　C. 确保人力资源费用预算的准确性　　D. 确保人力资源费用预算的可比性

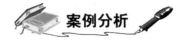 案例分析

绿色化工公司的人力资源规划

　　白某是绿色化工公司的人力资源助理。最近副总经理李勤直接委派他在 10 天内拟出一份公司五年人力资源规划。其实白某已经把这项任务仔细看过好几遍了。他觉得要编制好这个计划，必须考虑下列各项关键因素。

　　首先是本公司现状。本公司共有生产与维修工人 825 人，行政和文秘性白领职员 143

人，基层与中层管理干部 79 人，工程技术人员 38 人，销售员 23 人。

其次，据统计，近五年来员工的离职率为 4%，没理由预计会有什么改变。不过，不同类的员工的离职率并不一样，生产工人离职率高达 8%，而技术和管理干部则只有 3%。

最后，按照既定的扩产计划，白领职员和销售员要新增 10%～15%，工程技术人员要增加 5%～6%，中层及基层管理干部不增也不减，而生产与维修的蓝领工人要增加 5%。

有一点特殊情况要考虑：最近本地政府颁发一项政策，要求当地企业招收新员工时，要优先照顾妇女和下岗职工。本公司一直未曾有意排斥妇女或下岗职工，只要他们来申请，就会按同一标准进行选拔并无歧视，但也未予特殊照顾。如今的事实却是，几乎全部销售员都是男的，只有一位女销售员，中层及基层管理干部除两人是妇女外，其余也都是男的。工程师里只有三个妇女。蓝领工人中约有 11% 是妇女或下岗职工，而且都集中在最底层的劳动岗位上。

白某还有七天就得交出计划，其中得包括各类干部和员工的人数、要从外界招收的各类人员的人数，以及如何贯彻市政府照顾妇女与下岗职工政策的计划。

此外，绿色化工公司开发出几种有吸引力的新产品，所以预计公司销售额五年内会翻一番，他还得提出一项应变计划以备应付这种快速增长。

——资料来源：人力资源规划［EB/OL］.（2014-05-03）［2015-12-20］. http：//www. examw. com/hr/assistant/moniti/247845/index. html.

思考题

1. 白某在编制这项计划时要考虑哪些情况和因素？
2. 他需要制订一项什么样的招工方案？
3. 在预测公司人力资源需求时，他能够采用哪些计算技术？

第3章

职务分析

为了使人们能为实现目标而有效地工作，就必须设计和维持一种职务结构。

——哈罗德·孔茨

学习目标

1. 了解职务分析的概念及其在人力资源管理工作中的基础作用。
2. 理解职务分析的主体、对象和时机。
3. 熟悉职务分析的原则。
4. 掌握职务分析的程序。
5. 掌握职务分析和编写职务说明书的基本技巧和方法。

引 言

A公司是我国中部省份的一家房地产开发公司。近年来，随着当地经济的迅速增长，公司有了一定的发展，规模持续扩大，逐步发展为一家中型房地产开发公司。随着公司的发展和壮大，员工人数大量增加，众多的组织和人力资源管理问题逐渐凸显出来。

公司现有的组织机构，是基于创业时的公司规划，随着业务扩张的需要逐渐扩充而形成的，在运行的过程中，组织与业务上的矛盾已经逐渐凸显出来。部门之间、职位之间的职责与权限缺乏明确的界定，扯皮推诿的现象不断发生；有的部门抱怨事情太多，人手不够，任务不能按时、按质、按量完成；有的部门又觉得人员冗杂，人浮于事，效率低下。

在人员招聘方面，公司的用人部门给出的招聘标准往往含糊，招聘主管往往无法准确地加以理解，使得招来的人大多差强人意。同时目前的许多岗位不能做到人事匹配，员工的能力不能得以充分发挥，严重挫伤了士气，并影响了工作的效率。公司员工的晋升以前由总经理直接做出；现在公司规模大了，总经理已经几乎没有时间来与基层员工和部门主管打交道，基层员工和部门主管的晋升只能根据部门经理的意见来做出。而在晋升中，上级和下属之间的私人感情成为决定性的因素，有才干的人往往却并不能获得提升。因此，许多优秀的员工由于看不到自己未来的前途，而另寻高就。在激励机制方面，公司缺乏科学的绩效考核和薪酬制度，考核中的主观性和随意性非常严重，员工的报酬不能体现其价值与能力，人力资源部经常可以听到大家对薪酬的抱怨和不满，这也是人才流失的重要原因。

面对这样严重的形势，人力资源部开始着手进行人力资源管理的变革，变革首先从进行职位分析、确定职位价值开始。因此，如何有效地开展职位分析与职位评价为公司本次组织变革提供有效的信息支持和基础保证，是摆在 A 公司面前的重要课题。

——资料来源：A 公司工作分析案例［EB/OL］. http：//www. njliaohua. com/lhd ＿7n6ra53mj91lh1d7s71o＿1. html.

那么，职务分析是什么？应该如何来做呢？本章所要学习的内容可以帮助我们解决此类问题，也是人力资源管理者应该掌握的一门专业技术。

3.1 职务分析概述

在人力资源管理中要做到人尽其"事"，"事"得其人，就要先了解人们处在什么样的组织中，做的是什么样的工作，是否胜任目前的工作？

3.1.1 职务分析的历史背景

职务分析的观念产生很早，但是一直到泰勒提倡科学管理运动开始，才真正有系统地对各项工作予以科学的分析，即所谓的"动作与时间研究"。泰勒指出："在现代科学管理中，最突出的一项要素，也许应该算是'任务'的概念。""所谓的任务，不仅以'应该做些什么'为限，还应包括'应该怎么做'及'需要多少时间'等事项。"管理的具体方法是采取时间研究，以纠正工人怠工行为。泰勒从事搬运生铁块、铲煤、拣钢珠等工作研究，使得管理科学化、标准化，工人的产量大增。泰勒的工作研究乃是有系统的观察分析。其后，吉尔布雷斯夫妇对于泰勒的工作研究继续发扬光大。吉尔布雷斯见到建筑工人的手艺代代相传，几乎没有多大改变，所以对此进行动作研究，对职务分析贡献不少。

在第一次世界大战期间，美国参加欧战，便设立了军队人事分类委员会来实施职务分析，于是"职务分析"一词便开始使用。1920 年美国国家人事协会规定把职务分析定义为一种处理方法，其结果可以确定一种职务的构成及胜任该职务的人所必须具备的条件。随着企业管理的不断发展，职务分析也变得日益重要，正式采用职务分析的公司越来越多。据调查，在 1930 年美国各大公司采用职务分析的仅占 39%，至 1940 年增加到 75%，而到 1977年已超过 80%。目前，美国联邦、州、地方政府和大中型企业，几乎都采用了职务分析，对每一个职务不但拟定了职务说明书，而且还编制了大量的部门工作指南、职系说明等各种类型的工作规范。由于职务分析在改进人力资源管理方面可以发挥显著的作用，因而受到了世界各国的普遍重视和广泛应用。

3.1.2 职务分析的定义

职务分析，又称工作分析或岗位分析，是指借助于一定的分析手段，确定特定职务的性质、结构、要求等基本因素的活动。

具体地说，职务分析就是全面收集某一职务的有关信息，对该职务的工作从 6 个方面开展调查研究：工作内容（What）、责任者（Who）、工作岗位（Where）、工作时间

（When）、怎样操作（How）、为什么要这样做（Why），然后再将该职务的性质、结构、要求等进行书面描述、整理成文的过程。职务分析是对该职务的工作内容和工作规范（任职资格）进行描述和研究的过程。

职务分析的基本术语

（1）工作要素。工作要素是指工作活动中不能再继续分解的最小单位。例如，速记人员书写各种速记符号、锯工从工具箱中拿出一把锯子、从抽屉中拿出文件、盖上瓶盖，等等。

（2）任务。任务是指工作活动中达到某一工作目的的要素集合。例如，包装工人盖上瓶盖是一项任务，打字员打印一封英文信也是一项任务。

（3）职责。职责是指某人担负的一项或多项相互联系的任务集合。例如，打字员的职责包括打字、校对、简单维修机器等一系列任务。人力资源管理人员的职责之一是进行工资调查，它包括设计调查问卷、把问卷发给调查对象、将结果表格化并加以解释、把调查结果反馈给调查对象等任务。

（4）职位。职位是指一定时期内，组织要求个体进行的一项或多项相互联系的职责的集合，也称岗位。例如，办公室主任，同时担负组织的人事调配、文书管理、日常行政事务处理等三项职责。一般来说，职位与个体是一一匹配的，有多少职位就有多少人，两者数量相等。

（5）职务。职务是指主要职责在重要性与数量上相当的一组职位的集合或统称。例如，一个工厂设两个副厂长，一个分管生产，一个分管营销。根据组织规模的大小和工作性质，一种职务可以有一至多个职位。

（6）职业。职业是指在不同时期、不同组织中，工作要求相似或职责平行（相近、相当）的职位集合。例如，教师、工程师、会计等都是职业。

（7）职系。职系是指工作性质充分相似，但职责繁简难易、轻重大小及所需资格条件不同的所有职位集合。例如，人事行政、社会行政、财税行政、保险行政等均属于不同的职系。职系又称为职种，每个职系便是一个职位升迁的系统。

（8）职组。职组是指工作性质相近的若干职系的集合。例如，人事行政与社会行政可以并入普通行政职组；财税行政与保险行政可以并入专业行政职组。职组又叫职群，是工作分类中的一个辅助划分，并非工作评价中不可缺少的因素。

（9）职门。职门是指工作性质大体相近的若干职组的集合。例如，人事行政、社会行政、财税行政和保险行政均可并入同一个行政职门之下。

（10）职级。职级是指同一职系中职责繁简难易轻重程度和所需任职资格条件充分相似的职位的集合。例如，中教一级的数学教师与小教高级的数学教师属于同一职级，中学的一级语文教师与一级英语教师也属同一职级。

（11）职等。职等是指不同职系之间，职责繁简难易轻重程度和所需任职资格条件充分相似的职位的集合。例如，不同职系的科长、讲师、工程师、会计师、农艺师，等等。职级的划分在于同一性质工作程度差异的区分，形成职级系列；而职等的划分则是在于寻求不同性质工作之间的差异比较或共同点比较。

职系、职组、职级、职等之间的关系如表3-1所示。

表 3-1　职系、职组、职级、职等之间的关系

职等 / 职级 / 职组 / 职系	V 员级	IV 助级	III 中级	II 副高职	I 正高职
高等教育 教师		助教	讲师	副教授	教授
高等教育 科研人员		助理工程师	工程师	高级工程师	
高等教育 实验人员	实验员	助理实验师	实验师	高级实验师	
高等教育 图书、资料、档案	管理员	助理馆员	馆员	副研究馆员	研究馆员
科学研究 研究人员		研究实习员	助理研究员	副研究员	研究员
医疗卫生 医疗、保健、预防	医士	医师	主治医师	副主任医师	主任医师
医疗卫生 护理	护士	护师	主管护师	副主任护师	主任护师
医疗卫生 药剂	药士	药师	主管药师	副主任药师	主任药师
医疗卫生 其他	技士	技师	主管技师	副主任技师	主任技师
企业 工程技术	技术员	助理工程师	工程师	高级工程师	正高工
企业 会计	会计员	助理会计师	会计师	高级会计师	
企业 统计	统计员	助理统计师	统计师	高级统计师	
企业 管理	经济员	助理经济师	经济师	高级经济师	
农业 农技人员	农技员	助理农艺师	农艺师	高级农艺师	
新闻 记者		助理记者	记者	主任记者	高级记者
新闻 广播电视播音	三级播音员	二级播音员	一级播音员	主任播音指导	播音指导
出版 编辑		助理编辑	编辑	副编审	编审
出版 技术编辑	技术设计员	助理技术编辑	技术编辑		
出版 校对	三级校对	二级校对	一级校对		

——资料来源：郑晓明，吴志明. 工作分析实务手册 [M]. 北京：机械工业出版社，2002.

3.1.3　职务分析的作用

职务分析是人力资源管理的一项重要的基础工作，全面、深入地进行职务分析，可以使组织充分了解各种职务的具体特点和对工作人员的行为要求，从而最大限度地提高人力资源的使用效率，降低人力资源的使用成本。

在人力资源管理中，几乎每一个方面的职能都涉及职务分析所取得的成果，职务分析是现代人力资源管理所有职能工作的基础和前提。具体地说，职务分析的作用表现在以下几个方面。

（1）有利于制订科学的人力资源规划。作为组织战略规划的一部分，人力资源规划对于组织的持续性发展有着重要的影响。尽管组织人力资源规划的制订会受到组织财务状况、劳动力市场等内外因素的影响，但职务分析对人力资源规划的制订所起的作用却是根本性的，它能够提供以下的信息：年龄结构、知识结构、能力结构、培训需求和工作安排等。例如，仅认识到一个公司需要补充 100 个新员工是远远不够的，我们还应该知道，每项工作都需要哪些知识、能力或经验，一个好的人力资源规划需要非常清晰地考虑到这些工作要求。

（2）有利于选拔和任用合格的人员。通过职务分析，可以详细了解某个职务的工作职责和员工应具备的基本条件。在使用员工时就可以根据个人能力的大小、个性特点做出合理

安排，从而把人放在最适合的岗位上去，避免员工使用过程中的盲目性。

（3）有利于设计积极的人员培训和开发方案。职务分析可提供工作内容和任职人员条件等完备的信息资料，这就需要组织根据职务分析的结果，参照员工的实际工作绩效，制订和设计培训和开发方案，有区别、有针对性地安排培训内容和方法，以提高员工的工作技能，进而提高工作效率。

（4）有利于建立先进、合理的报酬制度。通过职务分析可以明确各个工作岗位在组织中所处的地位，该职务的员工所承担的责任、工作数量和质量要求，任职者的能力和知识水平等，从而为制订先进、合理的报酬制度提供重要依据。

（5）有利于科学评价员工的工作绩效。通过职务分析，每一种职位的内容都有明确界定。员工应该做什么、不应该做什么，应该达到什么要求，都十分清楚，为考评工作绩效提供了客观的标准，确保了绩效评估工作的信度和效度。

（6）有利于员工的职业生涯发展。随着员工在组织内部和组织间的流动日益频繁，职务分析的结果无论对组织还是对员工本人，在考虑进行这种流动时都是非常必要的。同时，职务分析也可以为组织的职业咨询和职业指导提供可靠和有效的信息。

（7）有利于改善工作设计和工作环境。通过职务分析，不但可以确定职务的任务特征和要求，建立工作规范，而且可以检查工作中不利于发挥员工积极性和能力的方面，并发现工作环境中有损于工作安全、加重工作负荷、造成工作疲劳与紧张及影响员工心理气氛的各种不合理因素，从而最大限度地调动员工工作积极性和发挥技能水平，使员工在安全舒适的环境中工作。

3.1.4　职务分析的主体、对象和时机

1. 职务分析的主体

职务分析的过程就是收集工作信息的过程。收集工作信息的人员有各种不同类型，一般来说，通常有 3 种类型，即人力资源管理专家（人力资源管理者、职务分析专家或咨询人员等）、职务的任职者和任职者的上级主管。职务分析通常是由他们共同合作完成的。

（1）人力资源管理专家。人力资源管理专家可以来自于组织内部，通常是来自人力资源部门或业务流程研究部门；也可以来自于组织外部的专业机构。无论来自组织内部还是组织外部，这些分析专家都有一个共同的特点：他们都经过专门的训练，能够系统地收集和分析工作信息。

（2）职务的任职者。一般来说，职务的任职者最了解职务内容，他们有可能提供关于工作的完整的信息，有可能提供关于工作的最真实、可靠的信息。但有时候，工作任职者不一定愿意报告他们工作的内容，甚至一部分职务任职者往往会带有功利目的，夸大他们的职务。因此，必须认真地挑选职务任职者。一般来说，职务任职者需要满足以下条件。① 自愿参加，这样他们在职务分析中才有比较高的兴趣和参与热情。② 必须具有比较好的口头交流和书面表达能力。③ 至少在待分析的职务上工作 6 个月以上，这样他们才有可能提供关于该职务的全面和准确的信息。④ 当某个职务上的工作任职者较少时，一般使用所有符合要求的任职者收集工作信息；当某个职务上的工作任职者较多时，需要对符合要求的工作任职者进行取样，取样时要充分考虑性别、年龄、工作时间、工作地点等方面的因素，保证样本具有代表性。其实，使用职务任职者收集信息的最大好处是他们能够描述工作实际上是

怎么做的，而不是工作应该怎样做。这一点正好与上级主管形成对照和互补。

（3）职务任职者的上级主管。任职者的上级主管监控任职者从事工作，他们有机会观察任职者的工作，能够客观地提供职务信息。使用任职者的上级主管收集职务信息的一个假设前提是他们在工作中与职务任职者有密切的关系，能够提供其下属职务的全面信息，他们很清楚地知道其下属做了些什么，并能对下属的工作活动做出相应的判断。然而，任职者的上级主管往往倾向于从任职者"应该"怎样做的角度去描述任职者的工作，而不是从任职者"实际上"是怎么做的角度去描述任职者的工作。通常，任职者的上级主管并不作为主要的职务信息收集者，往往需要他们对已经收集来的职务信息进行检查与证明。

通常做法是：首先由人力资源管理专家观察和分析正在进行的工作；然后编写出一份职务说明书和工作规范，职务任职者及其直接上级参与此项工作，如，填写问卷、接受访谈等；最后，由职务任职者及其上级主管来审查和修改职务分析人员所编写出的反映他们职务活动和职责的描述。

2. 职务分析的对象

职务分析作为组织人力资源管理的重要组成部分，其分析的对象是组织中需要员工承担的工作岗位或职位。在一定时间和空间内，工作岗位是组织赋予每个员工所应完成的工作任务和应承担的责任，是权利与责任的高度集中；或者说工作岗位是一定的技术或行政职务、工作任务、责任与权限的统一。工作岗位是以"事"为中心，将工作任务、责任和权限分配给每个员工。职务分析中所考察的岗位涉及范围很广，既包括组织中的生产岗位、服务岗位，也包括技术岗位、管理岗位等。职务分析的中心任务就是为组织人力资源管理提供科学依据，实现"人岗相宜、人称其职、人尽其才"。

3. 职务分析的时机

（1）建立一个新的组织。对于新成立的组织要进行职务分析，这样可以为后续的人力资源管理工作打下基础。组织新成立时，职务分析最迫切的用途是在人员招聘方面。由于很多职位还是空缺，所以职务分析应该通过组织的组织结构、经营发展计划等信息来进行，制订一个粗略的职务分析。职务分析的结果仅仅满足能够提供招聘人员的"职位职责"和"任职资格"即可。更为详细的职务分析可以在组织稳定运作一段时间之后进行。

（2）由于战略的调整、业务的发展，使职务内容、职务性质发生变化，需要进行职务分析。职务变动一般包括职责变更、职务信息的输入或输出变更、任职资格要求变更等。在职务变更时，要及时进行职务分析，以保证职务分析成果信息的有效性和准确性。要注意的是，在职务变动时，往往并不是一个职务发生改变，而是与之相关联的其他职务也会发生相应的改变。在进行职务分析时，一定要注意上述问题，不能漏掉任何一个职务，否则很可能会使职务分析出现矛盾的结果。

（3）组织由于技术创新，劳动生产率提高，需重新进行定岗、定员，这就需要从职务分析中获取相关信息。

（4）建立制度的需要，如绩效考核、晋升、培训的机制的研究需要进行职务分析。

（5）组织没有进行过职务分析。有些组织已经存在了很长时间，但由于组织一直没有人力资源部，或者人力资源部人员工作繁忙，所以一直没有进行职务分析。这些组织应该及时进行职务分析。特别是对于新上任的人力资源部经理，有时会发现组织的人力资源工作一团糟，根本无法理出头绪，这时就应该考虑从职务分析来切入工作。

对于我国大多数组织而言，由于没有经历科学管理阶段，一般的基础管理工作都不很完善，很需要通过职务分析来设定工作岗位的职责和要求，进一步确定岗位规范（对在岗人员或拟招聘人员的要求）。而且，在管理实践中，如果员工清楚了解自己的职责、工作任务、工作流程及组织对业绩衡量的标准，同时管理者也明确员工的工作任务和评价标准时，可以减少管理者和员工之间的误解和冲突。因此，在组织结构调整、人员招聘、培训与开发、确定绩效评价标准和制订薪酬政策时，都需要从职务分析中获取相关信息。因此，在快速变化的今天，随着组织调整速度的加快，职务分析将成为组织的一项日常管理工作。

3.1.5 职务分析的原则

为了提高职务分析的科学性、合理性和可靠性，在组织实施过程中应该遵循以下几项原则。

（1）系统性原则。任何一个组织都是相对独立的系统。在对某一职务进行分析时，要注意该职务与其他职务的关系，从总体上把握该职务特征及对人员的要求。

（2）动态性原则。职务分析的结果不是一成不变的。要根据战略意图、环境的变化、业务的调整，经常性地对职务分析的结果进行调整，职务分析是一项常规性的工作。

（3）目的性原则。在职务分析中，要明确职务分析的目的。根据职务分析的目的，注意职务分析的侧重点。比如，职务分析是为了明确工作职责，那么分析的重点在于职务范围、职务职能、职务任务的划分；如果职务分析的目的在于选聘人才，那工作重点在于任职资格界定；如果目的在于决定薪酬的标准，那么重点又在于职务责任、工作量、工作环境、工作条件等因素的界定等。同时全面的职务分析需要从组织目标开始，将组织目标分解到各个部门和各个岗位的目标、职责，各部门和各个岗位的工作任务也必须体现对组织目标的贡献。

（4）参与性原则。职务分析尽管是由人力资源部主持开展的工作。但它需要各级管理人员与员工的广泛参与，尤其要高层管理者加以重视，业务部门大力配合才得以成功。

（5）经济性原则。职务分析是一项非常费心、费力、费钱的事情，它涉及组织的各个方面。因此，本着经济性原则，选择职务分析的方法就很重要。

（6）岗位性原则。职务分析的出发点是从岗位出发，分析岗位的内容、性质、关系、环境及人员胜任特征，即完成这个岗位工作的从业人员需具备什么样的资格与条件，而不是分析在岗的人员如何。否则，会产生社会赞许行为与防御心理等不利于职务分析结果的问题。

（7）规范性原则。规范性体现为统一性、通用性和标准化等多种形式。职务分析的规范性体现为职务调查、岗位分析、岗位评价和分级，在内容、程序、方法、因素和指标上的规范性，还有职务分析的结果如职务说明书、任务说明书等相关文件的标准化。

（8）应用性原则。应用原则是指职务分析的结果、职务描述与工作规范，一旦形成职务说明书后，管理者就应该把它应用于组织管理的各个方面。无论是人员招聘、选拔培训，还是考核、激励都需要严格按职务说明书的要求来做。

3.2 职务分析的程序

实施职务分析一般包括4个阶段，即准备阶段、实施阶段、结果形成阶段及应用反馈阶段。在每一阶段里，又包括若干步骤。

3.2.1 职务分析的准备阶段

在职务分析的准备阶段，主要解决以下几方面的问题，即确定职务分析的目标和侧重点；制订总体实施方案；收集和分析有关的背景资料；确定所欲实地调查研究的信息；选择收集信息的方法；成立专门的职务分析小组。

（1）确定职务分析的目标和侧重点。进行职务分析，首先要明确目前所要进行的职务分析的目的，即进行职务分析主要想解决什么问题、获取职务分析信息的用途是什么。职务分析的目标直接决定了进行职务分析的侧重点，决定了在进行职务分析的过程中需要获取哪些信息，以及用什么方法获得这些信息。

在一个新成立的组织中或在一个刚刚进行了重组的组织中实施职务分析时，其首要目的是将组织的职能分解到各个职位，明确各个岗位的职责，明确组织中的纵向隶属关系和横向的关联关系。这时职务分析的侧重点就在于各个职位的工作职责、权限和关联关系方面。如果职务分析的目的是为空缺的职位招聘雇员，那么这时职务分析的侧重点一方面是该职位的工作职责，另一方面是对任职者的要求。如果我们需要招聘员工的话，明确对任职者的要求是非常重要的。如果职务分析的目的是确定绩效考核的标准，那么其侧重点就应该是衡量每一项工作任务的标准，需要澄清任职者完成每一项工作任务时的时间、质量、数量等方面的标准。如果职务分析的目的是确定薪酬体系，那么仅仅通过访谈等方法获得描述性的信息就是不充分的，还需要采用一些定量的方法对职位进行量化的评估，确定每一职位的相对价值。如果我们关心岗位的定编定员，那么在职务分析的时候就需要对每个岗位的工作量进行测算，从而计算出所需人员的数量。

考虑职务分析的目的时还应考虑所要做的职务分析的精确程度。例如，在做职务分析时，是将工作分解成一个个极其精细的成分（如手臂倾斜 90°、脚向前移动 20 cm），还是在一个比较概括的水平上进行（如做金融决策、对员工说话等）。当然，上述两个例子是极端情况，但在职务分析之前还是要对分析的精确程度做出规定。职务的种类、复杂程度不同，职务分析的精确程度也不同。同时，为了确保所收集的信息的质量，我们还必须事先确定信息收集的种类和范围（见表 3-2）。

表 3-2　职务分析信息的类型

一、工作活动
　1. 工作任务的描述
　　　工作任务是如何完成的
　　　为什么要执行这项任务
　　　什么时候执行这项任务
　2. 与其他工作和设备的关系
　3. 进行工作的程序
　4. 承担这项工作所需要的行为
　5. 动作与工作的要求

二、工作中使用的机器、工具、设备和辅助设施
　1. 使用的机器、工具、设备和辅助设施的清单
　2. 应用上述各项加工处理的材料
　3. 应用上述各项生产的产品
　4. 应用上述各项完成的服务

三、工作条件
1. 人身工作环境
在高温、灰尘和有毒环境中工作
工作是在室内还是在户外
2. 组织的各种有关情况
3. 社会背景
4. 工作进度安排
5. 激励（财务和非财务的）
四、对员工的要求
1. 与工作有关的特征要求
特定的技能
特定的教育和训练背景
2. 与工作相关的工作经验
3. 身体特征
4. 态度

我们还应注意确定所要分析的职位有哪些，因为当一个组织中的职位特别多时，常常需要选取具有代表性、典型性的职位进行分析。对于相似的职位，并不一定每个职位都进行分析，可能只选取其中的一部分进行分析。

（2）制订总体实施方案。实施一次完整的职务分析活动，往往需要调动大量的资源，需要花费相当长的时间，需要来自各个方面的人员的配合，因此这样一个比较复杂的活动需要在实施之前制订一个方案，以便有计划、有条理地实施职务分析。总体实施方案也就是职务分析的蓝图。

职务分析的总体实施方案通常包含以下内容。

① 职务分析的目的和意义。

② 职务分析所需收集的信息内容。

③ 职务分析项目的组织形式与实施者。

④ 职务分析实施的过程或步骤。

⑤ 职务分析实施的时间和活动安排。

⑥ 职务分析方法的选择。

⑦ 界定待分析的工作样本。

⑧ 所需的背景资料和配合工作。

⑨ 职务分析所提供的结果。

在制订实施方案时，还应注意对职务分析中的用语进行规范。在职务分析过程中，信息的表达方式可以是多种多样的，对于一个问题的理解和解释也是不尽相同的；为了争取不同职务分析人员所收集上来的信息一致，应减少因用语不同所造成的误差。

W 公司的职务分析实施方案

职务分析的实施方案将在整个职务分析过程中起到计划和引导的作用。

1. 背景

W公司是一家大型的电子产品公司。最近，某大学经济管理学院专家组为其进行了组织诊断与组织再设计工作。通过该项工作，W公司形成了新的组织结构、职能权限体系和业务工作流程。为使W公司实现有效的组织运行，需实施职务分析。

2. 目的

通过职务分析，使W公司组织设计的结果进一步深入和细化，将部门的工作职能分解到各个职位，明确界定各个职位的职责与权限，确定各个职位主要的工作绩效指标和任职者基本要求，为各项人力资源管理工作提供基础。

3. 职务分析的内容与结果

本次职务分析要完成下列工作内容。

（1）了解各个职位的主要职责与任务。

（2）根据新的组织机构运行的要求，合理清晰地界定职位的职责权限及职位在组织内外的关联关系。

（3）确定各个职位的关键绩效指标。

（4）确定职务任职者的基本要求。

职务分析的最终成果将形成每个职位的职务说明书。

4. 需要的资料

（1）组织机构图。

（2）各部门职能说明书。

（3）工作流程图。

（4）职权体系表。

（5）岗位责任制。

（6）人员名单。

5. 职务分析的方法

职务分析涉及的方法有以下几种。

（1）资料调研。

（2）工作日志。

（3）访谈。

（4）职位调查表。

（5）现场观察法。

6. 职务分析的实施者

本次职务分析由某大学专家组和W公司有关人员共同组成职务分析实施小组。该实施小组的组成为：某大学的专家组，负责项目的总体策划与实施；W公司人力资源部人员，作为项目的协调与联络人；W公司的高层领导，提出总体的原则并对工作结果进行验收。

7. 职务分析的实施程序

本次职务分析主要分3个阶段进行，即准备阶段、实施阶段和结果整合阶段。

阶段一：准备阶段（5月10日—5月20日）

（1）对现有资料进行研究。

（2）选定待分析的职位。

（3）设计调研用的工具。

阶段二：实施阶段（5月21日—6月30日）

（1）召开员工会议，进行宣传动员。

（2）制订具体的调研计划。

（3）记录工作日志。

（4）实施访谈和现场观察。

（5）发放调查表。

阶段三：结果整合阶段（7月1日—7月20日）

（1）对收集来的信息进行整理。

（2）与有关人员确认信息，并做适当的调整。

（3）编写职务说明书。

——资料来源：郑晓明，吴志明．工作分析实务手册．北京：机械工业出版社，2002．

（3）收集和分析有关的背景资料。在职务分析中，有些信息需要实地去收集，而有些现存的背景资料对于职务分析也是非常重要的，不能忽视。对职务分析有参考价值的背景资料主要包括以下几类。

① 国家职业分类标准或国际职业分类标准。

② 有关整个组织的信息（包括组织机构图、工作流程图、部门职能说明等）。

③ 现有的职务说明或有关职位描述的信息。

在进行职务分析时，首先可以查阅职业分类词典，找到类似的职位描述，除非所要分析的职位是全新的职位。但一定要注意，不可照搬现有的资料，只可将现有的资料作为参考，因为职业分类词典中的职位描述并不是针对某个具体组织中的职位。很多情况下，在不同的组织中，名称相同的职位其具体的职责、任务、任职要求等都有很大的差异。因此，应针对具体组织中的实际情况做出具体的分析。

进行职务分析时，组织中的一些资料是非常重要的。组织机构图是用来描述组织中各个组成部分之间相互关系的，从组织机构图中可以看到部门或职位之间的关系，如每一个部门或职位应该向谁负责，每一个部门或职位的下属是谁，与之发生关联的部门和职位有哪些。通过组织机构图，可以很清楚地理解各个职位在组织中的位置。组织机构图表示的是部门或职位之间的一种静态联系，而工作流程图则表明了部门或职位之间的动态联系。在工作流程图中，我们可以看出在一项工作活动中，某个部门或职位需要接受来自哪些部门或职位的信息或指令，需要对信息和指令做出哪些处理，需要向哪些部门或职位发出信息或指令，等等。通过工作流程图，可以比较好地了解工作任务及工作中的关联关系。

除了组织机构图和工作流程图之外，组织中各个部门的职能说明书也是进行职务分析时非常有用的资料。部门的职能说明书规定了组织中一个部门的使命和职能，而职务分析就是要将部门的职能分解到下属的职位上去。仔细研究现有的部门职能说明，可以帮助我们将部门的职能全面有效地分解到部门内部的各个职位上。

在很多组织中，并不是第一次实施职务分析，因此组织中一般会有一些现成的岗位职责、职位描述等资料。这些现有的资料尽管可能不尽完善，或者由于工作的变化已经与现在的实际状况不符，但仍会提供工作职位的一些基本信息，因此仍然具有参考价值。

（4）确定所欲实地调查研究的信息。从对现有资料的分析中，我们已经得到了一些关于所欲分析的职位的基本信息。但是，关于职位的最关键的大量的信息往往不是从现有的资料中可以获得的，需要从实地调查研究中得到。在实施职务分析调研之前，我们需要事先考虑收集哪些信息。

确定要收集哪些信息，可以从以下几方面加以考虑。

① 根据职务分析的目标和侧重点，确定要收集哪些信息。

② 根据对现有资料的研究，找出一些需重点调研的信息或需进一步澄清的信息。

③ 按照 6W1H 的内容考虑需要收集的信息。

工作分析信息内容——6W1H

国外人事心理学家从管理角度，提出了著名的工作分析公式，把工作分析所要回答的问题归纳为 6W1H，6W 即做什么（What）、为什么（Why）、用谁（Who）、何时（When）、在哪里（Where）、为谁（for Whom）及如何做（How）。这 6W1H 基本上概括了工作分析所要收集的信息的内容。

1. 做什么（What）

这是指所从事的工作活动。主要包括：

• 任职者所要完成的工作活动是什么？

• 任职者的这些活动会产生什么样的结果或产品？

• 任职者的工作结果要达到什么样的标准？

2. 为什么（Why）

表示任职者的工作目的，也就是这项工作在整个组织中的作用。主要包括：

• 做这项工作的目的是什么？

• 这项工作与组织中的其他工作有什么联系？对其他工作有什么影响？

3. 用谁（Who）

这是指对从事某项工作的人的要求。主要包括：

• 从事这项工作的人应具备什么样的身体素质？

• 从事这项工作的人必须具备哪些知识和技能？

• 从事这项工作的人至少应接受过哪些教育和培训？

• 从事这项工作的人至少应具备什么样的经验？

• 从事这项工作的人在个性特征上应具备哪些特点？

• 从事这项工作的人在其他方面应具备什么样的条件？

4. 何时（When）

表示在什么时间从事各项工作活动。主要包括：

• 哪些工作活动是有固定时间的？在什么时候做？

• 哪些工作活动是每天必做的？

• 哪些工作活动是每周必做的？

• 哪些工作活动是每月必做的？

5. 在哪里（Where）

表示从事工作活动的环境。主要包括：

• 工作的自然环境，包括地点（室内与户外）、温度、光线、噪声、安全条件等。

• 工作的社会环境，包括工作所处的文化环境（如跨文化的环境）、工作群体中的人数、完成工作所要求的人际交往的数量和程度、环境的稳定性等。

6. 为谁（for Whom）

这是指在工作中与哪些人发生关系，发生什么样的关系。主要包括：

• 工作要向谁请示和汇报？

• 向谁提供信息或工作结果？

• 可以指挥和监控何人？

7. 如何做（How）

这是指任职者怎样从事工作活动以获得预期的结果。主要包括：

• 从事工作活动的一般程序是怎样的？

• 工作中要使用哪些工具？操纵什么机器设备？

• 工作中所涉及的文件或记录有哪些？

• 工作中应重点控制的环节是哪些？

（5）选择收集信息的方法。收集职务信息的方法多种多样，有定性的方法，也有定量的方法；有以考察工作为中心的方法，也有以考察任职者特征为中心的方法。那么在具体进行职务分析时，如何选择最有效的方法呢？

在选择收集工作信息的方法时，首先要考虑职务分析所要达到的目标。当职务分析需要达到不同的目标时，使用的方法也有所不同。例如，当职务分析用于招聘时，就应该选用关注任职者特征的方法；当职务分析关注薪酬体系的建立时，就应当选用定量的方法，以便对不同工作的价值进行比较。

其次，选择收集工作信息的方法时，要考虑所分析的职位的不同特点。例如，有的职位的活动比较外显，以操作机械设备为主，那么这样的职位就可以使用现场观察法；而有的职位的活动以内隐的脑力活动为主，不易进行观察，那么运用观察法对这样的职位收集工作信息就不适合。再比如，有些方法要求被调查者具有一定的书面表达能力，如开放式问卷的方法，这时一些文化水平要求较低的职位的任职者就无法回答。

另外，选择收集工作信息的方法时，还应考虑实际条件的限制。有些方法虽然可以得到较多的信息，但可能由于花费的时间或财力较多而无法采用。例如，专家访谈的方法可以较直接地从工作任职者处获得信息，而且访谈者与被访谈者之间可以进行交流，能够较深入地挖掘有关工作的信息，但它需要花费的时间较多。而问卷的方法，虽然获得的信息有限，但可以很多人同时回答，效率较高，很适合在时间要求较紧的情况下采用。

实际上，每一种收集工作信息的方法都有其独特之处，也有其适合的场合；有其优点，也有其不足之处，并不存在一种普遍适用的或最佳的方法。在进行职务分析时，应该根据具体的目的和实际情况，有针对性地选择一种或几种方法，这样才能取得较好的效果。

选定了收集信息的方法之后，有的方法需要事先设计一定的程序或准备一定的文件。例如，访谈的提纲、调查问卷、观察的记录表格，等等。

（6）成立专门的职务分析小组。在这样的工作小组中，常常包括进行策划和提供技术支持的专家，也包括具体实施操作的专业人员，另外还应有负责联络协调的人员。在准备阶段，应该明确小组成员各自的职责，这样在工作时就可以保证分工明确，并能很好地协调，保证工作的效率和质量。

3.2.2 职务分析的实施阶段

经过充分的准备之后，就可以进入职务分析的具体实施阶段了。在实施阶段，主要进行的几项工作是：与参与职务分析的有关人员进行沟通；制订具体的实施操作计划；实际收集与分析职务信息。

（1）与参与职务分析的有关人员进行沟通。由于职务分析需要深入到具体的工作岗位上，在进行这项工作的过程中必然要同大量的工作任职者和管理者发生关系，因此赢得他们的理解和支持是非常必要和重要的。

在开始实施职务分析时，需要与所涉及的人员进行沟通。这种沟通一般可以通过召集员工会议的形式进行，在会上可以由职务分析小组成员对有关人员进行宣讲和动员。与参与职务分析的有关人员进行沟通的目的主要有以下三个。

第一，让参与职务分析的有关人员了解职务分析的目的和意义，消除内心的顾虑和压力，争取他们在实际收集信息时的支持与合作。可以通过向他们介绍职务分析对于开展工作的意义、对于管理工作的好处等，提高他们的兴趣。另外，还要澄清他们对职务分析的一些认识。例如，为消除参与职务分析的有关人员的一些不必要的担心，要让他们认识到职务分析的目标是针对工作的，是为了分析职务的一些特性，而不是评估工作任职者的表现；要让他们认识到职务分析的结果并不是给大家增加工作量，而是通过职责分工的明确和效率的提高，减轻大家的工作负担。

第二，让参与职务分析的有关人员了解职务分析大致需要进行多长时间，大概的时间进度是怎样的。这样，他们就会了解自己大概会在什么时候花费多少时间进行配合，便于他们事先做好工作安排，留出足够的时间来配合职务分析工作。

第三，让参与职务分析的有关人员初步了解职务分析中可能会使用到的方法，以及在各种方法中他们需要如何进行配合，如何提供信息。这样，会使收集的信息更加有效。

（2）制订具体的实施操作计划。在职务分析的准备阶段，已经有了职务分析的实施方案。但这样的方案，往往只是提供了大致的计划，在具体实施时，还应该有更细致的操作计划。

在实施的操作计划中，应该列出具体的精确的时间表，具体到在每一个时间段，每个人的具体职责和任务是什么。对于接受访谈或调研的人，也应事先制订好时间表，以便其安排手头的工作或事务。

这一具体的实施操作计划，在执行的过程中可能还会做出一定的调整。一旦计划发生改变，应及时通知相关的人员。

（3）实际收集与分析职务信息。这一阶段是整个职务分析过程的核心阶段。主要是按照事先选定的方法，根据既定的操作程序或计划收集与职务有关的各种信息，并对信息进行描述、分类、整理、转换和组织，使之成为书面文字。

一般来说，对职务信息的收集和分析通常包括以下内容。

① 职位名称分析。对职位名称进行分析时，应注意使职位名称标准化，并符合人们一

般的理解，使人们通过职位名称可以了解职位的性质和内容。命名应准确，不易发生歧义；名称应有美感，切忌粗俗。

② 职务内容分析。职务内容分析是为了全面地认识、了解工作。其具体内容包括以下几个方面。

· 工作任务。明确规定某职位所要完成的工作活动或任务，完成工作的程序与方法，所使用的设备和材料。

· 工作责任与权限。以定量的方式确定工作的责任与权限，如财务审批的金额、准假的天数，等等。

· 工作关系。了解和明确工作中的关联与协作关系。例如，该职位会与哪些工作发生关联关系，会对哪些工作产生影响，受到哪些工作的制约，与谁发生协作关系，可以在哪些职位范围内进行晋升和岗位轮换。

· 工作量。确定工作的标准活动量，规定劳动定额、绩效标准、工作循环周期等。

③ 工作环境分析。主要包括以下几个方面。

· 工作的自然环境。包括环境中的温度、湿度、照明度、噪声、震动、异味、粉尘、辐射等，以及任职者与这些环境因素接触的时间。

· 工作安全环境。主要包括工作的危险性，可能发生的事故、事故的发生率和发生原因，对身体的哪些部分易造成危害及危害程度，易患的职业病、患病率及危害程度等。

· 社会环境。主要包括工作地点的生活方便程度、环境的变化程度、环境的孤独程度、与他人交往的程度等。

④ 职务任职者的必备条件分析。确定职务任职者所应具有的最低资格条件，主要包括以下几个方面。

· 必备的知识。具体包括最低学历要求，有关理论知识和技术的最低要求（例如，使用机器设备的操作方法、工艺流程、材料性能、安全知识、管理知识和技能等），对有关的政策、法令、规定或文件的了解和掌握程度等。

· 必备的经验。包括过去从事同类工作的时间和成绩，应接受的专门训练的程度，完成有关工作活动的实际能力等。

· 必备的身体素质。工作任职者应具备的行走、跑步、攀登、站立、平衡、旋转、弯腰、举重、推拉、握力、耐力、手指与手臂的灵巧性、手眼协调性、感觉辨别力等。

· 必备的操作能力。通过典型的操作来规定从事该职位的工作所需的注意力、判断力、记忆力、组织能力、创造能力、决策能力等。

· 必备的个性特征。工作任职者应具备的耐心、细心、沉着、诚实、主动性、责任感、支配性、情绪稳定性等方面的特点。

必须注意的是，在分析阶段，还需注意以下3点。

· 仔细审核、整理获得的各种信息。

· 创造性的分析、发现有关工作和工作人员的关键问题。

· 归纳、总结出职务分析必需的材料和要素。

3.2.3 职务分析的结果形成阶段

职务分析结果通常为每个职位的工作说明书。在结果形成阶段，需要对收集来的信息进一步审查和确认，进而形成职务说明书。这一阶段主要完成的工作有：与有关人员共同审查和确认职务信息；形成职务说明书。

（1）与有关人员共同审查和确认职务信息。通过各种方法收集来的关于职务的信息，必须同职务任职者和任职者的上级主管进行审查、核对和确认，才能避免偏差。经过这样的过程，一方面可以修正初步收集来的信息中的不准确之处，使职务信息更为准确和完善；另一方面由于职务任职者和任职者的上级主管是职务分析结果的主要使用者，请他们来审查和确认这些信息有助于他们对职务分析结果的理解和认可，为今后的使用奠定基础。另外，收集职务信息的人实际上可能并没有从事过所分析的工作，因此对工作中的一些实际问题和标准并不是很了解，而在这些方面，恰恰职务任职者和任职者的上级主管更有发言权。让职务任职者和任职者的上级主管共同对职务信息提出意见，也有利于发现他们对工作的一些不一致的看法，使他们能有一次沟通的机会，以便协调一致，便于今后更好地开展工作。

（2）形成职务说明书。职务说明书是对工作的目的、职责、任务、权限、任职者基本条件等的书面描述。这一阶段的工作需注意以下 8 点。

① 根据职务分析规范和经过分析处理的信息草拟职务描述书与任职说明书。

② 将草拟的职务描述书与任职说明书与实际工作进行对比。

③ 根据对比的结果决定是否需要进行再次调查研究。

④ 修正职务描述书与任职说明书。

⑤ 若需要，可重复②～④的工作。例如，对特别重要的岗位，其职务描述书与任职说明书就应多次修订。

⑥ 形成最终的职务描述书与任职说明书。

⑦ 将职务描述书与任职说明书应用于实际工作中，并注意收集应用的反馈信息，不断完善职务描述书与任职说明书。

⑧ 对职务分析本身进行总结评估，注意将职务描述书与任职说明书归档保存，为今后的职务分析提供经验与信息。

3.2.4 职务分析的应用反馈阶段

编写出职务说明书之后，可以说职务分析的工作基本结束了。但是对职务分析结果的应用也是非常关键的，因为只有应用了职务分析结果，才能体现出职务分析的价值。而且，在应用的过程中，可能会发现一些重要问题，通过反馈，可以为后续的职务分析提出要求。具体来说，在职务分析结果的应用反馈阶段包括两方面的工作：一是职务说明书的使用培训；二是使用职务说明书的反馈与调整。

（1）职务说明书的使用培训。职务说明书是由专业人员编写的，而它的使用者是实际从事工作的人员。在进行职务说明书的使用培训时，一方面要让使用者了解职务说明书的意义与内容，了解职务说明书中各个部分的含义；另一方面要让使用者了解如何在工作中运用职务说明书。例如，如何在招聘员工时使用职务说明书，如何根据职务说明书与下属员工确定工作目标和标准，如何根据职务说明书考核员工并提出对员工培训的需求，等等。

（2）使用职务说明书的反馈与调整。这一活动将始终贯穿于组织的经营与管理活动之中。随着组织与环境的发展变化，一些原有的工作任务会消亡，一些新的工作任务会产生，现有的许多职位的性质、内涵和外延都会发生变化。因此，应经常对职务说明书的内容进行调整和修订。另外，职务说明书是否适应实际工作的需要，也需在使用过程中得到反馈。

某公司工作分析实施案例

一、工作分析的背景

1. ××煤炭公司简介

××煤炭公司（以下简称公司）是某大型国有煤炭贸易集团（以下简称集团公司）的全资子公司，成立于1992年，建立之初的主要业务是煤炭进出口贸易。

从1995年开始，我国煤炭市场价格全面放开，买方市场日渐形成；另外，1996年出台的《中华人民共和国煤炭法》和煤炭工业部颁布的"九五"纲要都鼓励减少煤炭经营的中间环节，煤炭用户和煤炭销售区的煤炭经营企业有权直接从煤矿企业购进煤炭。

正是在这种形势下，为避免煤炭贸易企业因受到煤炭供应、运输和销售三方制约造成的脆弱性，从1998年开始，公司开始了从贸易公司向煤炭业务一体化经营的探索和实践，主要采取了如下三项措施：第一，分别与主要客户（电厂）共同投资组建合资公司，通过形成利益共同体稳固和发展长期合作关系；第二，为保证货源的质量和数量，公司先后投资控股三个洗煤厂；第三，为了保证运输的及时性，公司又与某国有铁路局合资成立储运公司。

自1998年以来，公司发展业绩良好，销售收入年均增长率达到30%以上，成为集团公司人均利润最高的二级子公司，并逐渐形成了以煤炭的进口、出口和国内销售为主业，几个非煤高风险产品为辅业的业务格局。

2. 工作分析的背景

但是，2002年以来，公司面临的外部环境进一步严峻。2002年年初，国务院公布了《电力体制改革方案》，要求电力行业实行厂网分开，竞价上网。此次电力体制改革对公司产生了巨大的影响：一方面已形成稳定关系的电厂将通过兼并重组形成新的经营实体，这意味着原有的合作关系不再稳定；另一方面，竞价上网将引发电厂对成本的严格控制。在我国，煤炭成本占煤电成本的70%以上，降低成本的压力会在很大程度上转移到煤炭采购上，这意味着电厂将对煤炭的价格、质量和供货的及时性提出更高的要求。

从公司业务运作来看，由于缺乏煤炭一体化产业链运作的经验，公司转型的过程并非一帆风顺。2002年3月，刚刚重组的南方某发电厂因为硫分超标拒收公司生产厂自产的整批货物，给公司造成了价值500万元的损失；这次事件被称为"三月事件"。"三月事件"加上2002年上半年销售利润的大幅滑坡使公司更加深刻地意识到政策的变化给曾经牢固的客户关系带来的巨大影响，以及公司对煤炭的生产质量、运输过程管理方面控制力度的薄弱。

从公司的内部管理来看，2001年1月到2002年3月短短15个月内，先后有四五位公司的业务骨干提出辞职，主要原因集中在岗位职责不清、工作缺乏挑战性等方面。另外，公司现有员工基本由集团公司人力资源部调配调剂形成，员工结构和素质现状不能满足公司运营和长期战略目标实现的需要。

2002年5月，集团公司实行新的人事政策，将逐渐下放副总经理以下人员的人事权力，二级公司和员工自主签订劳动合同。

在这种背景下，公司认为提高对煤炭供应链的控制的关键是提高内部管理水平和改进人力资源质量。公司决定聘请咨询公司进行人力资源管理诊断与设计，在工作分析的基础上，明确岗位责任，确定岗位的工作描述和工作规范，从而为关键岗位配备胜任的员工。

二、组织层次的工作分析——组织结构的调整

公司原有的组织结构如图 3-1 所示。

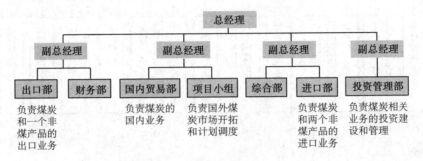

图 3-1　公司原有的组织结构图

从图 3-1 可以看出，公司原有组织结构存在的主要问题有以下几个方面。

（1）公司总部只有 50 人，但是却有 5 个管理层级（总经理—副总经理—部门经理—主管—助理），管理层次过多，跨度过小，导致每个层级的人都在做比自己职位层次低的工作，反应速度慢。

（2）有两个副总经理对业务部门和职能部门进行混合管理，由于业务部门的业绩更容易识别，不可避免会出现重业务轻管理、职能部门弱化的情况。

（3）将煤炭业务分割成三个部门，增大了部门协作成本，严重影响对煤炭产业链的控制。

（4）将三种业务特点类似的非煤产品（为充分利用公司的财务优势而经营的产品，成功的关键在于财务风险控制）分割成两个部门运作，不利于专业化和资源共享，难以不断增强公司的风险控制能力。

调整后的组织结构从强化内部管理、提高业务流程运作效率的角度来设立部门。调整后的公司组织结构如图 3-2 所示。

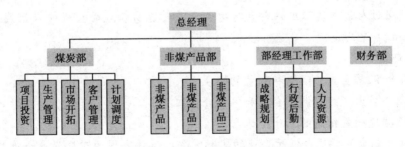

图 3-2　调整后的公司组织结构图

三、部门层次的工作分析——煤炭部部门职责

组织结构调整后，煤炭部的部门职责包括以下几个方面。

（1）负责管理为煤炭业务投资建立的控股和相对控股企业，监督参股企业。

（2）负责煤炭业务的市场、销售和物流管理，主要包括市场开拓、产品研发、生产组织、运输、销售、售后服务等工作。

（3）负责制订煤炭业务发展规划，负责组织实施项目投资。

新建立的煤炭部的岗位设置如图3-3所示。

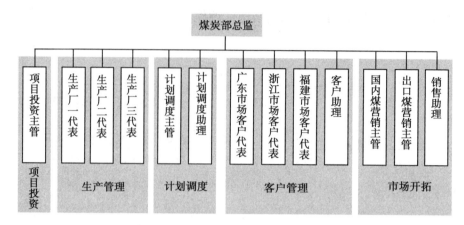

图3-3　煤炭部的岗位设置

四、岗位层次的工作分析——以计划调度主管为例

计划调度岗位是加强对煤炭业务链控制的关键岗位，在此以计划调度主管为例进行工作分析的介绍。

1. 工作分析方法

（1）公司内部资料分析。

（2）本岗位和相关岗位的深度访谈和业务流程分析。

（3）职位说明书问卷调查。

2. 原岗位的工作分析诊断

1）汇报关系

（1）直接上级：项目小组经理。

（2）直接下级：无。

问题：该岗位人员在实际工作中主要向主管国内贸易和主管投资的两位副总经理汇报，经常出现多头指挥的现象。

2）工作职责

（1）收集和汇总生产、运输和销售的报表。

（2）协调公司生产经营调度会议和编写会议纪要。

（3）煤炭调度相关信息的上传下达。

问题：履行职责的层次远低于企业的实际需要，具体表现为对煤炭业务流程节点的审核监督、信息分析和建议职能发挥不足，只起到了信息汇总和传递的作用，这是公司对于煤炭业务链各个环节的控制作用发挥不足的一个重要原因。

3）协调关系

（1）内部协调关系：国内贸易部、投资部、项目小组。

（2）外部协调关系：三个生产厂、储运公司。

问题：履行职责的层次远低于企业的实际需要，尚未统一信息流的进口和出口，尚未使信息在企业内部合理共享，供应链信息管理和共享职能发挥不足。

4）任职人员信息

（1）岗位定员：3 人。

（2）学历：2 人本科，1 人专科。

（3）专业：1 人贸易，1 人英语，1 人管理。

（4）经验：平均具备 2 年煤炭进出口贸易经验。

问题：原岗位任职人员的专业结构不符合岗位要求，普遍缺乏供应链管理和计划调度的相关技能和经验。

3. 调整后岗位的工作说明书

在原有岗位工作分析和诊断的基础上，进行工作描述，编写工作规范，改进的着眼点如下。

（1）增强对煤炭业务流程节点的审核和监督职能。

（2）增强对产供销的计划控制职能。

（3）增强供应链信息管理和共享职能。

（4）区分需要较高和较低经验技能的工作，以此区分主管和助理的工作职责，使主管这一关键岗位工作丰富化。

形成的计划调度主管职位说明书如表 3-3 所示。

表 3-3 计划调度主管职位说明书

岗位名称	计划调度主管	岗位编号	19
所在部门	煤炭部	岗位定号	2
直接上级	煤炭部总监	工资等级	
直接下级	计划调度助理	薪酬类型	
所辖人员	3 人	岗位分析日期	2002 年 10 月

职责概述

负责监督调度制度的建设和落实

负责汇总并平衡生产、采购与销售计划，编制煤炭业务月度经营计划，组织煤炭业务月度经营分析会议

负责组织召开周调度例会

负责日常调度工作，协调铁路运输和港口作业

负责煤炭业务自产煤采购的商务执行工作

负责审核装船方案

负责供应链信息的收集、整理、分析、转递工作

完成上级交办的其他任务

工作描述

		职责表述：负责监督调度制度的建设和落实	工作结果	分送单位
职责一	工作任务	监督、规范下属生产企业和储运公司的调度制度建设、修改和完善工作	煤炭业务调度制度	煤炭部总监
		落实下属生产企业和储运公司的调度信息规范化建设工作，包括规范表格的填写、信息传递时间等		
		对调度制度的适应性进行评价，并提出改进建议	调度制度适应性评价报告	煤炭部总监
		组织落实调度制度的改善工作		

续表

		工作描述		
职责二	职责表述：负责汇总并平衡生产、采购与销售计划，编制煤炭业务月度经营计划，组织煤炭业务月度经营分析会议		工作结果	分送单位
	工作任务	收集、汇总各环节上月经营计划的执行情况		
		收集各环节的生产、采购、销售计划		
		经平衡后编制煤炭业务月度经营计划	煤炭业务月度经营计划	煤炭部总监
		组织煤炭业务月度经营分析会议		煤炭部总监
		下发煤炭业务月度经营计划		
职责三	职责表述：负责组织召开周调度例会		工作结果	分送单位
	工作任务	召集与会人员参加周调度例会		
		说明调度例会内容，负责会议记录工作	调度会会议记录	本岗位留存
		编撰调度例会会议纪要，经领导批示后下发	会议纪要	煤炭部总监
		下达调度会会议决议指令	调度通知	下属生产企业和储运公司
		协调、监督调度会决议的执行		
职责四	职责表述：负责日常调度工作，协调铁路运输和港口作业		工作结果	分送单位
	工作任务	参加公司月度经营计划会议，按计划负责处理权限内的日常调度问题，上报值班领导处理权限外的日常调度问题	调度通知	下属生产企业和储运公司
		负责下达调度指令，协调铁路运输和港口作业	调度通知	下属生产企业和储运公司
		向生产企业和储运公司索要指令执行情况（反馈）	反馈信息	煤炭部总监
		跟踪调度指令的执行情况，向直接上级反馈执行结果	反馈信息	煤炭部总监
职责五	职责表述：负责煤炭业务自产煤采购的商务执行工作		工作结果	分送单位
	工作任务	负责自产煤炭的合同签订	煤炭采购合同	煤炭部总监
		负责煤炭供应过程的执行监督		
		负责自产煤炭采购的结算		
职责六	职责表述：负责审核装船方案		工作结果	分送单位
	工作任务	接收储运公司传真过来的装船方案		
		计算装船质量指标，审核装船方案的可行性，签署审核意见	装船方案审核意见	煤炭部总监
		呈报装船方案给煤炭部总监审批		
		下达审批后的装船方案	审批后的装船方案	储运公司
职责七	职责表述：负责供应链信息的收集、整理、分析、转递工作		工作结果	分送单位
	工作任务	负责接收各部门传来的业务信息，包括船期信息、装船信息等		
		负责收集煤炭业务供应链运作信息，包括日调度表等		
		负责转递煤炭业务链运作信息给供应链相关部门、单位	调度通知	煤炭部各部门、下属生产企业和储运公司
		整理归类日常运作问题，填写日调度问题汇总表	煤炭生产经营问题汇总表	煤炭部总监
		分析处理供应链信息，填写月调度信息分析报告	月调度信息分析报告	煤炭部总监
		整理归档供应链信息，建立调度信息文档	调度信息文档	本岗位留存

续表

工作描述			
职责八	职责表述：完成上级交办的其他任务		
人事权	对直接下属的奖惩、培训有提名和建议权，有一定的考核评价权		
财务权	无		
业务权	业务执行权（调度制度执行情况的监督权、调度信息收集权、调度指令执行检查权、日调度会议的组织权、装船方案的审核权、铁路运输和港口作业的协调权）		
工作协作关系：			
外部协调关系	煤炭业务下属控股子公司、储运公司等		
工作规范：			
教育水平	大学本科及以上学历		
专业	煤炭、物资流通等相关专业		
培训经历	培训内容	培训时间	培训内容	培训时间
	煤炭专业知识培训	两周以上	计算机应用培训	两周以上
	供应链管理培训	两周以上	外语	
经验	2 年以上相关工作经验		
个人素质	较高的工作热情和工作主动性 较高的职业道德水平 较强的人际交往能力、沟通能力、判断和决策能力 很强的计划和执行能力		
知识	掌握供应链管理知识和煤炭品质知识 具有煤炭一般知识和煤炭生产管理知识		
技能技巧	较强的外语阅读能力 熟练使用计算机办公软件		
备注			

——资料来源：徐懋. 工作分析实施案例 ［EB/OL］.（2009－09－27）［2016－01－08］. http://www.xinchou.com.cn/resource/page/49229.asp.

3.3 职务分析方法与职务说明书

3.3.1 职务分析方法

这里讲的职务分析方法实际是指收集职务信息的方法，它在职务分析中占有重要的地位。如果方法选择不当，就不可能收集到可靠、准确和全面的资料。收集职务分析信息的方法很多，各种方法都有自己的优缺点，没有一种方法能够提供非常完整的信息，因此往往需要综合使用这些方法。

1. 工作实践法

工作实践法是指职务分析者通过实际参与某项工作，从而深入细致地体验、了解、分析工作的特点和要求，以达到职务分析目的的方法。它可以克服一些有经验的员工并不总是很了解自己完成任务的方式的缺点，也可以克服有些员工不善于表述的缺点，还可弥补一些观察不到的内容，获得的数据资料更真实可靠。其缺点是：由于现代组织中的许多工作高度专业化，职务分析者往往不具备从事某项工作的知识和技能，这时就无法采用工作实践法。因此，工作实践法适用于对一些比较简单的、短期内可以掌握的工作的分析，也可以与其他方法结合起来运用。

2. 观察法

观察法是指职务分析人员直接到工作现场，针对某些特定对象（一个或多个任职者）的作业活动进行观察，收集、记录有关工作的内容、程序、形式和方法及工作环境等信息，并通过对信息进行比较、分析、汇总等方式，得出职务分析成果的方法。它是一种传统的职务分析方法。

由于不同的观察对象的工作周期和工作突发性有所不同，所以观察法具体可分为直接观察法、阶段观察法和工作表演法。

（1）直接观察法。职务分析人员直接对员工工作的全过程进行观察。直接观察适用于工作周期很短的岗位。例如，保洁员的工作基本上是以一天为一个周期，职务分析人员可以一整天跟随着保洁员进行直接工作观察。

（2）阶段观察法。有些员工的工作具有较长的周期性，为了能完整地观察到员工的所有工作，必须分阶段对其进行观察。例如，行政文员需要在每年年终时筹备单位总结表彰大会，职务分析人员就必须在年终时再对其进行观察。

（3）工作表演法。该方法对于工作周期很长和突发性事件较多的工作比较适合。例如，保安工作，除了有正常的工作程序以外，还有很多突发事件需要处理，如盘问可疑人员等，职务分析人员可以让保安人员表演盘问的过程，来进行该项工作的观察。

在运用观察法时应注意：观察人员在观察时尽量不要引起被观察者的注意，干扰被观察者的工作；要注意所选择的工作行为样本的代表性；被观察者的工作应相对稳定，即在一段时间内，工作内容、工作程序、对工作人员的要求不会发生明显的变化；观察前要有详细的观察提纲（见表3-4）和行为标准；避免机械记录，应主动反映工作的有关内容，对观察到的信息进行比较和提炼等。虽然此种方法所取得的信息多为第一手资料，比较客观和准确，

表 3-4　某企业职务分析观察提纲（部分）

被观察者姓名＿＿＿＿＿	日期＿＿＿＿＿
观察者姓名＿＿＿＿＿	观察时间＿＿＿＿＿
工作类型＿＿＿＿＿	工作部分＿＿＿＿＿
观察内容：	
1. 什么时候开始正式工作？＿＿＿＿。	2. 上午工作多少小时？＿＿＿＿。
3. 上午休息几次？＿＿＿＿。	4. 第一次休息时间从＿＿＿到＿＿＿。
5. 第二次休息时间从＿＿＿到＿＿＿。	6. 上午完成产品多少件？＿＿＿＿。
7. 平均多少时间完成一件产品？＿＿＿＿。	8. 与同事交谈几次？＿＿＿＿。
9. 每次交谈约＿＿＿＿分钟。	10. 室内温度＿＿＿＿摄氏度。
11. 抽了几支香烟？＿＿＿＿。	12. 喝了几次水？＿＿＿＿。
13. 什么时候开始午休？＿＿＿＿。	14. 出了多少次品？＿＿＿＿。
15. 搬了多少原材料？＿＿＿＿。	16. 噪声分贝是多少？＿＿＿＿。

但要求观察者要有足够的实际操作经验。另外，在观察中，被观察者的行为表现有时会出现跟平时不一致的情况，从而影响观察资料的可信度，有关任职资格方面要求的信息，通过观察法也难以获得。

观察法适用于大量标准化的、周期短的、体力活动为主的工作，不适用于脑力劳动成分比较高的工作和处理紧急情况的间歇性工作，如教师、律师、急救站护士的工作等。

3. 访谈法

访谈法是通过职务分析者与职务任职者面对面交谈获得所需工作信息的方法。一般来说，员工对自己所承担的工作最为了解，他们对工作情况最有发言权，因此与他们面谈是收集职务分析信息的一种有效方法。特别是一些工作不可能由分析者通过实践体会的，如飞行员的工作，另一些工作则不可能通过观察来了解，如脑外科手术专家的工作。在对这些工作进行分析时，就要通过面谈来了解工作的内容、原因和做法。在采取此方法时，职务分析者不应该只是消极地记录工作执行者对各种问题的反映，而应通过积极的引导来获得较完整的信息。

访谈法的种类包括个别员工访谈法、集体员工访谈法和主管访谈法 3 种。个别员工访谈法适用于各个员工的工作有明显差别，职务分析的时间又比较充分的情况。集体员工访谈法通常用于大量员工做相同或相似工作的情况，因为它可以以一种迅速而且代价相对较小的方式了解到工作的内容和职责等方面的情况。在进行集体访谈时，要请职务任职者的主管到场。如果他们当时不能到场的话，事后也应该将收集到的资料单独跟他们交流，倾听他们对于所要分析的工作所包含的任务和职责等方面的看法。主管访谈法是指同一个或多个主管面谈，了解所要分析的工作的情况。主管对于工作内容一般都有比较好的了解，与主管面谈可以节省职务分析的时间。

访谈时，应注意以下几点。① 应该与主管密切合作，这样才能找到那些最了解工作情况的员工，以及那些最有可能对他们自己所承担的工作的任务和职责进行客观描述的任职者。② 要尽快与被访者建立起融洽的关系。其要点是：知道对方名字；用通俗易懂的语言交谈；简单介绍访谈的目的；向他们解释他们是怎样被挑选为被访对象的；等等。③ 应事先确定收集的信息内容并制订详细的提问提纲，把握所提问题与目的之间的关系；在问题后面留出足够的空白处以供填写；重要的问题先问，次要的后问。要让对方有充足的时间从容回答，最后还可以请对方对问题做些补充。④ 当被访者完成工作任务的方式不是很有规律时，如并不是在一天中一遍又一遍地重复相同的工作时，访问者就应该要求他们按照任务的重要性大小和发生频率的高低将它们一一列举出来，以确保那些虽然只是偶然发生但也同样比较重要的任务（如护士需要偶尔在急救室中执行的任务）不会被遗漏掉。⑤ 访问者在引导被访问者时，应始终保持中立的立场，避免发表个人的观点和看法。例如，在对工作内容的难度和任职资格方面与被访者有不同的看法时，不要与他们争论；如果被访者对主管人员有抱怨，也不要介入；不要流露出对工资待遇感兴趣，否则被访者会夸大自己的职责；也不要对工作方法和改进提出任何批评和建议，否则会招致被访者对组织产生反感情绪。⑥ 在访谈完成后，要对所获得的资料进行检查和核对。通常的做法是，与被访者本人或其直接上级主管一起对资料进行核对。

访谈法所提的典型问题包括：你做的是哪些工作？你的主要职责是什么？你又是如何做的？你的工作环境与工作条件怎样？做这项工作需要什么样的教育程度、工作经验和技能？工作绩效的标准是什么？工作有哪些生理、情绪和情感上的要求？工作对安全和健康的影响如何？等等。如果使用职务分析表，就会更系统、全面和准确。

访谈法的优点主要有5个方面。① 应用广泛，可广泛运用于以确定工作任务和责任为目的的职务分析。② 可以对任职者的工作态度、工作动机等较深层次的内容有比较详细的了解。③ 为组织提供了一个向员工解释职务分析的必要性及其功能的良好机会。④ 访谈法相对来说比较简单，但却可以十分迅速地收集到有关的信息。⑤ 可控性强，通过事先设计好的访问提纲，可以系统地了解所要调查的内容；当被调查者的回答相互矛盾或不清楚时，可以进行跟踪提问，把问题弄清；当被调查者对所提问题采取不合作态度时，可以进行劝导或换人。

访谈法的缺点主要有4个方面。① 职务分析者对某一工作固有的观念会影响其做出正确的判断。② 被访问者出于自身的利益考虑有时会采取不合作的态度，或有意无意夸大自己所从事工作的重要性和复杂性，从而导致所提供的工作信息失真。③ 访谈法会打断被调查者的工作。④ 分析人员的提问可能会因不够明确或不够准确而造成误解，从而影响工作信息的收集。

在实际工作中，访谈法通常与观察法结合使用。两者结合的一种方式是：先对员工在一个完整工作周期中所完成的工作进行观察，把所观察到的工作活动的情况都记录下来。然后，在所积累的信息已经足够多的时候，再同员工进行面谈。由于员工在被观察过程中往往会受到鼓舞，因而此时他们就会很愿意就一些观察者所不懂的情况进行解释，并向观察者说明一些还没有观察到的工作活动情况。观察法和访谈法结合的另一种方式是：一边观察，一边对员工进行访谈，观察和访谈两者同时进行。不过，在通常情况下，最好是等到观察结束后再去进行访谈，这样分析者可以有充分的机会在不受影响的情况下去观察员工的工作，也可减少因访谈造成焦急而不按常规操作的可能性。

4. 问卷法

这是职务分析中最常用的一种方法，是指采用调查问卷来获取职务分析中的信息，实现职务分析目的的一种方法。采用这一方法首先需要一份有效的调查问卷。分析人员要先考虑好需要调查哪些方面的内容，以及如何在一张标准化的问卷中引导员工把真实的情况描述出来。职务分析所使用的调查问卷多种多样，主要分为以下3类。

（1）结构化程度较高的通用型问卷（见表3-5）。

表3-5 职务分析问卷

姓名		职称		现任职务（工作）		工龄	
性别		部门		直接上级		进入公司时间	
年龄		学历		月平均收入		从事本工作时间	
工作的时间要求	1. 正常的工作时间每日自（ ）时开始至（ ）时结束。 2. 每日午休时间为（ ）小时，（ %）情况下可以保证。 3. 每周平均加班时间为（ ）小时。 4. 实际上下班时间是否随业务情况经常变化。（总是，有时是，偶尔是，否）。 5. 所从事的工作是否忙闲不均？（是，否）。 6. 若工作忙闲不均，则最忙时常发生在哪段时间？_____。 7. 每周外出时间占正常工作时间的（ %）。 8. 外地出差情况每月平均（ ）次，每次平均需要（ ）天。 9. 本地外出情况平均每周（ ）次，每次平均需要（ ）天。 10. 外地出差时所使用的交通工具按使用频率排序：_____。 11. 本地外出时所使用的交通工具按使用频率排序：_____。 12. 其他需要补充说明的问题。

工作目标	主要目标： 1. 2. 3.	其他目标： 1. 2. 3.

<table>
<tr><td rowspan="2">工作要求</td><td colspan="2">用简练的语言描述一下您所从事的工作：</td></tr>
<tr><td colspan="2"></td></tr>
</table>

工作活动程序	名称	程序	依据

<table>
<tr><td rowspan="2">工作活动内容</td><td rowspan="2">名称</td><td rowspan="2">结果</td><td rowspan="2">占全部工作时间的
百分比（%）</td><td colspan="3">权限</td></tr>
<tr><td>承办</td><td>需报审</td><td>全权负责</td></tr>
<tr><td></td><td></td><td></td><td></td><td></td><td></td></tr>
</table>

<table>
<tr><td rowspan="5">失误的影响</td><td>1.
2.
3.</td><td>经济损失</td><td rowspan="4"></td></tr>
<tr><td>1.
2.
3.</td><td>公司形象损害</td></tr>
<tr><td>1.
2.
3.</td><td>经营管理损害</td><td>1   2   3   4   5
轻 较轻 一般 较重 重</td></tr>
<tr><td>1.
2.
3.</td><td>其他损害（请注明）</td></tr>
<tr><td colspan="2">若您的工作出现失误，会发生下列哪种情况？</td><td>说　明</td></tr>
<tr><td></td><td colspan="2">1. 不影响其他人工作的正常进行。
2. 只影响本部门内少数人。
3. 影响整个部门。
4. 影响其他几个部门。
5. 影响整个公司。</td><td>如果出现多种情况，请按影响程度由高到低
依次填写在下面括号中。
（　　　　　　　　　）</td></tr>
</table>

内部接触	1. 在工作中不与其他人接触。　　　　（　　） 2. 只与本部门内几个同事接触。　　　（　　） 3. 需与其他部门的人员接触。　　　　（　　） 4. 需与其他部门的部分领导接触。　　（　　） 5. 需与所有部门的领导接触。　　　　（　　）	将频繁程度等级填入左边括号中 偶尔　　经常　　非常频繁 ———————————— 1　　2　3　4　　5
外部接触	1. 不与本公司以外的人员接触。　　　（　　） 2. 与其他公司的人员接触。　　　　　（　　） 3. 与其他公司的人员和政府机构接触。（　　） 4. 与其他公司、政府机构、外商接触。（　　）	将频繁程度等级填入左边括号中 偶尔　　经常　　非常频繁 ———————————— 1　　2　3　4　　5
监督	1. 直接和间接监督的人员数量（　　）。 2. 被监督的管理人员数量（　　）。 3. 直接监督人员的层次：一般职工、基层领导、中层领导、高层领导	
	1. 只对自己负责。 2. 对职工有监督指导的责任。 3. 对职工有分配工作、监督指导的责任。 4. 对职工有分配工作、监督指导和考核的责任	
工作的基本特征	1. 对自己的工作结果不负责任。 2. 仅对自己的工作结果负责。 3. 对整个部门负责。 4. 对自己的部门和相关部门负责。 5. 对整个公司负责	
	1. 在工作中时常做些小的决定，一般不影响其他人。 2. 在工作中时常做一些决定，对有关人员有些影响。 3. 在工作中时常做一些决定，对整个部门有影响，但一般不影响其他部门。 4. 在工作中时常做一些大的决定，对自己部门和相关部门有影响。 5. 在工作中要做重大决定，对整个公司有重大影响	
	1. 有关工作的程序和方法均由上级详细规定，遇到问题时可随时请示上级解决，工作结果须报上级审核。 2. 分配工作时上级仅指示要点，工作中上级并不时常指导，但遇困难时仍可直接或间接请示上级，工作结果仅受上级要点审核。 3. 分配任务时上级只说明要达成的任务或目标，工作的方法和程序均由自己决定，工作结果仅受上级原则审核	
	1. 完成本职工作的方法和步骤完全相同。 2. 完成本职工作的方法和步骤大部分相同。 3. 完成本职工作的方法和步骤有一半相同。 4. 完成本职工作的方法和步骤大部分不相同。 5. 完成本职工作的方法和步骤完全不同	
	在工作中您所接触到的信息经常为：	说　明
	1. 原始的，未经加工处理的信息。 2. 经过初步加工的信息。 3. 经过高度综合的信息	如出现多种情况，请按"经常"的程度由高到低依次填写在下面括号中。 （　　　　　　）

工作的基本特征	在您做决定时常根据以下哪种资料：	说　明
	1. 事实资料。 2. 事实资料和背景资料。 3. 事实资料、背景资料和模糊的相关资料。 4. 事实资料、背景资料、模糊的相关资料和难以确定是否相关的资料	如出现多种情况，请按"依据"的程度由高到低依次填写在下面括号中。 （　　　　　　）
	在工作中，您需要做计划的程度：	说　明
	1. 在工作中无须做计划。 2. 在工作中需要做一些小的计划。 3. 在工作中需要做部门计划。 4. 在工作中需要做公司整体计划	如出现多种情况，请按"做计划"的程度由高到低依次填写在下面括号中。 （　　　　　　）
工作的基本特征	在您的工作中接触资料的公开性程度：	说　明
	1. 在工作中所接触的资料均属公开性资料。 2. 在工作中所接触的资料属于不可向外公开的资料。 3. 在工作中所接触的资料属于机密资料，仅对中层以上领导公开。 4. 在工作中所接触的资料属于公司高度机密，仅对少数高层领导公开	如出现多种情况，请按"公开性"的程度由高到低依次填写在下面括号中。 （　　　　　　）
	您在工作中所使用的资料属于哪几种，使用的比例约为多少？	
	1. 语言的　　　　　　　　　　（　　%） 2. 符号的　　　　　　　　　　（　　%） 3. 文字的　　　　　　　　　　（　　%） 4. 形象的　　　　　　　　　　（　　%） 5. 行为的　　　　　　　　　　（　　%）	
工作压力	1. 在每天工作中是否经常要迅速做出决定？ 　　没有　　　很少　　　偶尔　　　许多　　　　非常频繁 2. 您手头的工作是否经常被打断？ 　　没有　　　很少　　　偶尔　　　经常　　　　非常频繁 3. 您的工作是否经常需要注意细节？ 　　没有　　　很少　　　偶尔　　　经常　　　　非常频繁 4. 您所处理的各项业务彼此是否相关？ 　　完全不相关　　　大部分不相关　　　一半相关　　　大部分相关　　　完全相关 5. 您在工作中是否要求精力高度集中？如果是，约占工作总时间的比重是多少？ 　　_____ 　　20%　　40%　　60%　　80%　　100% 6. 在您的工作中是否需要运用不同方面的专业知识和技能？ 　　_____ 　　否　　很少　　有一些　　很多　　非常多 7. 在工作中是否存在一些令人不愉快、不舒服的感觉（非人为的)？ 　　_____ 　　没有　　有一点　　能明显感觉到　　多　　非常多 8. 在工作中是否需要灵活地处理问题？ 　　_____ 　　不需要　　很少　　有时　　较多　　非常多	

续表

工作压力	9. 您的工作是否需要创造性？ 不需要　很少　有时　较需要　很需要 10. 您在履行工作职责时是否有与职工发生冲突的可能？ 否　　　　　　　　很可能		

任职资格要求	1. 您常起草或撰写的文字资料有哪些？	等 级	频 率
	（1）通知、便条、备忘录 （2）简报 （3）信函 （4）汇报文件或报告 （5）总结 （6）公司文件 （7）研究报告 （8）合同或法律文件 （9）其他		1　　2　　3　　4　　5 极少　偶尔　不太经常　经常　非常经常
	2. 您常用的数学知识：	等 级	频 率
	（1）整数加减 （2）四则运算 （3）乘方、开方、指数 （4）统计学和线性规划 （5）计算机程序语言 （6）其他		极少　偶尔　不太经常　经常　非常经常

3. 学历要求：

初中、高中、职专、大专、本科、硕士、博士

4. 为顺利履行工作职责，应进行哪些方面的培训，需要多少时间？

培 训 科 目	培 训 内 容	最低培训时间（月）

5. 一个刚刚开始您所从事的工作的人，要多长时间才能基本胜任工作？

6. 为了顺利履行您所从事的工作，需具备哪些方面的其他工作经历，约多少年？

工作经历要求	最低时间要求

7. 在工作中您觉得最困难的事情是什么？您通常是怎样处理的？

困难的事情	处理方法

8. 你所从事的工作有何体力方面的要求？

轻　　较轻　　一般　　较重　　重

续表

任职资格要求	9. 其他能力要求	等级	需求程度				
	（1）领导能力						
	（2）指导能力						
	（3）激励能力						
	（4）授权能力						
	（5）创新能力						
	（6）计划能力						
	（7）资源分配能力						
	（8）管理技能						
	（9）组织人事						
	（10）时间管理						
	（11）人际关系						
	（12）协调能力		1	2	3	4	5
	（13）群体技能						
	（14）谈判能力		低	较低	一般	较高	高
	（15）冲突管理能力						
	（16）说服能力						
	（17）公关能力						
	（18）表达能力						
	（19）公文写作能力						
	（20）倾听敏感性						
	（21）信息管理能力						
	（22）分析能力						
	（23）判断、决策能力						
	（24）实施能力						
	（25）其他						

请您详细填写所从事工作所需的各种知识和要求程度

知 识 内 容	等级	需 要 程 度				
		1	2	3	4	5
		低	较低	一般	较高	高

对于您所从事的工作，您认为须从哪些角度进行考核，基准是什么？

考核	考 核 角 度	考 核 基 准

您认为您从事的工作有哪些不合理的地方，应如何改善？

建议	不 合 理 处	改 进 建 议

备注	您还有哪些需说明的问题？
	直接上级确认符合事实后，签字：
	（如不符合，请在下面空格中说明，更正）

谢谢您的合作！

（2）针对某一工作岗位的问卷。例如，表 3-6 为推销员工作分析问卷（部分）。

表 3-6　推销员工作分析问卷（部分）

说明以下职责在你工作中的重要性（最重要的打 10 分，最不重要的打 0 分，标在右侧的横线上）

（1）和客户保持联系＿＿＿＿＿＿＿＿＿＿
（2）接待好每一个顾客＿＿＿＿＿＿＿＿＿＿
（3）详细介绍产品的性能＿＿＿＿＿＿＿＿＿＿
（4）正确记住各种产品的价格＿＿＿＿＿＿＿＿＿＿
（5）拒绝客户不正当的送礼＿＿＿＿＿＿＿＿＿＿
（6）掌握必要的销售知识＿＿＿＿＿＿＿＿＿＿
（7）善于微笑＿＿＿＿＿＿＿＿＿＿
（8）送产品上门＿＿＿＿＿＿＿＿＿＿
（9）参加在职培训＿＿＿＿＿＿＿＿＿＿
（10）不怕吃苦＿＿＿＿＿＿＿＿＿＿
（11）准备好各种推销工具＿＿＿＿＿＿＿＿＿＿
（12）每天拜访预定的客户＿＿＿＿＿＿＿＿＿＿
（13）在各种场合，推销本企业产品＿＿＿＿＿＿＿＿＿＿
（14）讲话口齿清楚＿＿＿＿＿＿＿＿＿＿
（15）思路清晰＿＿＿＿＿＿＿＿＿＿
（16）向经理汇报工作＿＿＿＿＿＿＿＿＿＿
（17）每天总结自己的工作＿＿＿＿＿＿＿＿＿＿
（18）每天锻炼身体＿＿＿＿＿＿＿＿＿＿
（19）和同事保持良好的关系＿＿＿＿＿＿＿＿＿＿
（20）自己设计一些小型的促销活动＿＿＿＿＿＿＿＿＿＿
（21）把客户有关质量问题反馈给有关部门＿＿＿＿＿＿＿＿＿＿

（3）效度、信度较高的定量化问卷。

① 职位分析问卷。职位分析问卷（position analysis questionnaire，PAQ）是由美国普渡大学（Purdue University）的麦考密克（E. J. McCormick）于 1972 年提出的一种适用性很强的定量化职务分析问卷。这种问卷结构严密，要求由职务分析人员来填写，并且要求职务分析人员对被分析的职务要相当熟悉。PAQ 共包括 194 个要素，其中 187 项被用来分析完成工作过程中员工活动的特征，另外 7 项涉及薪酬问题。所有的要素又被划分为 6 个类别（见表 3-7），PAQ 给出每一项目的定义和相应的工作要素数目。

表 3-7　PAQ 工作要素的分类

类别	内容	工作要素数目
信息输入	员工在工作中从何处取得信息？如何取得？	35
思考过程	在工作中如何推理、决策、规划？信息如何处理？	14
工作产出	工作需要哪些体力活动？使用何种工具与设备？取得什么成果？	49
人际关系	工作中需要与哪些人有关系？发生什么样的关系？	36
工作环境	工作中自然环境与社会环境怎样？	19
其他特征	其他有关工作的行为、条件、特征等	41

在应用 PAQ 时，职务分析人员要依据 6 个计分标准（即使用程度、时间长短、重要性、发生的可能性、适用性及特殊计分）对每个工作要素进行衡量，给出主观评分。这样就可以对每个工作的各个要素分配一个量化的分数，经综合对各个工作划分等级，从而为确定每一种工作的薪酬标准提供依据，如表 3-8 所示。

表 3-8　职务分析问卷节选

1. 工作信息的输入	使用工作信息的程度
	0 不使用
1.1　工作信息的来源	1 很少 / 不太经常
	2 偶尔
	3 中等
请将下列每一项要素根据它们被员工在工作中当作信息来源使用的程度划分等级	4 比较经常
	5 常常

1.1.1　工作信息的视觉来源

1 ┃ 4 ┃ 书面材料（书、报告、办公记录、文章、工作指导书、签名等）

2 ┃ 2 ┃ 数据材料（与数量或数字相关的材料，如图、会计报表、明细表、数字表格等）

3 ┃ 1 ┃ 画面材料（作为信息来源的图画或类似图画的材料，如草图、蓝图、线路图、地图、痕迹图、照片、X 光线图、电视画面等）

4 ┃ 1 ┃ 模型或与之相关的装置（在使用中被观察并且是被作为信息来源使用的模板、型板、模型等，不包括在上述第 3 项已经描述过的要素）

5 ┃ 2 ┃ 视觉装置（罗盘、仪表、信号灯、雷达显示器、速度仪、钟表等）

6 ┃ 5 ┃ 测量仪器（用以获得物理量度的视觉信息工具，如直尺、卡尺、轮胎压力仪、秤盘、厚度仪、滴管、温度计、量角器等，不包括在上述第 5 项中已经描述过的装置）

7 ┃ 4 ┃ 机械装置（被当成信息来源加以观察使用的工具、设备、机器及其他机器装置）

8 ┃ 3 ┃ 被加工的材料（在被改造、加工的过程中成为信息来源的零部件、材料、物体等，如正在被搅拌的制作面包的面粉、正被变成一台车床的零部件、正被切割的布匹、正被换底的鞋子等）

9 ┃ 4 ┃ 未被加工的材料（那些现在并未处于改变或修造过程之中，然而当它们被检修、处理、包装、分配或挑选的时候，同样能够成为信息来源的部件、材料、物体等，例如，那些正处于库存、储藏或分配渠道之中的或正在被检查的部件或材料等）

10 ┃ 3 ┃ 自然特征（风景、田野、地理类型、植被、云的构成，以及其他一些被观察者作为信息来源的自然特征）

11 ┃ 2 ┃ 人为的环境特征（结构、建筑、堤坝、公路、桥梁、船坞、铁路，以及其他一些"人造的"或其他与之相关的被观察者作为工作信息来源的室内外环境，不要考虑在第 7 项中已经提到的工人在工作过程中所使用的机器设备等）

资料来源：GARY D. Human resource management ［M］. New York：Prentice-Hall International，Inc.，1997：94.

② 管理职位描述问卷。管理职位描述问卷（management position description questionnaire，MPDQ）是由托纳（W. W. Tornow）和平托（P. R. Pinto）在 1976 年提出的专门为管理职位而设计的一种结构化的职务分析问卷，在调查方法和信息收集形式上与 PAQ 相近。它的特点在于：

• 它能区别对待组织内的不同职能的管理工作；

• 它能用于区别处理组织内不同层次的管理工作；

• 它可以为不同组织、不同职能间的管理工作的分析和比较提供依据。

MPDQ 含有与管理责任、约束、要求和其他多方面职位特征有关的 208 个用来描述管理人员工作的问题，也采用 6 个计分标准对每个项目进行评分。208 个项目被分成 13 种类别，如表 3-9 所示。和 PAQ 法一样，管理职位描述问卷法要求职务分析者检查每一项是否适合被分析者的工作。

表 3-9　管理职位描述问卷中的项目类别

1. 产品、市场和财务战略计划；
2. 与组织其他部门和员工之间的关系协调；
3. 内部事务控制；
4. 产品和服务责任；
5. 公共关系；
6. 高层次的咨询指导；
7. 行动自主权；
8. 财务审批权；
9. 员工服务；
10. 监督；
11. 复杂性与压力；
12. 重要财务责任；
13. 广泛的人事责任

资料来源：拜厄斯，鲁. 人力资源管理［M］. 李业昆，译. 7 版. 北京：人民邮电出版社，2004.

MPDQ 通常用于分析和评价新管理岗位的工作内容和工作条件，以决定其工作的薪酬水平及在组织薪酬结构中的地位。这种问卷对于选拔管理人员，发现和建立合理的晋升制度，安排有关培训项目和按工作要求建立薪酬等级等方面的工作十分有效。此外，该问卷还可以用来对工作进行归类。表 3-10 就是 MPDQ 在实际中的运用。

表 3-10　MPDQ 问卷示例（节选）

工作任务/行为：
在多数情况下能做出最终决策；
工作要求运用会计记录分析财务信息；
决定企业未来的经营方向和经营领域；
剔除、中止企业不盈利产品/服务的生产；
开发高水平的管理技能；
在做出主要决策前必须向其他有关人员进行广泛的咨询
评价：
0——不构成工作中的一部分，未应用于工作中；
1——在异常情况下构成工作中的一小部分；
2——工作中的一小部分内容；
3——工作中的重要内容；
4——工作中的主要内容；
5——工作中的最主要的组成部分

资料来源：朱舟. 人力资源管理教程［M］. 上海：上海财经大学出版社，2001.

上述问卷中的问题既有结构化的，又有开放性的。问题大多要求被调查者对各种工作行为、工作特征和工作人员特征的重要性或频率评定等级。采用此法时应注意：对问卷中的调查项目要做统一的说明，如编制调查表填表说明；及时回收调查表，以免遗失；对调查表提供的信息做认真的鉴别和必要的调整。

问卷法的优点是：费用低、速度快，节省时间和人力；问卷可在工作之余填写，不至于影响正常工作；可以使分析的样本量很大，适用于需要对很多职务进行分析的情况；分析的资料可以数量化，由计算机进行数据处理；可用于多种目的、多种用途的职务分析。

问卷法的缺点是：设计问卷要花费大量的时间、人力和物力，费用较高；可控性较差，尤其是开放式问卷，可能因被调查者对问卷的理解不同或因不愿意花时间认真地填写而产生信息误差，这些都会影响调查的质量。

5. 关键事件法

关键事件法（CIT）是由匹兹堡大学的 J. C. Flanagan 在 1954 年发展起来的，其主要原则是认定员工与职务有关的行为，并选择其中最重要、最关键的部分来评定其效果。它首先从领导、员工或其他熟悉职务的人那里收集一系列职务行为的事件，然后描述"特别好"或"特别坏"的职务绩效。这种方法考虑了职务的动态特点和静态特点。对每一事件的描述内容包括以下几个方面：

（1）导致事件发生的原因和背景；

（2）员工的特别有效或多余的行为；

（3）关键行为的后果；

（4）员工自己能否支配或控制上述后果。

在大量收集这些关键事件以后，可以对它们做出分类，并总结出职务的关键特征和行为要求。关键事件法的主要优点是研究的焦点集中在职务行为上，因为行为是可观察、可测量的。同时，通过这种职务分析可以确定行为的任何可能的利益和作用。但这个方法也有两个主要的缺点：一是费时，需要花大量的时间去收集那些关键事件，并加以概括和分类；二是关键事件的定义是显著地对工作绩效有效或无效的事件，这就遗漏了平均绩效水平。而对工作来说，最重要的一点就是要描述"平均"的职务绩效。利用关键事件法，对中等绩效的员工就难以涉及，因而全面的职务分析工作就不能完成。

6. 工作日志法

工作日志法是指任职者按时间顺序详细记录自己的工作内容与工作过程，然后经过归纳分析，取得所需信息的一种方法。这种方法的优点在于信息的可靠性很高，但是从日志中得到的信息缺乏条理，逻辑性相对欠缺；被调查者在做记录时，可能会有夸大自己作用的一种自发的倾向；这种方法也会加重员工的负担；可使用的范围较小，只适用于工作循环周期较短、工作状态稳定的职位。工作日志填写实例如表 3-11 所示。

表 3-11　工作日志填写实例

2015 年 5 月 29 日　　　　　工作开始时间 8:30　　　　　工作结束时间 17:30

序号	工作活动名称	工作活动内容	工作活动结果	时间消耗	备 注
1	复 印	协议文件	4 张	6 分	存档
2	起草公文	贸易代理委托书	800 字	1 小时 15 分	报上级审批
3	贸易洽谈	玩具出口	1 次	4 小时	承办
4	布置工作	对日出口业务	1 次	20 分	指示
5	会 议	讨论东欧贸易	1 次	1 小时 30 分	参与

序号	工作活动名称	工作活动内容	工作活动结果	时间消耗	备　注
⋮	⋮	⋮	⋮	⋮	⋮
16	请　示	佣金数额	1 次	20 分	报批
17	计算机录入	经营数据	2 屏	1 小时	承办
18	接待	参观	3 人	35 分	承办

工作日志填写说明:

(1) 请您在每天工作开始前将工作日志放在手边,按工作活动发生的顺序及时填写,切勿在一天工作结束后一并填写。

(2) 要严格按照表格要求进行填写,不要遗漏那些细小的工作活动,以保证信息的完整性。

(3) 请您提供真实的信息,以免损害您的利益。

(4) 请您注意保留,防止遗失。

感谢您的真诚合作!

上述职务分析的方法各有利弊,在实际工作中要根据具体情况选择最适合的一种方法或多种方法相结合,以便能有效地达到职务分析的特定目的。

3.3.2　职务说明书

进行职务分析的最后工作成果就是形成职务说明书。职务说明书是对组织各类岗位(职位)在工作内容、任务、职责、权限、环境及本岗位人员的任职资格条件等方面所做的统一要求,是对工作分析的结果加以整合以形成具有组织法规效果的正式文本。一般来说,职务说明书一旦正式形成,则组织中的各项人力资源管理活动都要以此为依据。

一份完整的职务说明书通常包括对工作的描述与对任职资格的描述两方面内容。

1. 工作描述

工作描述是指用书面形式对组织中各类岗位的工作内容、工作任务、工作职责与工作环境等所做的统一要求。它应该说明任职者应做些什么、如何去做和在什么样的条件下履行其职责。一个名副其实的职务说明书必须包括该项工作区别于其他工作的信息,提供有关工作是什么、为什么做、怎么样做及在哪儿做的清晰描述。它的主要功能是让员工了解工作概要,建立工作程序与工作标准,阐明工作任务、责任与职权,有助于员工的聘用、考核和培训等。工作描述主要包括以下几个方面的内容。

(1) 职务概况。职务概况包括职务名称、编号、所属部门、直接上级职位、职务等级、工资等级、工资水平、定员标准、所辖人员、工作性质和编制日期等项目。

(2) 工作概要。工作概要又称职务摘要,指用简练的语言文字阐述工作的总体性质、中心任务和要达到的工作目标。

(3) 工作活动内容。工作活动内容包括各项工作活动的基本流程、各项活动内容占工作时间的百分比、权限、执行依据和其他。

(4) 工作职责。工作职责包括所要完成的工作任务、工作责任、使用的原材料、机器设备和信息资料的形式等,即本岗位应该做些什么工作及如何去做。

(5) 工作结果。工作结果要说明任职者执行工作应产生的结果,以及工作应达到的标准,因此以定量化为好。

(6) 工作关系。工作关系包括工作受谁监督、工作的下属、职位的晋升与转换关系、常与哪些职位发生联系等。

（7）工作环境。工作环境包括：① 工作场所，指在室内、室外还是其他特殊场所；② 工作环境的危险性说明，指危险存在的概率大小、对人员可能造成伤害的程度、具体部位、已发生的记录、危险性造成原因等；③ 职业病，即从事本工作可能患上的职业病的性质说明及轻重程度表述；④ 工作时间要求，如正常工作时间、额外加班时间的估计等；⑤ 工作的均衡性，即工作是否存在忙闲不均的现象及发生的频率；⑥ 工作环境的舒适程度，即是否在恶劣的环境下工作，以及工作环境给人带来的愉快感如何。

2. 任职资格描述

任职资格是指任职者要胜任某项工作必须具备的素质与条件，说明一项工作对任职者在教育程度、工作经验、知识、技能、体能和个性特征方面的最低要求，而不是最理想的任职者的形象。一般情况下，任职资格是依据管理人员的经验判断而编写的，当然也可以使用比较精确的统计分析法来做。任职资格的描述主要包括以下 5 项内容。

（1）一般要求，主要包括年龄、性别、学历、从事本职工作及相关工作的年限和经验、接受培训的内容和时间，等等。

（2）生理要求，主要包括健康状况、力量与体力、运动的灵活性、感觉器官的灵敏度，等等。

（3）技能、能力要求，主要包括基本技能、专业技能、其他技能及观察能力、集中能力、记忆能力、协调能力、学习能力、解决问题的能力、领导能力、人际交往能力、创新能力、信息处理能力、语言表达能力、决策能力，等等。

（4）心理要求，主要包括性格、气质、兴趣爱好、上进心、合作精神，等等。

（5）其他特殊要求。

编写职务说明书应注意以下几个事项。

（1）内容可依据职务分析的目的进行调整，可简可繁。但在描述具体的工作职责时，要注意全面，无遗漏。

（2）可以用表格形式表示（见表 3-12），也可采用叙述型（见表 3-13）。

（3）需个人填写的部分，应运用规范术语，字迹要清晰；地方不够，可续页。

（4）使用浅显易懂的文字，用语要明确，不要模棱两可。

（5）评分等级也要依实际情况而设定。

（6）运用统一的格式，注意整体的协调，做到美观大方。

表 3-12　人力资源部经理职务说明书

职位名称	人力资源部经理		直接上级	公司总（副总）经理	
定　员	1 人	所辖人员	12 人	工资水平	
分析日期	2015 年元月	分析人	房胜	批准人	
工　作　描　述					
工作概要	制订、执行与人力资源管理活动相关的各方面政策，为填补职位空缺而进行员工招聘、面谈、甄选等活动。计划和实施新员工的上岗引导工作，培养对公司目标的积极态度。指导工资市场调查，确定竞争性市场工资率。制订人力资源管理经费预算。与工会及政治工作部的主管人员共同解决纠纷，在员工离职前与其进行面谈，确定离职的真正原因。在与人力资源有关的听证会和调查中充任公司代表。监督、指导本部门工作人员				

工作职责	提交公司人力资源管理规划及人事改革方案,贯彻、落实各项计划
	员工的招聘、录用,劳动合同签订,定岗、定编、定员计划制订
	处理职工调配、考核、晋升、奖惩和教育培训工作,对中层干部调整提出方案
	处理劳动工资、职工福利、职称审定等工作
	处理员工离职、人才交流、下岗分流、再就业等人事变动事宜
	负责人事档案、安全保卫、出国政审及人事批件事宜
	负责员工健康检查、献血、保险事宜
	分析公司业务情况,预测公司发展前景,制订部门发展计划,参与制订公司发展战略
	协调公司内外部人际关系,向公司高层提出处理人事危机的解决方案

资 格 要 求

因　素	细分因素	限　定　资　料
知　识	教　育	最低学历要求为大学本科,工作中能较频繁地综合使用其他学科的一般知识
	经　验	至少从事公司职能管理工作 2 年与业务工作满 3 年;在接手工作前还应接受管理学原理、组织行为学、人力资源管理、财务管理等相关知识培训
责　任	技　能	在工作中要求高度的判断力和计划性,要求积极地适应不断变化的环境;经常需要处理一些工作中出现的问题;由于工作多样化,灵活处理问题时需要综合使用多种知识和技能;具有良好的人际关系协调和人事组织的能力
	分　析	具有较强分析公司战略发展与业务需要的能力,并预测未来的人力资源供求状况
	协　调	工作时需要与上级或其他部门的负责人保持密切联系,频繁沟通。在公司内部与各部门负责人有密切的工作联系,在工作中需要保持随时联系与沟通,协调对整个公司有重大不利影响的活动
	指　导	监督、指导 6 ～ 13 名一般工作人员或 3 ～ 4 名基层管理干部
	组织人事	在工作中,完成对员工选拔、考核、工作分配、激励、晋升等法定的权力和责任,为中层干部调整制订方案
决策能力	人际关系	能正常运用正式或非正式的方法指导、辅导、劝说和培养下属,紧密配合下属工作和其他管理人员活动,接受一般监督
	管　理	工作中向直接上级领导负责,参与公司一些大事的决策,做决策时必须与其他部门负责人和上级直接领导共同协商方可
	财　务	不能因工作失误而给公司造成显性或潜在损失;具备财务管理的一般知识,具有较强的节约管理经费的意识
工作环境	时间特征	上班时间根据具体情况而定,但有一定规律,自己可以控制和安排
	舒适性	非常舒适,不会引起不良感觉
	职业病与危险性	无职业病的可能,对身体不会造成任何伤害,外地出差时可以乘坐飞机,本地外出时可以由公司派车或是乘坐出租车
	均衡性	所从事的工作不会忙闲不均

工具设备	办公用品与设备	计算机、传真机等

工 作 目 标

提高工作效率，调动公司员工的积极性，发挥公司员工的创造性，增强企业的凝聚力，确保公司人力资源最优配置，以保证人力资源部工作的顺利开展和正常运行

表 3-13　"招聘专员"工作说明书

职务名称：招聘专员

所属部门：人力资源部

直接上级职务：人力资源部经理

职务代码：XL-HR—021

工资等级：9-13

一、职务说明

（一）工作目的

为企业招聘优秀、合适的人才。

（二）工作要点

1. 制订和执行企业的招聘计划。

2. 制订、完善和监督执行企业的招聘制度。

3. 安排应聘人员的面试工作。

（三）工作要求

认真负责、有计划性、热情周到。

（四）工作责任

1. 根据企业发展情况，提出人员招聘计划。

2. 执行企业招聘计划。

3. 制订、完善和监督执行企业的招聘制度。

4. 制订面试工作流程。

5. 安排应聘人员的面试工作。

6. 应聘人员材料管理。

7. 应聘人员材料、证件的鉴别。

8. 负责建立企业人才库。

9. 完成直属上司交办的其他工作任务。

（五）衡量标准

1. 上交的报表和报告的时效性和建设性。

2. 工作档案的完整性。

3. 应聘人员材料的完整性。

（六）工作难点

如何提供详尽的工作报告。

（七）工作禁忌

工作粗心，留有首尾，不能有效地向应聘者介绍企业的情况。

（八）职业发展道路

招聘经理、人力资源部经理。

二、任职资格

（一）生理要求

年龄：23～35岁

性别：不限

身高：女性：1.55～1.70 m　　　　男性：1.60～1.85 m

体重：与身高成比例，在合理的范围内均可。

听力：正常。

视力：矫正视力正常。

健康状况：无残疾，无传染病。

外貌：无畸形，出众更佳。

声音：普通话发音标准、语音和语速正常。

（二）知识和技能要求

1. 学历要求：本科，大专以上需从事专业 3 年以上。

2. 工作经验：3 年以上大型企业工作经验。

3. 专业背景要求：曾从事人事招聘工作 2 年以上。

4. 英文水平：达到国家四级水平。

5. 计算机：熟练使用 Windows 和 MS Office 系列。

（三）特殊才能要求

1. 语言表达能力：能够准确、清晰、生动地向应聘者介绍企业情况，并准确、巧妙地解答应聘者提出的各种问题。

2. 文字表述能力：能够准确、快速地将希望表达的内容用文字表述出来，对文字描述很敏感。

3. 观察能力：能够很快地把握应聘者的心理。

4. 逻辑处理能力：能够将多项并行的事务安排得井井有条。

（四）综合素质

1. 有良好的职业道德，能够保守企业人事秘密。

2. 独立工作能力强，能够独立完成布置招聘会场、接待应聘人员、应聘者非智力因素评价等事务。

3. 工作认真细心，能认真保管好各类招聘相关材料。

4. 有较好的公关能力，能准确地把握同行业的招聘情况。

（五）其他要求

1. 能够随时准备出差。

2. 不可请 1 个月以上的假期

职务说明书中有关工作的描述一般都较简练，不可能把各项工作的程序和标准都包括进来，因此还需要有任务说明书予以细化。表 3-14 是任务说明书的范例。

表 3-14　客房服务员整理房间的任务说明

- 用手而不是用钥匙轻轻敲客人房门，并报知客人自己的身份。
- 等待客人回答，假如没有回答，服务员要再问是否现在可以整理房间。
- 还没有回答（无人），用钥匙开门。
- 开灯，以检查全部灯具是否正常。
- 把手推车放在门前。
- 移走用过的烟灰缸和盘子，并放在指定地点。
- 清除松散的脏物及垃圾。
- 整理报纸。
- 调换用过的火柴。
- 除掉客人用过的床单、被单、枕套并放入手推车脏衣袋里。
- 将用过的大小浴巾、方巾、踏巾放进手推车脏衣袋中

- 从车上取出干净的床具和卫生间的客用棉织品，拿到客房备用。
- 擦洗床架。
- 按饭店规定的标准程序做床。
- 按饭店规定的标准程序清洗、整理卫生间。
- 吸尘（从里向外）。
- 擦拭陈设器具、家具等。

  a. 客房门　　　g. 空调机旋钮

  b. 衣柜　　　　h. 窗架

  c. 床头柜　　　i. 冰箱

  d. 床头板　　　j. 灯具

  e. 电话机　　　k. 桌椅

  f. 壁画　　　　l. 电视机

- 补充室内客人用品。

  a. 床头柜上

  烟灰缸及火柴

  电话目录及服务指南

  b. 桌上

  杂志、饭店服务项目指南

  顾客意见表

  烟灰缸及火柴

  文件夹

  送餐服务菜单

  c. 衣柜内

  洗衣袋及洗衣项目价格表

  标准数量的衣架

- 关上窗帘。
- 站在门口最后目视检查一遍。
- 关上床头灯。
- 关上门灯并将房门锁好

本章小结

　　职务分析是人力资源管理的一项重要的基础工作。全面、深入地进行职务分析，可以使组织充分了解各种职务的具体特点和对工作人员的行为要求，从而最大限度地提高人力资源的使用效率，降低人力资源的使用成本。职务分析的过程就是收集工作信息的过程。收集工作信息的人员有各种不同类型，一般来说，通常有3种类型，即人力资源管理专家、职务的任职者和任职者的上级主管，职务分析通常是由他们共同合作完成的，其分析的对象是组织中需要员工承担的工作岗位或职位，在组织新成立、组织结构调整、人员招聘、培训与开发、确定绩效评价标准和制订薪酬政策时，都需要从职务分析中获取相关信息。职务分析是一个细致而全面的分析过程，实施职务分析一般包括4个阶段，即准备阶段、实施阶段、结果形成阶段及应用反馈阶段。在每一阶段里，又包括若干步骤。

要想成功地完成职务分析，就必须收集大量的信息，职务分析的目的或者使用意图决定了有待于收集信息的种类。职务分析方法实际上是指收集职务信息的方法，它在职务分析中占有重要的地位。如果方法选择不当，就不可能收集到可靠、准确和全面的资料。收集职务分析信息的方法很多，如工作实践法、观察法、访谈法、问卷法、关键事件法、工作日志法等。各种方法都有自己的优缺点，没有一种方法能够提供非常完整的信息，因此往往需要综合使用这些方法。

职务说明书是进行职务分析的最终工作成果，它是对组织各类岗位在工作内容、任务、职责、权限、环境及人员任职资格条件等方面所做的统一要求，是对职务分析的结果加以整合以形成具有组织法规效果的正式文本。一般来说，一份完整的职务说明书通常包括对工作的描述与对任职资格的描述两方面内容。

习 题

思考题

1. 什么是职务分析？它在人力资源管理中的作用如何？
2. 试说明职务分析的主要程序。
3. 职务分析方法有哪些？各有哪些优缺点？
4. 如何表达职务分析的最终成果？
5. 职务分析的主体、对象和时机是什么？
6. 职务分析所依据的基本原则有哪些？

讨论题

1. 在职务分析时，员工常由于担心职务分析对其已熟悉的工作环境带来变化或者引起自身利益的损失，而故意提供不真实信息。假如遇到此种情况，你将采取什么样的方法来应对？

2. 通过下面的对话，你看出了什么问题？你对职务分析是如何认识的？

约翰：你总是希望我用有限的人员来做更多的事情。如果你老是给我派活，你就应该给我安排更多的人。

帕累托：你总是要求增加人。如果我满足你的人数要求，那么你所用的人将占公司人数的70%。依我看，现在你的人手已经饱和了。

约翰：我可以给你列出一连串我们在超负荷运转的理由。

帕累托：我倒偏向于给每一项工作充分的职权，让员工对工作真正负责。

3. 杰克·韦尔奇的"管人"之道

美国通用电器（GE）公司连续多年被《财富》杂志评选为全世界最受推崇的公司。该公司前董事长兼首席执行官杰克·韦尔奇自1981年上任以后，在20多年里，使GE股票升值40多倍，企业价值提升25倍，他本人也被称为"美国头号经理""世界头号企业家"。那么，杰克·韦尔奇在"管人"上有什么奇招妙法呢？他又是怎样调动员工的工作积极性的呢？杰克·韦尔奇说得十分简洁——调动员工的积极性，就是让每个人对自己的作用、责任和奖励都一清二楚。

怎样才能让每个人的作用、责任和奖励都一清二楚呢？

自测题

1. (　　) 是现代人力资源管理所有职能工作的基础和前提。

　　A. 人力资源规划　　　　B. 职务分析　　　　C. 员工培训　　　　D. 薪酬管理

2. 以下属于工作描述的是 (　　)。

　　A. 职务概况　　　　　　B. 所学专业　　　　C. 工作经历　　　　D. 年龄性别

3. 下列关于职务分析步骤表述正确的是 (　　)。

　　A. 准备阶段　应用反馈阶段　实施阶段　结果形成阶段

　　B. 应用反馈阶段　准备阶段　实施阶段　结果形成阶段

　　C. 准备阶段　实施阶段　结果形成阶段　应用反馈阶段

　　D. 实施阶段　准备阶段　结果形成阶段　应用反馈阶段

4. 下列不属于职务分析的定性研究方法的是 (　　)。

　　A. 关键事件法　　　　　B. 工作日志法　　　C. 观察法　　　　D. 职位分析问卷法

5. 任职资格不包括 (　　)。

　　A. 所学专业　　　　　　B. 学历水平　　　　C. 业绩标准　　　　D. 工作经验

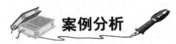

案例分析

李明是国企 M 公司的人力资源部主管。在逐步认识到实行规范化、现代化人力资源管理的重要性后，他决定在企业内开展岗位规范工作，进行工作岗位分析，编制全公司职工的工作说明书，以求为公司人力资源管理的各环节打下一个良好的基础。另外，作为国企人力资源部主管，他此举还有一个最直接的目的，就是想以此淘汰掉一大批不合格的人员：谁不能达到工作说明书的要求，就老老实实地下岗。但这项工作该如何进行呢？李明先是联系了几家人事咨询公司，但几次电话后，他觉得这些咨询公司的要价是公司领导无法接受的。要是自己做呢，人事部算上李明只有三个人，并且他们都没有专业学历。李明该如何做呢？

——资料来源：企业人力资源管理师专家委员会，中国劳动学会企业人力资源管理与开发专业委员会. 企业人力资源管理师：三级 [M]. 北京：中国劳动社会保障出版社，2015：106.

思考题

1. 你同意李明的做法吗？

2. 如果同意，请你帮助李明设计工作岗位分析的步骤和程序。

第4章

招募与甄选

微软所要面对的最大挑战，就是继续快速地发掘和雇佣最优秀的人才。

——比尔·盖茨

 学习目标

1. 了解招募、甄选及人员素质测评的概念及其在组织中的作用。
2. 熟悉人员素质测评的内容和程序。
3. 掌握招募的渠道与方法。
4. 掌握甄选的方法与技术。
5. 掌握人员素质测评方法和常用工具。
6. 掌握招聘成本、招聘质量与招聘效果的评估方法。

 引 言

1998年成立于美国的谷歌公司是一家致力于互联网产品与服务的跨国科技企业，是互联网上最受欢迎的5大网站之一，被公认为是全球最大的搜索引擎。随着越来越多的公司开始关注大数据的应用，并通过数据分析技术和人力资源管理变革等措施提高人力资源招聘管理的效率，谷歌公司作为大数据运动的倡导者和先行者，在人力资源招聘模式创新方面取得了显著的成效。

优越的工作环境、独特的企业文化、较高的薪酬水平和良好的发展前景吸引着全球求职者的目光，谷歌公司每年都会收到超过200万份的求职申请。面对每月超过10万份的求职简历，谷歌公司充分发挥其搜索引擎赖以成功的秘诀——计算机算法，建立起一套在海量简历中自动搜罗人才的方法。

为了描绘出高绩效人才的"数字画像"，谷歌于2007年向全公司的10 000多名员工进行了一个题量为300题、跨度为5个月的问卷调查。问卷实体涉及的范围从生活习惯到学习经历，具体到"饲养什么宠物""订阅哪类杂志""是否出过书"等。数据收集完成以后，人事部门的数据分析师通过对相关联数据的整理和分析，建立起一套搜寻人才和识别人才的算法，并以此为基础，描绘出不同岗位的高绩效人才的"数字画像"，最后，数据分析师会

根据招聘职位的类别创建几份不同的调查问卷，通过对求职者的问卷评估，精准快速地识别人才并自动化完成人岗匹配工作。

正是有了这套"人才算法"，使得谷歌公司拥有了快速检验人才的"试金石"，在申请获聘率达到 130∶1 的情况下，仍能轻松高效地发现人才，并保持平均每个员工每年能够生成将近 ＄1 000 000 市值的惊人生产力水平。

——资料来源：向谷歌学习如何破解大数据时代的招聘难题［EB/OL］.（2015-12-10）［2016-01-12］. http://www.chinahrd.net/article/2015/12-10/229024-1.html.

由以上案例可以看出，如何按照组织的经营目标与业务要求，在人力资源规划的指导下，根据职务说明书，把优秀的人才、所需要的人力在合适的时候放在合适的岗位，是组织成败的关键之一。

4.1　人员招募

4.1.1　招募的含义

所谓人员招募，是指寻找员工可能的来源和吸引他们到组织应征的过程。招募的目的是为组织特定的工作岗位吸引尽可能多的工作候选人，并形成一个工作候选人的蓄水池，以保证组织能够以最低的成本从中选择最适合这一岗位的员工。具体来说，招募包括如下内容。

（1）根据组织人力资源需求和职务说明书，制订相应的招募政策。

（2）有针对性地吸引符合组织要求的候选人。

（3）保证组织招募活动的合法性。

（4）确保吸引候选人的工作在公平、公正、公开的前提下进行。

（5）明确具体的招募方式。

招聘与招募

招聘（applications for job）是企业吸收与获取人才的过程，是获得优秀员工的保证。招聘实际上包括两个相对独立的过程，即招募（recruitment）和选拔聘用（selection）。招募是聘用的基础与前提，选拔聘用是招募的目的与结果。招募主要是通过宣传来扩大影响，树立组织形象，达到吸引更多的人来应聘的目的；而选拔聘用则是使用各种测评技术与选拔方法挑选合格员工，做出录用决策并进行安置的活动。很多组织往往忽视招募，只把工作重点放在选拔聘用上，这是不对的，因为这有可能导致错误的录用与错误的淘汰。应该注重招募的计划、时间、宣传、渠道选择等方面，因为它可以节约选拔与培训成本，提高人与职位的适应性。

人员招募在人力资源管理中扮演着桥梁和纽带的角色，它是在人力资源规划和人员甄选之间建立起来的一座桥梁，为组织构建潜在的人力资源供给库，以利于组织在需要时从中甄选到新员工，最终将人与组织联系在一起。

4.1.2　组织政策对招募的影响

一个组织的内部政策会对组织的人员招募产生直接或间接的影响，适当的组织政策可以使组织能够较容易地获得所需要的人力资源，降低组织的招募成本。

1. 组织是否提供"内部晋升机制"

组织吸引并留住人才的一个重要因素就是能否为组织的员工提供充分的发展和晋升空间。很多优秀人才在选择职业或变换工作时，首先考虑的就是组织有没有内部晋升政策，自己在未来的职业生涯中提升的难易程度。当组织出现职位空缺时，如果首先考虑由组织内部员工选拔晋升而不是从外部招募来填补，就会同时产生其他的职位空缺，形成"晋升阶梯"。这意味着组织内部存在着大量的发展机会。

麦当劳就是这样一个有着丰富发展空间的公司。菲尔·哈根斯——这个非洲裔美国人，现在已经拥有了两家麦当劳特许经营店，这要归功于麦当劳的内部晋升机制——鼓励低层员工，不论种族，只要通过自己的努力就有获得晋升的机会，最终赢得特许经营权。如今，菲尔·哈根斯的麦当劳不仅盈利，而且为许多年轻人提供了一个必要的就业、获取经验和成功的场所。

有效的内部晋升政策需要组织相关人力资源政策的支持。组织要根据每一位员工的职业偏好为他们做出相应的职业生涯规划，并根据员工的工作业绩及发展需要不断进行调整；同时，组织还要为员工实现自己的职业目标提供必要的帮助，不断给员工提供接受教育和培训的机会，开发员工晋升的潜力。这样才可以保证组织内部晋升政策的有效性。

2. 组织的薪酬战略

薪酬对任何一个求职者来说都是求职时要考虑的重要因素，因此如果能够向员工支付比现有市场同行业平均工资水平更高的工资，会给组织在招募中带来较大的优势，这种优势能够在相当程度上克服工作本身的一些弱点（加班、倒班等），使组织在人力资源的争夺中具有较强的竞争力。但是这种薪酬战略也会使组织的运营成本增加。目前，大多数组织都采用薪酬之外的其他报酬形式吸引员工。

3. 组织的职业安全保障政策

尽管我们强调竞争，强调挑战，但是职业的安全性和工作的保障性对多数求职者来说仍是一个不容回避的问题。组织实行"自由雇佣政策"还是"正当雇佣政策"对求职者的影响是不同的。自由雇佣政策的含义是雇佣关系的双方都可以在任何时候以任何理由解除雇佣关系。这就意味着，不存在法律上的"非法雇佣"的问题，这样做的好处是可以使组织避免很多法律上的麻烦。而正当雇佣政策的含义是组织的雇佣和解雇必须遵循一定的程序进行，明确规定雇员可以采取哪些步骤来应对组织的解聘决定。这些规定通常写进员工手册和招募小册子中。

研究表明：求职者普遍认为那些制订了正当雇佣程序的组织比实行自由雇佣政策的组织更富有吸引力，因为在招募中强调正当解雇程序及申诉权利，实际上向求职者传递了更多职业安全保障的信息，而自由雇佣则正好相反。

4. 组织对自身形象的宣传策略

一个在公众当中树立了良好形象的组织对求职者是有极大吸引力的。不同特点的求职者在选择职业和选择供职组织时都希望能够与其"志趣相投"。组织所倡导的核心价值理念——企业文化，是许多求职者要考察的重要目标。一个有良好公众形象的企业，求职者会很容易认同和接纳其企业文化。所以，组织的公众形象、形象建设和形象宣传都会对招募过程产生影响。

海尔集团一直很重视自身的形象建设，通过多种形式宣传其重视质量、重视服务、倡导科学的企业文化。例如，海尔的广告语"真诚到永远"，使得为顾客衷心服务的理念深入人心；海尔还通过制作卡通片的形式倡导助人、爱科学的企业形象。这使得海尔在招募中非常主动，吸引了一大批人才，也大大降低了企业的招募成本，这都是得益于其良好的企业形象和形象宣传。

4.1.3 招募的渠道与方法

与人力资源供给的来源相对应，人员招募有两种形式：内部招募和外部招募。内部招募和外部招募对组织人力资源的获取具有同等重要的地位，两种方式是相辅相成的。某一个职位空缺究竟是由组织内部人员还是外部人员来填补，要视人力资源供给状况、组织的人力资源政策和工作的要求而定。

1. 内部招募的途径与方法

内部招募是指从组织内部发掘、获取组织所需要的各种人才，填补组织的职位空缺。

1）内部招募的途径

内部招募的途径主要有内部晋升、岗位轮换、返聘等。

（1）内部晋升是一种用现有员工来填补高于其原级别职位空缺的政策。内部晋升政策给员工提供更多的发展机会，从而使其对组织产生献身精神。大多数员工在其职业生涯中主要考虑的是组织能够在多大程度上帮助自己实现个人的职业目标。因此，内部晋升制度在组织增加员工忠诚度及留住人才的措施中，是处于中心地位的。许多对员工有高度认同感的组织都有综合性的内部晋升规划，而那些同富有献身精神的员工紧密联系在一起的组织更有完善的内部晋升政策。

（2）岗位轮换是指横向的工作岗位变动。它是通过实习或培训的方式，使员工从一个岗位调到另一个岗位以扩展其经验的工作方法。它使员工在逐步学会多种工作技能的同时，增强对工作间相互依赖关系的认识，并培养更广阔的工作视角。这种知识扩展对完成高水平的管理工作是大有裨益的。岗位轮换可以在一定程度上消除专业分工过细带来的弊端，有利于员工克服狭隘的部门观点，有利于部门之间的横向协调，树立系统的全局观念。

GE 内部培养"接班人"策略

内部培养企业领导者是许多先进企业培养领导人才的通行做法，GE 也采用了这一策略。GE 的内部培养是从基层培养做起，虽然公司每年只向 4% 左右的员工提供管理开发培训，可是这一小部分人的选拔却是向基层的每一个员工敞开的。GE 的哲学是：每一个进入公司的员工都是领导者，他们领导自己的思想、行动和主张，员工要想在公司获得成功就必须朝着成为一位领导者的方向努力。

另外，在 GE，每个重要岗位都必须实施"接班人计划"。不仅总裁如此，其地区总裁、人力资源总监等岗位，也就是企业的中层管理者，同样实施"接班人计划"。例如，GE 中国人力资源总监职位，必须不断地有两三个人作为后备管理人选，以便为将来的工作调动做好准备。候选人的确定机制灵活，"接班人"名单实施动态管理，随着每年员工的绩效考核情况做适时更新。

——资料来源：GE："赢"在领导力培养（节选）[EB/OL]．（2014-08-12）[2016-01-14]．http：//www. guanlixuejia. com/index. php/component/content/article/94-topic/2014-08-13-05-56-34/118-ge.

（3）返聘是组织将解雇、提前退休、已退休或下岗待业的员工再召回组织来工作。这些人大多都对组织工作十分熟悉，不需要组织进行过多的培训就可以直接上岗，且往往十分珍惜再次就业的机会。

2）内部招募的方法

（1）员工推荐法。它是由本组织员工根据组织的需要推荐其熟悉的合适人员，供用人部门和人力资源部门进行选择和考核。由于推荐人对用人单位与被推荐者比较了解，因而这种方法较为有效，成功的概率较大。

在组织内部最常见的员工推荐法是主管推荐，其优点在于主管一般比较了解潜在候选人的能力，由主管提名的人选具有一定的可靠性。而且，主管们也会觉得他们具有一定的决定权，满意度比较高。其缺点在于这种推荐容易受个人因素的影响，主管们可能提拔的是自己的亲信而不是一个胜任的人选，从而影响招募质量。有时候，主管们并不希望自己手下很得力的下属被调到其他部门，这样会影响本部门的工作实力。

（2）职位公告法。职位公告即将职位空缺公之于众，并列出工作的特性，如资格要求、职位要求、薪资等级等。职位公告是组织内部招募人员的普通方法，可以通过在组织的布告栏，或组织的内部报刊、局域网上发布工作职位空缺的信息实现。

职位公告的内容包括职位的责任、义务、必需的任职资格、工资水平及其他相关信息，如公告日期和截止申请日期、申请程序、联系电话、联系地点和时间、该职位是否同时也在组织外部进行招聘、在面谈过程中应聘者是否需要演示他们的技能等。符合任职资格的员工，可以提交正式的申请或者在职位投标单上签名，参加该职位的竞争。在职位公告与职位投标中，必须坚持公平、公正、公开的原则，保证所有的正式员工都有资格利用职位公告向人力资源管理部门提出申请并参加竞聘，要保证空缺职位的名单能够被传达到组织中的每一位员工。

职位公告的目的在于让组织中的全体员工都了解到哪些职位空缺，需要补充人员，使员工感觉到组织在招募人员方面的透明度与公平性，有利于提高员工士气。一般来说，职位公告法经常用于非管理层人员的招聘，特别适合于普通职员的招聘。职位公告法的优点在于让组织更为广泛的人员了解到此类信息，为组织员工职业生涯的发展提供了更多的机会，可以使员工脱离原来不满意的工作环境，也促使主管们更加有效的管理员工，以防本部门员工的流失。职位公告法的缺点在于花费的时间较长，可能导致岗位较长时期的空缺，影响组织的正常运营。而员工也可能由于盲目地变换工作而丧失原有的工作机会。

索尼公司的内部招聘制度

这天，盛田昭夫忽然发现一位年轻职工郁郁寡欢，满腹心事，闷头吃饭，谁也不理。于是，盛田昭夫就主动坐在这名员工对面，与他攀谈。几杯酒下肚之后，这名员工终于开口了："我毕业于东京大学，在进入索尼公司之前有一份待遇十分优厚的工作。当时，我对索尼公司崇拜得发狂，于是毅然放弃了之前那份工作选择了索尼公司，并且认为这是我一生的最佳选择。但是，现在才发现，我不是在为索尼工作，而是为课长干活。坦率地说，我的这位课长是个无能之辈，更可悲的是，我所有的行动与建议都得课长批准。对我的一些小发明与改进，课长不仅不支持，还挖苦我癞蛤蟆想吃天鹅肉、有野心。对我来说，这名课长就是索尼公司。我十分泄气，心灰意冷。这就是索尼公司？这就是我的索尼公司？我居然要放弃了那份优厚的工作来到这种地方！"

这番话令盛田昭夫十分震惊，他想，类似的问题在公司内部员工中恐怕不少，管理者应该关心他们的苦恼，了解他们的处境，不能堵塞他们的上进之路。于是，盛田昭夫便产生了改革人事管理制度的想法。之后，索尼公司开始每周出版一次内部小报，刊登公司各部门的"求人广告"，员工可以自由而秘密地前去应聘，他们的上司无权阻止。另外，索尼公司原则上每隔两年就让员工调换一次工作，特别是对于那些精力旺盛，干劲十足的人才，不是让他们被动地等待工作，而是主动地给他们施展才能的机会。在索尼公司实行内部招聘制度以后，有能力的人才大多能找到自己较中意的岗位，而且人力资源部门也可以发现"外流"人才的上司们所存在的问题。

——资料来源：索尼公司的内部招聘制度（节选）[EB/OL].（2015-05-18）[2016-01-17].http://cache.baiducontent.com/.

（3）人员信息记录卡。人员信息记录卡也称人事登记表，较详细的职工档案也可作参照。随着现代信息技术的普及，许多组织的员工信息资料都已经计算机化。越来越多的组织倾向于利用人员信息记录卡来进行内部招募。人员信息记录卡对于维系组织的持续运转是十分重要的，它包括了诸如员工的资格、技能、智力、经历、健康情况、教育背景和培训方面的信息，而且这些资料是经常更新的，能够全面、及时、动态地反映所有员工的最新情况。这些信息不仅能够帮助决策者获得职位申请者的相关信息，而且还可以帮助组织及时发现那些具备相应资格，但由于种种原因没有进行申请的员工。

人员信息记录卡的优点是可以在整个组织内部发掘合适的候选人，同时它也是人力资源信息系统的一部分，在组织的内部晋升中发挥着重要的作用。它的缺点在于通常只包含一些"硬"指标信息，如教育程度、资格证书、所掌握的语言、所接受的培训等，而一些关于诸如人际关系技能、判断力、品德、创新能力等"软"指标信息往往被排除在外。而这些"软"指标对于许多工作恰恰是至关重要的。

2. 外部招募的主要来源与方法

外部招募是按照一定的标准和程序，从组织外部寻找员工可能的来源和吸引他们到组织应聘的过程。虽然内部招募好处很多，但过分依赖也是一种失误，外部招募可以弥补内部招募的缺点。外部招募可以充分利用外部候选人为组织增添新的思想；同时，它还是一种交流形式，组织可以借此在潜在的员工、客户和其他社会公众中树立形象。

1）自荐

自荐是指所有没有通过预约就直接来到组织的人力资源部或招聘现场的求职者，这也是组织重要的工作候选人来源。不管这些求职者是否符合组织的要求，都必须礼貌对待，妥善处理，因为这不仅是尊重求职者自尊的问题，更是关系到组织在社会上的声誉问题。

2）广告招募

广告招募是最常见、最普遍的一种招募方式，是指在报纸、杂志、广播、电视及网站等媒体上刊登出组织职位空缺的消息，吸引对这些空缺职位感兴趣的潜在人选应聘。

借助广告进行招募，组织必须要考虑以下两个关键问题：广告媒体的选择及广告内容设计。

（1）广告媒体的选择。一般来说，组织可选择的广告媒体很多：传统媒体如广播、电视、报纸、杂志等，现代媒体如网站等；其总体特点是信息传播范围广、速度快，应聘人员数量大、层次丰富，组织的选择余地大。

组织在选择广告媒体时，首先要考虑媒体本身承载信息传播的能力，即各种传播媒体的优缺点和适用范围（见表4-1）。

表4-1　各种广告媒体优缺点和适用范围的比较

类型	优　点	缺　点	适用范围
报纸	发行量大；能够迅速将信息传达给读者；广告的大小可以灵活选择	发行的对象比较杂，可能很多读者并不是所要寻找的职位候选人；保留的时间较短，很多报纸只能在某一天内被人看到，而潜在的候选人可能会错过这个时间；报纸的纸质和印刷质量可能会对广告的设计造成限制	由于大部分发行量大的报纸都具有地区性的特点，因此比较适合于在某个特定地区招聘；比较适合在短期内需要得到补充的空缺职位；适合于候选人数量较大的职位；适用于较高流失率的行业或职位
杂志	接触目标群体的概率比较大；杂志便于保存，能够在较长时间内被看到；杂志的纸质和印刷质量相对于报纸要好	申请的职位的期限会比较长；发行的地域可能较为分散；广告的预约期较长	当要寻找的职位候选人集中在某个专业领域中时，选择该领域中人们比较广泛阅读的杂志会比较适合；所需要的候选人地区分布较广；空缺职位并非迫切需要补充
广播、电视	可以产生有较强冲击力的视听效果；如果选择在黄金时段则受众人数众多，容易给人留下深刻印象	广告的时间较短；费用一般比较昂贵；缺乏持久性；也存在为不可能的接收者付费的问题	当公司需要迅速扩大影响，将企业形象的宣传与人员招聘同时进行；需要招聘大量人员时；用于引起求职者对其他媒体上广告的注意
网站	不受时间空间的限制；方式灵活、快捷；可以与招聘及人力资源管理的其他环节形成整体；成本不高	没有在网站上查找工作的潜在候选人可能会没有看到职位空缺信息	适用于有机会使用计算机和网络的人群；不论急需招聘的职位还是长期招聘的职位都适合
印刷品	容易引起应聘者的兴趣，并引发他们的行动	宣传力度比较有限；有些印刷品可能会被人抛弃	在特殊的场合比较适合，如展示会、招聘会等，或者在校园等特殊的地点；适合与其他形式的招聘活动配合使用

资料来源：吴志明.员工招聘与选拔实务手册［M］.北京：机械工业出版社，2002：107-108.

在确定了媒体形式后，应进一步选择刊登招募广告的具体媒体单位。主要考虑以下几个方面。

① 媒体的定位：各种具体的传播载体都有其特定的消费群体定位，因此组织应根据招募人员的媒体消费特征选择其最可能接触的媒体。

② 媒体的相关内容集中度：求职者在搜寻职位时，往往集中关注传播职位招募信息量较大的媒体，便于选择比较。因此，组织在选择媒体时，应选择招募信息相对集中的媒体，尤其是在业界具有一定影响力的媒体。

③ 多种媒体并用：组织在进行大规模的人员招募时或是人员招募难度较大时，可以采用多种招募方式，力求尽可能地覆盖目标人群接触范围。另外，由于互联网的兴起，大量的在校学生和新一代知识人才都青睐网络带来的庞大的信息，组织可以借用网络形式实现招募信息的传递，主要包括专业招聘网站、高校 BBS 及公司主页等。

（2）广告内容的设计。广告的内容不仅应明确告诉潜在的应聘者组织能够提供什么职位、对应聘者的要求是什么，而且广告应有吸引力，能够激起大众对组织的兴趣。另外，广告还应告诉应聘者申请的方式，这些内容都应在确定广告内容时予以充分的注意。好的广告能吸引大量的求职者，同时广告制作也是一次绝好的宣传组织形象的机会，有利于组织树立公众形象，对外宣传组织文化，使求职者容易产生对组织的认同感。

一份好的广告应具备以下内容。

① 使人过目不忘的广告词。

② 说明招募的岗位、人数、所需的资格条件等。

③ 能够起到宣传组织的目的。

招募广告的设计和构思，可以借鉴西方国家的 AIDA 方法。

A——attention，即广告要引人注意，善于利用各种技巧，如报纸的分类广告中，有意留白或为重要的职位进行单独的广告；

I——interest，即开发应聘者对职位的兴趣，这种兴趣可从职位本身去发掘，如未来的发展空间、收入、地理位置等；

D——desire，即让求职者对空缺职位产生认同感和欲望；

A——action，即广告能让人马上采取行动。

3）借助中介法

随着人才流动的日益普遍，人才交流中心、职业介绍所、劳动力就业服务中心等就业中介机构应运而生。这些机构承担着双重角色：既为组织择人，也为求职者择业。借助这些机构，组织与求职者均可获得大量的信息，同时也可传播各自的信息。这些机构通过定期或不定期地举行交流会，使得供需双方面对面地进行商谈，缩短了招聘与应聘的时间。实践证明，这是一条行之有效的招募与就业途径。

（1）人才交流中心。在全国的各大中城市，一般都有人才交流服务机构。这些机构常年为组织服务。他们一般都建有人才资料库，用人组织可以很方便地在资料库中查询条件基本相符的人员资料。通过人才交流中心选择人员，有针对性强、费用低廉等优点，但对于如计算机、通信等专业的热门人才或高级人才的招聘效果不太理想。

（2）招聘洽谈会。人才交流中心或其他人才机构每年都要举办多场招聘洽谈会。在洽谈会中，组织和应聘者可以直接进行接洽和交流，节省了组织和应聘者的时间。随着人才交流市场的日益完善，洽谈会呈现出向专业化方向发展的趋势。比如有中高级人才洽谈会、应届毕业生双向选择会、信息技术人才交流会，等等。通过参加招聘洽谈会，组织招聘人员不仅可以了解当地人力资源素质和走向，还可以了解同行业其他组织的人力资源政策和人力需求情况。由于这种方法应聘者集中，组织的选择余地较大，但招聘高级人才还是较为困难。

（3）猎头公司。猎头公司是英文"Head Hunter"直译的名称，在我国是近年来为适应组织对高层次人才的需求与高级人才的求职需求而发展起来的。在国外，猎头服务早已成为组织求取高级人才和高级人才流动的主要渠道之一。我国的猎头服务近些年来发展迅速，有越来越多的组织逐渐接受了这一招聘方式。

对于高级人才和尖端人才，用传统的渠道往往很难获取，但这类人才对组织的作用非常重大。因此，猎头服务的一大特点是推荐的人才素质高。猎头公司一般都会建立自己的人才库。优质高效的人才是猎头公司最重要的资源之一，对人才库的管理和更新也是他们日常的工作之一，而搜寻手段和渠道则是猎头服务专业性最直接的体现。当然，与高素质候选人才相伴的，是昂贵的服务费，猎头公司的收费通常能达到所推荐人才年薪的 25%～35%。但是，如果把组织自己招聘人才的时间成本、人才素质差异等隐性成本计算进去，猎头服务或许不失为一种经济、高效的方式。此外，猎头公司往往对组织及其人力资源需求有较详细的了解，对求职者的信息掌握较为全面，猎头公司在供需匹配上较为慎重，其成功率比较高。

4）校园招募

校园招募是组织获得潜在管理人员及专业技术人员的一条重要途径。许多有晋升潜力的工作候选人最初就是组织到大学中直接招募来的。

大学校园是高素质人员相对比较集中的地方，企业能够在校园招聘中找到相当数量的具有较高素质的合格申请者；校园招募也是宣传企业形象的一种非常便利的手段，为企业和求职者搭建了一个对话的平台；年轻的大学毕业生朝气蓬勃，富有工作热情，可塑性强。但是，校园招募也有明显不足，优秀的毕业生往往都有多种应聘准备；学生刚踏入社会，缺乏实际的工作经验，工作上手慢，容易对职位产生不切实际的期望；由学校到社会的身份转换需要一个较长的磨合期，需要大量的培训；而他们一旦积累了一定经验又容易跳槽，工作稳定性较差。

阿里巴巴的校园招聘

阿里巴巴自2012年起开展集团统一的校园招聘，每年招聘上千名应届毕业生以储备新鲜血液。阿里巴巴集团非常重视校园招聘，不仅仅在雇主品牌、筛选机制、面试官、应届生培养上做投入，在校园招聘系统平台建设和运营上也投入了相当的精力，以期打造一个能够与社会招聘、人才盘点、绩效管理相连相通的校园招聘运营平台，从更体系化、更动态化的角度去看校园招聘对整个组织能够创造的价值。2013年阿里巴巴建立了校园招聘电子化平台，以业务需求为首要前提，以电子化校园招聘系统为技术支持平台，站在人才运营的角度进行校园招聘，使校园招聘成为更加高效的招贤纳士的途径，也为阿里巴巴人才管理提供依据。

平台化校园招聘系统之内部推荐

阿里巴巴为内部推荐渠道开发了电子化平台。内部推荐人可以是公司员工、外部猎头或者校园小猎手，他们有不同的账号权限。在这个电子化平台上，员工可以看到空缺职位并进行内部推荐；他们可以查看到自己所推荐的人是否有其他同事的推荐，也能够看到被推荐人的应聘部门和岗位及被推荐人的职位申请状态。此平台使得内部推荐高效精准、管理便捷。

平台化校园招聘系统之在线笔试

阿里巴巴集团2015校园招聘笔试采用在线化形式开展。阿里巴巴对不同岗位开放不同的笔试时间。在阿里巴巴电子化校园招聘系统上，学生可以登录校园招聘的个人中心，在笔试系统开放后的任意时间进行在线笔试。在线笔试减少了以往线下笔试许多烦琐的环节，节省了很多物力和人力，更加方便和高效。通过在线笔试，没有试题提前泄露和试卷来不及送往考场的担忧，也没有十几所城市几百个考场地点和人员安排问题，能够省去很多成本和精力。对于学生而言，在线笔试减少了学生线下笔试前往考场所花费的时间和精力，也避免了一些学生无法在规定时间前来参加笔试的问题，为学生提供更加舒适的应聘体验。同时，为了确保万人同时笔试时整个笔试系统能够稳定运行，避免出现登录失败等状况，校招团队会提前组织技术支援团队进行流量测试，笔试期间也有充足的技术人员随时从后台监控，确保笔试顺畅。后期判卷阶段，先通过计算机筛选出答案雷同卷，再着重人工比对筛选出作弊的考生。阿里巴巴秉承"诚信为本"的招聘人才的原则，对于被认定为作弊的考生将取消其面试资格。

平台化校园招聘系统之云客服

为了让学生能及时与校招团队沟通，及时解答学生的各种疑问，阿里巴巴校招团队特地开设"云客服"平台，该平台内置在阿里巴巴校招官网的"个人中心"，学生每次登录校招官网即可进行咨询。高频问题由计算机自动回复，特例问题由客服回答。同时，校招团队常从微博、论坛等渠道收集舆情信息，了解学生的高频疑问，将信息汇总提前给客服团队预警并提供话术，使得信息顺畅，降低内部沟通成本。

平台化校园招聘系统之面试

2015阿里巴巴校园招聘面试，学生可以根据自己的时间，在电子化系统的个人中心预约参加。预约面试极大提升了学生的体验，不用担心出现面试撞车或临时没时间参加。现场面试时，阿里巴巴利用电子化校园招聘系统进行学生的签到。而为期1小时的面试，除了50分钟纯面试的时间之外，面试官必须留出10分钟时间进行在线面试评价及面试过程记录。通过在线签到和面试报告的填写，将以往线下的活动拿到线上进行操作，不仅避免了线下操作不当数据缺失的麻烦，而且方便统计和管理。在电子化校园招聘系统的后台上，学生签到之后，相关同事可以看到哪些岗位有哪些学生在哪些时段由哪位面试官面试的信息。若有学生面试提早结束，便可安排下位学生提前进场。若有学生面试延迟，亦可通知下位学生稍作等待。电子化校园招聘系统使面试的安排和管理更加方便。而在数据的统计整理上，电子化系统也可以生成报表，统计学生的面试数量、初次面试通过率、最终面试通过率、待校准的学生数量等。电子化系统的报表大大减轻了相关同事的工作量，他们无须再为这些烦琐的统计工作加班到深夜。

平台化校园招聘系统之人才库

阿里巴巴认为校园招聘是获取优秀人才的重要途径。前来阿里巴巴参加面试的同学，无论通过面试与否，都是人才。这些人才的简历、笔试成绩和面试报告都应该保存下来。那些未通过面试的同学的信息会被记录下来并做上标签，如注未通过面试的哪个环节等信息。那些通过面试却拒绝offer的学生，拒绝offer的原因也会被记录下来。通过这些简单的记录，将为以后的社会招聘提供更好的数据支持。而通过面试接受 offer 的学生也将有所记录，并根据学生面试表现的不同分为几个等级。在日后招聘效果的评价中，可以对这些人的绩效表现和晋升情况进行跟踪调查。观察电子化系统标签等级高的学生的绩效表现和晋升情况，以及他们与等级一般的学生相比，绩效是不是比较好。通过这些学生等级排序标签和这些学生的绩效数据的对比，以及这些学生在之前校园招聘时的一些记录，能够帮助找到很多问题的原因，也为如何发展这些员工提供新的思路。

平台化校园招聘系统之未来发展

电子化校园招聘系统方便的操作、高效的功能，对阿里巴巴校园招聘、社会招聘及人才管理都有非常实用的价值。阿里巴巴也将不断地完善电子化校园招聘系统的功能。例如，阿里巴巴为每位收到 offer 的同学配备了一位在阿里巴巴工作的师兄与之在入职之前联系与互动，阿里巴巴希望电子化系统的功能上能够增加一个模块，记录学生在收到 offer 之后到入职之前与联系师兄的互动信息，以应对一些状况，保证所有收到 offer 的学生能够如期到岗入职。另外，阿里巴巴希望该系统在技术上能够有所提升，以应对一些场合不稳定的网络。为了进一步优化整个校园招聘过程，校园招聘团队也组织全面的电话回访，从参加面试的学生那里了解面试过程待提高的方向。未来，阿里巴巴的电子化校园招聘系统在功能和技术方面也将不断完善，使阿里巴巴的校园招聘能够更加顺利、更加有效地开展。

——资料来源：智享会. 2015 中国企业校园招聘实践调研报告［EB/OL］.（2015-01-20）
［2016 - 01 - 20］. http://www.360doc.com/content/15/0120/20/16921388 _
442393285. shtml.

5）网络招募

网络招募是随着互联网发展起来的一种新兴的招募方式。网上招募员工已经成为大公司普遍使用的一种手段。越来越多的求职者喜欢到网上去搜寻工作机会。

网络招募的优点是：方便快捷；成本较低；存储与检索简历更加容易；不受时间限制，白天和晚上都可以操作；打破了原有招募形式的地域界限，在网上距离感似乎已经不复存在，跨国公司有能力在世界各地安置其员工，面试可以在网上完成，同时能力测试和背景审查也完全可以在互联网上进行。互联网已经不仅仅是一个发布招聘广告的媒体，而是具有多种功能的招聘服务系统。但没有机会和能力使用计算机和网络的人群则无法获得信息。

随着互联网的发展，有一些公司专门创办网站提供招聘服务。近年来，中国也出现了不少专业的人才招聘服务网站，例如，www.zhaopin.com、www.51job.com、www.newjobs.com.cn、www.China-hr.com、www.ciecco.com.cn，等等。这些招聘服务网站同时为企业和个人服务，提供大量的招聘信息，并且也提供网上的招聘管理和个人求职管理服务。

6）海外招募

高级管理人才或一些尖端技术的专门人才需要到全球范围去进行选择。特别是当企业业务向海外拓展时，获得海外招募来源就成为一个越来越重要的问题。海外招募可以在世界范围内进行人才的选择，候选人的数量和质量都与局限于国内的招募不可同日而语。但是海外招募也有很多困难，比如：对候选人的资格、背景审查就非常困难，而且雇用外国人在手续上也比较烦琐。

许多跨国公司在进行海外招募时都各有绝招。例如，吉列公司有一个国际毕业生培训项目，其目的是为企业选拔和开发外籍雇员。吉列公司的海外分公司一般从当地最有名的大学中雇佣杰出的商科学生，这些毕业生要接受吉列公司为期 6 个月的培训。吉列公司还会选拔其中某些人送到公司在波士顿的总部接受金融、市场营销等领域的为期 18 个月的进一步培训。那些能够通过集中培训的人将会被任命为公司在某国的初级管理人员。

7）熟人推荐法

通过组织的员工、客户、合作伙伴等熟人推荐人选，也是组织招募人员的重要来源。这种方式的长处是对候选人的了解比较准确；候选人一旦被录用，顾及介绍人的关系，工作也会更加努力；招募成本也很低。该方法的问题在于可能在单位内形成小团体，选用人员的面较窄。

据了解，微软公司 40% 的员工都是通过员工推荐方式获得的。为了鼓励员工积极推荐，单位可以设立一些奖金，用来奖励那些为组织推荐优秀人才的员工。熟人推荐法对招聘专业人才比较有效，不仅招聘成本小，而且应聘人员素质较高、可靠性强。

3. 内部招募与外部招募的对比

内部招募和外部招募各有利弊，不同组织填补职位空缺的方式和习惯是不尽相同的。内部选拔和外部招募是相辅相成的。采取哪种方式，是自家兄弟可靠还是外来的和尚好念经，要视企业具体选聘目的和环境条件来定。内部招募与外部招募的利弊对比如表 4-2 所示。

表 4-2　内部招募与外部招募的利弊对比

	利	弊
内部招募	• 被聘者可以迅速展开工作 • 可提高被聘者的士气 • 有利于保证选拔的正确性 • 可降低招募的风险和成本 • 有利于激励其他员工士气、调动工作积极性 • 充分利用内部资源 • 成功的概率高 • 有利于维系成员对组织的忠诚	• 易出现思维和行为定势，缺乏创新性，从而使组织丧失活力 • 易造成"近亲繁殖" • 招致落选者的不满 • 不利于被聘者展开工作 • 易引起内部争斗 • 选择范围有限，组织中最适合的未必是职位最适合的
外部招募	• 为组织注入新鲜血液 • 有助于突破组织原有的思维定式、利于组织创新 • 人际关系单纯 • 有利于平息和缓和内部竞争者之间的紧张关系 • 方便快捷，培训费用少	• 被聘者需较长的"调整适应期" • 对内部员工造成打击 • 被聘者可能会对组织文化不适应 • 被聘者的实际工作能力与选聘时的评估能力可能存在较大差距

资料来源：钱振波. 人力资源管理［M］. 北京：清华大学出版社，2004：138.

4.1.4　招募过程的管理

1. 人员招募的要求

（1）符合国家的有关法律法规和政策。在招募中应坚持平等就业，双向选择，公平竞争，禁止未成年人就业，照顾特殊人群，先培训后就业，不得歧视妇女等原则。由于组织的原因订立无效劳动合同或违反劳动合同时，组织应承担责任。

（2）确保招募人员的数量和质量。要根据组织人力资源规划和职务说明书中有关任职人员资格的要求，用科学的方法和程序开展招募活动，以保证招募人员的数量和质量。

（3）努力降低招募成本，提高招募工作的效率。招募成本包括直接成本（广告、招募人员的工资、差旅费、中介费等）和间接成本（如企业形象、公共关系、招募过程的管理费用等）。

（4）内部优先原则。当组织中出现职位空缺时，应当首先考虑提拔或调动原有的内部员工。大多数组织在招募时，采用内部选拔为主兼顾外部招募的政策。

2. 招募的基本流程

招募工作是为空缺岗位配备合适人选的关键性工作，应当遵循一定的流程以保证招募工作的科学性。招募工作的基本流程如下所述。

1）明确需求

一个组织的招募努力程度和在招募中使用的方法取决于人力资源规划进程和所要填补的特定工作的需要。组织根据其人力资源规划及目前工作需要，明确有哪些空缺岗位需要招募合适的人选来填补。

2）职务分析

招募包括寻找和吸引合格的工作候选人。如果对所要填补的工作定义模糊，招募很难取得令人满意的效果。无论需要填补的是一项已有的工作还是新工作，为了确保有效的招募，必须尽可能准确地对它的要求进行定义。据此提出详细的职位说明书，并需明确提出该职位所需的主要关键才能或胜任特征，从而明确候选人必需的素质要求。

3）组建招募团队

由胜任者来进行招募工作是保证有效招募的前提。一般情况下，招募工作是由组织的人力资源部门和具体用人部门共同协作完成的。而具体参与招募的人选因职位的不同有很大差异。一般来说用人部门主要从专业角度出发，多方面、深层次地测试申请者的资格，而人力资源部门更多的是辅助和建议。另外，直接参与招募的人员应经过良好的培训，他们的言谈举止代表了组织的形象。

有关申请者对应聘反应的研究显示，招募人员对于工作和组织的了解程度、对申请者的尊重和热情接待的态度，对于组织树立良好形象、提高招募成功率是非常有益的，会促使许多申请者积极争取应聘机会，使组织在人才争夺战中占领先机。

4）确定招募渠道

根据空缺职位的要求及组织填补空缺的习惯，明确是通过内部招募还是外部招募。

5）发布招募信息

根据所确定的招募渠道，有针对性地选择发布信息的媒体，一方面要让尽可能多的人了解到组织的用人需求，另一方面也要注意发布信息的成本问题。

6）招募效果评估

招募工作的评估主要包括3方面内容。

（1）招募的成本和收益评估。招募成本是考察招募工作的一项重要内容，所以应该考察招募活动的成本和收益之间的关联性。招募成本包括直接成本（广告、招募人员的工资、差旅费、中介费等）和间接成本（如企业形象、公共关系、招募过程的管理费用等）。每种招募资源的成本-收益信息都可以被量化，将被录用的各种渠道来源的求职者在组织中工作的时间及业绩与这种渠道的雇佣成本进行比较，可以作为以后招募的参考。

（2）招募的时间评估。如果组织的招募信息发布之后，不能迅速吸引到足够数量的求职者，就会影响到组织的招募工作，因此对招募工作进行时间评估是十分必要的。

（3）招募的质量与数量评估。这种方法是将以往的招募工作与现在的招募工作进行对比，来评估招募工作的效率。通常可以从以下角度来评估招募工作。

① 申请者的数量。一次成功的招募工作应该能吸引足够多的申请者，数量是评估时最先考虑的因素，它能保证组织从容地挑选出所需要的合格人选。

在实际工作中，常用"招募金字塔"来确定为了招募一定数量的新员工（如50人），需要吸引多少人来申请工作，如图4-1所示。这种金字塔形状的图形显示了最终招聘的新员工与候选人之间的比例关系。

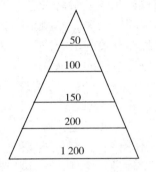

新员工人数

接到录用通知书的人数（2:1）

实际接受面试的人数（3:2）

接到面试通知书的人数（4:3）

招募所引来的求职人数（6:1）

图 4-1　招募金字塔

② 申请者的质量。申请者的质量是衡量招募工作成功与否的另一个重要指标。如果有充足的、合格的申请者，组织就可以优中选优，为组织发展提供高质量的人力资源。

③ 实际的可录用率。招募计划的根本目的在于确保组织在出现职位空缺时得到大量可供选择并且真正适合的求职者（愿意就职并胜任工作）。因此，实际的可录用率就成为衡量招募工作质量的重要指标。实际的可录用率是指实际到岗就职的人数占招募申请人总数的比率。比率过低无疑表明招募工作的效率存在一定问题，有很多资源被浪费，可能招募设计存在一定的问题。

3. 求职申请表的设计

1）求职申请表的特点分析

求职申请表是由招聘单位设计，包含了职位所需基本的信息并用标准化的格式表示出来的一种初级筛选表，其目的是筛选出那些背景和潜质都与职务规范所需的条件相当的候选人，并从合格的应聘者中选出参加后续选拔的人员。一般来说求职申请表有以下特点。

（1）节省时间。经过精心设计、恰当使用的申请表可以使选择过程节省很多时间，加快预选的速度，是较快、较公正准确地获取与候选人有关的资料的最好办法。

（2）准确了解。当然，有些组织可能仅仅需要应聘者递交简历而不用填写事先印好的应聘表，但相对简历而言，申请表可能更可靠，因为申请表是单位决定填写哪些信息，并且所有应聘者都要按表中所列项目提供相应的信息，因此可以使单位比较准确地了解到候选人的历史资料，其中通常包括教育、工作经历及个人爱好之类的信息。

（3）提供后续选择的参考。求职申请表有助于在面试前设计具体的或有针对性的问题，有助于在面试过程中做交叉参考，审查是否存在矛盾现象。

2）求职申请表的内容设计

因为求职申请表所反映的资料对组织的面试评定及应聘者的能力、资历的判断都有极其重要的作用，所以申请表的设计一定要科学、认真，以便能全面反映所需要的有关信息。一张好的求职申请表可以帮助组织减少招聘成本，提高招聘效率，尽快招到理想的人选，所以求职申请表的设计十分关键。

求职申请表作为应聘者所填写的由单位提供的统一表格，其目的要着眼于对应聘者初步的了解，主要收集关于应聘者背景和现在情况的信息，以评价求职者是否能满足最起码的工作要求；通过对求职申请表的审核，剔除一些明显的不合格者。

不同的单位在招募中使用的申请表的项目是不同的，而且因为职务说明书的差别，不同职位求职申请表内容的设计也有一定的区别，应根据职务说明书来定，并且每一栏目均有一定的目的。事实上，大多数单位都使用不止一种求职申请表。比如，对于技术或管理类申请人员来说，通常要求他们较为详细地回答与教育程度有关的个人情况，而适用于工厂工人的申请表则可能会集中于像曾经使用过的工具或设备等方面的问题。

但不管何种形式的求职申请表，一般都应能够反映以下一些信息：应聘者个人基本信息、应聘者受教育状况、应聘者过去的工作经验及业绩、能力特长、职业兴趣等。设计申请表时，要遵守当地有关法律和政策的要求（如有些国家规定：种族、性别、年龄、肤色、宗教等不得列入表内），只能要求申请人填写与工作有关的情况，可参见以下各项内容。

（1）个人基本情况：年龄、性别、住处、通信地址、电话、婚姻状况、身体状况等。

（2）求职岗位情况：求职岗位、求职要求（收入待遇、时间、住房等）。

（3）工作经历和经验：以前的工作单位、职务、时间、工资、离职原因、证明人等。

（4）教育与培训情况：学历、所获学位、所接受过的培训等。

（5）生活和家庭情况：家庭成员姓名、关系、兴趣、个性与态度。

（6）其他：获奖情况、能力证明（语言和计算机能力等）、未来的目标等。

上面所列的各种信息，可能因单位不同而不同，甚至因组织中工作职位类别不同而不同。应聘者应保证所填写全部内容的真实性的要求要预先印在表上，这对于应聘者填写申请表是十分重要的，否则候选人将被取消资格。

3）求职申请表设计的注意事项

在设计求职申请表时，应注意以下问题。

（1）内容的设计都要根据职务说明书来确定，考虑本企业的招聘目标及欲招聘的职位，按不同职位要求、不同应聘人员的层次分别进行设计。每一栏目均有一定的目的，不要烦琐重复。

（2）设计时还要注意有关法律和政策，不要将国家规定不允许的内容列入表格内。

（3）设计申请表时还要考虑申请表的存储、检索等问题，尤其是在计算机管理系统中。

（4）审查已有的申请表。即使已经有一个现成的表格，也不要简单地拿来使用，要对其进行适当的审查，确保这份申请表可以提供为填补职位空缺而需要从申请人那里了解的情况。

4.2　人员素质测评

对应聘者的甄选是招聘过程中至关重要的一步，也是技术性很强的一步，在这一过程中，需要运用多种测试方法，包括人员素质测评的有关技术。对人员素质加以科学的测评，不仅可以了解应聘者的现有水平，而且可以发现其发展潜能，为人力资源的甄选和录用奠定基础。

4.2.1 人员素质测评的概念

人员素质测评是指测评者采用科学的方法，收集被测评者在主要活动领域中的表征信息，针对某一素质测评目标体系做出量值或价值判断的过程，或者从表征信息中引发与推断某些素质特性的过程。简而言之，人员素质测评是对个人稳定的素质特征进行的测量与评价。

根据测评目的的不同，可以把人员素质测评分为选拔性测评、开发性测评、诊断性测评、考核性测评等。选拔性测评是以选拔优秀人员为目的的测评，通过这类测评，要把不同素质、不同水平的人区别开来。开发性测评是以开发人员素质为目的的测评，是要了解测评对象哪些方面有优势，哪些方面存在不足，从而为测评对象指出努力方向，为组织提供开发依据。诊断性测评是以了解现状或查找根源为目的的测评，这类测评要从表面特征观察入手，继而深入分析问题及其原因，诊断"症状"，最后提出矫正对策方案，而其他测评都无此要求。考核性测评又称鉴定性测评，是以鉴定与验证某种（些）素质是否具备或者具备程度大小为目的的测评，它经常穿插在选拔性测评中。本节将主要讨论选拔性测评。

4.2.2 人员素质测评的主要内容

人员素质测评是对个人稳定的素质特征进行的测量与评价。从心理学的角度来看，个人稳定的素质特点主要包括三个方面，即能力因素、个人风格因素和动力因素。从职业发展的角度来看，上述三个方面因素也的确是在人的职业行为中起着重要作用的因素。因此，人员素质测评是对人的能力因素、个人风格因素和动力因素进行测量和评价。

1. 能力因素

一般认为，能力是指顺利实现某种活动的心理条件。例如，飞行员必须具有躯体的平衡能力、对机械的理解和操作能力、空间知觉能力等；烹调师要具备味道的辨别力；而教师要具有良好的语言表达能力；等等。

能力的最大特点在于它是在一个人的活动中表现出来，同时又在其所从事的活动中得到发展。没有一定的舞台，任何人的能力都不能体现出来。当有一个表现自己能力的舞台时，人们在表现自己能力的同时，其能力也会得到发展和完善。因此，能力往往包括了两层含义：一是指对某项任务或活动的现有成就水平，从这个意义上讲，人们已经学会了的知识和技能就代表了他的能力；二是指个体具有的潜力或完成某项活动的可能性，从这个意义上讲，能力不一定是现有的成就水平。例如，一个人具有领导的潜能，只有当他处于领导的位置时才能体现出来，否则就只是一种潜在的可能性。

通常我们将能力分为一般能力与特殊能力。一般能力通常是指在不同种类的活动中表现出来的共同能力，如观察能力、注意能力、记忆能力、思维能力、想象能力、操作能力等。所有这些能力都是我们日常完成任何心理活动必不可少的，也是完成任何一种工作都不可缺少的能力。特殊能力是指在某些特殊专业活动中表现出来的能力。这些能力与特殊专业活动的内容相联系在一起。例如，音乐家需要具有乐感、把握旋律曲调的特殊能力；画家需要具有良好的空间知觉能力及色彩辨别力等。这些都是一些与特殊专业内容相联系的特殊能力。

2. 个人风格因素

每个人在处事时总是表现出自己独特的行为方式，这就是个人风格因素。例如，同样做一件事情，有的人快刀斩乱麻，很快就做完了；而有的人则慢条斯理，但最终也能保质保量地完成。个人风格一般来说包括气质、性格和行为风格等方面的内容。

气质是指表现在人的心理活动和行为的动力方面的、稳定的个人特点。最有代表性的对气质类型的划分是将其分为多血质、胆汁质、黏液质和抑郁质四种类型。性格是由一个人对现实的态度和他的行为方式所表现出来的个性心理特征。性格是一个复杂的统一体，它包含各个侧面，且各具特征。较之气质，性格更具有后天可塑性。行为风格是指人们在考虑问题和解决问题的过程中表现出的不同特点。例如，有的人对细节敏感，有的人关注整体；有的人善于决断，有的人灵活多变；等等。个人风格因素本身并没有好坏之分，只有当它们与具体的工作联系起来的时候，才有适合与不适合的问题。

3. 动力因素

一个人要想做好一项工作，不仅取决于他的能力水平的高低，还取决于他愿不愿意做这项工作。一个人有较高的能力水平，也具有适合做某项工作的个人风格特点，但是如果缺乏愿望和动机，那么也做不好这项工作。相反，如果一个人能力水平相对低一些，但却有完成工作的强烈的愿望和动机，也可以在一定程度上弥补能力的不足，最终把事情做好。动力因素通常包括价值观、动机和兴趣等。

在动力因素中，层次最高的是价值观，即人们关于目标和信仰的观念，它使个人的行为带有个人的一致的方向性。国外较有名的价值观测验把价值观划分为六种类型：理论型、经济型、审美型、社会型、政治型和宗教型。动机是推动一个人行动的内在原因，动机的方向和强度往往决定了行为的效果。动机通常可以分为成就动机、亲和动机和影响他人的动机。兴趣是指个体对某种活动或职业的喜好，它对人们的职业选择和职业行为起着重要的作用。最著名的霍兰德职业兴趣理论将职业兴趣划分为研究型、现实型、企业型、常规型、社会型和艺术型六种类型。

4.2.3　人员素质测评的程序

1. 准备阶段

1）必要资料的收集

在实施素质测评之前，必须掌握测试过程中所需的相关资料和数据。使用不同的测评方法和测评不同的对象就应该有相应不同的资料，再加上个体素质的隐蔽性，情况更是如此。否则，有可能导致测评的中断或结果的盲目性。

2）测评人员的选择

测评人员的质量和数量对整个测评工作起着举足轻重的作用。合理的人员搭配和人数的确定能使测评的标准指标体系发挥预定的效用，达到最佳效益。

一般来说，测评人员应具备以下条件：坚持原则，公正不移；有主见，善于独立思考；有一定的实际工作经验，尤其是在测评方面的工作经验；具有一定的文化水平；有事业心，不怕得罪人；作风正派，办事公道等。测评人员的数量则应根据组织的具体情况和测评的具体需要而定，在保证质量的同时，应考虑到测评的成本。

3）测评人员的培训

在测评小组中，人员的知识和素质参差不齐，而且各种素质测评的方法都具有相当的技巧和艺术性。所以，就必须对小组成员加以培训，使之熟悉和掌握各种方法和相关的知识，尽量避免个人感情因素对测评工作的干扰。

4）测评方案的设计

（1）确定测评的目的。素质测评可以得到大量的信息，在实施测评前，首先应明确测评目的，即测评后所得信息的用途，因为用途会直接影响信息焦点、搜集信息所使用的方法及信息呈现的方式。不同的测评目的会带来测评方式的变化，表4-3为不同测评目的与信息焦点、信息用途关系表。

表4-3　不同测评目的与信息焦点、信息用途关系表

测评目的	信息焦点	信息用途
选员与配置	岗位说明书所关注的一切素质	达成人岗匹配
绩效评价	与工作绩效密切相关的素质	提升考评的公平性和客观性
激励	员工的需要、个性特征等	使激励策略更加有的放矢
选拔与提升	员工的领导风格、成就动机等	增加用人制度的科学性
培训和发展	员工能力结构、发展需求等	降低培训成本，提升培训效率

（2）确定被测评对象。被测评对象通常依据组织的人力资源供需预测而得的职位空缺及组织发展要求确定。

（3）确定素质测评指标体系。根据组织已建立的标准指标体系与选定的被测对象，考虑当时的具体要求，对指标体系进行一定修正和调整，使之符合职位的要求和测评的目的。这项工作关系到测评工作的成功与否，应引起高度的重视。

（4）选择恰当的测评方法及测评工具。

2. 实施阶段

测评的实施阶段是测评小组对被测评对象进行测评以获取个体素质数据的过程。它是整个测评过程的核心。

测评的实施阶段包括测评前的动员、测评时间和环境的选择及测评的具体操作。测评的实施阶段重点在操作程序上，但充分的动员、恰当的时间安排、适宜的测评环境可以提高测评的准确性和系统性。

测评操作程序包括从测评指导到实际测评，直至回收测评数据的整个过程。

1）测评指导

测评指导是在测评具体操作之前，由测评主持人向全体测评人员报告测评目的和填表说明，明确数据保密等事宜，目的是使测评人员能正确地填写人员素质测评表，消除顾虑，客观准确地对被测对象进行测评。

2）具体操作

测评时，测评人员可采用单独操作或对比操作的方式进行。单独操作是测评人员在对某一被测对象的全部指标测评完成以后，再对另一对象进行测评，直到测评完全部被测对象为止。对比操作，首先是把所有被测对象进行分组，然后把某一组的指标，根据相应的测评标准体系的内容，采用对比的方式，对组内每个被测对象进行对比测评，直到所有指标完成后，才对下一组的被测对象采用相同的操作方法。

3）回收测评数据

测评完的数据要由测评主持人统一进行回收。如果是集中测评，测评主持人应把收集到

的全部数据当众进行封装，减少被测人员的顾虑。如果不是采用集中测评的方式，在发出测评表格时，要发给每位测评人员一个信袋。测评完的数据，由每位测评人员自己进行封装，之后再交给测评主持人。回收测评数据一定要按照回收测评数据的程序和规定进行。否则，将影响测评人员的积极性。

3. 评价阶段

经过测评的具体操作得到被测人员的素质测评数据后，接下来就要对此数据进行分析、评价，得出测评结果，以供有关部门使用。

测评结果的描述有两种形式：数字描述和文字描述。数字描述就是利用测评结果的分值对被测人员的素质情况进行描述的方法。这种描述方式是利用数字可比性的特点，对多个被测人员进行对比。文字描述是在数字描述的基础上，对照各标准体系的内容，用文字描述的形式去评价被测对象的素质，撰写《人员素质测评报告》。

《人员素质测评报告》中应包括以下内容。

（1）测评结果及其解释。

（2）针对测评目标的应用性分析或预测。

（3）初步的用人方案。

（4）整个测评工作的经验总结。

（5）对人力资源管理的补充性意见。

4.2.4 人员素质测评的方法

目前，人员素质测评的主要方法有心理测量技术、面试技术和评价中心技术等。本节主要介绍心理测量技术，面试技术和评价中心技术将在下一节介绍。

心理测量技术就是运用"心理测验"这一科学、客观的工具，通过观察人的少数具有代表性的行为，对于贯穿在人的全部行为活动中的心理特征，依据确定的原则进行推论和数量化分析的一种科学手段。常用心理测量工具及其功能如下所述。

1.《韦氏成人智力量表》（中国修订本）——可分可合的智力测验

《韦克斯勒智力量表》是世界上最具影响力、应用范围最广的智力测验工具之一。其中，用于成人的《韦氏成人智力量表》是韦克斯勒于 1939 年发表的，在 20 世纪 80 年代由龚耀先等心理学家进行修订，成为《韦氏成人智力量表》（中国修订本）（简称 WAIS-RC）。

WAIS-RC 仍保留韦氏开创的"分量表"结构，共设计了 11 个相对独立的分测验，其中由"常识""背数""词汇""算术""理解""类同"六个分测验组成"言语量表"；而由"填图""图片排列""积木拼图""图形拼凑""数字符号"五个分测验组成了"操作量表"。在韦氏测验中，每个分测验均可单独计分。这样，我们由 WAIS-RC 可以得到 11 个分量表分数，1 个言语智商分数，1 个操作智商分数，并由它们合成为总的智商分数。

由量表结构可以看出，WAIS-RC 比较细致地测试了智力的许多方面，我们得到的不仅仅是一个简单的智商分数，还可以对受测者的智力轮廓进行描述，即在不同的、具体的智力领域里，个体的表现如何，最擅长的是什么，等等；言语智商与操作智商的分法十分符合人们的直观经验，易于理解和接受。因此，WAIS-RC 对于那些特别需要某种智力活动参与的岗位从业者，如工程师、会计师、行政管理人员等的选拔、安置、培训及评价等，有着十分重要的应用价值。

为确保测验结果的效度，在使用时应当在专业人士或在专家的指导下，严格按照测验的

"使用手册"进行施测、评分和解释。韦氏智力测验是典型的个别施测智力测验，因此比较耗时费力，测量成本较高，不适合大范围使用。

2.《瑞文标准推理测验》——趣味盎然的智力测验

《瑞文标准推理测验》（以下简称为 SPM）是由英国心理学家瑞文（R. J. Raven）于 1938 年设计的一种非文字智力测验，后经过多次修订。《瑞文标准推理测验》自问世以来，许多国家对它做了修订，直至现在仍被广泛使用。北京师范大学心理系的张厚粲教授在瑞文标准推理测验的编制者的支持下，于 1985 年 10 月组织了全国协作组对该测验进行了修订，并建立了中国城市版的常规模型。

瑞文标准推理测验主要是测量人的推理能力、清晰知觉和思维及发现和利用自己所需信息等与人们有效地适应社会生活有关的能力。该测验是由一系列图形组成，因此测验对象不受文化、种族与语言的限制。《瑞文标准推理测验》使用方便，结果可靠，因此被称为"文化公平测验"。它既可以个别施测，也可以团体施测。

SPM 因其特有的图形推理形式，趣味横生，使其成为心理测验中少有的受到受测者欢迎的工具，尤其对大多数普通员工而言，这种测验远比枯燥的文字测验更具亲和力。SPM 在施测、记分和解释上具有简单方便的特点，而且信度和效度指标也较好。因此，SPM 在我国已经成为组织进行人员选拔和聘用时最常使用的一种智能测验之一。

3.《卡特尔 16 项人格因素测验》——最具亲和力的人格测验

《卡特尔 16 项人格因素测验》（以下简称为 16PF）是美国伊利诺伊州立大学教授卡特尔设计开发的；美籍华人学者刘永和博士在卡特尔的直接帮助下于 1970 年发表了中国修订本，并在 1979 年将其介绍到了国内。

16PF 测验共 187 道题目，分别测量 16 种人格表征，如"乐群性""恃强性"，等等，根据得分绘出受测者的人格轮廓图。从实证研究的结果来看，人格轮廓带有一定的职业色彩。例如，飞行员普遍在"冒险敢为""情绪稳定"上有一致的表现，人格轮廓具有相似性，而与教师的人格轮廓则有着巨大的差异，这提示我们 16PF 具有一定的职业选聘价值。

对人力资源管理与开发最具意义的是从 16 种人格因素演化出来的"次元人格维度"及一些"应用性人格因素"：适应-焦虑、内向-外向、冲动-机警、怯懦-果敢；心理健康分数、成就分数、创造力分数等。这些衍生分数对于开发人力资源意义非凡。

一个高焦虑者容易激动，对现状不满，更多抱怨；而一个过分内向的人可能不适合从事外交或商业；在怯懦-果敢维度上的低分者常常会人云亦云，优柔寡断，而高分者会表现为独立、锋芒毕露等；一个心理健康分数表现过低的人可能无法在巨大的压力下有好的表现；如果你要为组织选聘一个高级管理人员，那么，应该注意成就分数上的较高表现（由自律谨严、敢于负责、情绪稳定、好强固执、精明世故、当机立断等品质构成）；而对于那些需要创造力特质的职位，就要考虑选定在创造力分数上有良好表现的人。

综上所述，16PF 可以用来描述人格轮廓，进行职业成就预测及一定的人格健康预测；适用于 16 岁以上的青年人和成年人。由于 16PF 测验题量适中，题目的隐蔽性较好，施测、记分和解释较为方便，可用于团体施测，应用性能较好，信度和效度指标可靠，因此成为人格-职业预测和人力资源管理与开发的纽带和重要工具。

4.《明尼苏达多相人格测验》——具有诊断意义的人格测验

《明尼苏达多相人格测验》（以下简称为 MMPI）是由美国明尼苏达大学教授赫兹威等于

20 世纪 40 年代初编制的，因为量表题目的编定是以心理异常人群与正常人群的比对为基础的，所以对人格甚至精神异常具有甄别和诊断意义。MMPI 因其良好的诊断性而被广泛应用于心理及精神健康领域，影响深远，被译成 30 多种文字，我国也由宋维真等进行了引进和修订。

MMPI 量表结构为总数 566 题（临床应用版为 399 题），分属于 10 个临床量表，并设有 4 个效度量表。受测者如果在某临床量表上得分超出一定范围，则可能意味着其在某方面出现了人格异常。

MMPI 虽然有很好的信度和效度保证，但因其题目较多，操作起来费时费力，而且应用范围主要指向潜在的异常人群，因此 MMPI 在人员素质测评中仅限于小范围的个案分析而不适宜大范围施测。随着我国经济建设的发展，生活节奏日益加快，有潜在心理及精神异常隐患人群的数量正大幅度上升；同时，工作岗位对从业者的心理素质的要求也有很大提高，要求员工不仅有健康的身体，较强的能力，还要有较高的心理健康水平，能应对和承受越来越大的压力和挑战。所以，员工的心理保健成为组织必须要承担的责任，而 MMPI 正可以在这一领域里发挥重要作用。

5.《加州人格问卷》——高超的职业成就预测力

《加州人格问卷》（以下简称为 CPI）由美国加州大学心理学教授高夫等设计开发，中国修订版称为《青年性格问卷》。CPI 量表适用于 12 ～ 70 岁有一定文化程度的人。问卷题目一半来自 MMPI，另一半取自正常人，因此既保有了 MMPI 对心理精神异常的诊断功能，又扩大了适用性。

CPI 包含 18 个分量表，分别测量四大人格维度：人际关系适应能力；社会化、成熟度、责任心和价值观；成就潜能和智能效率；个人生活态度及倾向。可以看出，在这几个人格维度上的表现将直接决定一个人的工作绩效、成就水平及人际处境等。因此，CPI 量表对于选员和预测员工的成就表现、配置及培训等都有很重要的价值。

6.《艾森克人格问卷》

《艾森克人格问卷》（以下简称为 EPQ）由英国伦敦大学的艾森克教授编制，北京大学的陈仲庚、湖南医科大学的龚耀先先后对其进行了修订。

EPQ 量表共 90 个题目，分属 4 个分量表：内外倾向、情绪稳定性、精神质和效度量表。

EPQ 量表虽然结构比较简单，但与传统的气质四分法（多血质、胆汁质、黏液质、抑郁质）有很好的兼容性，符合我们的直觉经验；同时，EPQ 量表又吸收了 16PF 的特点，更为细致；此外，EPQ 量表还特别增加了"精神质"这一具有诊断性能的维度。因此，EPQ 是气质分类、16PF 和 MMPI 这三者的结合体，有很高的应用价值。

7.《爱德华个性偏好量表》——测量"需要"的工具

《爱德华个性偏好量表》（以下简称为 EPPS）是由美国心理学家爱德华于 1953 年编制的。它以莫瑞（H. A. Murray）的个性需要理论为基础，测查人的 15 种基本需要，如成就需要、攻击需要、支配需要等。

根据需要层次理论及期望理论，要想获得良好的激励效果，必须首先分析员工的优势需要。也就是说，了解员工需要什么是我们制订和实施奖酬、福利、领导及其他人力资源管理政策措施的前提。EPPS 正是帮助我们了解和掌握员工需要层次和倾向的有力工具，是人员素质测评的重要工具之一。

8.《主题统觉测验》——了解动机、态度、需要的隐蔽方式

《主题统觉测验》（以下简称为 TAT）是著名的人格投射测验；它是由莫瑞及摩根创制，

以莫瑞的需要理论为基础的测验。该测验包括 30 张内容颇为暧昧的图片，要求受测者就图片上呈现的人物线索编制故事情节。因为个人对图片情境的理解与其生活状态有密切的关系，在编故事时，会不自觉地将隐藏在内心的冲突和欲望穿插于故事情节当中，个人的情感、态度、需要和价值观都会借人物而宣泄出来。

TAT 采用"投射原理"，在很大程度上回避了人们在一般文字测验上表现出来的"伪饰"，信息更加真实。由于 TAT 无论是在施测，还是在记分、解释上都相当地复杂，对主试者要求很高，所以不适宜大面积使用。但在高层人员的选拔、晋升中将会发挥越来越大的作用。

9.《霍兰德职业性格测验》——性格与职业之间联系的桥梁

20 世纪 50 年代，霍兰德根据其"职业兴趣就是人格的体现"的理论，编制了此职业偏好量表。据此，可得到六种职业性格类型，每种性格类型又分别对应着各自的职业群，如社会型职业性格，偏好对他人进行传授、培训、指导、治疗和咨询等社会服务性活动，适合从事教育、医疗及其他社会服务性工作。通过此量表的应用，组织可以掌握员工的职业性格和职业偏好倾向，将其匹配到相应的岗位上去，避免人力资源的浪费，同时为员工个人的发展提供可靠的依据。

《霍兰德职业性格测验》因其在个性与职业之间建立了某种联系，成为职业咨询、就业指导、职业预测、职业选择及组织的选员、安置、培训、发展等领域必备的工具之一。

10.《90 项症状自评量表》——心理健康水平检测工具

《90 项症状自评量表》（以下简称为 SCL-90）通过个体对 90 道描述情绪等心理行为表现的题目自评反应，了解其近期的心理健康水平。SCL-90 量表操作简便，信度和效度较好，对招聘、选员及员工保健都有重要的意义，是人员素质测评中常用的量表之一。

11. 其他投射测验——有趣、简便的测查动机、需要的方法

通过"完成句子测验""画人测验""画树测验"等给受测者提供一定情境，要求其自由作答；受测者的情感、态度和动机等会在答案中反映出来，通过科学分析，了解受测者的内部心理过程。这样的一些测验通常形式活泼有趣，施测也比较简单，因此有条件成为招聘等人力资源管理活动的有力辅助工具。

以上介绍的是一些标准化的科学的心理测验，这些测验大部分都经过本土化过程，我们可以在一些专门机构中找到这些测验的中国修订版本；这对保证心理测验的有效性是非常重要的，未经过修订的测验不可以直接使用。但在实际工作中，有很多领域找不到像上面这样标准化的心理测验；这一方面需要我们大力加强对国外优秀的测量工具的引进和修订，另一方面也要鼓励开发、设计、尝试使用一些简便易行的小的测量工具，如"人力资源管理能力的测评问卷"就可以为组织的人员甄选活动提供一定的参考信息。

你具备人力资源管理的潜能吗？

1. 你受人欢迎吗？

指导语：请你如实回答下列每一问题，A 代表一直是的；B 代表经常是的；C 代表有时是的；D 代表很少是的；E 代表从来不是的。请圈出相应的字母来表示你的答案。

（1）你是否觉得有许多同事都给你留下美好的印象，从而使你喜欢他（她）们？

ABCDE

（2）你的同事是否容易受人的感染，接受你提出的意见和建议？ ABCDE

（3）当你生病休息在家时没有同事来看你会使你感到孤独吗？ ABCDE

（4）当你离开原单位（或原小组）时，同事们感到依依不舍吗？ ABCDE

（5）同事们感到有趣的事，你也感到有趣吗？ ABCDE

（6）你经常为一点小事与同事争吵吗？ ABCDE

（7）你愿意做一些同事们喜欢做的事吗？ ABCDE

（8）你遇到新来的同事，是否很容易接近他们？ ABCDE

（9）你与异性同事是否很难接近？ ABCDE

（10）当你出差时遇见一位陌生人，你会很容易接近他并使他喜欢你吗？ ABCDE

（11）同事们是否经常邀请你参加私人的聚会，并请你主持一些活动？ ABCDE

（12）是不是很少有人欣赏、夸奖你的仪表、才能和品质？ ABCDE

（13）接触过的同事，你能立即叫出他（或她）的姓名吗？ ABCDE

（14）你能与各种性格的人打交道吗？ ABCDE

（15）很少有同事来找你聊天吗？ ABCDE

（16）同事们背后是否很少指责你，并能很快地原谅、理解你的过失和错误？ ABCDE

（17）你能否在短期内与各种人物熟悉起来？ ABCDE

（18）你是否不愿意与同事们一起参加集体活动？ ABCDE

（19）你是否觉得与陌生人认识很容易？ ABCDE

（20）你是否觉得应该主动关心同事？ ABCDE

参考答案：

3的倍数题计分方法如下：

A＝1分；B＝2分；C＝3分；D＝4分；E＝5分。

其余各题计分方法如下：

A＝5分；B＝4分；C＝3分；D＝2分；E＝1分；满分100分，最低分20分。

70分以上：是一个很受人欢迎的人，具备从事人力资源管理工作的基本要求。

60～69分：是一个较受人欢迎的人，需要进一步提高自己。

50～59分：在同事的眼中印象还可以。

40～49分：勉强受人欢迎，不适合从事人力资源管理工作。

39分以下：是一个不受人欢迎的人，要注意改变自己的行为与态度。

2. 你具备管理潜能吗？

指导语：请你如实回答下列60道题，假设题目中的内容是一般情况下，或是大多数情况下发生的，请只用"是"或"否"来回答。

（1）买东西喜欢讨价还价吗？

（2）曾在某些集会中担任过主持人吗？

（3）在就餐或买东西时是否曾指责过服务员服务不佳？

（4）曾经率先发动组织集会或团体活动吗？

（5）曾使兴趣索然的场合变得生气勃勃吗？

（6）在大众面前讲话感到困难吗？

（7）与陌生人说话感到困难吗？

（8）第一次做某件事时会觉得很紧张吗？

（9）常常因犹豫不决而坐失良机吗？

（10）参加集会时常常告诫自己不要出头露面吗？

（11）热衷于创造性的工作时，即使没有朋友支持也能独立进行吗？

（12）让你在跳舞和演戏中选择，你是喜欢选择跳舞吗？

（13）与其共同负责，还不如个人负责更好吗？

（14）受到打击时，宁愿自己个人承受吗？

（15）做事时更喜欢一个人去完成吗？

（16）写信时需要重新誊写吗？

（17）和多数人相比一个人独处更愉快吗？

（18）虽是正当的事但遭到嘲笑会觉得没趣吗？

（19）遇到令人烦恼的事物，希望有他人在你身边吗？

（20）更喜欢运动而不太喜欢看书吗？

（21）很少注意他人的脸色吗？

（22）你已买下的东西过后常会去退换吗？

（23）是否很少担心将来的事？

（24）你充满自信吗？

（25）做没有兴趣的工作时，不需要别人鼓动吗？

（26）事事都有决断力吗？

（27）被人嘲笑时，自己也笑得出来吗？

（28）虽然受他人反对，还会坚持己见吗？

（29）发生了意外事件时，你会立即行动出力协助吗？

（30）你非常喜欢与众人交往吗？

（31）有过羞愧到无地自容的经历吗？

（32）是否经常在积蓄财产？

（33）经常反思自己的过错吗？

（34）因为迷惑常常变更正在进行的事情吗？

（35）与上司相处会觉得拘束吗？

（36）事情受到挫折会很快泄气吗？

（37）你是一个十分敏感的人吗？

（38）工作时有旁观者会觉得不安吗？

（39）在开会时常会言不达意、言不由衷或有言不发吗？

（40）会因为小事受挫而意志消沉吗？

（41）大家聚集一堂你会感到快乐吗？

（42）你讲话时别人会用心听吗？

（43）你愿意承认自己的错误吗？

（44）朋友们会来征求你的意见吗？

（45）是否常常不原谅他人的过错？

（46）常常设法提起他人感兴趣的话题吗？

（47）对大部分事情，可以按自己的想法表达出来吗？

（48）大家讨论问题时，是否站在团体的立场上，听取各人的意见？

（49）在决策家庭事务或工作问题之前，是否先设法了解大家的意见？

（50）你认为所谓意见主要是由经验造成的吗？

（51）假若你改变了观点，旁人会认为你是弱者吗？

（52）受到别人批评时会感到不自在吗？

（53）与他人交谈时，你会不注意对方说话吗？

（54）他人不同意你的意见，你会不高兴吗？

（55）你是否限制交朋友的圈子？

（56）寄出信后常会后悔吗？

（57）常常说一些不便让他人知道的话吗？

（58）对一些需要对质的问题不希望当面回答，怕别人指责你的错误吗？

（59）在商量时，会常常与人争论，或发出命令式口气吗？

（60）你能承认你的辩论对手也有道理吗？

参考答案：

第 1～5、11～15、21～30、41～50 题各题答"是"者得 2 分，答"否"者得 0 分。
第 6～10、16～20、31～40、51～60 题，各题答"否"者得 2 分，答"是"者得 0 分。
各题未答者均得 1 分。满分 120 分，最低分 0 分。

管理潜能：

100 分以上，较优；90～99 分，良好；80～89 分，一般；70～79 分，较差；69 分以下，缺乏。

第 1～10 题中：满分 20 分。反映指挥他人能力：

15 分以上，较强；11～14 分，一般；10 分以下，较差。

第 11～20 题中：满分 20 分。反映独立性：

15 分以上，较强；11～14 分，一般；10 分以下，较差。

第 21～40 题中：满分 40 分。反映性格内向或外向：

30 分以上，外向；21～29 分，中性倾向；20 分以下，内向。

第 41～60 题中，满分 40 分。反映社会性反应：

34 分以上，极强；30～33 分，较强；26～29 分，一般；22～25 分，较弱；21 分以下，极弱。

4.3　人员甄选与配置

成功的招募为组织吸引来足够的候选人，通过人员素质测评可以进一步明确应聘者的胜任能力特征，而甄选就是要从这些候选人中挑选出最适合空缺职位的人，以实现人员和职位的最佳匹配的活动。成功的甄选能够增强组织的生存能力、适应能力和发展能力，因此人力资源甄选决策应是高质量的，既没有遗漏符合要求的人员，也没有录用不符合要求的人员。

4.3.1 甄选的含义

所谓甄选，是用人单位在招募工作完成后，根据用人条件和用人标准，运用适当的方法和手段，对应聘者进行审查和选择的过程。

甄选包括如下内容。

（1）保证甄选工作的合法性。

（2）根据工作职位的特点，选用合适的甄选技术。

（3）做出甄选决策，确保拟聘职位与最终的被选者达到最佳匹配。

4.3.2 甄选的原则

1. 平等原则

平等原则指对所有应聘者一视同仁、平等对待，不得因民族、性别、出身、宗教信仰、婚姻状况等受到歧视和不平等待遇。

2. 因事择人原则

所谓因事择人就是以事业的需要、岗位的空缺为出发点，根据岗位对任职者的资格要求来选用人员。它是事得其人、人适其事的基础。贯彻因事择人原则也是避免因人设事和防止机构膨胀的前提。

3. 德才兼备原则

德与才是两个不可混淆的标准，又是一个不可分割的统一体。德的核心是为谁服务问题，才的核心是能力问题。德决定着才能的发挥方向和目的，才又是德的基础，使德具有现实意义，得到体现。在人员甄选中，同时兼顾德与才的标准很重要，任何片面的做法都有可能给组织带来极大的隐患。

4. 用人所长原则

俗话说："金无足赤，人无完人。"人各有优缺点、长短处。在甄选工作中，要克服求全责备的思想，树立主要看人的长处、优点的观念。把寻找人的长处、优点作为择人的目标，看一个人，主要是看他能做什么，看他的资格条件是否符合空缺岗位的资格要求。

5. 民主集中原则

发扬民主，就是在甄选工作中要采用切实可行的措施，让员工有更多的发言权和决定权。集中是在民主基础上的集中，通过民主程序选拔出来的拟聘对象要经过组织人事部门考察后，报经组织最高管理当局讨论审批。在讨论中，应有 2/3 以上成员到会，每个成员要认真负责地发表意见，最后按少数服从多数的原则形成决议。

6. 回避原则

在甄选工作中要坚持任职回避和公务回避。任职回避要求组织内具有亲属关系（包括夫妻关系、直系血亲关系、夫妻双方的近亲属关系及儿女姻亲关系等）的人员，不得担任同一领导班子内的职务，不得担任有直接领导关系的职务，不得担任有监督关系的职务。公务回避是指负责招募的工作人员和领导人员，在甄选工作中，凡涉及处理与自己有亲属关系的人员问题，必须回避，不得以任何方式进行干预或施加影响。

值得一提的是，我国的国家公务员制度在坚持上述两种回避原则的基础上，还必须做到地区回避和卸任回避。

地区回避是指在一定级别政府中，担任主要领导职务的公务员，回避在原籍贯任职，以避免其亲属、宗族对正常公务活动的干扰。在我国，实行地区回避的主要是在县级以下的地方人民政府担任主要领导职务的公务员，包括县长、副县长，县人事局长、县公安局长，乡镇长、副乡镇长等。有条件的地区，还要考虑对在税收、工商、市场管理部门担任领导职务的公务员实行地区回避；同时，考虑到民族自治地方工作的特殊性，在民族自治县、乡镇担任领导职务的公务员则不受地区回避的限制。

卸任回避是指国家公务员在离退休后，有子女、亲戚、朋友试图利用其任职期间的关系或影响，谋取个人利益时，对离休公务员行为所做的必要限制。卸任回避要求离退休干部不得干预原单位的工作，在一定时期内也不得在与原任职务有关的组织部门受聘，以防利用影响力，损害国家和政府的利益。

4.3.3 人员甄选的方法与技术

组织要甄选到合适的人员填补职位空缺，不仅要求在甄选过程中按照一定的程序和原则进行，而且要求借助科学的选拔方法。现代组织员工甄选的方法很多，常用的方法主要有利用求职申请表、笔试、面试、心理测试、评价中心技术等。

1. 利用求职申请表

对于大多数组织来说，求职申请表是甄选过程的第一步。求职申请表是一种能够迅速地从候选人那里获得关于他们可证实信息的良好手段，它可以使组织比较精确地了解到候选人的历史资料，其中通常包括教育、工作经历及个人爱好之类的信息。

一张填写完整的表格可以了解到以下4个方面的信息。

（1）可以对一些客观的问题加以判断，如可以了解申请人是否具备这一工作所要求的教育及工作经验要求。

（2）可以对申请人过去的成长与进步情况加以评价，这对管理人员来说是一个特别重要的特点。

（3）可以从申请人过去的工作记录中了解到此人的工作稳定性如何。

（4）可以运用申请表中的资料判断出哪些候选人会在工作中干得比较好，哪些人干不好。

2. 笔试

笔试是最古老、最基本的人员甄选方法。它主要用于测试求职者的基本知识、专业知识、管理知识及综合分析能力、文字表达能力等方面的差异。笔试是使用频率非常高的一种人才选拔方法，它省时、成本低、效率高，对求职者知识、技术、能力的考察信度和效度较高。但是笔试不能全面考查求职者的工作态度、品德修养和其他一些隐性能力，所以笔试往往被作为其他甄选方式的补充或初步筛选的方法。许多组织都把它作为进入面试阶段的第一道关口。例如，摩托罗拉在天津的生产厂主要是招聘技术员和操作工，人力资源部会根据工厂需要的工作岗位出考题，通过笔试来录用人。通过考试，摩托罗拉已经录用了上万人。摩托罗拉有标准的试题库，每次考试的试题都不一样。通过对招聘进来的员工的考核，摩托罗拉觉得考试成绩非常准确地反映了应聘者的素质。

3. 面试

面试是组织最常用的，也是必不可少的测试手段。调查表明，99%的组织在甄选中都采用这种方法。在现代社会，组织越来越注重员工的实际能力与工作潜力，而不只是单纯注重知识掌握，因此面试在人员甄选环节中占有非常重要的地位。通过面试，可判断出应聘者运用知识分析问题的熟练程度、思维的敏捷性、语言的表达能力；并且通过应聘者在面试过程中的行为举止，可以了解到应聘者的外表、气质、风度及情绪的稳定性等；此外，通过面试还可以核对应聘者个人材料的真实性。

1) 面试的种类

（1）非定向面试。非定向面试是漫谈式的，即主试人与应试人随意交谈，无固定题目，无限定范围，海阔天空，无拘无束，让应试者自由地发表议论、畅谈思想。这种面谈意在观察应试者的知识面、价值观、谈吐和风度，了解其表达能力、思维能力、判断力和组织能力等。这是一种高级面谈，需要主试人有丰富的知识和经验，以及掌握高超的谈话技巧，否则很容易使面谈失败，这种面谈方式适用于甄选中高级管理人员。

（2）定向面试。定向面试是在面试前，主考官事先准备好各种针对拟招募职位的问题和提问的顺序，严格按照这一事先设计好的程序对每个求职者进行相同内容的面试。使用定向面试减少了非定向面试的不一致和主观性，增加了面试的可靠性和准确性。这种面谈适用于招聘一般员工、一般管理人员等。

（3）情境面试。根据职务说明书，向面试者提出与工作密切相关的问题，要求应聘者描述其在特定情景下的行为方式，面试人员依据应聘者的行为是进取性的、武断性的还是被动性的，归纳出其行为模式，并与空缺职位所期望的模式进行比较，得出评价结果。这些问题均事先拟定标准答案，并就答案和评分标准在各个面试官之间达成一致。这样，面试官们就可以按相对标准化的提问、评分方式进行面试甄选。

（4）系列式面试。在进行录用决策前，应聘者要先后接受组织不同层次的面试考官的面试。每一个面试考官依个人观点考察应聘者，并独立形成对候选人的评价意见。然后对各位面试官的评定结果进行综合比较分析，形成最终的甄选决定。此种方式能够有效地控制由于面试官的主观偏见所带来的干扰。

（5）小组面试。由几位面试官组成的面试小组共同对候选人进行面试。小组面试允许每位主试者从不同侧面提出问题，要求应聘者回答，这类似于记者在新闻发布会上的提问。因此，与系列式的一对一的面试相比，小组面试能获得更深入、更具体的答案。但是，这种面试带有"审讯"的味道，给候选人造成比较大的心理压力，可能妨碍应聘者的表现。小组面试的另一种形式是集体面试，即由面试小组同时对几位候选人进行考察，提出问题后，观察比较每位面试者的反应。

（6）压力面试。由主试者依据工作的重要特征，通过有意制造紧张气氛向应聘人员施加压力，以测试应聘者应对工作压力的能力。对于需要有较强压力承受力的岗位而言，这种面试形式十分必要，也很有效。在典型的压力面试中，主试者以穷追不舍的方式向应聘者发问，逐步深入，直至应聘者无法回答，以考察其机智和应变能力。例如，一位公关经理介绍自己过去两年的工作经历时提到分别从事了四个岗位的工作，针对这种情况，主试者对其频繁更换工作表示质疑，认为可能缺乏责任感和不够成熟。若应试者给出必要的解释，就开始其他话题；若应试者表现出愤怒或不知所措的情绪，就可以看作是压力承受力弱的特征。

压力面试有它的优缺点：一方面，它是界定高度敏感和可能对温和的批评做出过度反应（愤怒和辱骂）的应聘者的良好方法；另一方面，使用压力面试的主试者应当确信应对压力的能力是工作所必需的，同时主考官还必须具备控制面试局面的技能。

2）面试的基本程序

面试要按照一定的程序有步骤地进行，这有助于提高面试的科学性和有效性。面试的基本程序如下所述。

（1）面试前的准备阶段，包括确定面试的目的、科学地设计面试问题、选择合适的面试类型、确定面试的时间和地点等。面试考官要事先确定需要面试的事项和范围，写下提纲，并且在面试前要详细了解应聘者的资料，发现应聘者的个性、社会背景及对工作的态度、有无发展潜力等。

（2）面试开始阶段。面试时应从应聘者可以预料到的问题开始发问，如工作经历、文化程度等，然后再过渡到其他问题，以消除应聘者的紧张情绪。只有这样才能创造和谐的面谈气氛，有利于观察应聘者的内外表现，以求全面客观地了解应聘者。

（3）正式面试阶段。采用灵活的提问和多样化的形式交流信息，进一步观察和了解应聘者。此外，还应该察言观色，密切注意应聘者的行为与反应，对所问的问题、问题间的变换、问话时机及对方的答复都要多加注意。所提问题可根据简历或应聘申请表中发现的疑点，先易后难逐一提出，尽量创造和谐自然的环境。

（4）结束面试阶段。在面试结束之前，面试考官确定问完了所有预计的问题之后应该给应聘者一个机会，询问应聘者是否有问题要问，是否有要加以补充或修正错误之处。不管录用还是不录用，均应在友好的气氛中结束面试。如果对某一对象是否录用有分歧意见时，不必急于下结论，还可安排第二次面试；同时，要整理好面试记录表。

（5）面试评价阶段。面试结束后，应根据面试记录表对应聘人员进行评估。评估可采用评语式评估，也可采用评分式评估。评语式评估的特点是可对应聘者的不同侧面进行深入的评价，能反映出每个应聘者的特征，但缺点是应聘者之间不能进行横向比较。评分式评估则是对每个应聘者相同的方面进行比较，其特点正好与评语式评估相反。

3）影响面试效果的主要因素

在面试过程中，主考官通常可能出现以下几个方面的问题，从而影响面试的效果，因此需要有意识地努力加以克服。

（1）首因效应。主考官常常在面试开始的几分钟之内就已经根据应聘者的简历、求职申请表和其外貌仪表等做出录用与否的判断，随后的面试只是为自己的判断寻找证据而已，一般不会改变结果。如果面试之前就已经得到应聘者的负面材料则尤其如此。

（2）过分重视负面信息。这是指主考官受负面信息的影响往往要大于受正面信息的影响。它包括两个方面的含义：一是主考官对申请人的印象容易由好变坏，而不容易由坏变好；二是对于申请人同样程度的优点和缺点，主考官会强调缺点而忽视优点。造成这种局面的原因是组织对主考官招聘到合格的员工通常没有奖励，而对招聘到不合格的员工却会进行批评或表示不满。这种做法会使考官倾向于比较保守，不愿承担风险，致使面试经常被用来搜寻对申请人的不利信息。

（3）对岗位信息不明确。这是指主考官不了解招聘岗位的工作内容，不清楚对这一工作岗位任职者的资格条件，从而不能很好地鉴别应聘者。特别是当招聘岗位具有较高的技术性时，面试者这方面知识的缺乏更容易使其做出错误的决策。所以，明确工作内容及岗位的具体要求是保证面试有效性的前提。

（4）招聘压力。当组织需要招聘较多的员工而应聘者又相对不足时，主考官会不自觉地放宽面试标准。而如果职位的竞争者较多，则主考官对同一个应聘者的评价会相对较低。

（5）对比效应。这是指应聘者的面试次序会影响主考官的评价。例如，一位中等条件的应聘者在连续几位不理想的应聘者面试之后接受面试，常常会得到较高的评价。相反，如果他在连续几位理想的应聘者面试之后接受面试，则可能会得到较低的评价。

（6）非语言行为的影响。这是指主考官可能会受到应聘者的非语言行为的无意识的影响，如目光、点头、坐姿、微笑、专注的神情等，导致对应聘者过低或过高的评价。另外，应聘者的个人魅力及性别对主考官也都会有影响。

宝洁公司的标准化面试

宝洁的面试分两轮。第一轮为初试，一位面试经理对一个应聘者面试，一般都用中文进行。面试人通常是有一定经验并受过专门面试技能培训的公司部门高级经理。一般这个经理是被面试者所应聘部门的经理，面试时间在 30～45 分钟。

通过第一轮面试的学生，宝洁公司将出资请应聘学生来广州宝洁中国公司总部参加第二轮面试，也是最后一轮面试。为了表示宝洁对应聘学生的诚意，除免费往返机票外，面试全过程在广州最好的酒店或宝洁中国总部进行。第二轮面试大约需要 60 分钟，面试官至少是 3 人，为确保招聘到的人才真正是用人单位（部门）所需要和经过亲自审核的，复试都是由各部门高层经理来亲自面试。如果面试官是外方经理，宝洁还会提供翻译。

1. 宝洁的面试过程

宝洁的面试过程主要可以分为以下 4 大部分。

（1）相互介绍并创造轻松的交流气氛，为面试的实质阶段进行铺垫。

（2）交流信息。这是面试中的核心部分。一般面试人会按照既定的 8 个问题提问，要求每一位应试者能够对他们所提出的问题做出一个实例的分析，而实例必须是在过去亲自经历过的。这 8 个问题由宝洁公司的高级人力资源专家设计，无论你如实或编造回答，都能反映出你某一方面的能力。宝洁希望得到每个问题回答的细节，高度的细节要求让个别应聘者感到不能适应，没有丰富实践经验的应聘者很难很好地回答这些问题。

（3）讨论的问题逐步减少或合适的时间一到，面试就引向结尾。这时面试官会给应聘者一定的时间，由应聘者向主考人员提几个自己关心的问题。

（4）面试评价。面试结束后，面试人立即整理记录，根据求职者回答问题的情况及总体印象做出评定。

2. 宝洁的面试评价体系

宝洁公司在中国高校招聘采用的面试评价测试方法主要是经历背景面谈法，即根据一些既定考察方面和问题来收集应聘者所提供的事例，从而来考核该应聘者的综合素质和能力。

宝洁的面试由以下 8 个核心问题组成。

（1）请你举 1 个具体的例子，说明你是如何设定 1 个目标然后达到它的。

（2）请举例说明你在 1 项团队活动中如何采取主动性，并且起到领导者的作用，最终获得你所希望的结果。

（3）请你描述 1 种情形，在这种情形中你必须去寻找相关的信息，发现关键的问题并且自己决定依照一些步骤来获得期望的结果。

（4）请你举1个例子，说明你是怎样通过事实来履行你对他人的承诺的。

（5）请你举1个例子，说明在完成1项重要任务时，你是怎样和他人进行有效合作的。

（6）请你举1个例子，说明你的1个有创意的建议曾经对1项计划的成功起到了重要的作用。

（7）请你举1个具体的例子，说明你是怎样对你所处的环境进行评估，并且能将注意力集中于最重要的事情上以便获得你所期望的结果。

（8）请你举1个具体的例子，说明你是怎样学习1门技术并且怎样将它用于实际工作中。

根据以上几个问题，面试时每一位面试官当场在各自的"面试评估表"上打分。打分分为3等：1～2分（能力不足，不符合职位要求；缺乏技巧、能力及知识），3～5分（普通至超乎一般水准；符合职位要求；技巧、能力及知识水平良好），6～8分（杰出应聘者，超乎职位要求；技巧、能力及知识水平出众）。具体项目评分包括说服力/毅力评分、组织/计划能力评分、群体合作能力评分等项目评分。在"面试评估表"的最后1页有1项"是否推荐栏"，有3个结论供面试官选择：拒绝、待选、接纳。在宝洁公司的招聘体制下，聘用1个人，须经所有面试经理一致通过方可。若是几位面试经理一起面试应聘者，在集体讨论之后，最后的评估多采取1票否决制。任何1位面试官选择了"拒绝"，该应聘者都将从面试程序中被淘汰。

——资料来源：尚磊. 宝洁公司的标准化面试.（2009-06-12）[2016-01-25]. http//www. chinahrd.net.

4. 评价中心技术

评价中心（assessment center）是近几十年来西方企业中流行的一种选拔和评估管理人员或专业人员尤其是中高层管理人员的一种人员素质测评体系，其核心内容是多种情境性测评方法。这种方法通常是将被测评者置于一个模拟的工作情境中，采用多种评价技术，有多个评价者观察和评价应聘者在这种模拟工作情境中的行为表现。因此，这种方法有时也被称为情境模拟的方法。

评价中心技术中所采用的情境性的测验包括多种形式，主要有公文处理模拟、无领导小组讨论、决策模拟竞赛、角色扮演、即席发言、演讲辩论、案例分析、团队游戏等。下面主要介绍前两种方法。

（1）公文处理模拟法，或称文件筐测验。这是已被多年实践充实完善并被证明是很有效的管理干部测评方法。其具体方法为：首先，向每一位被测评者发一套（15～25份）文件，包括下级递交的报告、请示、计划、预算，同级部门的备忘录，上级的指示、批复、规定、政策，外界用户、供应商、银行、政府有关部门乃至所在社区的函电、传真及电话记录，甚至还有群众检举或投诉信等，这些文件经常会出现在管理人员的办公桌上。其次，向应聘者介绍有关的背景材料，然后告诉应聘者，他（她）现在就是这个职位上的任职者，负责全权处理文件筐里的所有公文材料。要使应聘者认识到，他现在不是在做戏，也不是代人理职。他现在是货真价实的当权者，要根据自己的经验、知识和性格在给定的时间内去处理解决问题。他不能说自己将如何去做，而应是真刀真枪地处理每一件事。由此，每个应聘者都留下一沓笔记、备忘录、信件等，这是对每个应聘者工作成效的最好记录。最后，处理结果将交由测评组，按既定的考评维度与标准进行考评。通常不是定性式的给予评语，而是就某些维度逐一定量式的评分（常用五分制）。最常见的考评维度有七个，即个人自信心、组织领导能力、计划能力、书面表达能力、分析决策能力、敢担风险倾向与信息敏感性；但也可按具体情况增删，如加上创造性思维能力、工作方法的合理性等。总的来说，是评估应聘者在拟予提升岗位上独立工作的胜任能力与更长远发展的潜力与素质。

为保证测试的有效性，这些文件的编写要逼真与准确，应以单位的存档文件、记录、函电、报告及现场调查收集的信息作素材来提炼加工。这些素材有些是已经被事实证实过成败的经验和教训，有些则是条件与信息已完整具备或仅有部分而不完善，有待决策与执行的。依次编写的文件的处理难度与重要性也各不相同。同时，文件中应有足够信息才能做出合理决策，一般还附有该组织的组织结构系统图、有关人员名单及当月的日历等，以供参考。例如，美国电报电话公司，先给应聘者一个文件筐，要求应聘者将所有杂乱无章的文件存放于文件筐中，规定在10分钟内完成，一般情况下不可能完成，公司只是借此观察应聘者是否具有应变处理能力，是否分得清轻重缓急，以及在办理具体事务时是否条理分明。那些临危不乱、作风干练者自然能获得高分。

（2）无领导小组讨论法。这是对一组人同时进行测试的方法。测评者给一组应聘者一个与工作有关的题目或介绍一种管理情境，其中隐含着一个或数个待决策和处理的问题，以引导小组展开讨论。没有人被事先指定为这个小组的领导，也没有人告诉任何一个小组成员他应该坐在哪个位置上，通常使用的是一张圆形桌子，而不用长方形的桌子，以使每个座席的位置具有同等的重要性。即使讨论过程出现冷场、僵局，甚至发生争吵，测评者也不出面、不干预，令其自发进行。

由几位观察者给每一个应聘者评分。根据每人在讨论中的表现及所起作用，观察者沿既定维度予以评分。这些维度通常是主动性、宣传鼓励与说服力、口头表达能力、人际协调能力、自信程度、创新能力、心理压力耐受力等。应注意的是，这些素质和能力是通过被测者在讨论中所扮演的角色（如主动发起者、指挥者、鼓动者、协调者等）的行为来表现的。

"评价中心是用来识别员工或工作候选人未来潜能的评价过程。它包括对应聘者从事各种个体的和群体的活动中的观察。这种方法是系统的、有效的和可靠的。它使得人事工作者、职业顾问尤其是部门经理们能够决定哪些品质对于成功的工作表现是重要的，同时能够对人进行评价并识别出他们未来的潜能。"这是国外一些著名专家对评价中心的描述。由此可见，评价中心所评价的是人的未来潜能，它不但像其他测评方法那样能够从个体活动的角度进行评价，还能够从群体活动中对个体的行为进行评价。评价中心不但可以用于人员甄选，还可以用在培训和职业生涯规划等工作中。但评价中心技术的费用较高，在时间及人员上的花费也较大；对评价者的要求也较高，需要对评价者进行比较系统的培训；在所采用的情境性测验中，评价的主观性程度较高，制订统一的标准化的评价标准比较困难，并且这种测验形式由于其任务的复杂程度较高，任务的设计和实施中的控制也比较困难。因此，这种方法一般在选拔较高级的管理人员或较重要的职位的人员时才使用。

5. 工作抽样法

将空缺职位工作的几个关键环节抽样出来，让应聘者在无主持的状况下进行实地操作，以考察其实际工作能力和绩效。由于这种方法测量的是实际工作任务，工作样本与工作的相关度很高，应聘者很难提供虚假答案，所以得到的信息更直接、更真实，评价结果也更客观、更公正。

工作抽样法的基本程序包括选择几项对拟招募人员的职位十分关键的任务，然后就每一项被选任务对应聘者施测，由观察者对应聘者的表现进行监测，并在清单上记录应聘者执行该任务的好坏，据此进行综合评价。

6. 背景调查

背景调查就是组织通过第三者对应聘者的情况进行了解和验证。这里的"第三者"主要是应聘者原来的雇主、同事及其他了解应聘者的人员。背景调查的方法包括打电话、访谈、要求提供推荐信等。背景调查是为了验证应聘者的个人资料，如教育背景、身份证明、各种证书的真实性、犯罪记录、信用情况、先前的工作表现、离职的原因等，特别是对于职责水平要求高的工作职位，背景调查的重要性就更突出了。组织在运用这种方法时，需注意以下问题：第一，只调查与工作有关的情况；第二，慎重选择"第三者"；第三，要估计调查材料的可靠程度。

7. 体检

体检一般是在应聘者所有其他测试都通过后，在其正式就职之前进行的。目的一是要确定应聘者的身体状况是否适合职位及环境的要求；二是为后续的健康检查提供基础，也为未来保险或员工赔偿服务；三是及时发现应聘者本人可能不知道的传染疾病。体检要特别注意合法性，不能对应聘者有疾病歧视。

西方国家的求职体检有三种：一般体检、临床体检和药检。一般情况下，所有的应聘者都要接受一般体检和药检，只有申请中高级管理职位的应聘者才接受临床体检。此外有些组织开始尝试使用基因测试，以确定一个人是否携带可能导致某种疾病的突变基因，但该测试有较大的争议。

总之，甄选方法有很多，至于如何选择，要依据组织的具体情况而定，包括组织的目标，招募的规模、时间，预算的许可度等，但有一个问题是所有甄选方法都需注意的，那就是测试的效度和信度。没有效度和信度的测试不能在甄选中采用。

4.3.4 人员录用决策

录用是依据甄选的结果做出录用决策并进行安置的活动，其中最关键的内容是做好录用决策。录用决策是依照甄选的原则，避免主观武断和不正之风的干扰，把甄选阶段多种考核和测试结果组合起来，进行综合评价，从中择优确定录用人员。

1. 人员录用的主要策略

一般来说，人员录用的主要策略有以下几种。

（1）多重淘汰式。即每种测试方法都是淘汰性的，应聘者必须在每种测试中都达到一定水平，方能合格。该方法是将多种考核与测验项目依次实施，每次淘汰若干低分者。对全部考核项目全部通过者，再按最后面试或测验的实得分数，排出名次，择优确定录用名单。

（2）补偿式。即不同测试的成绩可以互为补充，最后根据应聘者在所有测试中的总成绩做出录用决策。例如，分别对应聘者进行笔试与面试选择，再按照规定的笔试与面试的权重比例，综合算出应聘者的总成绩，决定录用人选。值得注意的是，由于权重比例不一样，录用人选也会有差别。假设在甲、乙两人中录用一人，两人的考核评分情况与各考核项目的权重系数如表4-4所示。到底谁当选，最后的录用决策是谁？这里关键看不同项目的权重系数。

表4-4　甲、乙两人的考核评分情况与考核项目的权重系数

		技术能力	学历	政治思想水平	组织领导能力	事业心	解决问题能力	适应能力
甲的得分		0.9	0.5	1	1	0.8	0.8	1
乙的得分		0.7	0.9	0.8	0.8	1	1	0.7
权	W1	1	1	1	1	1	1	1
	W2	1	0.5	1	0.8	0.8	0.7	0.6
重	W3	0.5	1	0.8	1	0.8	0.7	0.6

如果各考核项目的权重均相同，则甲综合得分为 6，乙为 5.9，甲为优；如果突出技术能力与政治思想水平，则甲综合得分为 4.75，乙为 4.51，甲为优；如果突出学历与组织领导能力，则甲综合得分为 4.55，乙为 4.61，乙为优。

（3）结合式。在这种情况下，有些测试是淘汰性的，有些是可以互为补偿的，应聘者通过淘汰性的测试后，才能参加其他测试。

2. 录用决策的标准

在全面了解所有应聘者的情况后，人员录用的标准是衡量应聘者能否被组织选中的一个标尺。从理论上讲，它是以工作描述与工作说明书为依据而制订的录用标准，又称为因事择人，这应该是录用效果最佳的方法。但在现实中，它将随着甄选情况的不同而有所改变，有可能出现人选工作和人与工作双向选择现象。

假设在一次甄选中分别测定众多应聘者，并把他们安排到多种不同性质的职位上去。这是职位和人之间进行相互匹配的过程，既包括了对人员的选择，也包括对人员进行合理的安置，适用于同时招聘多人，此方法成本也较低。表4-5列出了 10 位应聘者在 5 种职位上的综合测试得分。

表4-5　10 位应聘者在 5 种职位上的综合测试得分

职位＼应聘者	A	B	C	D	E	F	G	H	I	J
1	4.5	3.5	2.0	2.0	1.5	1.5	4.0	2.5	2.0	1.0
2	3.5	3.0	2.5	2.5	2.5	2.0	3.5	2.0	2.5	0.5
3	4.0	2.0	3.5	3.0	0.5	2.5	3.0	3.0	1.0	1.5
4	3.0	2.0	2.5	1.5	2.0	2.0	3.5	2.0	0.5	0.5
5	3.5	4.5	2.5	1.0	2.0	1.5	1.5	1.5	1.0	0.5

如果假设职位 1、职位 2、职位 3、职位 4、职位 5 所需的最低测试分数分别为 3.5，2.5，2.5，3.0，3.5，要从这 10 个人中选出 5 人来担当不同的职位，有多种方法，由于其录用决策依据不同，录用结果也不同。

（1）以人为标准。即从人的角度，按每人得分最高的一项给其安排职位，这样做会带来一个问题，即可能出现同时多人在某项职位上得分都最高，结果因只能选择一个而使优秀人才被拒之门外。按照表4-5的数据资料，其结果只能是 A（4.5）从事职位1，E（2.5）或 I（2.5）从事职位 2，C（3.5）从事职位 3，B（4.5）从事职位 5，职位 4 空缺，分数计为 0，则其录用人员的平均分数为 3.0。（如果不考虑空缺职位的影响，则平均分数为 3.75）

（2）以职位为标准。即从职位的角度出发，每样职位都挑选最好的人来做，但这样做可能会导致一个人同时被好几个职位选中。尽管这样做的组织效率最高，但只有在允许职位空缺的前提下才能实现，因此常常是不可能的。按照表4-5的数据资料，其结果只能是职位1或职位3由A做，职位2由G（3.5）（略去候选对象A）做，职位4由G（3.5）做，职位5由B（4.5）做，则其录用人员的平均分数为2.5（空缺职位计为0）。如果不考虑空缺职位的影响，则录用人员的平均分数为4.17。

（3）以双向选择为标准。由于单纯以人为标准和单纯以职位为标准均有欠缺，因此结合使用这两种方法，即从职位和人双向选择的角度出发，合理配置人员。这样的结果有可能并不是最好的人去做每一项职位，也不是每个人都安排到其得分最高的职位上去，但因其平衡了两方面的因素，又是现实的，从总体的效率来看是好的。按照表4-5的数据资料，其结果只能是职位1由A（4.5）做，职位2由E（2.5）或I（2.5）做，职位3由C（3.5）做，职位4由G（3.5）做，职位5由B（4.5）做，则其录用人员平均分数为3.7。

3. 做出录用决策的注意事项

（1）使用全面衡量的方法。我们要录用的人员必然是符合组织需要的全面人才，因此必须根据组织和岗位的需要对不同的才能给予不同的权重，然后录用那些得分最高的应聘者。

（2）尽量减少做出录用决策的人员。在决定录用人选时，必须坚持少而精的原则，选择那些直接负责考察应聘者工作表现的人，以及那些会与应聘者共事的人进行决策。如果参与的人太多，会增加录用决策的困难，造成争论不休或浪费时间和精力。

（3）不能求全责备。人没有十全十美的，在录用决策时也不要吹毛求疵，挑小毛病，总也不满意。我们必须分辨主要问题及问题的主要方面，分辨哪些能力对于完成这项工作是不可缺少的，这样才能录用到合适的人选。

名企的独特招聘方式

1. 联想集团——"过四关"也可能被淘汰

联想集团对人才的选择坚持两大标准，即对联想集团核心价值观的认同及"人岗匹配"。对于后者，联想集团认为"不一定要找最优秀的人，而是要找最合适的人"。这种合适，不是学历或者资历上的要求，而在于应聘者能够胜任岗位要求。要进入联想集团，至少需要经过初步的简历筛选、面试初试、笔试、面试复试四关。进入联想集团后工作也面临挑战，联想集团实行末位淘汰制，淘汰率在5%左右。因为联想集团认为企业在发展的同时员工也必须进步，否则就有被淘汰的危险。

2. 诺华制药——七道"关"考"千里马"

诺华制药非常欢迎有潜质的青年加入到团队中。选拔新人主要有两大要求：一是核心能力，这里包括七个具体方面的能力：创新、团队协作、领导艺术、顾客为本、注重成效、变革发展、沟通技巧。诺华制药会对所有大学生进行这七项核心能力的评估。

诺华制药招聘的新人中，70%以上为医药代表，因此第二大要求就是专业能力，专业能力主要指具备医药类产品相关知识、良好的销售和演讲能力、善于沟通和有效地维护客户关系等。诺华制药没有笔试，面试一般分为三轮，第一轮主要面试毕业生的价值观、工作驱动力、个人品质；第二、三轮主要考核大学生的核心能力和专业能力，尤其是沟通、语言等方面的能力。

3. 西门子——考察能力占用时间最长

对于吸引、选拔人才，西门子有一套独特的操作模式。在西门子，招聘人才往往是能力考核占40分钟，考察经验花半个小时，而考察知识仅用5分钟就够了。因为，一个人的知识量，两三年的时间就可以改变，经验也会随之改变。但是，能力持续期可能是二三十年或者一辈子都改变不了。

4. 美电报电话公司——整理文件筐

先给应聘者一个文件筐，要求应聘者将所有杂乱无章的文件存放于文件筐中，并在规定的10分钟内完成。一般情况下不可能完成，公司只是借此观察应聘者是否具有应变处理能力，是否分得清轻重缓急，以及在办理具体事务时是否条理分明；那些临危不乱、作风干练者自然能获高分。

5. 统一公司——先去扫厕所

统一公司要求员工有吃苦精神及脚踏实地的作风；统一公司会先给每位前来应聘者一个拖把让其去擦厕所，不接受此项工作或只把表面洗干净者均不予录用。他们认为一切利润都是从艰苦劳动中得来的，不敬业的员工是隐藏在公司内部的"敌人"。

6. 通用电器——木板过河游戏

通过公司将应聘者分为两组，开展"木板过河"游戏比赛：每组有一个"病人"需要送到"河"对岸，要求应聘者用手中的木板搭成"桥"将"病人"送到河对岸，谁先将"病人"送到"河"对岸则录用谁。实际上"桥"的长度不可能达到"河"对岸，公司设计此考题的目的就是观察此两组应聘者是否有团队意识，因为只有当两组应聘者手中的木板合并起来才能过"河"，如果两组应聘者都只想着自己过"河"，则没有达到公司所应具备的人才要求，都将不予录用。

7. IBM——没有缺点请离开

IBM公司充分尊重员工个性，同时也承认人性中不可避免会有弱点，他们不信任一个自称没有缺点的人，也不欣赏一个不敢承认自己缺点的人，因此对于此道必答题，应聘者不说自己缺点或将缺点"技术处理"为优点的人，他们会毫不手软地予以排除。

——资料来源：名企的独特招聘方式［EB/OL］．（2012-08-20）［2016-01-29］．http://blog. sina. com. cn/s/blog_7738dfe101011vj1. html.

4.3.5　人员配置

一般认为，人员配置很简单，就是按招聘要求和应聘者的意愿来安排工作，员工一经选拔录用，也就完成了配置。这种认识是不全面的，人员配置应从招聘开始到员工退休为止，贯穿员工职业生涯的全过程。人员配置，就是根据员工的能力和岗位工作要求，把合适的员工安排到合适的岗位，实现人得其事、岗得其人、人尽其才、才尽其用、效率优化。对单位而言，组织机构变革和技术工艺革新及员工流动所产生的岗位空缺等情况，都有人员重新配置的问题。人员配置是基于员工素质和岗位工作的差异性，也就是说，人的素质是不一样的，人与人之间在能力上是有很大差别的，同一岗位工作，由不同的员工来做其业绩差距往往很大。另外，不同岗位其工作内容和工作要求也是不同的。

1. 人员配置的重要性

（1）充分开发企业人力资源。人力资源在企业各资源要素中占据首要地位，是企业最重要的资产。在现代市场经济条件下，企业之间的竞争实质是人才的竞争，竞争的成败在很大程度上取决于人力资源的开发程度。在管理过程中，通过适当选拔、配备和使用人员，可以充分挖掘每个职工的内在潜力，实现人员与工作任务的协调匹配，做到适才适能、人尽其才，从而使人力资源得到高度开发。

（2）有效发挥组织结构功能。企业在划分管理层次和部门，确立了一定形式的组织结构之后，要使职务安排和设计的目的得以实现，让组织结构真正成为凝聚各方面力量，保证企业各个系统正常运行的有力手段，必须把具备不同素质、能力和特长的人员分别安排在适当的岗位上。人员的配备应尽量适应各类职务性质的要求，使各职务应承担的职责得到充分履行，组织设计的要求才能实现，组织结构的功能才能发挥出来；反之，如果人员的安排和使用不符合各类职务的要求，或人员的选择与培养不能满足组织设计的预期目标，企业组织结构的功能就不能得到有效发挥。

（3）提高群体质量，形成最佳工作组合。群体是企业的基本构成单位。在企业组织中，各类人员通常归属于某一群体，与群体内部其他成员协同从事某项生产经营活动。通过人员配置，将群体成员加以合理组合，形成群体内部最佳的知识结构、能力结构、性格结构等，可以极大地提高群体质量，促进成员关系协调一致，发挥互补优势，减少或避免因互斥而造成的损耗，增强群体的活动效率。

2. 人员配置的原理

1）要素有用原理

人力资源配置过程中，首先要遵循一个宗旨，即任何要素（人员）都是有用的。换言之，没有无用之人，只有没用好之人，而人员配置的根本目的是为所有人员找到和创造其发挥作用的条件。

这一原理说明，对于那些没有用好之人，其问题之一是没有深入全面地识别员工，发现他们的可用之处。这是因为人的素质往往表现为矛盾的特征，或者呈现非常复杂的双向性，优点和缺点共生，失误往往掩盖着成功的因素，这为我们发现人才，识别人才，任用人才，用其所长，增加了许多困难。因此，正确地识别员工是合理配置人员的前提。其问题之二是没有为员工发展创造有利的条件。只有条件和环境适当，员工的能力才能得到充分发挥。例如，企业推行双向选择、公开招聘、竞争上岗等新的人事政策，为许多人才提供了适合其发展的工作环境和条件，为许多人走上更高一级的岗位提供了机会。

过去企业经常强调，伯乐式领导者对企业员工识别和配置所发挥的关键作用。但企业现在更强调创造良好的政策环境，建立"动态赛马"的用人机制，让更多的员工能够在这一机制下脱颖而出，化被动为主动，从根本上摆脱单纯依赖"伯乐"的局面。由此可见，识才、育才、用才是管理者的主要职责。

2）能位对应原理

人与人之间不仅存在能力特点的不同，而且在能力水平上也是不同的。具有不同能力特点和水平的人，应安排在要求相应特点和水平的职位上，并赋予该职位应有的权力和责任，使个人能力水平与岗位要求相适应。

人力资源管理的根本任务是合理配置使用人力资源，提高人力资源投入产出比率。要合理使用人力资源，就要对人力资源的构成和特点有详细的了解。人力资源是由一个个的劳动者的劳动能力组成的，而各个劳动者的劳动能力由于受到身体状况、受教育程度、实践经验等因素的影响而各自不同，形成个体差异。

就个体能力来说，这种差异包括两个方面。一是能力性质、特点的差异，即能力的特殊性不同。个人能力的特殊性，形成他的专长、特长，即他能干什么，最适合干什么。二是能力水平的差异。不同的人，能力才干是不同的，有的高些，有的低些。世界上也不存在两个能力水平完全相等的人。承认人与人之间能力水平上的差异，目的是在人力资源的利用上坚持能级层次原则，大才大用，小才小用，各尽所能，人尽其才。

一个单位或组织的工作，一般可分为四个层级，即决策层、管理层、执行层、操作层。决策层工作属于全局性工作，决策的正确与否，关系到事业的成败。因此，决策层的能级最高。管理层工作是将决策层的决策付诸实施的一整套计划、监督、协调和控制的过程，管理层的能级是仅次于决策层的比较高的能级。执行层工作是将管理层拟定的方针、方案、计划、措施等变成具体工作标准、工作定额、工作方法，以及各种督促、检查手段的实施过程，执行层的能级比管理层低。操作层工作就是通过实际操作来完成执行层制订的工作标准、工作定额，并接受各种监督检查。它是一个单位或组织中能级最低的层次。一个单位或组织中的工作，包括这样四个层次，应该配备具有相应能力等级的人来承担。只有这样，才能形成合理的能位对应，大大提高工作效率，顺利完成任务。

3）互补增值原理

这个原理强调人各有所长也各有所短，以己之长补他人之短，从而使每个人的长处得到充分发挥，避免短处对工作的影响，通过个体之间取长补短而形成整体优势，实现组织目标的最优化。这是因为，当个体与个体之间、个体与群体之间具有相辅相成作用的时候，互补产生的合力要比单个人的能力简单相加而形成的合力大得多，群体的整体功能就会正向放大；反之，整体功能就会反向缩小，个体优势的发挥也受到人为的限制。因此，按照现代人力资源管理的要求，一个群体内部各个成员之间应该是密切配合的互补关系，互补的一组人必须有共同的理想、事业和追求，而互补增值原理最重要的是"增值"。

4）动态适应原理

动态适应原理指的是人与事的不适应是绝对的，适应是相对的，从不适应到适应是在运动中实现的，随着事物的发展，适应又会变为不适应，只有不断调整人与事的关系才能达到重新适应，这正是动态适应原理的体现。

从组织内部来看，劳动者个人与工作岗位的适应不是绝对的和一定的，无论是由于岗位对人的能力要求提高了，还是人的能力提高要求变动岗位，都要求我们及时地了解人与岗位的适应程度，从而进行调整，以达到人适其位，位得其人。

5）弹性冗余原理

弹性冗余原理要求在人与事的配置过程中，既要达到工作的满负荷，又要符合劳动者的生理和心理要求，不能超越身心的极限，保证对人、对事的安排要留有一定的余地，既带给劳动者一定的压力和紧迫感，又要保障所有员工的身心健康。

它要求我们既要避免工作量不饱满的状况，也要避免过劳的现象发生，因此体力劳动的强度要适度，不能超过劳动者能承受的范围；脑力劳动也要适度，以促使劳动者保持旺盛的精力；劳动时间也要适度，以保持劳动者身体健康和心理健康；工作目标的管理也要适度，既不能太高，也不能太低。总之，根据具体情况的不同，如工种、类别、行业的不同，以及环境、气候的不同，弹性冗余度也应有所不同。

4.4　人员招聘活动的评估

招聘评估是招聘过程中必不可少的一个环节。招聘评估通过成本与效益核算能够使招聘人员清楚地知道费用的支出情况，区分哪些是应支出项目，哪些是不应支出项目，这有利于降低今后招聘的费用，有利于为组织节省开支。招聘评估通过对录用员工的绩效、实际能力、工作潜力的评估，即通过对录用员工质量的评估，检验招聘工作成果与方法的有效性，有利于招聘方法的改进。

4.4.1　招聘成本效益评估

招聘成本效益评估是指对招聘中的费用进行调查、核实，并对照预算进行评价的过程。招聘成本效益评估是鉴定招聘效率的一个重要指标。

1. 招聘成本

招聘成本分为招聘总成本与招聘单位成本。招聘总成本即是人力资源的获取成本，它由两个部分组成。一部分是直接成本，它包括招募费用、选拔费用、录用员工的家庭安置费用和工作安置费用、其他费用（如招聘人员差旅费、应聘人员招待费等）。另一部分是间接费用，它包括内部提升费、工作流动费用。招聘单位成本是招聘总成本与实际录用人数之比。如果招聘实际费用少，录用人数多，意味着招聘单位成本低；反之，则意味着招聘单位成本高。

2. 成本效用评估

成本效用评估是对招聘成本所产生的效果进行的分析。它主要包括招聘总成本效用分析、招募成本效用分析、人员选拔成本效用分析和人员录用成本效用分析等。其计算方法是：

$$总成本效用 = 录用人数 / 招聘总成本$$
$$招募成本效用 = 应聘人数 / 招募期间的费用$$
$$选拔成本效用 = 被选中人数 / 选拔期间的费用$$
$$人员录用效用 = 正式录用的人数 / 录用期间的费用$$

3. 招聘收益-成本比

它既是一项经济评价指标，同时也是对招聘工作的有效性进行考核的一项指标。招聘收益-成本比越高，则说明招聘工作越有效。

$$招聘收益 - 成本比 = 所有新员工为组织创造的总价值 / 招聘总成本$$

4.4.2　数量与质量评估

1. 数量评估

录用员工数量的评估是对招聘工作有效性检验的一个重要方面。通过数量评估，分析在数量上满足或不满足需求的原因，有利于找出各招聘环节上的薄弱之处，改进招聘工作；同时，通过录用人员数量与招聘计划数量的比较，为人力资源规划的修订提供了依据。而录用员工质量的评估是对员工的工作绩效行为、实际能力、工作潜力的评估，它是对招聘的工作成果与方法的有效性检验的另一个重要方面。质量评估既有利于招聘方法的改进，又为员工培训、绩效评估提供了必要的信息。录用人员评估主要从录用比、招聘完成比和应聘比三个方面进行。其计算公式为：

$$录用比＝录用人数/应聘人数×100\%$$
$$招聘完成比＝录用人数/计划招聘人数×100\%$$
$$应聘比＝应聘人数/计划招聘人数×100\%$$

录用比越小，录用人员的素质相对越高；反之，则可能录用人员的素质较低。招聘完成比大于等于 100% 时，则说明在数量上完成或超额完成了招聘任务。应聘比则说明招募的效果，该比例越大，则招聘信息发布的效果越好。

2. 质量评估

录用人员的质量评估实际上是对录用人员在人员选拔过程中对其能力、潜力、素质等进行的各种测试与考核的延续，也可根据招聘的要求或工作分析中得出的结论，对录用人员进行等级排列来确定其质量，其方法与绩效考核方法相似。当然，录用比和应聘比这两个数据也在一定程度上反映录用人员的质量。

4.4.3 信度与效度评估

信度与效度评估是对招聘过程中所使用的方法的正确性与有效性进行的检验，这无疑会提高招聘工作的质量。信度和效度是对测试方法的基本要求，只有信度和效度达到一定水平的测试，其结果才适于作为录用决策的依据，否则将误导招聘人员，影响其做出正确的决策。

1. 信度评估

信度主要是指测试结果的可靠性或一致性。可靠性是指一次又一次的测试总是得出同样的结论，它或者不产生错误，或者产生同样的错误。通常信度可分为稳定系数、等值系数、内在一致性系数。

稳定系数是指用同一种测试方法对一组应聘者在两个不同时间进行测试的结果的一致性。一致性可用两次结果之间的相关系数来测定。相关系数高低既与测试方法本身有关，也跟测试因素有关。此法不适用于受熟练程度影响较大的测试，因为被测试者在第一次测试中可能记住某些测试题目的答案，从而提高了第二次测试的成绩。

等值系数是指对同一应聘者使用两种对等的、内容相当的测试方法，其结果之间的一致性。

内在一致性系数是指把同一（组）应聘者进行的同一测试分为若干部分加以考察，各部分所得结果之间的一致性。这可用各部分结果之间的相关系数来判断。

此外，还有评分者信度，这是指不同评分者对同一对象进行评定时的一致性。例如，如果许多人在面试中使用一种工具给一个求职者打分，他们都给候选人相同或相近的分数，则这种工具具有较高的评分者信度。

2. 效度评估

效度，即有效性或精确性，是指实际测到应聘者的有关特征与想要测的特征的符合程度。一个测试必须能测出它想要测定的功能才算有效。效度主要有三种：预测效度、内容效度、同侧效度。

预测效度是说明测试用来预测将来行为的有效性。在人员选拔过程中，预测效度是考察选拔方法是否有效的一个常用的指标。我们可以把应聘者在选拔中得到的分数与他们被录后的绩效分数相比较，两者的相关性越大，则说明所选的测试方法、选拔方法越有效，以后可根据此法来评估、预测应聘者的潜力。若相关性很小或不相关，则说明此法在预测人员潜力上效果不大。

内容效度是指测试方法能真正测出想测的内容的程度。考虑内容效度时，主要考虑所用的方法是否与想测试的特性有关，如招聘打字员，测试其打字速度和准确性、手眼协调性和手指灵活度的操作测试的内容效度是较高的。内容效度多应用于知识测试与实际操作测试，而不适用于对能力和潜力的测试。

同侧效度是指对现在员工实施某种测试，然后将测试结果与员工的实际工作绩效考核得分进行比较，若两者的相关系数很大，则说明此测试效度较高。这种测试效度的特点是省时，可以尽快检验某测试方法的效度，但若将其应用到人员选拔测试时，难免会受到其他因素的干扰而无法准确地预测应聘者未来的工作潜力。例如，这种效度是根据现有员工的测试得出的，而现在员工所具备的经验、对组织的了解等，则是应聘者所缺乏的。因此，应聘者有可能因缺乏经验而在测试中得不到高分，从而错误地被认为是没有潜力或能力的。其实，他们若经过一定的培训或锻炼，是有可能成为称职的员工的。

本章小结

招募与甄选是组织人力资源管理工作中一项重要的基础性工作，是组织人力资源形成的关键，它对于人力资源的合理形成、管理与开发具有至关重要的作用。

人员素质测评是科学地开发和管理人力资源的重要手段，为人员甄选、配置、培训和晋升提供具有说服力的依据。人员素质测评的主要方法有心理测量技术、面试技术和评价中心技术等。

人员招募在人力资源管理中扮演着桥梁和纽带的角色，一个组织的内部政策会对组织的人员招募产生直接或间接的影响。人员招募有两种形式：内部招募和外部招募。内部招募和外部招募对组织人力资源的获取具有同等重要的地位，两种方式是相辅相成的。在招募工作中应当遵循一定的原则和程序，以保证招募工作的科学性。

人员甄选的目标是在招募的候选人当中，决定哪些人可以加入组织，哪些人不能到组织中供职。成功的甄选可以保证组织中人员和职位的最佳匹配，提高组织效率，进而提高组织竞争力。员工甄选的基本技术和方法有利用求职申请表、笔试、面试、评价中心技术等。最后根据各种甄选方法和素质测评的综合结果做出录用决策。人员配置原理包括要素有用原理、能位对应原理、互补增值原理、动态适应原理及弹性冗余原理。

人员招聘活动评估方法主要有成本效益评估、数量与质量评估和信度与效度评估。

 习 题

⇨ **思考题**

1. 组织政策对招募有何影响？

2. 对比不同的人力资源招募渠道和方法，它们各有什么优缺点？

3. 如何运用各种人员素质测评工具？

4. 员工甄选的基本方法和技术有哪些？试比较它们的优缺点。

5. 如何做出人员录取决策？

6. 人员配置的原理有哪些？

7. 请根据下表中的数据结果，对甲、乙、丙三人进行录用（配置）评估。

（1）如果录取其中两人去岗位1，请通过计算确定应录取哪两人。

（2）如果三人全部录取，且每个岗位各分配1人，请通过计算确定如何分配最好。

			专业技术能力	学历	计划组织能力	宏观决策能力	解决问题能力	合作精神
甲的得分			1	1	0.5	0.5	1	0.5
乙的得分			0.5	1	1	0.5	1	0.5
丙的得分			0.5	0.5	1	1	0.5	1
权重	岗位1	W1	20	15	15	10	20	20
	岗位2	W2	30	10	15	10	20	15
	岗位3	W3	10	15	20	20	15	20

讨论题

1. 求职申请表应如何设计？

2. 招募与甄选过程中容易出现什么样的问题？应如何避免？

3. 在各种人员招募的方法中，你认为哪种方法更有效？

4. 对招聘过程进行评估有什么实际意义？

5. 在各种人员甄选的方法中，你认为哪种方法最好？哪种方法是发展的趋势？

自测题

1. 下列不属于内部招募优点的是（ ）。

    A. 准确性高   B. 适应较快   C. 激励性强   D. 费用较高

2. 下列属于外部招募方法的是（ ）。

    A. 员工推荐法   B. 职位公告法   C. 借助中介法   D. 人员信息记录卡

3. 下列不属于借助中介的是（ ）。

    A. 人才交流中心   B. 猎头公司   C. 校园招聘   D. 招聘洽谈会

4. 关于发布广告，下列描述不正确的是（ ）。

    A. 广告是内部招募最常用的方法之一

    B. 最常用的做法是在一些大众媒体上刊登出单位岗位空缺的消息，吸引对这些空缺岗位感兴趣的潜在人员应聘

    C. 工作空缺的信息发布迅速，能够在一两天内就传达给外界

    D. 有广泛的宣传效果，可以展示单位实力

5. 对于高级人才和尖端人才，比较适合的招聘渠道是（ ）。

    A. 人才交流中心   B. 猎头公司   C. 校园招聘   D. 招聘洽谈会

6. 下列不属于评价中心技术的是（　　　）。

　　A. 无领导小组讨论　　　　　　　　B. 文件筐测试

　　C. 头脑风暴　　　　　　　　　　　D. 案例分析

7. （　　　）是对招聘过程中所使用方法的正确性与有效性的检验。

　　A. 信度与效度评估　　　　　　　　B. 成本效益评估

　　C. 工作潜力评估　　　　　　　　　D. 数量与质量评估

8. 对同一应聘者使用两种对等的、内容相当的测试方法，其结果之间的一致性是（　　　）。

　　A. 稳定系数　　　　　　　　　　　B. 等值系数

　　C. 内在一致性系数　　　　　　　　D. 内容效度

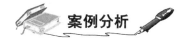 **案例分析**

案例 4-1

　　大地科技有限公司是一家国有高科技企业（以下简称"大地科技"），主要从事交换、传输等通信设备及计算机、信息管理系统的研发和生产。去年大地科技收购了文达电脑有限公司，并开始大规模进军信息行业，希望在信息技术及网络方面占有重要的市场份额。目前大地科技在程控交换、传输设备等领域具有较强的研发实力和技术；在华东、华南市场中具有较好的知名度和市场份额，并被认为是服务非常有特色的企业。目前大地科技的客户主要来源于以前使用本公司程控交换、传输设备产品的老客户，而在新客户发展方面做得不是很有效。

　　大地科技的主要竞争对手是特字公司，它是一家民营企业，在信息管理系统、计算机等领域具有较强的研发实力，目前在大型企业的市场上占有较大的份额。

　　根据制订的发展战略，大地科技决定进行一次大规模的招聘，为公司的未来发展储备人才，尤其是计算机、市场营销等专业人才。

　　人力资源部经理王希根据他与应聘人员短暂的几分钟面谈得出的个人判断来选聘应届毕业生。在这个简短的会谈之前，王希的助手审查了候选人的过去经历、受教育程度，并通过证明人核查情况。一旦候选人被聘用，他或她先完成一些诸如填写申请表和进行简要的身体检查等正式手续，然后被聘用人员就会得到所分配的工作。工作指示仅持续几分钟时间。但新员工无论何时遇到困难，都会得到一些指导和帮助。

　　——资料来源：企业人力资源管理师专家委员会，中国劳动学会企业人力资源管理与开发专业委员会. 企业人力资源管理师：三级. 北京：中国劳动社会保障出版社，2015：116.

思考题

　　该公司的招聘工作有哪些问题？该如何改进？

案例 4-2

　　下面是某公司的招聘面试经过。

　　考官：如果你的亲人患病住院，需要你的陪护，而此时公司有一项紧急任务需要你及时完成，你将如何处理？

  应聘者：我会毫不犹豫地将工作放在第一位。

  考官：如果你的亲人患的是急性病，比如心脏病、脑血栓，你也丢下亲人不管，而去完成工作吗？

  应聘者：（略作思索）这种情况我没有遇到过，如果遇到了，我会先选择工作，以工作为重，先干完工作再说。

  考官：假如患病的是你的至亲亲人呢？比如是你的父亲、母亲或孩子！

  应聘者：对不起，我认为已经回答了您的问题。

  ——资料来源：企业人力资源管理师专家委员会，中国劳动学会企业人力资源管理与开发专业委员会．企业人力资源管理师：三级．北京：中国劳动社会保障出版社，2015：117.

思考题

  该考官是否具备充分的面试技巧？如果你来做考官，同样的问题，你会如何询问？

第 5 章

培训与职业生涯管理

员工培训是企业风险最小、收益最大的战略性投资。

——著名的企业管理学教授沃伦·贝尼斯

 学习目标

1. 了解个人职业生涯管理及组织职业生涯管理的含义。
2. 理解员工培训的重要性。
3. 掌握员工培训的特点和原则。
4. 掌握员工培训制度的基本内容。
5. 掌握员工培训系统设计的方法。
6. 掌握编制培训费用预算草案的方法。
7. 掌握组织性职业生涯设计的步骤。

 引 言

中国工商银行（以下简称"工商银行"）连续多年蝉联全球千家大银行榜首，人才培养在其中发挥了重要的作用。工商银行一直以"人才兴行"为发展理念；30 多年来，工商银行所进行的重大转型变革都是依靠人才来推动的。例如：工商银行成立之初，通过培养大批复合型专业技术人才，壮大科技人员队伍，为工商银行信息化建设的顺利实施和发展奠定了人才基础；20 世纪 90 年代中后期，面对我国逐渐融入国际市场和向商业银行转轨的新形势，工商银行实施了"百千万"人才工程，培养了一大批跨世纪优秀人才，这些人才在工商银行的改革发展中起到了中流砥柱的作用；股改上市后，工商银行通过引进各类中高端人才、启动国际化人才培训项目、开展高级专业人才培训等一系列举措，加快了"国际化、综合化"发展战略的实现进程，一定程度上支撑了工商银行的十年发展黄金期。为了适应新常态对银行经营发展战略调整、深化体制机制改革提出的新要求，2015 年开始，工商银行着手调整和完善员工培训与资质认证体系，提出了教育培训"一主两辅"的工作定位："一主"就是强化对各层级专业型人才的持续、系统、深度培养；"两辅"就是在做好专业型人才培养的同时兼顾管理素养类培训和业务适应性培训。同时，工商银行还启动了"十

大专业型人才培训工程"和"员工培训与资质认证体系"优化工作，以提升各支人才队伍的岗位胜任力为目标，力争利用三年的时间培养 3 万余名管理能力、专业能力突出的核心人才，为工商银行的改革发展做好人才储备。

在建设"企业大学"方面，工商银行也在不断打开思维、积极探索，着力打造集线上线下于一体、各层级机构分级实施、产学研全链条的企业培训生态圈。推出了"工银大学"在线门户，将网络大学、考试系统、培训管理系统、数字图书馆、知识库等系统全部整合到一起，方便员工的线上学习和对员工的学习管理。同时，工商银行还专门走访了相关企业大学，学习了解他们在办学理念和运行管理方面的良好经验。目前，工商银行正在总行直属学院探索建立"企业大学"的运行与管理模式，力争走出一条适合工商银行的企业大学建设发展之路。

"人才兴行"战略不仅为工商银行的转型发展提供了智力保障，也为我国金融业输送了一大批优秀的金融人才。

——资料来源：http://www.chinahrd.net/article/2015/09-22/227776-1.html，有改动。

由以上案例不难看出，在"人力资源是第一资源"的时代，组织要想在激烈竞争的市场经济中取得竞争优势，就一定需要高素质的人才。对员工进行培训和职业生涯设计是企业发展的重要环节之一。

5.1 员工培训概述

5.1.1 员工培训的意义

员工培训是指组织为了实现其战略发展目标，满足培养人才、提升员工职业素质的需要，采用各种方法对员工进行有计划的教育、培养和训练的活动过程。

日本松下电器公司有一句名言："出产品之前先出人才"，其创始人松下幸之助更是强调："一个天才的企业家总是不失时机地把对职员的培养和训练摆上重要的议事日程。"

1996 年 1 月在美国《管理新闻简报》中发表的一项调查指出，68% 的被调查者认为由于培训不够而导致的低水平技能正在破坏本企业的竞争力，53% 的管理者认为通过培训明显降低了企业的支出。目前，国外的企业都比较重视对培训的投资。比如，美国的企业和其他机构每年花费的培训费用超过 550 亿美元，这一数字相当于拥有 100 名员工以上的全部企业和机构的薪酬总额的 1.5%；法国政府也有同样的做法，他们要求 100 名员工以上的公司将工资总额的 1.5% 用于培训，或者把这一额度与实际花费之间的差额注入培训基金。他们如此重视培训工作，是因为认识到了培训在企业发展中具有重要的作用。

（1）重视员工培训是增强企业竞争力的有效途径。"终身教育""学习型组织"的提法和概念都表明，人力资源的开发和培训已经成为企业增强自身竞争力的重要途径。国内已经有不少企业把人力资源的开发与培训作为一项重要的发展战略，如联想、海尔等都建立了培训中心或大学。随着知识和技术的更新速度加快，企业需要不断创新和引进新设备、新技术、新工艺、新知识，这就要不断地对员工进行培训。通过培训可以增强员工对企业决策的理解和执行能力，使员工掌握企业的管理理念和先进的管理方法、技术，不断提高企业的市场竞争力。

（2）重视员工培训是提高员工素质，建立人才储备的良好手段。加强对员工的培训，可以提高员工的专业技能与综合素质，极大地开发员工的潜能，最大限度地调动员工工作的积极性，不断提高员工的工作绩效和工作质量，使员工准确地理解工作意图和完成复杂任务。同时，还可以从数量、质量、结构上为企业的经营与发展提供人员保障和人才储备，形成人力资源优势，确保企业的可持续发展，防止出现"将到用时方恨少"的情况。

（3）员工培训是员工激励的有效手段之一。培训是一项重要的人力资源投资，同时也是一种有效的激励方式。例如，选送优秀员工去参加带有旅游性质的培训班，组织业绩突出的员工去外地参观著名企业，鼓励员工利用业余时间进修并报销学费，定期选拔优秀员工出国考察等，都对员工有巨大的激励作用。根据研究人员调查，进修培训是许多员工看重的一个条件，如果某个企业可以给员工提供良好的进修培训机会，虽然薪水比另外一家没有任何培训的企业低，许多高素质的员工也愿意去这家有培训机会的企业，因为金钱对于技术、知识型员工的激励是暂时的，他们更看中的是通过工作得到更好的发展和提高。

（4）重视员工培训是灌输企业文化，建立学习型组织的基础。对于企业文化的内涵和范畴，学者们在一定程度上达成共识，它包括三个方面的内容：价值观（value）、行为规范（norm）、惯例（pattern of behavior）。在企业文化的三个组成部分中，价值观根植于文化的底层，很难清楚地描述，改变起来也十分困难，而行为规范和惯例要明显得多，更容易被员工识别、执行和操作。所以，企业要对员工不断地灌输企业价值观，培养共同做事的行为规范、学习习惯，能够自觉地按照惯例工作，从而形成良好、融洽的工作氛围，增强工作满意度和成就感，为企业建立学习型组织，确保业务的有效开展打下基础。

总之，员工培训是人力资源管理学科研究的重要内容之一，其实质是企业对人力资本的投资。近年来，人们都在谈论知识经济的挑战，实际上知识经济最核心的问题是人的素质问题，也就是人力资本的形成、使用和开发问题。随着跨国公司的涌入和知识经济的发展，中国企业所面临的市场形势日趋严峻，企业重视员工培训，对企业、对员工将会是一个双赢的选择。

中国石化　让学习"动"起来

2014 年，中国石化依托远程培训系统，开发了智能移动终端（手机、平板电脑）客户端（APP），将基于 PC 机的远程培训系统学习与移动设备学习完美结合，提高了学习的即时性和便捷性，充分满足了学习者的个性化需求。特别是中国石化降低了移动学习课件开发的技术门槛，使得培训与学习呈现出"长与短""高与低""大与小""快与慢"相结合的四个特点。

"长与短"——借助移动平台和微信平台功能，学员们学习"时长"增加，而微内容使得每一次学习时间"缩短"。

"高与低"——所提供的学习内容和学习手段，满足了个性化需求，学习效率"提高"，而用移动平台对授课教师、培训项目等及时评估，"降低"了培训成本。

"大与小"——信息技术承载了"大容量"的数据，而用手掌中的"小手机"可以实现随时随地浏览学习。

"快与慢"——移动互联网的出现，"加快"了人们接受知识的速度和进度，而移动互联平台实现了知识的储存和重复学习，又使学习的遗忘曲线"变慢"。

——资料来源：包文静，张鸿．中国石化　让学习"动"起来［EB/OL］．（2015-04-03）［2016 - 02 - 01］．http：//www．chinahrd．net/article/2015/04 - 03/225550 - 1．html，有改动。

5.1.2　员工培训的特点

（1）员工培训是一个完整的组织管理系统，它具有目的性、计划性和针对性，与绩效管理系统等其他子系统之间存在密切的联系。

（2）员工培训是一种企业人力资本的投资行为，可以对它的成本和收益进行衡量。

（3）员工培训是创造智力资本的基本途径，是企业赢得智力资本竞争优势的重要手段。智力资本由专业知识、基本技能、高级技能和自我激发的创造力等项目组成。

（4）员工培训是持续的学习过程，是构建学习型组织的企业文化的基础，学习型组织是指员工不断学习新知识、新技术并运用于实践以提高产品和服务质量的组织。

5.1.3　员工培训的原则

1. 战略性原则

员工培训是企业管理的重要一环，这要求企业在组织员工培训时，一定要从企业的发展战略出发去思考相关问题，避免发生"为培训而培训"的情况，使员工培训工作构成企业发展战略的重要内容。培训的战略性原则包括两层含义：其一，企业培训要服从或服务于企业的整体发展战略，最终目的是实现企业的发展目标；其二，培训本身也要从战略的角度考虑，要以战略眼光去组织企业培训，不能只局限于某一个培训项目或某一项培训需求。

2. 长期性原则

员工培训需要企业投入大量的人力、物力和财力，这对企业的运营肯定会有或大或小的影响。有的员工培训项目有立竿见影的效果，有的则需要一段时间后才能反映到员工工作绩效或企业经济效益上来，尤其是管理人员和员工观念的培训更是如此。因此，要正确认识智力投资和人才开发的长期性和持续性，抛弃那种急功近利的员工培训态度，要用"以人为本"的经营管理理念来搞好员工培训。

3. 按需培训原则

普通员工和最高决策者所从事的工作不同，创造的绩效不同，个人能力所应当达到的工作标准也不同，因此员工培训工作应当充分考虑培训对象的工作性质、任务和特点，实行按需培训。如果不能按需培训、培训与使用脱节，不仅会造成企业人力、物力的浪费，而且会使培训失去意义。

4. 实践培训原则

培训不仅是观念的培训、理论的培训，更重要的是实践的培训。因此，培训过程中要创造实践条件，以实际操作来印证、深化培训的具体内容，这样更有利于实践成果的转化。例如，在课堂教学过程中，要有计划地为受训员工提供实践和操作机会，使他们通过实践提高工作能力。

5. 多样性培训原则

企业中不同员工的能力有偏差，具体的工作分工也不同，因此员工培训要坚持多样性原则。多样性培训原则包括培训方式的多样性，如岗前培训、在岗培训、脱产培训等；也包括培训方法的多样性，如专家讲授、教师示范、教学实习等。

6. 企业与员工共同发展的原则

对企业而言，员工培训是调动员工工作积极性、改变员工观念、提高企业对员工的凝聚力的一条重要途径；对员工个人而言，员工培训使员工学习并掌握新知识和技能，提高个人的管理水平，有利于个人职业的发展。因此，有效的员工培训会使员工和企业共同受益，促进员工和企业共同发展。

7. 全员培训与重点培训结合的原则

全员培训是指有计划、有步骤地对所有在职员工进行的教育和训练，以提高企业全员素质。全员培训不是说对所有员工平均分摊培训资金。在全员培训的基础上还要强调重点培训，要分清主次先后、轻重缓急，制订规划，分散进行不同内容、不同形式的教育培训。重点培训是指对企业技术中坚、管理骨干（特别是中高层管理人员）加大培训力度，进行重点培训。此外，人员培训的内容还应该与干部、职工的任职标准相衔接。培训内容也必须兼顾专业知识技能与职业道德两个方面。

8. 反馈与强化培训效果的原则

反馈的作用在于巩固学习技能、及时纠正错误和偏差。反馈的信息越及时、准确，培训的效果就越好。强化是将反馈结果与受训人员的奖励和惩罚相结合，它不仅应在培训结束后马上进行，而且应该体现在培训之后的上岗工作中。

9. 注重投入提高效益的原则

员工培训是企业的一种投资行为，和其他投资一样，也要从投入产出的角度考虑效益大小及远期效益、近期效益问题。员工培训投资属于智力投资，它的投资收益应高于实物投资收益。但这种投资的投入产出衡量具有特殊性，培训投资成本不仅包括可以明确计算出来的会计成本，还应将机会成本纳入进去。培训产出不能纯粹以传统的经济核算方式来评估，它包括潜在的或发展的因素，另外还有社会的因素。在投资培训时，投入是较容易计算的，但产出回报是较难量化计算的，并且还有些培训较难确定是长期效益还是短期效益。虽然如此，也必须把它当作极其重要的问题来考虑。

英特尔公司："一带一"的手法

英特尔公司为了保持公司文化和辉煌的成就延续，采用了"一带一"的手法去培养经理人。英特尔公司CEO葛鲁夫曾多次说过，任何管理者的部分关键工作就是为继任者铺路，而为继任者铺路的最好方式就是平稳过渡，即当铺路者仍然工作的时候对继任者起推动作用。英特尔公司对人才的最高要求并不是经验，而是学习能力。

英特尔公司的经理人培训通常会经过三个阶段的培训。第一阶段是经理在公司做事的一些流程和制度，让经理人更深入地了解管理层的事情；第二阶段是管理任务周期培训，此过程是管理业务技能的训练，即告诉管理者如何去管理；第三阶段是人员管理培训，这一阶段会主要练就沟通、辅导和发展员工的能力。

此外，对经理人培训还有五个环节的培训：第一步是制订工作目标；第二步是完成计划；第三步是如何帮助别人共同解决问题；第四步是对员工如何实施管理；第五步是如何进行员工的激励训练。

　　——资料来源：名企高层培训计划（节选）［EB/OL］．http：//www. thea. cn/xrl_Zl_
　　　　　　　1168259-1. htm.

5.1.4　员工培训的分类

　　根据培训与工作的关系，员工培训可分为岗前培训、在岗培训和脱产培训；根据培训目的，员工培训可分为过渡性教育培训、知识更新培训或转岗培训、提高业务能力培训、专业人才培训和人员晋升培训；根据培训对象在公司中的地位，员工培训可分为公司高层管理人员的培训、基层管理人员培训、专业技术人员培训和一般员工培训；根据培训地点，员工培训可分为企业内培训、企业外培训和在岗培训；根据培训范围，员工培训可分为全员培训和单项培训；根据培训的组织形式，员工培训可分为正规学校、短训班、非正规大学和自学等形式。目前最常用的是第一种分类方法。

1. 岗前培训

　　所谓岗前培训，亦称新员工导向培训或职前培训，指员工在进入组织之前，组织为新员工提供的有关组织背景、基本情况、操作程序和规范的活动。新员工在进入组织之前，每个人的工作经历、价值观念、文化背景等各不相同，与组织的文化也不完全一致。新员工虽然在招聘阶段对企业的形象、产品、市场及要承担的工作职责、薪酬待遇等有一定的了解，但这些了解大都是比较片面和零碎的。企业招进的新员工对于工作环境的期望与他们在企业实际的工作还有相当大的差距。因此，在新员工到企业报到后，必须进行岗前培训教育，帮助员工积极适应新环境。西方称这种岗前培训教育为"引导"，即对新进员工的工作和企业情况做正式的介绍，让他们了解和熟悉单位的历史、现状、未来的发展计划，以及这些员工到企业后的具体工作、企业工作环境、工作要求等。

　　同时，新员工进入企业之前，一般面临着许多困惑，如自己能否被企业群体所接受，工资、福利、假期、企业政策等和员工所期望的是否有差距及有多大差距，与同事的交往是否适宜、愉快等。为了解决这类困惑，新员工必须了解企业的有关信息。这就要通过员工培训来解决。

　　岗前培训组织性和规范性强，物质条件好，有时间保障，通过一段时间使员工迅速掌握岗位要求必备的技能，以便尽快进入角色；岗前培训通常采取课堂教学、开办讲座等方法在企业开办的对新员工培训班内进行，对新员工具有导向性作用，但不适合于技术性强、对操作经验要求高的岗位员工。

　　1）岗前培训的特点

　　（1）基础性培训。岗前培训的目的是使任职者具备一名合格员工的基本条件。作为企业的一员，任职者必须具有该企业产品的知识，熟悉企业的规章制度。因此，岗前培训又被称为上岗引导活动。

　　（2）适应性培训。在被录用的员工中，有相关工作经验者一般占相当大的比重，许多企业只聘用有一定工作经验的应聘者。这些人尽管有一定工作经验，但由于企业和具体工作的特点，仍须接受培训，除了要了解这个企业的概况、规章制度外，还必须熟悉这个企业的产品和技术开发的管理制度。

（3）非个性化培训。岗前培训的内容和目标是以企业的要求、岗位的任职条件为依据。也就是说，这种培训是为了使新员工能够达到工作的要求，而较少考虑他们之间的具体差异。根据每一个员工的具体需要进行培训，是在岗培训的基本任务。

2）岗前培训的内容

（1）岗前培训内容的影响因素。不同的企业，岗前培训的内容存在差异，这主要由以下因素来决定。

① 企业的生产经营特点。对生产中存在危险的企业，如采煤企业，安全教育是其岗前培训中必不可少的内容。

② 企业文化。岗前培训往往有企业文化色彩，如日本丰田公司注重团队精神，沟通技巧是其岗前培训的重要内容。

③ 新员工的素质。新员工素质的高低有时候会影响岗前培训的内容，如有的企业大量雇佣民工，由于民工文化素质普遍较低，缺乏法制观念，因此针对这些新员工的岗前培训，遵纪守法教育是一项不可缺少的内容。

（2）岗前培训的常规内容。岗前培训的内容主要有规章制度、企业概况、产品知识、行为规范和共同价值观，其中行为规范和共同价值观同属于企业文化。在许多国外著名企业，共同价值观、行为规范的培训都是岗前培训的重要内容。在国有企业，相关的培训一般是思想道德教育，如人生观、职业道德教育。在联想集团，无论大学毕业生还是有经验的人员，加入联想集团后都要接受为期一周的"入模子"培训，就是将联想集团企业精神"拷贝"到新员工的思想中去，将新员工的思想、行为方式纳入到联想集团的经营理念和行为规范中来。"联想集团入模子培训系列"包括历史篇、文化篇、常识篇三部分，分别介绍联想集团历史、联想集团精神、联想集团礼仪。

（3）岗前培训的专业内容。

① 业务知识。业务知识是指除专业知识外，从事某项业务所需要的知识，如医疗仪器销售公司的销售人员需要了解医疗仪器的结构和原理，这里医疗仪器的结构和原理就是业务知识。

② 技能。技能是指从事某项工作应具备的特殊技能，如产品检验员应学会检验仪器的日常保养。

③ 管理实务。管理实务是指某项管理工作的程序、方法、标准等，如人事部的招聘专员应熟悉参加人才交流会的具体手续。

3）岗前培训的注意事项

细心的计划总是导致更少的问题。在培训计划过程中，可能因为准备不够细致、没有考虑到最小的细节而失去对整个计划的控制。这都会影响受训者对执行者的组织工作的印象，进而影响他们对整个培训过程的评价。

（1）使用检查表。检查表是培训执行者记录和控制与培训相关的无数细节的最有价值的工具。检查表应分类列举所需的所有设备，如幻灯机、电视、录像机、录像带及受训者所有的资料。程序性检查表要包括那些没有被包括在课程计划中的细节，如包括以下东西和事项的清单：分发材料和概要、受训者出勤表、完成的情况、宣布的内容等。检查表可作为课程计划或演讲笔记的有益补充。如果不需要课程安排的话，内容检查表可以使用并作为整个培训过程的日程安排。

（2）地点的选择。培训员应根据"择优选址"的原则，预先查看培训地点并在计划中加以确认。

（3）确认。培训员可以用电话、传真或确认信的方式就培训事宜做出确认。确认的内容包括主题、日期、时间及取消的信息等，还可包括诸如费用、就餐问题、特殊期望及课前的阅读和作业等信息。

沃尔玛独特的入职培训

沃尔玛新员工的入职培训别具一格，采取的是时间长、重操作、全面性的培训店实习培训。为了做好入职培训，沃尔玛在全球各地都设立了培训店。沃尔玛一般会在新店开业前半年开始招聘新员工，并组织新员工到邻近的培训店接受 3～6 个月的实习培训。新员工到培训店实习时并不确定具体的岗位，而是要在 3～6 个月内接受公司文化、信息系统、业务营运、管理政策等各方面的培训，以全面了解一个卖场是如何运作的。实习培训期间最为重要的培训就是"1-30-60-90 计划"，即在新员工入职的第 1 天、30 天、60 天、90 天分别会有四次侧重点不同的入职培训。沃尔玛认为，员工入职的这 4 个日子都是非常关键的时期，培训一定要配合员工这个时期的心理变化和对公司、业务了解的变化。

新员工入职培训的第 1 天，要接受企业文化的培训，听培训师讲述沃尔玛的创建和发展历史，以培养员工的荣誉感和自豪感，另外还要知道如何和其他部门的员工进行沟通，并要到各店面进行参观以熟悉公司如何运营等。沃尔玛的新员工在接受一天的入职培训后，还将分别在第 30 天、60 天和第 90 天与管理层或人力资源部的负责人一起，进一步了解沃尔玛的企业文化和规章制度。这样，既可以了解新员工对企业文化的适应度和上下级之间的融合度，又能帮助其更快适应并融入沃尔玛团队。

——资料来源：沃尔玛严格的培训管理（节选）［EB/OL］.（2013-05-09）［2016-02-06］. http://edu. 21cn. com/qy/Learn/64690. htm.

2. 在岗培训

在岗培训也称在职培训、不脱产培训，是指企业为了使员工具备有效完成工作所需要的知识、技能和态度，在不离开工作岗位的情况下对员工进行的培训。目前在岗培训已经得到企业的认同，诸多企业都采取在岗培训的方式培训员工。

在岗培训的优点是简单易行、成本较低，不需要另外添加设备、场所，有时也不需要专职的教员，而是利用现有的人力、物力来培训，培训对象不用脱离工作岗位，可以不影响生产或工作。但这种培训往往缺乏良好的组织，较不规范，不易较快地取得效果。因此，这种培训一般用于涉及面广，不要求很快见效的培训任务。

1）在岗培训的类别

按照培训的目的，在岗培训可划分为以下 4 类。

（1）转岗培训。转岗培训是指对已批准转换岗位的员工进行的，旨在使其达到新岗位要求的培训。转岗的原因主要有以下两个方面。

① 组织原因。企业经营规模与方向的变化、生产技术进步、机构调整等因素往往引起

现有员工配置的改进。在这种情况下，转岗成为人员重新配置的手段。由于历史原因，我国国有企业普遍存在人员过剩问题，减员增效已成为必然趋势。减下来的人员中，一部分经统一培训后转换了岗位。另外，经济效益不好的企业被重组或兼并时，也可能发生员工转岗。

② 个人原因。一般有两种情况，一是员工不能胜任现在的工作，需要重新安置；二是员工因某方面的才能或特长而受到重视，需要另行安排。

（2）晋升培训。晋升培训是指对拟晋升人员或后备人才进行的、旨在使其达到更高一级岗位要求的培训。晋升培训的意义在于，当某个领导岗位出现空缺时，能够挑选到满意的候选人。其特点包括以下 3 个方面。

① 以员工发展规划为依据。晋升目标是员工发展规划的重要内容。员工现状与晋升目标要求之间的差距就是个人培训需求。个人培训需求是制订晋升培训计划、指导晋升培训的依据。

② 培训时间长、内容广。以管理人员为例，要把一个有潜力的员工培养成为优秀的管理者不可能一蹴而就，而需要花费一定的时间，因为对管理者的素质要求是多方面的，既有知识、经验、能力的要求，又有品德、个性的要求，相应的培训内容也是多方面的。

③ 多种培训方法并用。这是由培训内容的多样性决定的，知识培训可采用课堂讲授，能力、个性的培训则应采用实践锻炼和模拟练习。

（3）以改善绩效为目的的培训。以改善绩效为目的的培训是指在绩效未达到要求、绩效下降或绩效虽达到要求但员工希望改进其绩效的情况下所进行的在岗培训。其特点如下。

① 以客观、公正的绩效考核为依据。实施此类培训的前提是企业具有客观、公正的考核制度，能够对员工的绩效进行准确的评估。同时，员工的直接领导应具有绩效管理的知识和技巧。这样，就能够通过绩效考核来确定培训需求。

② 以一对一指导为主要方法。在培训比较系统规范的企业里，员工在上岗前都要接受系统的集中培训，上岗后也要以课堂培训或自学的方式不断接受新的知识，学习新的技能。在这种情况下，绩效不理想往往是知识、技能等的应用方面有问题或思想上、心理上存在问题，这方面的改进有赖于工作中的指导。在培训不够系统、规范的企业里，员工素质的提高更依赖于在指导者的指导下边干边学，绩效的改进也是如此。

③ 任职前培训的延续。任职前的培训使员工具备了任职的资格，但并不意味着员工已尽善尽美，也不能确保每个员工都能达到要求。根据绩效考核的结果，有针对性地制订培训计划，实施培训，可以使任职前培训的不足得以弥补，使员工进一步发展和提高自己的工作能力。

（4）岗位资格培训。许多岗位需要通过考试取得相应资格证才能上岗，而且资格证一般几年内有效。资格证到期时，员工需接受培训并再参加资格考试。要求上岗者须具备资格证的岗位包括国家有关部门规定的岗位、企业规定的岗位。针对第一类岗位的资格培训一般由有关部门授权的机构组织，针对第二类岗位的资格培训由企业自己组织。

2）在岗培训的内容

（1）在岗人员管理技能培训。在岗人员管理技能培训一般包括观察与知觉力、分析与判断力、反思与记忆力、推理与创新能力、口头与文字表达能力、管理基础知识、案例分析、情商等方面。

（2）在岗人员专业性技能培训。在岗人员专业性技能培训一般包括行政人事培训、财务会计培训、营销培训、生产技术培训、生产管理培训、采购培训、质量管理培训、安全卫生培训、计算机培训和其他专业性培训。

（3）培训迁移的有效促进。培训迁移是指一种培训中习得的经验对其技能的影响，因此教育界提出了"为迁移而教"的口号。有效促进员工培训迁移的主要因素包括合理确定培训目标、精选培训教材、合理安排培训内容、有效设计培训程序、使员工掌握学习规律等方面。

3. 脱产培训

脱产培训是指离开工作或工作现场进行的培训。有的培训是在本单位内进行，有的则送到国内外有关的教育部门或专业培训单位进行。这种培训能使受训者在特定时间内集中精力于某一特定专题的学习，如参加研讨会、去国外优秀企业短期考察、到高等院校进修和出国进修等。

脱产培训的费用一般比较高，对工作影响大，因此并不适合于全员培训。其主要是用来培养企业紧缺人员，或为企业未来培养高层次技术人才、管理人才，或为了引进新设备、新工艺，由工厂选送员工到国内外对口企业、高等院校、科研机构进修。

脱产培训的方法很多，特别是发达国家设立的培训中心培训手段非常丰富，如电视录像、分组讨论、角色扮演、案例研究等。

1）脱产培训的分类

（1）从实践上看，脱产培训可分为短期脱产培训和长期脱产培训。前者是指离开工作或工作现场几天至三个月的培训，如参加短训班，参加研讨会和出国短期考察等；后者是指离开工作或工作现场三个月以上时间的培训，如到高等院校进修本科、研究生或 MBA，出国进修等，这种形式对培养年轻有为的科技人员或管理人员较为有效。

（2）从安排培训的主体看，脱产培训可分为组织安排的培训和个人选择的培训。前者是组织根据培训计划选择有培养前途的工作者或业务骨干外出参加培训，这种培训针对性很强，培训的内容往往是组织当前最需要的知识、技能，它是企业员工培训的重要形式之一；后者是指员工个人根据培训计划或自身工作需要，选择适合自己的培训，如参加高等院校或专门机构举办的短训班等培训形式。

（3）从培训的内容看，脱产培训可分为学历培训和更新技能培训。前者以取得学历证、资格证为目的，如读 MBA、外贸公司的报关员参加考试前培训等；后者以补充或更新知识、掌握新的技能为目的，如高等院校或专门培训机构举办的培训等。

（4）从受训阶层看，脱产培训可分为分阶层脱产培训和分专业脱产培训。前者是指对不同阶层的员工进行脱产教育培训，包括对各类管理阶层员工的培训，也包括对新员工的岗前培训，还包括对骨干员工的脱产轮训等；后者是指按不同专业对各类员工进行脱产培训，包括对不同员工进行全面质量培训、安全生产培训、专业新发展培训和技能培训。

2）脱产培训的审批

拟外出参加培训者应填写"脱产培训申请表"或"脱产培训推荐表"，报人力资源部门审核并须经主管经理审批。"脱产培训申请表"如表 5-1 所示。

表 5-1　脱产培训申请表

姓名		编号	
部门		职位	
培训机构		培训课程	

备注				

	课程名称	开始日期	结束日期	学费
培训过程				
	姓名	日期	姓名	日期
审核				

5.1.5　培训制度的建立与推行

1. 企业培训制度

1）企业培训制度的内涵

企业培训制度是指能够直接影响与作用于培训系统及其活动的各种法律、规章、制度及政策的总和。它主要包括培训的法律和规章、培训的具体制度和政策两个方面。

企业培训的具体制度和政策是企业员工培训健康发展的根本保证，是企业在开展培训工作时要求人们共同遵守并按一定程序实施的规定、规则和规范。企业培训制度的根本作用在于为培训活动提供一种制度性框架和依据，促使培训沿着法制化、规范化轨道运行。

企业培训涉及两个培训主体——企业和员工，这两个培训主体参与培训的目的存在一定的差别。在一定的制度条件下，这种差别将导致培训无法达到目的或效果很差。因此，要想提高培训的效率，就必须建立一套完整的培训制度，通过制度来明确双方的权利和义务、利益和责任，理顺双方的利益关系，使双方的目标和利益尽量相容。由于培训制度是由企业制订的，所以制度的主要目的是调动员工参与培训的积极性，同时也使企业的培训活动系统化、规范化、制度化。

2）企业培训制度的构成

在企业员工培训与开发的管理活动中，各类企业根据自己的实践经验和具体情况，制订一系列的员工培训管理制度，一般来说，包括培训服务制度、入职培训制度、培训激励制度、培训考核评估制度、培训奖惩制度和培训风险管理制度六种基本制度。

除上述各项制度之外，还有培训实施管理制度、培训档案管理制度、培训资金管理制度等，从而给予培训活动自上而下、全方位的制度支持。

3）企业培训制度的基本内容

企业人力资源管理部门在起草某一项具体的培训制度时，应当注意其结构和内容的完整性和一致性，一项具有良好的适应性、实用性和可行性的培训制度至少应包括以下几方面的基本内容。

（1）制订企业员工培训制度的依据。

（2）实施企业员工培训的目的或宗旨。

（3）企业员工培训制度的实施办法。

（4）企业培训制度的核准与施行。

（5）企业培训制度的解释与修订权限的规定。

华为的新员工培训

华为对新员工的培训，可以划分为三个阶段：入职前的引导培训，入职时的集中培训，入职后的实践培训。实践培训是三个阶段的重点。

华为的校园招聘一般安排在每年的 11 月份，对拟录用的人员，华为会将他们安排到各个业务部门，并提前安排每人的导师。为防止拟录用人员在毕业前这个阶段的变化，华为要求导师每月必须给他们打一次电话，通过电话进行沟通，了解他们的个人情况、精神状态、毕业论文进展、毕业离校安排等，并对他们进行未来岗位情况的介绍，提出岗位知识学习要求等，让他们顺利走向岗位做好思想上的准备。

新员工入职后，华为要对他们进行为期一周的集中培训，要全部到深圳总部进行。这个阶段的培训时间已经比过去大大压缩，培训的内容侧重华为有关政策制度和企业文化两个方面。也就是说，作为一个新人，应该清楚华为的政策制度为什么这样规定，应该清楚自己作为华为一员的基本行为规范，等等。

在集中培训结束后，华为会针对新员工的工作岗位安排，进行有针对性的实践培训。对国外营销类员工，华为会安排他们在国内实习半年到一年的时间，让他们掌握运行流程、工作方法等。对技术类员工，华为会首先带他们参观生产线，让他们对接产品，了解生产线上组装的机器，让他们看到实实在在的产品。研发类员工在上岗前，华为会安排他们做很多模拟项目，以便使其快速掌握一种工具或工作流程。新员工全部在导师的带领下，在一线进行实践，在实战中掌握知识、提高自己。

——资料来源：华为新员工培训的四大看点（节选）［EB/OL］.（2015-03-26）［2016-02-10］. http://www. weixuexi. org/detail _ 201503261108249711852bf7f94f7-cadd41f. html.

2. 起草与修订培训制度的要求

根据企业外部环境和内部条件发生的变化，应当及时提出制度的修订方案。起草或修订企业员工的培训制度时，应体现以下原则。

（1）培训制度的战略性。培训本身要从战略的角度考虑，要以战略的眼光去组织企业培训，不能只局限于某一个培训项目或某一项培训需求。因此，制订和修订培训制度时也要从战略的角度出发，使培训与开发活动走向制度化和规范化。

（2）培训制度的长期性。培训是一项人力资本投资活动，要正确认识人力资本投资与人才开发的长期性和持久性，要用"以人为本"的指导思想和管理理念制订培训制度，保证制度的稳定性和连贯性。

（3）培训制度的适用性。培训制度是开展日常培训工作的指导方针，因此培训制度应有明确、具体的内容或条款，充分体现管理与实施的需要。这些内容或条款针对培训过程中的某一方面做出了明确的规定，保证培训在具体实施过程中出现问题时可以照章办理。

起草培训制度草案或对某项具体培训制度进行修订时，不但要坚持以上3条原则，还应当深入实际进行调查研究，掌握各种培训制度在未制订前与制订之后，以及在实施过程中的变化，它解决了哪些问题，取得了什么样的效果，还存在着哪些困难和问题亟待克服和解决。只有掌握真实全面的信息，才能"对症下药"，切实保证企业培训制度的科学性和可行性。

3. 各项培训管理制度的起草

1）培训服务制度

（1）制度内容。培训服务制度应包括培训服务制度条款和培训服务协议条款两个部分。

培训服务制度条款需明确以下内容。

① 员工正式参加培训前，根据个人和组织需要向培训管理部门或部门经理提出的申请。

② 在培训申请被批准后需要履行的培训服务协议签订手续。

③ 培训服务协议签订后方可参加培训。

培训服务协议条款一般要明确以下内容。

① 参加培训的申请人。

② 参加培训的项目和目的。

③ 参加培训的时间、地点、费用和形式等。

④ 参加培训后要达到的技术或能力水平。

⑤ 参加培训后要在企业服务的时间和岗位。

⑥ 参加培训后如果出现违约的补偿。

⑦ 部门经理人员的意见。

⑧ 参加人与培训批准人的有效法律签署。

（2）制度解释。对于一些投入较大的培训项目，特别是需要一段时间的离职培训来说，企业不仅投入费用让员工参加培训，还要为其提供工资待遇，同时企业要承担因为员工离职不能正常工作的机会成本。倘若参加培训的员工学成后就跳槽，企业投入价值尚未收回，这种培训得不偿失。为防范这种问题的出现，就必须建立制度进行约束，培训服务制度由此而产生并被广泛运用。

培训服务制度是培训管理的首要制度，虽然不同组织有关这方面的规定不尽相同，但目的都是相同的，只要是符合企业和员工的利益并符合国家法律法规的有关规定就应该遵守。

2）入职培训制度

（1）制度内容。起草入职培训制度时，应当主要包括以下几个方面的基本内容。

① 培训的意义和目的。

② 需要参加的人员界定。

③ 特殊情况不能参加入职培训的解决措施。

④ 入职培训的主要责任区（部门经理还是培训组织者）。

⑤ 入职培训的基本要求标准（内容、时间、考核等）。

⑥ 入职培训的方法。

（2）制度解释。入职培训制度就是规定员工上岗之前和任职之前必须经过全面的培训，没有经过全面培训的员工不得上岗和任职。它体现了"先培训，后上岗""先培训，后任职"的原则，适应企业培训的实际需要，有利于提高员工队伍的素质，提高工作效率。

制度的制订要与人力资源部有关人员配合进行，并争取与其他各部门经理人员共同商讨，这对于此制度的贯彻执行是非常有利的。

3）培训激励制度

（1）制度内容。起草与培训配套的激励制度时，应当主要包括以下几方面的基本内容。

① 完善的岗位任职资格要求。

② 公平、公正、客观的业绩考核标准。

③ 公平竞争的晋升规定。

④ 以能力和业绩为导向的分配原则。

（2）制度解释。企业培训制度的主要目的是激励各个利益主体参加培训的积极性。激励主要包括以下 3 个方面。

① 对员工的激励。培训必须营造前有引力、后有推力、自身有动力的氛围机制，建立培训—使用—考核—奖惩的配套制度，形成以目标激励为先导、竞争激励为核心、利益激励为后盾的人才培养激励机制。

② 对部门及其主管的激励。建立岗位培训责任制，把培训任务完成的情况与各级领导的责、权、利挂钩，使培训通过责任制的形式，渗透在领导的目标管理中，使培训不再只是培训部门的事，而是每一个部门、每一级领导、每一位管理人员的事。

③ 对企业本身的激励。培训制度实际上也是对企业有效开展培训活动的一种约束。企业培训的目的就是要提高员工的工作素质，改变员工的工作行为，提高企业的经营业绩。因此，应制订合理的制度并严格实施，激发企业的培训积极性，使培训真正满足企业生产发展的需要。

4）培训考核评估制度

（1）制度内容。起草培训考核评估制度时，需要明确以下几个方面的内容。

① 被考核评估的对象。

② 考核评估的执行组织（培训组织者或部门经理）。

③ 考核的标准区分。

④ 考核的主要方式。

⑤ 考核的评分标准。

⑥ 考核结果的签署确认。

⑦ 考核结果的备案。

⑧ 考核结果的证明（发放证书等）。

⑨ 考核结果的使用。

（2）制度解释。评估作为培训发展循环的中心环节已经是业内的共识，但从培训模式中各环节体现的培训评估目的多是为提高培训管理水平，同时也有对培训效果的评估，而对参加培训人员的学习态度、培训参加情况则关注得少一些。设立培训考核评估制度的目的，既是检验培训的最终效果，同时也为培训奖惩制度的确立提供依据，也是规范培训相关人员行为的重要途径。

需要强调的一点是：员工培训的考核评估必须 100% 进行，并且要与标准保持一致，考核评估的过程要开放透明、公平公正，方可达到员工培训考核评估的目的。

5）培训奖惩制度

（1）制度内容。起草员工的培训奖惩制度时，应当主要包括以下几项基本内容。

① 制度制订的目的。

② 制度的执行组织和程序。

③ 奖惩对象说明。

④ 奖惩标准。

⑤ 奖惩的执行方式和方法。

（2）制度解释。奖惩制度是保障前面几项培训管理制度能够得以顺利执行的关键，如果参加与不参加培训一个样，培训考核评估好与不好一个样，相信谁也不会对这些制度重视，同时培训本身也无法引起足够的重视，因此非常有必要设立、执行培训奖惩制度。

值得注意的是，在制订培训奖惩制度时，一定要明确培训可能出现的各种优劣结果的奖惩标准，如果奖惩标准不一或不明确，就无法保证此制度的有效性。

6）培训风险管理制度

（1）制度内容。通过制订管理制度规避企业培训的风险，需要考虑以下几个方面的问题。

① 企业根据《中华人民共和国劳动法》与员工建立相对稳定的劳动关系。

② 根据具体的培训活动情况，考虑与受训者签订培训合同，从而明确双方的权利义务和违约责任。

③ 在培训前，企业要与受训者签订培训合同，明确企业和受训者各自负担的成本、受训者的服务期限、保密协议和违约补偿等相关事项。

④ 根据"利益获得原则"，即谁投资谁受益，投资与受益成正比关系，考虑培训成本的分摊与补偿。比如，对于投资大、时间长、能够迅速提高受训者能力和其个人收入的开发性培训项目，以及对基础学历教育及以提高自身基本素质为主的培训，考虑以个人投资为主，企业部分分担，根据员工学习成绩的好坏，以奖惩的性质调整各自的比例。

（2）制度解释。培训是一项生产性投资行为，做投资就必然存在风险。培训风险包括人才流失及其带来的经济损失、培养竞争对手、培训没有取得预期的效果、送培人员选拔失当、专业技术保密难度增大等。若培训风险较大且找不到合适的防范手段时，企业就会对培训投资持有不积极的态度。培训风险只有通过做好培训实施工作来尽量降低，如积极性维持和培训质量保证等。

4. 培训制度的推行与完善

培训制度的贯彻推行要贯穿于培训体系的各个环节之中，使员工培训在实施过程中都有章可循、有法可依。在执行各种规章制度的同时，要加大监督检查的力度，监督检查人员不能仅限于企业高层领导，还应该吸收员工的代表参加，从多个角度监督检查培训制度的落实情况。此外，企业还应采取开放式的管理，每一个员工都有权利和义务监督培训制度的执行情况，如有意见或建议可直接提出，也可采用匿名的方式提出。

任何制度的制订都不可能是一步到位的，要通过实际的运行才能得到检验。培训制度在贯彻实施过程中会遇到一系列新的问题，这些问题的出现，有可能是员工自身的原因，也有可能是制度本身的原因。如果员工的培训制度确实存在一些问题和不足，与企业的现实情况相抵触，企业需要组织力量，深入实际，进行调查，全面掌握真实的信息，对制度的某些条款做出适当的调整，如此才能保障培训制度的科学性、完整性和可行性。

培训制度推行与完善的步骤如图 5-1 所示。

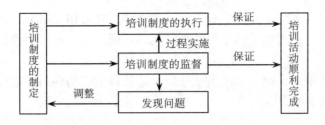

图 5-1　培训制度推行与完善的步骤

沃尔玛的女性员工培训

沃尔玛对男女员工一视同仁，并尽一切可能多招收女性从事重要职位的工作，这使沃尔玛很受女性的欢迎。在沃尔玛，女员工占员工总数的一半左右，而女性的管理者占管理人员总数的 41%。在培训方面，沃尔玛还针对女性员工实施了"目标管理者加速培养计划"（简称 TMAP 计划），这一计划是沃尔玛全球培训体系中最具特色的课程之一。该计划原来叫"女性管理者培训计划"，是沃尔玛专门为有潜力并愿意成为公司高级管理者的女员工设立的。后来，为了更明确地表达这个计划的目的即培养直接继承人，使员工认识到自己就是上一层领导的后备军，需要加速成长，所以更名为"目标管理者加速培养计划"（TMAP 计划）。

TMAP 计划被引入中国沃尔玛后，公司召开了从全国两万名员工中选出的 41 位女性员工参加的峰会。在这个计划中，培训内容富有针对性并且不失主动有趣。沃尔玛这项计划的成功推出，不仅使公司在本国得到巨大发展，而且也影响到世界各地，使世界各地的妇女积极踊跃加入到沃尔玛的销售大军当中。

——资料来源：沃尔玛严格的培训管理（节选）［EB/OL］.（2013-05-09）［2016-02-12］. http://edu.21cn.com/qy/Learn/64690.htm.

5.2　员工培训系统设计

有效的培训系统是员工培训的重要保障，精心设计员工培训系统是非常重要的。培训系统设计是一项系统性的技术，这项技术可以保证员工个人和企业获得履行岗位职能所必需的知识、技能和劳动态度。培训系统设计、开发必须回答三个问题，即：培训目标是什么？开展哪些活动才能实现目标？怎样检验目标是否达到？要使企业培训能够有效地促进和实现企业的经营目标，应该建立一套有效的、完善的现代企业培训系统。

现代企业有效的培训系统是指企业从自身的生产发展需要出发，积极通过学习、训练等手段提高员工的工作能力、知识水平及潜力发挥，最大限度地使员工的个人素质与工作需求相匹配，促进员工现在和未来工作绩效的提高，最终能够有效地改善企业的经营业绩这样一个系统化的行为改变过程。企业正是通过这个行为改变过程，最终能够满足企业和员工的需要。同时，要按照系统论的观点、原则和要求，全面研究培训系统中各种要素、结构、功能及其相关方面，让培训系统中各个要素得以合理配置，使之相互协调，充分发挥其功能，在良好的培训环境支持下，实现培训过程的最优化，并通过完善的维护措施使企业培训系统保持稳定状态。

现代企业员工的培训系统由培训需求分析、培训规划、培训组织实施和培训效果评估4个子系统组成，如图5-2所示。

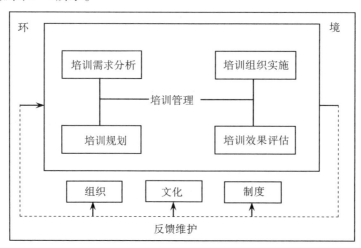

图5-2　企业员工培训系统图

5.2.1　培训需求分析

在企业的生产经营活动过程中，由于内外部环境的变化，以及受到主客观多种因素的影响，企业面临一系列的新困难和新问题；当它们只有通过培训才能解决或才能更好地解决时，培训需求就应运而生。培训需求分析就是采用科学的方法弄清谁最需要培训、为什么要培训、培训什么等问题，并进行深入探索研究的过程。

1. 培训需求分析的作用

培训需求分析具有很强的指导性，是确定培训目标、设计培训计划、有效地实施培训的前提，是现代培训活动的首要环节，是进行培训评估的基础，对企业的培训工作至关重要，是使培训工作准确、及时和有效的重要保证。它的具体作用如下。

（1）有利于找出差距，确立培训目标。进行培训需求分析时，首先应当找出差距，明确目标，即确认培训对象的实际状况同理想状况之间的差距，明确培训的目标与方向。差距的确认一般包括三个环节：一是明确培训对象目前的知识、技能和能力水平；二是分析培训对象理想的知识、技能和能力标准或模型；三是对培训对象的理想和现实的知识、技能和能力水平进行对比分析。

（2）有利于找出解决问题的方法。解决需求差距的方法有很多，可以是培训的方法，也可以是与培训无关的方法，如人员变动、工资增长、新员工吸收等，或者是这几种方法的综合。目前企业所面临的问题往往复杂多变，因此最好将这几种可供选择的解决问题的方法综合起来，制订多样性的培训策略。

（3）有利于进行前瞻性预测分析。企业的发展过程是一个动态的、不断变化的过程，当组织发生变革时（不管这种变革涉及技术、程序、人员，还是涉及产品或服务），培训计划必须进行相应的调整。而培训需求分析是培训计划的前提，因此它必须做好前瞻性和预测性分析，迅速把握住这种变革，为制订完善的培训计划做准备。

（4）有利于进行培训成本的预算。当进行培训需求分析并找到了解决问题的方法后，培训管理人员就能够把成本因素引入到培训需求分析中去，预算培训成本，回答"不进行培训的损失与进行培训的成本之差是多少"的问题。如果不进行培训的损失小于培训的成本，就说明当前还不需要或不具备条件进行培训。但由于很多项目不能用数字量化，且要考虑长远利益，因而做这项工作是较困难的。

（5）有利于促进企业各方达成共识。通过培训需求分析收集了制订培训计划、选择培训方式的大量信息，为确定培训的对象、目标、内容、方式提供了依据，促进企业各方达成共识，有利于培训计划的制订和实施。例如，企业相关部门的员工通常支持建立在真实需求分析基础之上的培训计划，因为他们实际参与了培训需求分析的过程，亲自感受到培训的必要性和紧迫性。

2. 培训需求分析的内容

企业的培训需求是由各个方面的原因引起的，确定进行培训需求分析并收集到相关的资料后，就要从不同层次、不同方面、不同时期对培训需求进行分析。

1）培训需求的层次分析

需求分析一般从三个层次上进行，即战略层次、组织层次、员工个人层次。

（1）战略层次分析。随着企业变革速度的加快，人们把目光投向未来，不仅针对企业的过去和现在进行培训需求分析，而且重视对企业未来进行培训需求分析，即战略层次分析。战略层次分析一般由人力资源部发起，需要企业的执行层或咨询小组的密切配合。战略层次分析要考虑各种可能改变组织优先权的因素，如引进一项新的技术、出现了临时性的紧急任务、领导人的更换、产品结构的调整、产品市场的扩张、组织的分合，以及财政的约束等；还要预测企业未来的人事变动和企业人才结构的发展趋势（如高、中、低各级人才的比例），调查了解员工的工作态度和对企业的满意度，找出对培训不利的影响因素和可能对培训有利的辅助方法。

（2）组织层次分析。组织层次分析主要分析的是企业的目标、资源、环境等因素，准确找出企业存在的问题，并确定培训是否是解决问题的最佳途径。组织层次的分析应首先将企业的长期目标和短期目标作为一个整体来考察，同时考察那些可能对企业目标产生影响的因素。企业目标决定培训目标，如果企业目标不明确，那么培训采用的标准就难以确定，培训工作就失去了指导方向和评估标准。因此，人力资源部必须弄清楚企业目标，才能在此基础上做出一份可行的培训规划。

（3）员工个人层次分析。员工个人层次分析主要是确定员工目前的实际工作绩效与企业的员工绩效标准对员工技能的要求之间是否存在差距，为将来的培训效果和新一轮培训需求的评估提供依据。对员工目前实际工作绩效的评估主要依据以下资料：员工业绩考核的记录、员工技能测试成绩，以及员工个人填写的培训需求调查问卷等资料。

2）培训需求的对象分析

（1）新员工培训需求分析。新员工由于对企业文化、企业制度不了解而不能融入企业，或是由于对企业工作岗位的不熟悉而不能很好地胜任新工作，此时就需要对新员工进行培训。对于新员工的培训需求分析,特别是对于从事低层次工作的新员工的培训需求分析,通常使用任务分析法来确定其在工作中需要的各种技能。

(2)在职员工培训需求分析。在职员工培训需求是指由于新技术在生产过程中的应用,在职员工的技能不能满足工作需要等方面的原因而产生的培训需求,通常采用绩效分析法评估在职员工的培训需求。

3)培训需求的阶段分析

(1)目前培训需求分析。目前培训需求是指针对企业目前存在的问题和不足而提出的培训要求,目前培训需求分析主要分析企业现阶段的生产经营目标、生产经营目标的实现状况、未能实现的生产任务、企业运行中存在的问题等方面,找出上述问题产生的原因,并确认培训是解决问题的有效途径。

(2)未来培训需求分析。未来培训需求是为满足企业未来发展过程中的需要而提出的培训要求。未来培训需求分析主要采用前瞻性培训需求分析方法,预测企业未来的工作变化、员工调动情况、新工作岗位对员工的要求及员工已具备的知识水平和尚欠缺的部分。

3. 培训需求信息的收集方法

培训需求信息的收集方法有很多种,在实际工作中培训管理人员通常使用一种以上的方法,因为采用不同的方法,研究目标员工和他们的工作时,分析的准确程度会显著提高。常用的收集培训需求信息的方法如下。

1)面谈法

面谈法是指培训组织者为了了解培训对象在哪些方面需要培训,就培训对象对于工作或对于自己的未来抱有什么样的态度,或者说是否有什么具体的计划,并且由此而产生相关的工作技能、知识、态度或观念等方面的需求而进行面谈的方法。

面谈法是一种非常有效的需求分析方法。培训者和培训对象面对面进行交流,可以充分了解相关方面的信息。通过面谈,培训者可以推心置腹地和培训对象交谈其工作情况及个人发展计划,对工作中存在的问题进行双向交流,这样有利于培训双方相互了解,建立信任关系,从而使培训工作得到员工的支持。而且,会谈中通过培训者的引导提问,能使培训对象更深刻地认识到工作中存在的问题和自己的不足,激发其学习的动力和参加培训的热情。

但是面谈法也有其自身的缺点。培训方和受训方对各问题的探讨需要较长的时间,这在一定程度上可能会影响员工的工作,而且会占用培训者大量的时间。同时,面谈对培训者的面谈技巧要求高,一般员工不会轻易吐露自己在工作中遇到的问题和自己的不足,员工在没有了解面谈者真实意图的时候,不会将其个人发展计划告知培训者。

面谈法有个人面谈法和集体会谈法两种具体操作方法。个人面谈是指分别和每一个培训对象进行一对一的交流,可以采用正式或非正式的方式进行。个人面谈得到的相关资料可以采取会谈中记录概要、事后进行整理的办法进行处理。集体会谈法是以集体会议的方式,培训者和培训对象在会议室集体参加讨论,但会议中不宜涉及有关人员的缺点和隐私问题。讨论会议中,培训者可以用专门人员进行会议记录的方式整理调查资料。

无论是哪一种方式的面谈,培训者在面谈之前要进行面谈内容的详细准备,并在面谈中加以引导。面谈中应包括以下一些问题。

(1)你对组织状况了解多少?

(2)你认为目前组织存在的问题有哪些?

（3）你对这些问题有什么看法？

（4）你目前的工作对你有些什么要求？

（5）你认为自己在工作中的表现有哪些不足之处？

（6）你觉得这些不足是什么导致的？

（7）你对自己以后的发展有什么计划？

（8）你觉得当前自己的不足主要表现在什么地方？

（9）你个人现在面临的主要问题是什么？

（10）你需要我们在哪些方面给予你帮助？

2）重点团队分析法

重点团队分析法是指培训者在培训对象中选出一批熟悉问题的员工作为代表参加讨论，以调查培训需求信息。重点小组成员不宜太多，通常由 8 ~ 12 人组成一个小组，其中有 1 ~ 2 名协调员，一人组织讨论，另一人负责记录。

这些人员的选取要符合两个条件：一是他们的意见能代表所培训对象的培训需求，一般是从每个部门、每个层次中选取数个代表参加；二是选取的成员要熟悉需求调查中讨论的问题，他们一般在其岗位中有比较丰富的工作经历，对岗位各方面的要求、其他员工的工作情况都比较了解。

这种需求调查方法是面谈法的改进，优点在于不必和每个员工逐个面谈，花费的时间和费用比面谈法要少得多。各类培训对象代表会聚一堂，各抒己见，可以发挥出头脑风暴法的作用，各种观点意见在小组中经过充分讨论以后，得到的培训需求信息更有价值。而且，这种需求调查方法易激发出小组中各成员对企业培训的使命感和责任感。

这种方法的局限性在于对协调员和讨论组织者要求高，由于一些主客观方面的原因，可能会导致小组讨论时大家不会说出自己的真实想法，不敢反映本部门的真实情况，某些问题的讨论可能会限于形式。

重点团队分析法在实际操作中可按照以下几个步骤进行。

（1）培训对象的分类。培训对象的培训需求在一定程度上有共性，可以依据这种共性将其分为几类，要求各类培训对象的培训需求有类似性。确定了培训对象的类别以后，就要在各类培训对象中选出数个成员作为代表成员。代表成员可以是这个类别中较高层次的管理人员，也可以是普通员工，两者各有优劣。较高层次的管理人员在会议发言中可能会顾及自己部门的声誉或害怕自己的领导能力受到怀疑而不讲实话，但其优点在于对本部门员工比较了解。普通员工敢于发言，但可能对实际情况又不是很了解。最好选取那些工作经历较丰富、同时又不是部门的直接领导人的员工参加。

（2）安排会议时间及会议讨论内容。要根据所有选中小组成员的情况，安排妥当的时间进行小组会议，尽量避免影响小组成员的工作。

（3）培训需求结果的整理。会议之后，要对会议记录进行整理，对有争论的问题要进行讨论。

3）工作任务分析法

工作任务分析法是以工作说明书、工作规范或工作任务分析记录表作为确定员工达到要求所必须掌握的知识、技能和态度的依据，将其和员工平时工作中的表现进行对比，以判定员工要完成工作任务的差距所在。工作任务分析法是一种非常正规的培训需求调查方法，它通过岗位资料分析和员工现状对比得出员工的素质差距，结论可信度高。但这种培训需求调查方法需要花费的时间和费用较多，一般只是在非常重要的一些培训项目中才会运用。

（1）工作任务分析记录表的设计。工作任务分析记录表通常包括主要任务和子任务、各项工作的执行频率、绩效标准、执行工作任务的环境、所需要的技能和知识，以及学习技能的场所等。具体工作可以根据要求进行相应的修改。

（2）工作盘点法。工作盘点法是一种比较有名的工作方法，它列出了员工需要从事的各项活动内容、各项工作的重要性，以及执行时需要花费的时间。因此，这些信息可以帮助负责培训的人员安排各项培训活动的先后次序。

4）观察法

观察法是指培训者亲自到员工身边了解员工的具体情况，通过与员工在一起工作，观察员工的工作技能、工作态度，了解其在工作中遇到的困难，搜集培训需求信息的方法。观察法是一种最原始、最基本的需求调查工具之一，它比较适合生产作业和服务性工作人员，而对于技术人员和销售人员则不太适用。这种方法的优点在于培训者亲自与培训对象接触，对他们的工作有直接的了解。但观察员工需要很长的时间，观察的效果也受培训者对工作熟悉程度的影响。另外，观察者的主观偏见也会对调查结论有影响。

为了提高观察效果，通常要设计一份观察记录表，用来核查各个要了解的细节。这样，才能保证观察不会流于形式，而且当观察结束时，就会掌握大量资料作为培训需求分析的依据。

5）调查问卷法

利用问卷调查员工的培训需求也是培训组织者较常采用的一种方法。培训部门首先要将一系列的问题编制成问卷，发放给培训对象填写之后再收回分析。问卷调查发放简单，可节省培训组织者和培训对象双方的时间，同时其成本较低，又可针对许多人实施，所得资料来源广泛。但其缺点在于调查结果是间接取得的，无法断定其真实性，而且问卷设计、分析工作难度较大。在进行调查问卷的设计时，应注意以下问题。

（1）问题清楚明了，不会产生歧义。

（2）语言简洁。

（3）问卷尽量采用匿名方式。

（4）多采用客观问题方式，易于填写。

（5）主观问题要有足够的空间填写意见。

调查问卷的设计看似一份简单的工作，但是要设计出一份高水平的问卷，并不是一件很容易的事。表5-2是一份培训需求调查表的样式。

表5-2　培训需求调查表

公司为了发展需要和为员工个人长远发展的考虑，计划于近期对部分员工提供培训机会，请您根据实际情况配合我们完成此项调查，这对您将是非常有益的。谨此感谢您的配合。

工作岗位：			在岗时间：		
目前职务：			在职时间：		
年龄：		性别：	健康状况：		
调查项目	优	良	中	低	差
当前的工作表现					

非常需要的培训				
工作技能熟练程度				
……				

1. 当前您工作中最大的问题是什么？

2. 为了弥补不足，当前您最需要的培训是什么？

3. 您对未来个人发展有什么计划？

……

时间：	地点：

5.2.2　培训规划的制订

1. 培训规划的主要内容

1）培训项目的确定

（1）在培训的基础上，列出各种培训需求的优先顺序，并根据企业的资源状况优先满足那些排在前面的需求。

（2）明确培训的目标群体及其规模，考虑他们在企业中的作用、目前的工作状况和知识技能水平，进行后续的目标设定和课程安排等。

（3）确定培训目标群体的培训目标，要考虑到个体的差异性和培训的互动性，并对培训预期达到的结果、完成任务的条件、达到目的的标准（即完成任务的速度或工作规范）给予明确、清晰地描述。

2）培训内容的开发

培训内容的开发要坚持"满足需求，突出重点，立足当前，讲求实用，考虑长远，提升素质"的基本原则。

3）实施过程的设计

（1）充分考虑实施过程中的各个环节和阶段，合理安排培训进度，把培训内容以问题或能力为中心分解成多个学习单元，按照各个单元之间的相互关系和难易程度确定讲授顺序、详细程度和各自需要的时间，从而形成一个完备的培训进度表。

（2）合理选择教学方式，根据教师期望对培训的控制程度和受训者的参与程度并结合培训内容，确定以什么方式更能达到效果。

（3）全面分析培训环境，培训时的环境应尽量与实际工作的环境相一致，以保证培训结果在具体工作中能够得到很好的应用。

4）评估手段的选择

选择考核培训成果、培训中间效果评估、受训者的学习效果、培训内容在工作中运用情况的方法。

5）培训资源的筹备

培训需要的资源包括人、财、物、时间、空间和信息等的筹备与使用。资源分析实际上也是可行性分析，以此确定培训能否开展，是采取企业内部培训，还是外部委托的方式培训，或是与外部机构进行合作培训。

6）培训成本的预算

培训规划总是需要得到高层管理者的批准，而高层管理者除了关心规划是否完善可行外，更关注培训的成本效益分析。因此，进行成本预算是得到高层批准的必须环节。同时，成本预算也是对培训实施过程中各项支出的一个参考。

2. 制订培训规划的方法

制订培训规划是个复杂的过程。为了叙述的方便，这里将它分为九大步骤，其中每个步骤都有自己的目标和实现目标的方法。在实践中，这几个步骤是不能截然分开的，培训者可根据自己的需要来确定各个步骤的先后顺序，也可决定是否跨过或重复其中一个或几个步骤。

1）培训需求分析

培训需求分析的目的在于提高工作者的绩效，这就需要一种机制来决定员工现有绩效是否需要提高，以及在哪些方面和何种程度上来提高。在培训规划的设计过程中，这就是需求分析。

（1）目的。搜集、寻找现有绩效存在缺陷的有关证据及数据，以判断是否在现有绩效水平和理想的水平之间存在着差距、工作的哪些方面存在差距、哪些工作人员应对这些差距负责，显示现在和理想绩效之间差距的有关证据能决定是否需要培训、需要在哪些方面培训、需要多少培训，以及哪些工作人员需要培训。

（2）结果。有关员工现有绩效水平的数据资料能够表明全体员工中有多少人未达到、达到或超过了理想的绩效水平。在每一工作领域里，未达到理想绩效水平的员工的百分比，能表明差距主要存在于哪一工作领域和差距有多大。

（3）方法。需求分析可以运用从纯粹的主观判断到客观的定量分析之间的各种方法。方法的确定依赖于对于整个工作中"哪些工作领域是最重要的"和"哪种培训效果最好"的判断。然而，最可靠的需求分析基于实证性的数据。在实践中，要尽可能客观地收集和分析数据，并在此基础上决定是否真正地需要培训。

2）工作说明

要想判断某一培训规划应包括什么，不包括什么，就需要有一种机制来说明培训与什么有关或与什么无关。在培训规划设计中，这种机制就是工作说明。

（1）目的。工作说明有时也被称为"任务说明"，是界定工作要求的基础。设计者收集关于工作活动的数据，如他们提出的问题、选择的答案、使用的工具、做出的分析等，搜集的所有这些信息可用来形成一份客观、全面、可靠的关于工作活动的说明。

（2）结果。工作说明的结果就是一份工作活动一览表。这个一览表可以是一个树形图，也可以是一份工作流程图。工作说明的主要内容包括工作人员所面临的资源状况、他们必须做出的决策、他们必须采取的行动、每项行动的结果、每项行动或每个结果的标准。

（3）方法。工作说明的方法包括直接观察熟练工的实际工作，收集熟练工自己的介绍等间接资料，等等。有些方法注意熟练工的外显行为，有些方法则要注意熟练工进行工作时的精神活动。当工作说明根据实证数据来决定培训目的与什么相关、与什么不相关时，它才是最可靠的，因此要尽可能搜集客观的、全面的数据。

3）任务分析

由于各类工作岗位的任务内容不同，因而对培训的要求也就不同。有些工作任务可能要求培训提供专业知识方面的支持，有些工作任务可能要求培训提供解决某种问题的方法。因此，要想为某项工作任务选择切实可行的培训方法，就需要采用特定的方式，对岗位工作任务的培训需求进行分析。

（1）目的。任务分析旨在明确工作对培训提出的要求。它由一系列相互联系的问题组成，例如：此项工作需要哪些技能？这些技能在何种条件下运用？它们是否有某些特征利于或不利于学习？受训者的特征是有利于还是不利于学习？对这些问题的回答就构成了培训的特殊问题环境，而后者又规定了将要采用特殊措施。

（2）结果。任务分析的结果是提出一类任务分析表，或是一份关于每项任务所需技能的统计表。两种表中都应包括受训者可能存在的困难及应对的措施。受训者的特征，尤其是那些可能有利或不利于学习的特征，一般也在表中详细列出。

（3）方法。一种方法是列出工作人员在工作中的实际表现，进而对它们进行分类，并分析它们的技术构成。另一种方法是列出工作人员在工作中的心理活动，然后进行分类并分析其技术构成。两种方法中，设计者既可靠主观定性分析，又可靠客观定量分析。究竟采用哪种方式，要由费用、时间等因素来决定。

4）排序

学习顺序非常重要。在某项学习活动进行之前，进行另一项学习可能非常费劲，有时甚至根本不可能。而如果将某项学习活动安排在前，那么其后的学习活动可能会非常顺利。每项工作中都有很多技能需要学习，该如何确定科学的学习次序呢？在培训规划设计中，完成此项任务的机制就是排序。

（1）目的。有些任务必须按一定的顺序来安排时间，还有些任务可以任意安排。培训规划设计中的排序就是力图发现实际中的任务适于上述哪种方式，努力发现多种任务间的内在联系，这种内在联系是决定学习优先次序的首要因素。

（2）结果。排序的结果是一份学习流程图，图中所有的学习活动、步骤都依次排列。

（3）方法。通常情况下，排序依赖于对任务说明的结果的检查与分析。任务说明的结果能显示出任务之间在层次、程序上的联系，这些是排序的基本依据。基于这些联系，再考虑到其他一些因素（如费用、后勤等），排序就能完成。

5）陈述目标

目标是对培训结局或由培训带来的岗位工作结果的规定。为了使培训达到预定的目标，就需要对培训目标作清楚明白的说明。在培训规划设计中，这种机制就是陈述目标。

（1）目的。陈述目标就是翻译和提炼早期收集的信息。它为顺利实现剩余任务提供了一个有力的工具。早先的任务分析提供了大量的关于工作要求的信息，这些信息非常详细，不利于当作指导方针来使用。设计者应将这些信息浓缩，并转化成在培训中易于操作的指导方针。

（2）结果。陈述目标的结果包括：工作人员面临的情境、使用的辅助工具或工作助手、对每种情境所必须做出的反应行为、每项行为的辅助工具、行为及其结果的标准。这些内容越全面越详细，目标陈述就越有用处。

（3）方法。设计者依靠工作说明的结果进行转换，就成了目标。目标越精确、细致，设计者就越易于进行下面的活动。

6）设计测验

培训规划设计最终要对培训的结果进行评估，因此它必须提供可靠的和有效的测评工具。这些工具必须能精确地显示受训者在经过培训后有多少进步。因而，在陈述目标之后，设计者要设计测验。

（1）目的。测验用于培训开始和结束时，它检验培训规划是否符合要求。它是培训规划设计和使用时的评估活动的关键因素。测验结果在不同时期有着不同的用途：在培训设计时，它证明设计的培训规划是否符合要求；在培训规划使用时，它为设计者提供反馈，帮助设计者修改、调整规划及做好下一次规划。

（2）结果。测验与工作对绩效的要求越接近，其结果就越能代表实际工作绩效，也就越具有可预测性。直接测验和模拟测验必须紧紧抓住工作所要求的技能，它们可以使用与培训中相同的媒介工具，也可使用不同的媒介工具，如纸、笔、计算机、电视等；它们可以要求受训者进行多项选择、配对和回答问题；它们可以采取自己评分和他人评分的形式；它们必须符合"培训方面"的唯一标准，即向受训者提出的要求必须和在"陈述目标"中已经规定的相一致。

（3）方法。"测试学"是心理学中一门比较成熟的分支学科，有关编制测验的技术也相当先进并广为人知，这些都可在设计测验时进行应用。

7）制订培训策略

制订培训策略就是根据培训面临的问题环境来选择、制订相应的措施。

（1）目的。培训策略根据工作对培训提出的要求，规定培训的类型。策略越成功，培训就越能满足工作的需要。例如，某项培训目标要求应用知识，而不是简单地回忆它们。此时，一种合适的策略就是为受训者提供一个示范性的情景，在这种情景中知识得以应用。培训策略还必须适应构成培训问题环境的其他因素，如学习某一特殊工作技能的阻碍因素、受训者的学习能力、培训设备等。

（2）结果。培训策略规定了受训者将要参加的培训的性质、类型和特征。它明确了受训者将要参加哪些活动，培训内容是什么，培训以哪种方式进行，以及培训中应使用哪些媒介工具等。

（3）方法。设计者回顾前面几个步骤的结果，分析必须适应的问题环境。任务说明、目标陈述和设计测验的结果规定了工作要求的类型；任务分析的结果规定了基于工作要求的学习目标；受训者分析的结果明确了那些可能影响受训者达到培训目标的因素；排序的结果明确了实现所有目标的最优次序排列。培训策略就要适应这些条件，最好的策略能在这些条件和对应措施间进行最适宜的搭配。

8）设计培训内容

培训策略必须转化成具体的培训内容和培训程序，才能被执行和运用。在培训规划设计中，这种转化就是设计培训内容。

（1）目的。培训规划必须将培训策略中所列的各项规定加以应用。培训策略只规定了所需培训的大致框架，培训内容的设计则将这个框架充实、填满。培训课堂包括哪些因素（知识、技能、能力）？它们以什么方式表现（文字、图画、情境）？它们的出现顺序如何？内容设计必须对这些问题予以详细的回答。

（2）结果。培训内容设计的结果就是一份培训教案。教案设计了一个个活动情景，这些情景告诉受训者应做什么、如何做、做的结果是什么，培训过程中可能会出现什么困难，以及应怎样处理它们，应遵守什么规则等。总之，教案提供给受训者的就是搞好工作所必需的知识、能力、技能和其他心理品质。

（3）方法。通常的方法是根据工作要求确定培训内容的性质和类型，然后对这些内容进行分析，将其分解成一个个细节，并根据受训者的心理发展规律、内容之间的联系来确定各个细节的先后顺序，再选择适宜的工具和方式来展现这些细节。

9）实验

按照上述步骤设计的培训规划，从理论上讲可能尽善尽美。但是，它是否考虑了不该考虑的因素而没有考虑该考虑的因素呢？它是否能在实践中起到预期的作用？为了回答这些问题，需要将培训规划进行实验，然后根据实验结果对之进行改善。这个培训规划最后的一个机制，就是实验。

（1）目的。设计者找来一个小组学员（实验组），根据设计好的培训规划对他们进行培训；然后，利用设计好的测验来检验受训者是否学到了他们该学的东西，以及学得有多好；最后，再根据测验结果来诊断培训规划的缺点并对其进行改进。如果时间和经费允许，可以进行多轮实验和改进，以保证培训规划最有效。

（2）结果。实验的结果是根据实验加以改进的培训规划。改进的内容可能有：增加新内容，重新安排议题和各项议题的顺序，增添新型教具，改进测验系统等。这些改进必须针对实验中诊断出的明显存在的问题。

（3）方法。实验的对象要从将要参加培训的学员集体中选取。实验的环境条件、方法步骤、内容形式、设备工具要尽可能和真正的培训一样。实验数据的收集要全面、真实、准确。也可以在多轮实验中变换实验方法和工具，然后将各自的结果加以比较分析。在实验数据的统计分析中要充分照顾到来自学员方面的信息。学员关于培训内容的难易程度、各部分内容的特点和问题、培训方法、培训环境、教师，以及改进方式等方面的看法，一定要充分反映到培训规划的改进中去。

5.2.3 培训的组织与实施

1. 培训师的培训与开发

（1）授课技巧培训。教师授课技巧的高低是影响培训效果的关键因素。授课技巧很多，因人而异，因情况而异。

（2）教学工具的使用培训。培训师必须能熟练使用现代化的教学工具。

（3）教学内容的培训。从教师的两个来源来看，外部聘请的教师可能理论知识比较扎实，但其对企业的实际情况并不了解，就要对其进行这方面知识的补充，这样他们在授课时才能做到有针对性，将理论和实践结合起来。内部开发的教师对企业的情况比较了解，业务技能也很娴熟，但这类教师的缺点在于对专业范围内的理论新动向或新开发的技术或产品并不了解，这就是他们在培训中需要补充的东西。

（4）对教师的教学效果进行评估。教师的教学效果评估包括两部分内容：一是对教师在整个培训中的表现进行评估；二是对教师在培训教学中的表现进行评估。

（5）教师培训与教学效果评估的意义。这种评估必不可少，它是企业选择高质量培训教师的一个很好的手段。很多企业在首次培训中选择教师的标准可能只是其名气声望或者是一些人的推荐，但这并不能代表其真实能力。每次培训项目完成以后，培训组织者不但要对培训对象与培训项目做一个评估，还应该对培训教师进行相关的评估，这样可以确切反映其在培训中所发挥的作用。对于教学效果较好的教师，可以长期保持联系，为以后的培训储备资源。

华为的导师制

华为是国内最早实行导师制的企业；导师制在华为的实施效果非常好，其关键在于必须制订相应的保证措施。

华为选聘的导师必须符合两个条件：一是绩效必须好；二是充分认可华为文化，这样的人才有资格担任导师。同时规定，导师最多只能带两名新员工，目的是确保成效。

华为对导师有相应的激励政策：一是晋升限制，规定凡是没有担任过导师的人，不能得到提拔；二是给予导师补贴；三是开展年度"优秀导师"评选活动，以及导师和新员工的"一对红"评选活动，在公司年会上进行隆重表彰。这些措施，激发了老员工踊跃担任导师的积极性和带好新员工的责任感。

华为还规定，导师除了对新员工进行工作上指导、岗位知识传授外，还要给予新员工生活上的全方位指导和帮助，包括帮助解决外地员工的吃住安排，甚至化解情感方面的问题等。

华为的导师制，和过去国企推行的"师徒制"有相似之处，但又有很大的不同，华为对导师和徒弟都有非常明确的责任要求，并和个人发展紧密挂钩，保证了导师制能够落实，并发挥积极作用。

——资料来源：华为新员工培训的四大看点（节选）[EB/OL].（2015-03-26）[2016-02-16].http://www.weixuexi.org/detail_201503261108249711852bf7f94f7-cadd41f.html.

2. 培训课程的实施与管理

一个完善的培训计划在拟订阶段，必然会涉及许多在实施中将发生的事情，包括：学员、培训师的选择，培训时间、场地的安排，教材、讲义的准备，培训经费的落实，培训评估方法的选择等。所以，培训计划能否成功实施，除了有一个完善的培训计划外，培训师的素质、培训人员的学习成效及环境、时间等相关因素的配合都不可忽视。

培训课程的实施是指把课程计划付诸实践的过程，它是达到预期课程目标的基本途径。课程设计得再好，如在实践中得不到实施，也没有什么意义。课程实施是整个课程设计过程中的一个实质性阶段。

1）前期准备工作

在新的培训项目即将实施前做好各方面的准备工作，是培训成功实施的关键。准备工作包括以下几个方面。

（1）确认并通知参加培训的学员。如果先前的培训计划已有培训对象，在培训实施前必须先进行一次审核，看是否有变化。须考虑的相关因素有学员的工作内容、工作经验与资历、工作意愿、工作绩效及公司政策、所属主管的态度等。

（2）培训后勤准备。确认培训场地和设备，须考虑的相关因素有：培训性质、交通情况、培训设施与设备、行政服务、座位安排、费用（场地、餐费）等。

（3）确认培训时间。须考虑的相关因素有：能配合员工的工作状况及合适的培训时间长度（原则上白天 8 个小时，晚上 3 个小时为宜）；符合培训内容、教学方法的要求控制。

（4）相关资料的准备。主要包括：课程资料编制、设备检查、活动资料准备、座位或签到表印制、结业证书等。

（5）确认理想的培训师。尽可能与培训师事先见面，授课前说明培训目的和内容。须考虑的相关因素有：符合培训目标、培训师的专业性、培训师的配合性、培训师的讲课报酬在培训经费预算内。

2）培训实施阶段

（1）课前工作。

① 准备茶水、播放音乐。

② 学员报到，要求在签到表上签名。

③ 引导学员入座。

④ 课程及讲师介绍。

⑤ 学员心态引导、课堂纪律宣布。

（2）培训开始的介绍工作。做完准备工作以后，课程就要进入具体的实施阶段。无论什么培训课程，开始实施以后要做的第一件事都是介绍。具体内容包括以下几个方面。

① 培训主题。

② 培训者的自我介绍。

③ 后勤安排和管理规则介绍。

④ 培训课程的简要介绍。

⑤ 培训目标和日程安排的介绍。

⑥ "破冰"活动。

⑦ 学员自我介绍。

（3）培训器材的维护、保管。对培训的设施、设备要懂得爱护，小心使用，不能粗暴。例如：收录机或录像机的磁带要轻柔地插入或取出；许多人使用麦克风时，要注意保持麦克风清洁，以免传播疾病等。对设备要定期除尘，不要把食物、饮料放在设备附近。

3）知识或技能的传授

传授新知识或技能的方法有很多，通常包括由培训者讲授、通过教学媒体、有组织的讨论、非正式的讨论，以及提问和解答等。培训过程应注意以下几个方面的问题。

① 观察讲师的表现、学员的课堂反应，及时与讲师沟通、协调。

② 协助上课、休息时间的控制。

③ 做好上课记录（录音）、摄影、录像。

4）对学习进行回顾和评估

一般在培训的最后阶段，当学员听到"现在我们来总结一下所学的内容"等时，他们就会松弛下来，认为培训已经结束，该下课了。实际上，这一短暂的总结非常重要，具有承上启下的作用，它既高度概括培训的中心内容，又提示学员注意："请大家想一想今天所培训的内容，有哪些可以应用到今后的工作中去。"虽然通过总结可以帮助学员复习学过的内容，但由于通常这时他们已开始被动地听，所以效果并不好。因此，即使是在培训的最后阶

人力资源管理实务

段也不能忘记学员的参与是培训成功的关键。在最后的总结阶段，学员的参与更为重要，因为这关系到他们能否把学到的知识运用到工作中去，即培训的目的能否最终实现。

做任何一件事情都要有始有终，培训也是一样。但培训者通常都很重视开始和整个培训过程，而忽略了结束时总结部分。当然，好的开始可以给学员和培训者带来信心，而整个培训过程更是传授新知识和技能的主要环节，所以能留给结束时总结部分的时间较短。但只要能给结束时的总结部分留出相当于全部培训时间的 5% 左右的时间，就能取得意想不到的效果。

5）培训后的工作

培训后的工作有：向培训师致谢、做问卷调查、颁发结业证书、清理检查设备、培训效果评估。

5.2.4 培训效果的评估

1. 培训效果信息的种类

分析培训效果信息的种类是确定培训效果信息的前提条件，不了解培训效果信息的种类或培训效果信息的集存点，就无法全面、准确地收集信息，自然也将导致最终分析的偏差。

（1）培训及时性信息。培训及时性信息是指培训的实施与需求在时间上是否相对应。培训的实施必须有前瞻性，不能何时需要何时再培训，应当在岗位工作需要前就做好培训，以适应新工作的需要。同时，培训也不能太提前，这样有可能在工作需要时再进行补充培训或强化培训，否则会因为受训人忘记培训内容而失去或者削弱培训作用，使培训效果大打折扣。

（2）培训目的设定合理与否的信息。培训目的来源于培训需求分析。在设定培训目的时，要真正全面、细致地对培训需求进行研究，使培训目的设定能真正满足培训需求。这包括有形的需求和无形的需求、长期需求和短期需求。

（3）培训内容设置方面的信息。培训的内容设置合理，就有可能达到培训目的，否则就会事倍功半。

（4）教材选用与编写方面的信息。教材选用与编写方面的信息是指所选用和编写的教材是否符合培训的需求：运用这些教材进行培训，能否达到培训目的；教材的深度及细致程度是否能被受训人员接受，是否过于简单或者过于烦琐，而导致受培训人员收获不大或难有收获。

（5）培训教师选定方面的信息。培训教师选定方面的信息是指所选定的培训教师是否有能力做好这方面的培训，是否了解受训人员，是否有良好的教学水平，是否掌握受训人员能接受的教学方法，是否能让受训人员全部或者部分地接受培训内容。

（6）培训时间选定方面的信息。培训时间方面的信息包括两方面的内容：一是培训时机选择是否得当；二是具体培训时间的确定，如培训时间确定为某月某日，上午还是下午，是上班时间还是下班时间等，这些也会影响受训人员及教师的情绪，决定着培训效果的好坏。

（7）培训场地选定方面的信息。培训场地要根据培训的具体内容而定，不同的培训内容要选择不同的培训场地。理论或操作性不强的培训可以选择在教室进行，实际操作课程最好选择在操作现场或者能实施操作的地方进行。

（8）受训群体选择方面的信息。受训群体选择方面的信息是指根据受训人员在素质、知识水平、经验上的不同，选择相应的教材和适宜的授课方式。这主要从培训效果和受训人员的接受能力来考虑。

（9）培训形式选择方面的信息。培训形式选择方面的信息是指所选择的培训方式是否有助于受培训人员接受培训的内容，是否还有更好的方法。

（10）培训组织与管理方面的信息。培训组织与管理方面的信息是指培训的后勤保证、培训的现场组织等方面的事宜。

2. 培训效果信息的收集渠道

培训效果信息的收集，也可以说是培训效果的追踪。为了达到培训的目的，应对培训结果进行考评、确认，否则就会失去培训的意义。从信息的种类分析来看，要了解或采集上述信息，不外乎通过这样几个渠道：生产管理或计划部门、受训人员、受训人员所在岗位的管理部门和主管领导，以及培训教师等。

（1）生产管理或计划部门对培训组织实施的时机选择和培训目的的确定是否得当具有发言权，因为他们能够准确了解培训需求，也就是知道应当选择什么培训内容和培训应达到何种深度。同时，他们也能对培训的组织管理提出意见，因为大多数培训是要占用工时的。

（2）受训人员是收集培训效果分析信息最重要的渠道之一，因为受训人员最知道岗位对技能方面的要求，并且了解自己的不足，知道要在哪些方面接受培训。同时，他们是培训的受益者，对教学方法、授课水平、授课效果有最直接的感受。所以，收集培训效果信息，对受训人员的调查了解必不可少。

（3）受训人员所在岗位的管理部门和主管领导是了解受训人员受训效果的最直接、最公正的信息渠道。受训人员综合素质的提高在工作中的反映，他们看得最清楚，所以也最有发言权。

（4）培训教师是了解受训人员组成需求的关键。培训教师要根据受训人员不同的学历背景、综合素质和工作经验来实施培训。如果受训人员的水平参差不齐，则不容易选择合适的教学方式和方法，并且选择不当会影响培训的整体效果。

3. 培训效果评估的指标

（1）认知成果。认知成果可用来衡量受训者对培训项目中强调的原理、事实、技术、程序或过程的熟悉程度。认知成果用于衡量受训者从培训中学到了什么，一般应用笔试来评估认知结果。

（2）技能成果。技能成果用来评估技术或运动技能，以及行为方式的水平，它包括技能的获得与学习（技能学习）及技能在工作中的应用（技能转换）两个方面；可通过观察员工在工作抽样（如模拟器）中的绩效来评估受训者掌握技能的水平。技能转换通常是用观察法来判断的。

（3）情感成果。情感成果是指包括态度和动机在内的成果。评估情感成果的重要途径是了解受训者对培训项目的反应。受训者对培训项目的反应是他们对培训项目的感性认识，包括对设施、培训教师和培训内容的感觉。这类信息通常是在课程结束时收集到的。受训者对培训项目的反应有助于明确受训者的哪些想法是有助于或会阻碍学习。虽然受训者对培训项目能提供有用的信息，但通常与学习和培训转换的关系不大。

评估情感成果还需要收集其他一些情感因素，包括对多样化的忍耐力、学习动机、安全态度和顾客服务定位。情感成果可通过调查来进行衡量。

（4）绩效成果。绩效成果用来决策公司为培训计划所支付的费用。绩效成果包括由于雇员流动率或事故发生率的下降导致的成本降低、产量的提高及产品质量或顾客服务水平的改善。

（5）投资回报率。这是指培训的货币收益和培训成本的比较。培训成本包括直接和间接成本，收益指公司从培训计划中获得的价值。

培训效果评估使用的成果如表5-3所示。

表5-3 培训效果评估使用的成果

成果	举例	如何衡量
认知成果	安全规则、电子学原理、评估面谈步骤	笔试、工作抽样
技能成果	使用拼图、倾听技能、指导技能	观察、工作抽样、评分
情感成果	对培训的满意度、其他文化信仰	访谈、态度调查
绩效成果	缺勤率、事故发生率、专利	观察、从信息系统或绩效记录中收集数据
投资回报率	美元	确认并比较项目的成本与收益

4. 培训效果的跟踪与反馈

为了保证培训取得预期的效果，必须对培训进行全程监控和评估。对培训进行全程监控，可以保证培训活动按照规划进行，保证及时解决培训过程中出现的问题，还能将各种影响培训效果的因素记录下来，以便在以后的培训中加以改进。由于培训监控牵涉面广，影响因素多，所以对培训效果的跟踪与反馈就必须在多方面进行。

1）培训前对培训效果的跟踪与反馈

对受训者进行训前的状况摸底、了解受训者在与自己的实际工作高度相关的方面的知识、技能和能力水平，目的是与培训后的状况进行比较以测定培训的效果。如果培训的内容比较单一，摸底也没有必要在很大的范围内进行，只需在与培训内容相关的方面进行即可。

2）培训中对培训效果的跟踪与反馈

（1）受训者与培训内容的相关性。培训要取得预期的效果，就必须保证培训内容与受训者实际需求的合理衔接，即把培训提供给那些真正需要这些培训的人员。实际运作中的衔接方式有两种：一是先定培训内容，再根据培训内容选择受训者，如财会培训班；二是先定受训者再定培训内容，如经理培训班。对前者就要考虑受训者的选择是否合理，对后者就要根据培训前的摸底情况考虑培训内容的设计是否恰当。

（2）受训者对培训项目的认知程度。根据成人教育理论，只有当受训者对培训项目比较了解后，他才可能对培训产生兴趣并有接受培训的积极性。因此，为了高度调动受训者的参与意识，培训的组织者应该采取某些得当的措施，向受训者宣传此次培训活动的内容、进程、方式，让受训者对培训有一定的了解，并相应调整自己的态度和行为。此时就要监测受训者对培训的参与热情和持久性，表现为受训者在培训过程中的出勤率和教学合作态度等方面。

（3）培训内容。监控的目的是及时发现实际提供的培训内容与规划的培训内容之间的差异，保证实际提供的培训与计划高度一致。差异主要表现为提供了非规划的内容、内容缺失或不完整、培训内容错位或非标准化。导致出现这种差异的原因可能有：培训项目的管理机构或人员没有严格按照规划实施培训；规划中的培训内容没有得到受训者的认同，从而在执行中走了样；因不同项目之间的交叉或相互影响，对培训内容做了调整；外部环境的干扰。一般情况下，应该保证培训按照规划进行，除非有充分的理由证明调整和改变的必要性。

（4）培训的进度和中间效果。监控培训的进度是保证培训项目在时间进度和资源投入进度方面与规划保持一致。监控培训的中间效果是评估受训者在不同培训阶段的提高和进步幅度，及时发现受训者取得的进步和规划预期的差距并采取补救措施。如果只是在培训结束后才来检查，即使发现问题也为时已晚。这种监控在大型培训项目中，特别是那些承接性很强的培训项目中非常有用。

（5）培训环境。根据学习转换理论，规划时一般都会使培训的实施环境与受训者的工作环境尽量相似，以保证培训效果得到最大的转换。因此，在具体培训实施过程中，就需要及时分析受训者的实际工作环境的变化，调整培训的实施环境，以保证培训适应新环境下的新需求。

（6）培训机构和培训人员，包括培训的管理人员和培训教师。培训的管理人员和培训教师都是培训的具体执行者，培训最终效果的好坏与他们的工作密切相关。评估的内容主要是他们的行为表现，如管理人员的工作积极性、合作精神、领导能力和沟通能力，教师的教学经验、能力、方法等。评估主要是为了保证培训机构和培训人员有能力做好培训。

阿里巴巴集团的专业培训

在阿里巴巴集团，人被视为最宝贵的财富。将每一位阿里人的个人能力成长融为持续的组织创新实践、集体文化传承是阿里巴巴集团实现建立学习型组织目标应满足的最基本要求。因此，与阿里巴巴集团成长历程伴生的，是一个坚持"知行合一"的学习体系。阿里巴巴集团学习体系分为四个部分：新人系、专业系、管理系，以及在线学习平台。其中的专业系，即专业培训，是通过运营大学、产品大学、技术大学及罗汉堂进行的。

1. 运营大学：基于运营专业岗位的胜任力模型和公司战略方向，为全集团的运营人员提供学习内容和环境。

运营大学纯自主研发适合阿里巴巴集团业务情境的 100 门专业课程，涵盖四大运营领域岗位，针对不同人群提供精细化的学习方案。例如，保证新人快速胜任岗位的脱产学习、提供进阶技能的岗中学习、以主题沙龙形式进行的专业视野开拓及促进高潜力员工交流成长的运营委员会等。

2. 产品大学：基于互联网产品经理的能力图谱，自主研发了接近 100 门课程，以业务方向为导向，采用多元化形式，提供综合培养手段。

"PD 新人特训营"针对入职 3 个月内的产品经理，通过全脱产的系统性培训学习，加速其认知集团产品架构，加深其对产品经理岗位认知，使其快速胜任岗位；"产品大讲堂"，除了提供进阶课程，更解剖实战案例，线下交流线上沉淀；面向各个垂直领域高潜员工的产品经理委员会，则通过定期或不定期的产品论剑、产品体验、游学交流等活动，实现沉淀专业知识，解决业务疑难问题。

3. 技术大学：面向阿里巴巴集团技术专业领域人才的成长培养，近 3 年的统计中已开发课程 400 余门，培养内部讲师近 800 人，参与培训人数 50 000 余人次。

在专业课与公开课的基础之上，技术大学建立 ATA 技术沙龙，形成开放的技术人员交流平台，旨在挖掘好的、值得推广的思想、理念、技术等；同时根据公司重点发展的技术领域，技术大学还邀请外部嘉宾，引入优质内容及分享议题，引导相关领域人员学习了解最新、最牛的技术，拓宽眼界，促进内部人员思考成长。

4. 罗汉堂：面向阿里巴巴集团中入职时间在 3 年以内的一线员工的通用能力培养基地。

罗汉堂完全自主研发的 5 门课程：《情绪管理》《沟通，其实很简单》《在合作中成长》《组织高效会议》《结构化思维与表达》。课程内容深度内化，贴合阿里巴巴集团工作情境，具备浓郁的阿里巴巴集团味道。所有课程植入互动体验式模块，以启发个体思考、创造行动改变。

——资料来源：阿里巴巴集团学习体系——坚持"知行合一"的培训体系（节选）[EB/OL].（2014-06-04）[2016-02-21]. http://www.100ec.cn.

5.3　培训经费的核算与控制

5.3.1　培训成本的含义

培训成本是指企业在员工培训过程中所发生的一切费用，包括培训之前的准备工作，培训的实施过程，以及培训结束之后的效果评估等各项活动的各种费用。

直接培训成本是指在培训组织实施过程之中，直接用于培训者与受训者的一切费用的总和，如培训教师的费用，学员的往来交通、食宿费用，教室设备的租赁费用，教材印发、购置的费用，以及培训实施过程中的其他各项花费等。

间接培训成本是指在培训组织实施过程之外企业所支付的一切费用的总和，如培训项目的设计费用、培训项目的管理费用、培训对象受训期间的工资福利及培训项目的评估费用等。

1. 培训成本的构成

在西方人力资源会计中，员工培训成本被定义为人力资源的开发成本，它是指企业为了使新聘用的人员熟悉企业、达到具体岗位所要求的业务水平，或者为了提高在岗人员的素质而开展教育培训工作时所发生的一切费用。企业人力资源开发成本的支出，有助于员工知识的增长、技能的提高，因此从本质上来看，人力资源的开发成本是企业对人力资源进行的投资，它是真正意义上的人力资源投资。

人力资源的开发成本主要包括人员定向成本、在职培训成本和脱产培训成本。

（1）人员定向成本。定向成本也称为岗前培训成本，它是企业对上岗前的员工进行有关企业历史、企业文化、规章制度、业务知识、业务技能等方面的教育培训时所支出的费用。它包括培训者和受训者的工资、教育管理费、学习资料费、教育设备的折旧费等。

（2）在职培训成本。在职培训成本是在不脱离工作岗位的情况下对在职人员进行培训所支出的费用。它包括培训人员和受训人员的工资、培训工作中所消耗的材料费、让受训人员参加业余学习的图书资料费、学费等。

在职培训往往会涉及机会成本问题，它是指由于开展在职培训而使有关部门或人员受到影响导致工作效率下降，从而给企业带来的损失，如有关人员离开原来岗位所造成的损失及由于受训人员的低效率或误操作给整条生产线，乃至对整个生产过程的产量和质量造成的影响等。

（3）脱产培训成本。脱产培训成本是企业根据生产工作的需要，对在职员工进行脱产培训时所支出的费用。脱产培训根据实际情况，可以采取委托其他单位培训、委托有关教育部门培训或者企业自己组织培训等多种形式。

根据所采取的培训方式，脱产培训成本可分为企业内部脱产培训成本和企业外部脱产培训成本。内部脱产培训成本包括培训者和被培训者的工资、培训资料费、专设培训机构的管理费等；外部脱产培训成本包括培训机构收取的培训费，接受培训学员的工资、差旅费、补贴、住宿费、资料费等。

培训成本与参与培训的人员在企业中所担任的职务、所接受培训的层次、培训单位等有密切的关系。

2. 掌握培训成本信息的意义

掌握培训成本的相关信息，具有以下重要意义和作用。

（1）可以了解培训总成本的构成，以及直接成本与间接成本的情况。

（2）有利于对不同的培训项目成本进行对比分析，做出正确的选择。

（3）有助于合理确定培训项目在设计、实施、评估和管理上资金的分配比例。

（4）用于分析比较不同小组员工的培训资金分配情况。

（5）便于进行成本控制，进行成本-收益的对比分析。

总之，要切实保证企业培训的需要，把钱花在刀刃上，在培训计划实施前，企业必须全面掌握培训成本的相关信息，才能做好员工培训费用预算的编制工作，为企业培训工作的开展提供资金上的有力支持，从物质上保证培训计划的贯彻执行，不断提高员工培训的实际效果和经济效益。

3. 培训成本信息的采集

编制培训预算方案前，主要应当采集以下与员工培训相关的信息。

（1）收集需要参加企业外部培训的员工的数据资料，即采集所有需要参加外部培训的员工可能发生的费用资料，如学费、资料费、参观考察、交通食宿等费用。

（2）收集企业及其各个下属部门在企业内部组织培训可能发生的各项费用资料，包括企业拟举办的各种类型的培训班在培训场地、聘请讲师、购买教材等方面的费用资料。

（3）收集企业培训所需要新建场地设施、新增设备器材器具的购置等方面的数据资料。

这些数据资料主要涉及以下两大类费用。

（1）有形资本费用，如场地的租赁费，设备、器材的购置或租赁费用，资料购买或印刷费用，外请培训师的聘用费用，培训组织人员和内聘教学人员在组织培训过程中的工资、奖金、补贴等，受训者在接受培训期间的工资、奖金、补贴等。

（2）无形资本费用，如培训组织人员、内聘教学人员和受训人员因从事培训工作，未能参加企业的生产活动而造成的损失；应当用于租赁和购置场地、设备、器材，购置、印刷教材及外聘教师的费用，由于管理不善可能造成的损失等。

5.3.2 培训成本项目的核算

1. 利用会计方法计算培训成本

一般来说，我国现行会计制度要求采用会计方法核算企业培训成本，主要是按照一定的成本科目进行统计计算。例如，有些企业按照投资内容列出以下 6 个成本核算项目。

（1）教师的工资奖金、福利保险及其补贴、津贴等项支出。

（2）受训者脱产学习的工资福利等项支出。

（3）受训者学习资料、教材和学习用品方面的支出。

（4）教室、校舍建设方面的支出。

（5）属于固定资产标准的教学仪器、设备费用。

（6）经常性教育培训费用支出，如讲课酬金、业务费、办公费、实习费、委托代培费、器具购置费等。

此外，还有相当多的企业是按照以下7种项目统计计算培训成本。

（1）培训项目开发或购买成本。

（2）培训教师的课酬、交通费、饭费等费用。

（3）设备、设施等硬件的使用成本。

（4）向培训教师和受训者提供的培训材料成本。

（5）受训者交通及住宿等方面的成本。

（6）教学辅助人员、管理人员的工资。

（7）受训者学习期间的工资，因参加培训而损失的生产率或当受训者接受培训时代替他们工作的临时工的成本。

这种培训成本的核算方法，不但可以明确什么时候发生这些成本，还可以明确区分培训成本发生的次数及频繁程度。例如，一次性成本指那些与培训需求评估、培训项目开发等活动有关的费用；而多次性重复培训的成本包括培训场地租赁费用、培训教师工资，以及其他每一次培训计划实施时都可能发生的费用，如每个受训者的培训成本包括餐费、材料费及受训者参加培训而损失的生产率或发生的替代成本。

2. 利用资源需求模型计算培训成本

资源需求模型是一种按照培训的横向、纵向作业流程核算企业培训成本的方法。具体地说，它是从培训项目开始的准备阶段一直到项目全部终结为止，按照培训项目设计成本、培训项目实施成本、培训项目需求分析评估成本、培训项目成果的跟踪调查及效果评估成本等科目进行成本的核算。

利用资源需求模型的方法核算培训成本，具有以下3个特点。

（1）有利于比较培训项目在不同阶段上所需设备、设施、人员和材料的成本支出情况。

（2）有助于分析不同培训项目成本的总体差异，为科学合理地选择培训项目提供依据。

（3）有利于对不同培训项目的不同阶段发生的费用进行对比，突出重点问题，对成本实施有益的监控。

应用实例： 恒丰公司采取委托培训方式拟对各个下属分公司的经理层举办一次为期3天的集中培训，受训者有20人，由外部培训公司3人和公司培训部2人组成了专题培训小组，全面参与项目设计、实施与管理。前期先用2天的时间进行了专题调研，对该培训项目进行设计。在培训完成之后的一个月、三个月和半年时，将分别进行3次评估跟踪，每次3天。

该培训项目的各部分费用标准如下：培训公司前期的研发费用1 500元/天，培训教师课酬10 000元/天，培训教师的交通食宿费用1 000元/天，培训场地及设备租赁费1 500元/天，教材费100元/人，餐费标准每人20元/天，评估费用800元/天，受训者误工费3 000元/天。

求解：请用资源需求模型法对该培训成本做出预算。

预算结果如表 5-4 所示。

表 5-4　恒丰公司某培训项目费用预算表

单位：元

序号	培训项目费用标准		费用预算
1	培训项目设计成本（1 500 元/天，2 天）		3 000
2	2.1	培训教师课酬（10 000 元/天，3 天）	30 000
	2.2	培训教师的交通食宿（1 000 元/天，3 天）	3 000
	2.3	场地及设备租赁费（1 500 元/天，3 天）	4 500
	2.4	受训者教材费（100 元/人，20 人）	2 000
	2.5	受训者餐费（20 元/（人·天），3 天，20 人）	1 200
	2.6	受训者误工费（3 000 元/天，3 天）	9 000
3	培训项目评估费（800 元/（天·次），3 次，3 天）		7 200
4	项目管理费	4.1　培训部人员薪金（200 元/（人·天），2 人，2 天，3 天，9 天）	5 600
	费用合计		65 500

5.3.3　培训经费预算方案的编制

培训经费是进行培训的物质基础，是培训工作所必须具备的场所、设施、培训教师等的资金保证。能否确保培训经费的来源和能否合理地分配及使用培训经费，不仅直接关系到培训的规模、水平及程度，而且也关系到培训者与受训者能否有很好的心态来对待培训。

在编制培训经费预算方案时，要充分考虑以下影响因素，并对不同培训方案的总成本及其构成进行对比分析，以便做出正确的决策。

（1）有多少员工需要参加这项教育训练计划？他们的工作岗位处于何种层级？

（2）每期有多少员工同时离开工作岗位？脱产多长时间？准备举办多少期？

（3）员工离开工作岗位，部门主管安排其他同事代替是否要增加额外的支出？

（4）培训教师与受训者最理想的比率是多少？最多可容纳多少受训者，同时保证培训教师仍能掌握并达成训练目标，保证培训的质量？

（5）参与培训计划的人员成本、设施费用、地点及其他单位的支援费用？

（6）培训计划从设计、安排、协调、执行到追踪评估所需要的时间、人力、物力、财力？

（7）增加部分成本在效益上是否会按比例扩大？培训结果有哪些可能产生的间接效益？

（8）培训成果评估及直接效益的计算，应事先根据培训目标设定。

（9）培训成本分担期限的界定及人数或成本中心的计算方式应合理确定。

（10）培训计划是企业内自行设计，或聘请企业外培训机构，或购买现成的培训套装，与培训人数、次数及培训需求达成的目标有关。

在编制预算时，起草人在全面掌握企业及各下属部门提出的培训计划信息之后，通过分析比较，要对企业培训计划项目及其费用预算进行必要的筛选、调整和平衡，然后再交部门主管及企业领导审批，审批后的费用，按标准严格执行，并要坚持一个季度回顾一次费用的使用情况，根据需要对培训项目及其费用做相应的调整。

正确地划分员工培训费用数据的种类、科目，不但有利于对培训经费使用情况进行分析，也对以后培训预算方案的起草、审核和监督，特别是对培训计划的制订和贯彻实施具有十分重要的指导意义。

5.3.4 培训成本收益的分析

企业培训经费的投入可能带来的收益、效益主要体现在以下几个方面。

（1）任职者可以提高完成本职工作的质量。

（2）任职者可完成超过本职位技能要求的工作。

（3）随着技能的完善和提高，任职者可以从事以前无法胜任的工作，进而减少用人，降低人工成本。

（4）为企业中长期的人才需求做好了储备。

（5）提高了企业整体任职人员的工作素质，增加了企业整体的工作效益和质量，增强了企业的市场竞争力。这一点是比较重要的，也是效益最高的。

综上所述，要用极其准确的数字来说出投资的成本是多少，效益是多少，是比较难的。投资成本中有形的投资成本可以用较准确的数字来表示，但是无形的投资成本是较难用准确的数字表示的，培训成本的收益同样如此。

为确定培训的潜在收益，企业有必要回顾一下其进行培训的初始原因。例如，培训的实施可能是要降低生产成本或额外成本，或者增加重复购买量。

实际上，有许多方法可用来分析企业培训成本所带来的收益。

（1）可以运用专业技术的研究成果、生产实践活动的变化证实培训计划所取得的收益。

（2）在企业大规模投入资源之前，通过实验性培训，评价一部分受训者所获得的收益。

（3）通过对成功的工作者的观察，可帮助企业确定成功与不成功的工作者的绩效差别。

5.3.5 培训项目收费标准的核定

确定培训项目收费标准的方法很多，主要有以下几种可供参照。

（1）上级拨款实报实销。这种办法无须送培单位缴纳培训费，培训中心（院校）也无须核算成本，上级单位按年度或半年度实际发生金额足额拨款，全包全揽。但此法没有激励效果，易出现浪费现象。

（2）上级核算一个收费标准，依照每人平均培训费用缴纳，收费标准比较模糊，送培单位经济核算程度不高。

（3）精确计算培训成本，按收支平衡略有盈余的原则收费。

此时，参加培训项目单个受训者的收费标准可按下述公式核算：

$$J = J_z / X$$

式中：J——单个受训者的培训收费标准；

X——本班受训者人数；

J_z——该班预计发生的经费总额。

$$J_z = Y \cdot \sum_{i=1}^{6} J_i$$

式中：Y——管理费用系数；

$\quad J_1$——发生在教师身上的费用，如酬金、交通费、食宿费等；

$\quad J_2$——教材及辅导材料的印制、购置费；

$\quad J_3$——教室、电教、教具、实训仪器、设备、材料、水电费用；

$\quad J_4$——外出参观、游览的车费、门票、外联费用；

$\quad J_5$——受训者食宿、文体、医疗等费用；

$\quad J_6$——其他培训费用。

按照上述公式进行计算时，有以下两个难点。

（1）受训者人数 X 在受训者报到前是个不确定值，因其不确定，所以 J_1、J_2、J_3、J_4、J_5、J_6 也就难以确定。用一系列不确定值来计算的结果就可想而知了。鉴于此，有两种处理办法：一种办法是全按计划招生数计算；另一种办法是把涉及人数的因子不放在公式之内。例如，将教材、住宿费、参观、游览、门票等提出来，单项乘以系数后直接计入个人收费标准，来一人算一人，这样能准确一些。

（2）管理费用 Y 值的计算要充分考虑送培单位及受训者本人的承受能力，收费适可而止，一般控制在 10%～20%，不易过高。其基本计算公式为：

$$Y = J_z \Big/ \sum_{i=1}^{6} J_i$$

5.4　职业生涯管理

职业生涯管理（career management）是美国近十几年来从人力资源管理理论与实践中发展起来的新学科。所谓职业生涯，根据美国组织行为专家道格拉斯·霍尔（Douglas T. Hall）的观念，是指一个人一生工作经历中所包括的一系列活动和行为。职业生涯管理分为个人的职业生涯管理和组织的职业生涯管理。

5.4.1　个人职业生涯管理

1. 个人职业生涯管理的意义

个人的职业生涯管理也称自我职业生涯管理，是以实现个人发展的成就最大化为目的的，通过对个人兴趣、能力和个人发展目标的有效管理实现个人的发展愿望。即在组织环境下，由员工自己主动实施的、用于提升个人竞争力的一系列方法和措施。进行个人职业生涯管理具有以下几个方面重要的意义。

（1）能增强员工对工作环境的把握能力和对工作困难的控制能力。

（2）能更好地确立人生方向和奋斗的策略，处理好职业生活和生活中其他部分的关系。

（3）可以实现自我价值的不断提升和超越。

2. 个人职业生涯管理的内容

1）职业发展周期

每个人的职业发展都需要经过几个阶段，个人需要依据职业发展周期调整个人的知识水平和职业偏好。

个人的职业发展周期可以分为五个阶段：成长阶段、探索阶段、确立阶段、维持阶段和下降阶段。虽然从原则上可以把职业发展周期分为以上五个阶段，但是并不是所有人的职业发展周期都是一样的，每个人的职业发展周期都会有自己的特点。

2）职业发展性向

职业咨询专家约翰·霍兰德认为，人格（包括价值观、动机和需要等）是决定一个人选择何种职业的另外一个重要因素。他提出了决定个人选择何种职业的六种基本的"人格性向"。

（1）实际性向。具有这种性向的人会被吸引从事那些包含着体力活动并且需要一定技巧、力量和协调的职业，如森林工人、运动员。

（2）调研性向。具有这种性向的人会被吸引从事那些包含着较多认知活动的职业，而不是主要以感知活动为主的职业，如生物学家和大学教授。

（3）社会性向。具有这种性向的人会被吸引从事那些包含着大量人际交往活动的职业，而不是那些有大量智力活动或体力活动的职业，如心理医生和外交人员。

（4）常规性向。具有这种性向的人会被吸引从事那些包含着大量结构性和规则性的职业，如会计和银行职员。

（5）企业性向。具有这种性向的人会被吸引从事那些包含着大量以影响他人为目的语言活动的职业，如管理人员、律师。

（6）艺术性向。具有这种性向的人会被吸引从事那些包含着大量自我表现、艺术创造、情感表达和个性化的职业，如艺术家、广告创意人员。

实际上每个人不是只包含有一种职业性向，而是可能几种职业性向的混合。霍兰德认为，这种性向越相似，则一个人在选择职业时面临的内在冲突和犹豫就越少。霍兰德用一个六角形来表示这六种性向的相似性。

3）职业锚管理

埃德加·施恩认为，职业规划实际上是一个持续不断的探索过程。在这一过程中。每个人都根据自己的天资、能力、动机、需要、态度和价值观等慢慢地形成较为明晰的与职业有关的自我概念，逐渐形成一个占主导地位的职业锚。职业锚是自我意向的一个习得部分；个人进入早期工作情境后，由习得的实际工作经验所决定，与在经验中自省的动机、需要、价值观、才干相符合，达到自我满足和补偿的一种长期稳定的职业定位。

在实际工作中，新雇员重新审视自我动机、需要、价值观及能力，逐步明确个人需要与价值观，明确自己的擅长所在及发展的重点，并且针对符合于个人需要和价值观的工作，以及适合于个人特质的工作，自觉地改善、增强和发展自身才干，达到自我满足和补偿。经过这种整合，新员工寻找到自己长期稳定的职业定位。

埃德加·施恩认为职业锚要有五大类型：技术职能能力型职业锚、管理能力型职业锚、安全型职业锚、自主型职业锚和创造型职业锚。

（1）以技术职能能力为锚位的员工，有特有的职业工作追求、需要和价值观，表现出如下特征：强调实际技术或某项职能业务工作。技术职能能力型职业锚的员工热爱自己的专业技术或职能工作，注重个人专业技能发展，一般多从事工程技术、营销、财务分析、系统分析、企业计划等工作。

（2）管理能力型的职业锚呈现如下特点：愿意担负管理责任，且责任越大越好，这是管理能力型职业锚员工的追逐目标。与不喜欢、甚至惧怕全面管理的技术职能能力型职业锚的人不同，他们倾心于全面管理，掌握更大权力，肩负更大责任。具体的技术工作或职能工作仅仅被看作是通向更高、更全面管理层的必经之路；他们从事一个或几个技术职能区工作，只是为了更好地展现自己的能力，是获取专职管理权之必需。

（3）创造型职业锚是定位很独特的一种职业锚。在某种程度上，创造型锚同其他类型职业锚有重叠。追求创造型职业锚的人要求有自主权、管理能力，能施展自己的才干。但是，这些不是他们的主动机、主价值观，创造才是他们的主动机、主价值观。

（4）安全型职业锚又被称作稳定型职业锚，其特征如下：职业的稳定和安全，是这一类职业锚雇员的追求、驱动力和价值观。他们的安全取向主要为两类：一种是追求职业安全，稳定源和安全源主要是一个给定组织中的稳定的成员资格，如大企业组织安全性高，做其成员稳定系数高；另一种注重情感的安全稳定，包括一种定居而使家庭稳定和使自己融入团队的感情。

（5）自主型职业锚又被称作独立型职业锚，这种职业锚的特点是：最大限度地摆脱组织约束，追求能施展个人职业能力的工作环境。以自主、独立为锚位的人认为，组织生活限制人，是非理性的，甚至侵犯个人私生活。他们追求自由自在、不受约束或少受约束的工作和生活环境。

埃德加·施恩认为，从职业锚可以判断员工达到职业成功的标准。通过职业锚，可以有针对性地为员工开展职业生涯规划，达到最大限度的激励员工的效果。

职业锚的自我评价

为了帮助确定自己的职业锚，可以找几张白纸写下你对以下几个问题的答案：

1. 你在高中时期主要对哪些领域比较感兴趣（如果有的话）？为什么会对这些领域感兴趣？你对这些领域的感受是怎样的？

2. 你在大学时期主要对哪些领域感兴趣？为什么会对这些领域感兴趣？你对这些领域的感受是怎样的？

3. 你毕业之后所从事的第一种工作是什么（如果相关的话，服役也算在其中）？你期望从这种工作中得到些什么？

4. 当你开始自己的职业生涯时，你的抱负或长期目标是什么？这种抱负或长期目标是否曾经出现过变化？如果有，那么是在什么时候？为什么会变化？

5. 你第一次换工作或换公司的情况是怎样的？你指望下一个工作能给你带来什么？

6. 你后来换工作、换公司或换职业的情况是怎样的？你怎么会做出变动决定？你所追求的是什么？（请根据你每一次更换工作、公司或职业的情况来回答这几个问题。）

7. 当你回首自己的职业经历时，你觉得最令自己感到愉快的是哪些时候？你认为这些时候的什么东西最能令你感到愉快？

8. 当你回首自己的职业经历时，你觉得最让自己感到不愉快的是哪些时候？你认为这些时候的什么东西最能令你感到不愉快？

9. 你是否曾经拒绝过从事某种工作的机会或晋升机会？为什么？

10. 现在请你仔细检查自己的所有答案，并认真阅读关于五种职业锚（技术职能能力型、管理能力型、安全型、自主型、创造型）的描述。根据你对上述这些问题的回答，分别将每一种职业锚赋予从 1～5 之间的某一分数，其中 1 代表重要性最低；5 代表重要性最高。

技术职能能力型_____管理能力型_____安全型_____

自主型 _____ 创造型 _____

——资料来源：职业锚的自我评价［EB/OL］．（2010-08-30）［2016-02-27］．http://career.51youcai.com/zhiyeceping/2010/0830/17425.html.

5.4.2 组织职业生涯管理

组织职业生涯管理是指组织从员工个人的职业发展需求出发，有意识地将其与组织的人力资源需求和规划相联系、相协调、相匹配，为员工的职业提供不断成长和发展的机会，为帮助、支持员工职业生涯发展制订和实施各种政策和措施，以最大限度地调动员工的工作积极性。在实现员工个人职业生涯目标的同时，实现组织的生产经营目标和持续发展。开展职业生涯管理工作是满足员工与组织双方需要的极佳方式，它将二者的需要、目标、利益相结合、相匹配，以达到动态均衡和协调，达到"双赢"效果。

1. 组织职业生涯管理的内容

组织职业生涯管理的内容主要包括：帮助员工进行职业规划，建立各种适合员工发展的职业通道，针对员工职业发展的需求进行各种培训，给予员工必要的职业指导等。

腾讯公司：多渠道的晋升体系

腾讯公司职业发展体系的建立，旨在帮助员工根据自身特点，有效规划管理职业生涯、提高专业能力和长期工作绩效，以及帮助公司有效规划人力资源、提升组织能力和满足公司发展需要，最终实现员工职业发展与公司发展双赢。

双通道的职业发展体系

腾讯公司职业发展系统分为员工职业发展体系与干部领导力体系。腾讯公司员工依据所从事职位，必须且只能选择对应的某一职位类作为职业发展通道；为保证管理人员从事管理工作的同时，不断提升专业水平，除总办领导及EVP以外的所有管理人员必须同时选择市场族、技术族、专业族的某一职位类作为其专业的发展通道，走双通道发展。这意味着，在职业发展体系的支持下，员工可以同时在领导力通道及员工职业发展通道上发展。

职业规划及通道划分

各职业发展通道的设置建立在职位类基础上，目前腾讯公司将职位划分为市场族、技术族、专业族及管理族4个职位族；每一个职位族又分为若干职位类，共21个职位类；各职位类下设若干职位。市场族分为产品类、销售类、客服类、销售支持类、内容类；技术族分为软件研发类、质量管理类、设计类、技术支持类；专业族分为战略类、企管类、财务类、人力资源类、法务类、公共关系类、行政类、采购类；管理族分为领导者、高级管理者、管理者、监督者。

职业发展通道等级划分

技术族、专业族、市场族的各个职业发展通道均由低到高划分为6个等级：初做者、有经验者、骨干、专家、资深专家和权威。根据管理需要，每个级别由低到高可分为基础等、普通等和职业等3个子等级。基础等是指刚到达基本能力要求，尚需巩固；普通等是指完全达本级别各项能力要求；职业等是指本级别各能力表现成为公司或部门内标杆。

领导族各职业发展通道分为监督者、管理者、高级管理者、领导者 4 级。
——资料来源：全球四大名企的职业生涯规划（节选）［EB/OL］.（2015-01-29）［2016-03-03］. http://zhiye. class. com. cn/newsdetail. jsp? id=17806&nodeid=515.

2. 组织职业生涯规划设计

组织职业生涯管理需要各方面的有效配合，个人、人力资源部门、上级的共同合作是做好职业生涯规划管理的基础。职业生涯规划的实施要依据不同人员的特点进行。组织在为员工开展职业生涯规划时，应当根据不同员工的特点相应地采取有效的职业生涯规划方法。一般可以针对新员工、中期员工和老员工三类人员进行操作。

（1）对新员工的职业规划方法：提供一个富有挑战性的最初工作。大多数专家都认为，企业能够做的最重要事情之一就是争取做到为新雇员提供的第一份工作是富有挑战性的。比如，在一项以美国电报电话公司（AT&T）的年轻管理人员为对象的研究中，研究者们发现，这些人在公司的第一年中所承担的工作越富有挑战性，他们的工作也就显得越有效率、越成功，并且即使五六年之后，这种情况依然存在。提供富有挑战性的起步性工作是"帮助新雇员取得职业发展的最有力、然而却并不复杂的途径之一"。

在古德曼·萨奇斯公司（Goldman Sachs），管理者们总是期望公司的年轻专业人员能够比较快地做出贡献，并希望他们能够通过在承担富有挑战性项目的工作小组中工作而迅速地找到自己的位置。正如该公司的一位管理者所说，当某个项目小组与客户会谈时，即使会谈小组负责人手下全是一帮刚刚新进公司的员工，他也往往不充当第一个发言的人——第一个发言的人往往是最新进公司的员工；新员工担负这种责任，整个小组则全力支持。这正是许多人被吸引到古德曼·萨奇斯公司来的重要原因，因为员工可以在工作初期就能够获得决策能力。

（2）对中期员工的职业规划方法：提拔晋升，职业道路畅通。这一措施主要施用于有培养前途、有作为、上得去的员工。组织需要为这些员工安排富有挑战性的工作和新的工作任务，或者安排探索性的职业工作。对于处于职业中期的员工，组织依然要充满信任，大胆地将富有挑战性的工作和新的工作任务交给他们。

（3）老年员工的职业规划方法：到职业后期阶段，员工的退休问题必然提到议事日程。大量的事实表明，退休很可能伤害了员工。对组织的工作也会产生影响，为了减少和避免可能的伤害与影响，对员工退休事宜加以细致周到的计划和管理十分必要。

① 做好细微的思想工作；
② 做好退休后的计划与安排；
③ 做好退休之际的职业工作衔接。

3. 组织职业生涯规划的实施

（1）建立组织的职位结构。现在的问题是，很多组织或部门没有一个清晰的职位结构，每个职位应负的责任、业绩的衡量标准、职位价值、回报关系没有理顺。要做好组织性职业生涯设计，就需要在职位体系的划分上，做好基础工作。

建立组织的职位体系，需要在职位族、类上做科学的划分。既要与组织结构一致，也要与职位要求一致；还需要对职位做合理的分层：高、中、基层职位的名称、数量都要明晰化。这样，可以为后面的组织性职业生涯规划提供真实的职位信息基础：一些职位空缺，需要什么样的人、可以从什么职位晋升上来；有人升职了，相应岗位的空缺替补计划如何做出等。对员工来说，一系列岗位的变动的后面就是职业发展的机会。

（2）建立员工职业发展通道。现在，很多企业推行双轨制员工职业发展通道：一条职位发展通道是，员工选择管理岗位，通过承担更多应负责任来实现职位晋升；另一条通道是，员工选择专业技术路线，通过在专业技术岗位上的经验和技能的提升，走专家道路，即员工可以不通过管理岗位晋升，而是通过走专业技术路径获得高报酬。

① 职业路径：在组织职位体系设立的基础上，确立各职位之间的晋升和替补关系，如人力资源部总监的职位，可以由人力资源部下属部门经理晋升，也可以由业务部门总监平调过来。但需要处理好一个问题，即各职位的具体任职资格要求要很明确，并且要对员工开放。职位及任职资格相关信息开放后，员工会结合自己的个性特征和组织的发展要求，调整自己的职业选择。

② 技能路径：技能路径适用于专业技术岗位。和职位体系设计相类似，对某一专业技术职位，要明确其技能边界，并设立相应的技能要求等级，使员工和组织能够科学地评估员工的技能差异。这种由低到高的技能层级设计实际上为员工提供了一条新的职业发展通道。

（3）建立评估体系。组织性职业生涯设计需要建立评估体系。一方面，对组织现状进行合乎实际的理性评估，以确定组织发展的阶段和组织调整方向，规划职位的变动；并结合经营状况，控制职位的薪酬总量；另一方面，需要对员工的业绩、素质、技能等进行评价：业绩的评价有利于整个组织的绩效管理，也有利于保持员工职业生涯设计时的组织绩效导向；对员工的素质和技能的评价有利于明确现有人力资源的状况，并在此基础上，分配合适的人力资源到合适的岗位上。

（4）建立职位替补/晋升计划。职位的替补/晋升有几个原因：一方面，组织结构的变动会导致职位的增删并合；另一方面，员工离职、辞退、事故等都可能带来职位的变动；建立职位替补/晋升计划就是在年度规划或季度计划时，考虑到现有业务和人力资源状况，做出职位替补/晋升计划。

职位的替补/晋升计划是一个系统的设计过程，如人力资源总监岗位的空缺，组织将市场部门的总监调任后，市场总监职位又发生空缺，第一业务部经理提升到这个位置后，第一业务部经理位置又空缺……往往一个职位的变动能够盘活一盘棋，而要使整个棋局向好的方向演变，就需要熟悉组织每个职位的任职资格要求和组织中人员的特点。

总之，组织性职业生涯设计的最终目的是通过帮助员工在组织内部发现职业发展的机会，激发他们的工作热情和潜能，以期员工更好地服务于企业，为实现企业的经营目标而努力工作。员工的技能提升和进步，有赖于企业实施有效的组织性职业生涯设计。

海尔集团：多岗位、跨领域的发展前景

海尔集团为员工搭建以制造系统为起点的职业发展平台，让员工能够在不同的工作岗位和工作领域中得到历练，不断提升工作技能，从而能够积累多岗位和跨领域的工作经验，迅速成长为海尔集团"全球化品牌战略"需要的高素质职业化人才。

量身定做的"启航计划"

为了帮助新员工快速融入海尔集团，海尔大学设计了新员工培养项目"启航计划"；该

项目包括课堂培训、在岗培训、导师辅导等多种培养形式，帮助新入职员工全面提升各方面能力，帮助新员工成长为第一竞争力的人才。

新员工培养分为三阶段：导入培训、生产线实习、岗位历练。各阶段的培养形式有体验活动、教室培训、网上培训、导师指导、在岗实践。

为员工规划的双通道发展模式

海尔集团为员工规划了双通道，即管理通道和专业通道的职业发展模式，并通过纵向职业晋升、横向职业转换为员工提供多重职业发展机会，使员工的职业生涯更大限度地与集团的发展保持一致。

管理通道，适用于综合管理素质较强、能够引领团队达成目标愿景的海尔人；专业通道，适用于专业技能突出、能够在专业技术领域进行研究突破的海尔人。

海尔集团的职业发展体系支持海尔人在管理通道和专业通道之间的转换，以及族群、序列间转换。员工可以在经理人员和人力资源部门的帮助下，根据职业转换的原则进行横向发展。

晋升渠道

晋升主要体现在岗位层级的变化上，成功的海尔人凭借实力和不懈努力获得晋升。海尔人晋升的指导原则有三点：一是持续高绩效表现，致力于在各方面达成或超越人们的期望；二是展现出更高层级上所需的能力；三是业务的发展和需要。

——资料来源：全球四大名企的职业生涯规划（节选）[EB/OL]．（2015-01-29）[2016-03-03]．http://zhiye.class.com.cn/newsdetail.jsp? id = 17806&nodeid = 515.

4. 组织职业生涯规划的重要意义

组织职业生涯设计是进行人力资源开发的前提，是合理处理个人事业成功和企业发展关系的基础。因此，搞好组织性职业生涯设计，对个人、对组织及对社会都有极为重要的意义。

（1）进行组织性职业生涯设计有利于明确组织的职业发展机会。对企业来说，首先要明确企业将来的发展，即战略目标。只有明确其目标定位，才能确定企业需要什么样的人员结构，将现实与理想状态比较后，就能够提出组织的期望。对员工来说，了解了组织的发展机会后，会调整自己的价值取向，努力并积极创造条件，达到组织期望的职位要求，获得晋升或成长。

（2）进行组织性职业生涯设计有利于个人潜力的充分发挥，为组织创造出更大价值。个人潜力的发挥需要一定的舞台，这个舞台在于能够促成职业与个性的匹配，在于职业技能能够得以提升，在于有一条合乎员工发展的职业发展通道，在于组织能够认可员工的成长。只有组织中的人的潜力充分发挥出来，才能为组织创造出更大的价值。

（3）进行组织性职业生涯设计有利于组织有计划地提升员工队伍的素质。这在企业扩张过程中尤其明显。企业扩张的过程，同时是一个队伍不断壮大的过程，队伍的不断壮大，不同时期，对员工的要求有所不同。这就有一个整体性技能提升的要求。企业只有根据自己的发展状况调整职位结构及职业发展的阶梯，一个阶段一个阶段地向前发展，而一个合乎企业发展要求的组织性职业生涯设计将促使企业的员工队伍素质和技能得以不断提高。

（4）进行组织性职业生涯设计有利于人尽其才、才尽其用，发挥人力资源的最佳效益。

有的员工天生具备某种"才干",组织性职业生涯设计的一个要求就是要建立一套合理的素质、技能测评体系,以发现员工的才干和能力,并将其放在合适的岗位上,促进其能力的发挥。

（5）进行组织性职业生涯设计有利于选拔、使用和培养人才。组织在了解员工个人的能力、兴趣、特长、性格等的基础上,设计个人的职业发展路径,将其纳入到组织的目标上来,使之符合组织的利益,进而根据组织需要对员工进行有针对性的培养,同时根据个人的专长合理使用。

阿里巴巴：多样化的职业规划体系

阿里巴巴非常重视员工的职业生涯规划,通过多样化、系统化的培训体系,教学相长、不断提升的文化氛围,保证每一位员工源源不断地获取工作中所需要的知识和技能。

职业规划分三种类型

阿里巴巴的职业生涯规划分为三种类型,新员工的入职培训、在职员工的岗位技能培训和管理人员的管理技能培训。

培训的形式分为课堂、夜校、夜谈。课堂形式的培训时间较为集中,一般要求授课时间在7个小时以上,其所授课程的知识体系相对完整;夜校所开设的是针对管理人员的课程,讲师一般都是公司的高层管理人员;夜谈是知识体系分散、以员工的兴趣爱好或者生活常识为主开设的课程。

新员工入职培训

新员工入职培训分为销售和非销售员工的培训。新员工在入职一个月内参加脱产带薪培训,课程项目有阿里巴巴发展、价值观、产品和组织架构介绍等。新员工入职培训给新员工提供了深入了解阿里巴巴并适应阿里巴巴的机会。

岗位技能培训

岗位技能培训分为专业技能培训和通用技能培训,采用的授课形式是课堂和夜谈。阿里巴巴除了开设职业生涯规划、外贸知识讲座、社交礼仪、目标设定等与日常工作相关的课程外,也开设了一些以员工兴趣爱好或者生活常识为主的小课程,如摄影、音乐鉴赏、旅游、理财、网络购物等。这些形式多样、内容丰富的学习活动,真正把阿里巴巴营造成为一个随时可以学习,任何人都有发展机会的大学校。

管理人员培训

阿里巴巴管理技能计划、阿里巴巴管理发展计划和阿里巴巴领导力发展计划,在公司内部被简称为3A课程。每个计划由3～4门核心课程组成,针对不同层级的管理人员进行系统培训。每门课程都结合工作实际,注重课前的沟通调研、课后行动计划的执行,由业务主管、人力资源部和培训部共同打造管理人员的综合能力。

——资料来源：全球四大名企的职业生涯规划（节选）［EB/OL］.（2015-01-29）［2016-03-05］. http://zhiye. class. com. cn/newsdetail. jsp? id = 17806&nodeid = 515.

本章小结

员工培训是指组织为了实现其战略发展目标，满足培养人才、提升员工职业素质的需要，采用各种方法对员工进行有计划的教育、培养和训练的活动过程。

员工培训应遵循战略性、长期性、按需培训、实践培训、多样性培训、企业与员工共同发展、全员培训与重点培训结合、反馈与强化培训效果、注重投入提高效益的原则。员工培训分为岗前培训、在岗培训、脱产培训三大类。

企业培训制度包括培训服务制度、入职培训制度、培训激励制度、培训考核评估制度、培训奖惩制度和培训风险管理制度6种基本制度。起草与修订培训制度应体现战略性、长期性、适用性原则。

现代企业员工的培训系统由培训需求分析、培训规划、培训组织实施和培训效果评估四个子系统组成。

培训成本是指企业在员工培训过程中所发生的一切费用，包括培训之前的准备工作、培训的实施过程及培训结束之后的效果评估等各项活动的各种费用。人力资源的开发成本主要包括人员定向成本、在职培训成本和脱产培训成本。可利用会计方法或资源需求模型计算培训成本。

职业生涯管理分为个人的职业生涯管理和组织的职业生涯管理。个人的职业生涯管理也称自我职业生涯管理，是以实现个人发展的成就最大化为目的的，通过对个人兴趣、能力和个人发展目标的有效管理实现个人的发展愿望。个人职业生涯管理包括职业发展周期、职业发展性向、职业锚管理。组织职业生涯管理是指企业从员工个人的职业发展需求出发，有意识地将之与企业组织的人力资源需求和规划相联系、相协调、相匹配，为员工的职业提供不断成长和发展的机会，为帮助、支持员工职业生涯发展制订和实施的各种政策和措施，以最大限度地调动员工的工作积极性。在实现员工个人的职业生涯目标同时，实现企业的生产经营目标和持续发展。组织职业生涯管理的内容主要包括：帮助员工进行职业规划，建立各种适合员工发展的职业通道，针对员工职业发展的需求进行各种培训，给予员工必要的职业指导等。开展职业生涯管理工作是满足员工与企业组织双方需要的极佳方式，它将二者的需要、目标、利益相结合、相匹配，以达到动态均衡和协调，达到"双赢"效果。

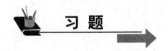

习 题

⇨ 思考题

1. 如何理解员工培训？员工培训有什么重要意义？
2. 员工培训的原则有哪些？
3. 现代企业员工的培训系统有哪些部分组成？
4. 简述培训成本的含义与构成？
5. 简述培训制度的内容及各项培训管理制度起草的要求和方法。
6. 简述培训成本信息的采集、项目的核算和收益分析的方法。

7. 个人职业生涯管理及组织职业生涯管理的含义是什么？

8. 如何进行组织职业生涯规划设计？

讨论题

1. 如何进行培训需求分析及如何对员工培训进行安排？

2. 不同类型的企业对个人职业生涯的发展有何不同影响？

自测题

1. （　　）是现代培训活动的首要环节。

    A. 培训需求分析　　B. 培训效果评估　　C. 培训计划设计　　D. 培训方法选择

2. （　　）是培训激励制度的基本内容。

    A. 奖惩对象说明　　　　　　　　B. 被考核的评估对象

    C. 考核结果的使用　　　　　　　D. 公平竞争的晋升规定

3. 培训管理的首要制度是（　　）。

    A. 培训服务制度　　B. 培训考核制度　　C. 培训激励制度　　D. 培训奖惩制度

4. 收集培训需求信息的主要方法有（　　）。

    A. 面谈法　　　　　　　　　　　B. 工作任务分析法

    C. 观察法　　　　　　　　　　　D. 重点团队分析法

5. 在培训信息的收集中，观察法比较适合对（　　）进行调查。

    A. 技术工作人员　　B. 管理工作人员　　C. 生产作业人员　　D. 销售工作人员

6. 以下属于霍兰德提出的人格性向的是（　　）。

    A. 实际性向　　　　B. 调研性向　　　　C. 常规性向　　　　D. 艺术性向

7. 对新员工的职业规划方法是（　　）。

    A. 提拔晋升　　　　　　　　　　B. 对退休事宜进行细致周到的计划和管理

    C. 提供富有挑战性的工作　　　　D. 做好细微的思想工作

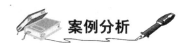

案例分析

    A公司原来是以生产电子配件为主的民营企业，后来被韩国的一家跨国公司控股经营，现有职工150余人。兼并后，A公司由生产流程型逐步向市场与研发方向过渡，也就是说其经营重点转向了市场与研发，并制订了年度研发目标就是要有2～3项新产品投入市场。为此其组织结构也有了较大的变化，由原来的直线式转变为职能式的组织结构，所以部门职能和岗位职责都发生了较大的变化调整。A公司的人力资源部人员重新编写了《A公司部门职责》与《A公司职位说明书》；在编写的过程中，他们发现在岗人员与岗位能力要求存在较大的差距，其主要原因是缩减了岗位，扩大了工作内容。

    为此，A公司人力资源部门为了使这些管理及技术人员尽快适应调整后的工作，经过调查分析后编制了本年度的培训费用使用计划及培训实施规划，并得到了决策层的认可。小李是负责A公司培训工作的人员，他首先设计并下发了《员工培训需求调查问卷》，同时与各部门就培训需求问题进行了一次专题座谈；生产主管说："产品的合格率搞不上去与员工的技能水平不高有很大的关系，应该开展相应的培训课程。"技术开发部的主管说："我们部门的技术人员在产品开发方面的能力较薄弱……"于是，小李依据各部门的提议和自己调查的情况确定了培训的课程。可是培训计划实施之后，他发现培训的效果与培训的目标相差甚远。小李心中充满了疑惑……

——资料来源：http://blog.sina.com.cn/s/blog_4a2c1c1b01008417.html.

思考题

A 公司在培训管理过程中存在什么问题？应该如何做才能避免出现上述情况？

第6章

绪效管理

所有组织都必须思考"绩效"是什么？这在以前简单明了，现在却不复如是，策略的拟订越来越需要依据绩效的新定义。

——彼得·德鲁克

 学习目标

1. 了解绩效的含义及性质。
2. 了解绩效评估误差的来源及预防措施。
3. 理解绩效考评的原则。
4. 明确绩效管理与绩效考评的区别。
5. 熟悉绩效考评的主体和一般程序。
6. 掌握绩效管理的内容。
7. 掌握绩效考评的三类方法及相互之间的区别。

引言

IBM 的绩效管理工具是 PBC，即 personal business commitment，翻译成中文是个人业务承诺。

一、从考核周期看，PBC 以年为单位，即使是身处基层的一线员工，包括销售人员在内，也是以年为单位。

二、从考核内容看，PBC 包括业务目标、个人发展目标和员工管理目标，其中员工管理目标仅对经理人员（people manager，指有直接下属的各级领导）适用。

三、从指标性质看，除业务目标中部分目标是定量指标，如销售收入、利润和工时利用率外，PBC 的其他指标大多是定性指标，如团队合作、知识贡献等，即主要由上级来进行主观评定的指标。

四、从指标数量看，大多数员工 PBC 的定量指标一般不会超过 5 个。

五、从考核结果看，PBC 的考核结果分为五档，即 A、B+、B、C 和 D，并实行强制分布，其中 A 一般不超过 15%，C 和 D 加起来，一般不少于 5%，考核结果由经理直接给出，对于 A 和 C 或 D 档，须由经理所在的团队集体讨论决定。

六、从考核流程看，IBM 的 PBC 会严格遵循计划、辅导、考核和反馈四个环节。其中计划在年初做出，由经理和员工个人讨论决定，特别强调双向承诺，即员工对领导下达的业务目标从心里承诺和领导对员工提出的个人发展目标承诺。辅导贯穿整个考核周期，制度要求经理和员工在 7 月份有一个正式的面谈，主要回顾绩效的达成情况，讨论存在的问题，以及在必要的时候对绩效目标进行修订。考核结果一般在年底做出，由经理直接反馈给员工。如果员工对考核结果不满意，可以向人力资源部门申诉。

七、从应用结果看，IBM 是一个绩效导向很强的公司，员工的绩效考核结果对员工晋升和工资增长有着直接的决定作用。在 IBM 内部有一个说法，即使和老板的关系再好，如果你的绩效不好，你也很难晋升，当然也很难大幅加薪。

八、一般员工一年花在 PBC 上的时间不会超过 1 天。经理人员所花时间主要看其所带团队的规模，但整体而言，除平时所给下属的指导和辅导外，其花在单个下属 PBC 上的时间，一般也不会超过 0.5 天。

从以上介绍的 PBC 的重点可以看出，IBM 的 PBC 非常简单，但同时又是非常有效的。其有效性主要体现在以下三个方面：一是 PBC 在确保企业层面的绩效层层分解以至最终达成方面，发挥了不可替代的导向作用和保障作用；二是 IBM 是一个非常注重员工个人发展的公司，PBC 在引导员工发展和企业文化落地方面也卓有成效；三是在区分员工绩效上，PBC 整体来讲，非常客观、公正和公平——PBC 结果客观、公正和公平，加之 IBM 在激励资源的分配、培训机会的分配上又基本是以绩效为导向的，就产生了两个对企业长远发展非常重要的氛围，即正气和进取——因为其能有效引导员工将精力放到做事和做出成绩上。

——资料来源：李凤，欧阳杰. 简单和有效：IBM 的绩效管理（节选）［EB/OL］. (2012-10-18)［2016-03-09］. http：//wenku. baidu. com/.

绩效管理是人力资源管理的核心，科学的绩效管理有利于公平、公正地认定员工的绩效贡献，激发员工的创新精神，改善员工的工作方法，开发员工的潜在能力，最终实现企业的整体目标。

6.1 绩效管理概述

6.1.1 绩效的含义与性质

1. 绩效的含义

从经济学的角度讲，绩效与薪酬是员工和组织之间的对等承诺关系，绩效是员工对组织的承诺；从管理学的角度看，绩效是组织期望的结果，是组织为实现其目标而展现在不同层面上的有效输出；从社会学的角度看，绩效意味着每个社会成员按照社会分工所确定的角色承担他的那一份职责。

目前对绩效的界定主要有以下 5 种观点。

（1）绩效是完成工作任务。

（2）绩效是结果。绩效是工作所达到的结果，是一个人工作成绩的记录。

（3）绩效是行为。绩效是人们实际行为的表现，只包括与组织目标有关的行动或行为，能够用个人的贡献水平来评定测量。

（4）绩效是结果与过程（行为）的统一体，即：高绩效＝结果（做什么）＋行为（如何做）。

（5）绩效＝做了什么（实际收益）＋能做什么（预期收益）。

为了对以上 5 种不同的定义进行分析，下面用表 6-1 来做进一步的说明。

表 6-1　绩效定义适用情况对照表

绩效的含义	适应的对象	适应的企业或阶段
完成工作任务	体力劳动者、事务性或例行工作的人员	
结果	高层管理者、销售、售后服务等可量化工作性质的人员	高速发展的成长型企业，强调快速反应，注重灵活、创新的企业
行为	基层员工	发展相对缓慢的成熟型企业，强调流程、规范，注重规则的企业
结果（做什么）+行为（如何做）	普遍适用于各类人员	
做了什么（实际收益）+能做什么（预期收益）	知识工作者、研发人员	

2. 绩效的性质

绩效是员工工作行为表现和工作结果的综合体，绩效会因为时间、工作环境、工作任务等因素的变化而发生相应的变化，绩效呈现出明显的多因性、多维性和动态性。

（1）多因性。多因性，即绩效跟员工的激励、技能、环境与机会有关。激励是指激发员工的工作积极性和创造性，影响激励的因素有员工的个人需求层次和结构、个性、感知、价值观、教育水平等。技能是指员工的工作技巧与工作能力，影响员工技能的因素有天赋、智力水平、个人经历、教育水平、培训状况。环境是指影响员工绩效的组织外部客观环境和组织内部客观环境，主要影响因素有政策法规、经济发展状况、劳动力市场竞争程度等外部因素和工作设计质量、工作任务性质、组织内部结构、薪酬福利制度、培训机会、企业文化、劳动场所的布局与物理条件等内部因素。机会是指机遇，即在特定的情况下，员工如果能够得到机会去完成特定的工作任务，则可能达到在原岗位上无法实现的工作绩效。

（2）多维性。多维性，即应多维分析、考评员工的绩效。一名员工的绩效，除了产量指标外，质量、原材料耗损率、能耗、出勤、团结、服从纪律等方面的表现，都需要综合考虑，逐一考评。

（3）动态性。员工的绩效随着时间的推移会发生调整，不能以僵化的眼光来看待员工的绩效。在确定绩效考评指标、标准和绩效考评周期时，一定要考虑绩效的动态性，采用权变的观点。

6.1.2　绩效管理的含义与意义

1. 绩效管理的含义

绩效管理是人力资源管理体系中的核心内容，是指为了达成组织的目标，通过持续开放的沟通过程，形成组织目标所预期的利益和产出，并推动团队和个人做出有利于目标达成的行为。理解这一定义应注意以下 3 个方面。

（1）绩效管理是一个完整的管理过程。

（2）绩效管理是一个持续沟通的过程。

（3）绩效管理不仅注重工作结果，更重视达成目标的过程。

2. 绩效管理的意义

绩效管理是企业战略落实的载体，是构建和强化企业文化的工具，是提升管理者管理水平的有效手段。多伦多大学的一位学者风趣地把绩效管理比作汽车座位上的安全带——大家都认为很有必要，但都不喜欢去使用它。绩效管理的意义，概要而言有如下几点。

（1）绩效管理的核心目的是通过提高员工的绩效水平来提高组织或者团队的绩效。在绩效管理的过程中，组织达到了多种目的，如员工的参与管理，即员工通过参与设定自己的工作目标而具有自我实现的感觉；组织目标的统一，即通过自上而下的分解目标，避免团队与员工目标偏离组织目标；一年中多次的评估与奖惩，实现组织对目标的监控实施，保证工作目标的按时完成等。以上这一切都是为了提高组织或团队的效率，保证实施组织目标。

（2）绩效管理为管理者与被管理者双方提供了一个规范而简洁的沟通平台。绩效管理改变了以往纯粹的自上而下发布命令和检查成果的做法，要求管理者与被管理者双方定期就其工作行为与结果进行沟通、评判、反馈、辅导，管理者要对被管理者的职业能力进行培训、开发，对其职业发展进行辅导与激励，客观上为管理者与被管理者之间提供了一个十分实用的平台。

（3）绩效管理为企业的人力资源管理与开发等提供了必要的依据。通过绩效管理，实施绩效考核，为企业员工的管理决策，如辞退、晋升、转岗、降职等提供了必要的依据，同时也解决了员工的培训、薪酬、职业规划等问题，使其行之有据。这也是绩效管理为什么成为人力资源管理各个环节中最重要的环节的原因。

6.1.3 绩效管理和绩效考评的区别

绩效考评是绩效管理的一个重要环节，是进行绩效管理的一种手段。绩效考评实质上反映的是过去的绩效，而不是未来的绩效。而绩效管理更注重的是对未来绩效的提升，着眼于未来的发展战略。

绩效管理与绩效考评的主要区别如表 6-2 所示。

表 6-2　绩效管理与绩效考评的主要区别

绩效管理	绩效考评
一个完整的管理过程	管理过程中的局部环节和手段
伴随管理活动的全过程	只出现在特定时期（阶段性的总结）
计划式的	判断式的
注重能力的培养	注重成绩的大小
解决问题	事后算账
注重结果和过程	只注重结果
侧重于信息沟通与绩效提高	侧重于判断的评估
双赢	成或败
事先的沟通与承诺	事后的评估
关注未来的绩效（前瞻性）	回顾过去的绩效（总结阶段成果）

6.2 绩效管理的内容

绩效管理本质上是个封闭循环，这个循环分为五步：绩效计划、绩效实施、绩效考评、绩效反馈与面谈、绩效结果总结及应用。

6.2.1 绩效计划

绩效计划是绩效管理过程的起点，也被称为绩效管理准备阶段，是一个确定组织对员工的绩效期望并得到员工认可的过程。绩效计划必须清楚地说明期望员工达到的结果及为达到该结果所期望员工表现出来的行为和技能。它是一个自下而上的目标确定过程，通过这一个过程将个人目标、部门或团队目标与组织目标结合起来。计划的制订是一个员工全面参与管理、明确自己的职责和任务的过程，人力资源部门负责监督和协调。

在这个阶段，组织需要明确四个基本问题："谁来考，考核谁？""怎么考？""考什么？""怎样组织实施绩效考评的全过程？"

1. 明确绩效考评参与者

绩效考评的对象是组织的全体成员，即组织内的成员无论从事何种类型的工作，不管其级别如何，不管是管理者还是被管理者，都是绩效考评的对象。

从企业的一般情况来看，绩效考评的参与者主要涉及以下 4 类人员。

（1）考评者：涉及各层级管理人员（主管）、人力资源部专职人员。

（2）被考评者本人：涉及全体成员。

（3）被考评者的同事或下级：涉及全体成员。

（4）企业外部人员：客户、供应商等与企业有关联的外部人员。

在绩效考评的过程中，根据不同的考评目的，有时需要从多方面共同对被考评者进行全面的考评，有时可能是部分人员对其绩效考评。

2. 选择绩效考评方法

在绩效考评的对象确定的情况下，首先应当解决好采用什么绩效考评方法的问题。据不完全的统计，自 20 世纪 30 年代以来，国外各个管理学派已经提出了 20 余种适合于企业不同类别岗位人员的考评方法，这些方法各具特色，具有不同的适用范围。虽然各种考评方法在形式上各有千秋，但从考评的效标上看，基本上有三类：特征性效标、行为性效标和结果性效标。

第一类是特征性效标，考量员工是怎样的人，侧重点是员工的个人特质，如沟通能力、可靠度、领导能力等。

第二类行为性效标，侧重点是考量员工的工作方式和工作行为，此类效标对人际接触和交往频繁的工作岗位尤其重要。例如，商业大厦的服务员应保持愉悦的笑容和友善的态度，其日常工作行为对公司影响很大，因此公司要考核其日常行为。

第三类是结果性效标，其侧重点是考量"员工完成了哪些工作任务或生产了哪些产品？"这是一种以员工的工作结果为基础的评价方法。此类效标应先为员工设立一个工作结果的标准，然后再将员工的工作结果与标准对照。工作标准是衡量工作结果的关键，一般应包括工作内容和工作质量两方面内容。

在选择确定具体的绩效考评方法时，应当充分考虑以下 3 个重要的因素：① 管理成本；② 工作实用性；③ 工作适用性。一般来说，在生产企业中，一线人员宜采用以实际产出结果为对象的考评方法，而从事管理性或服务性工作的人员宜采用以行为或品质特征为导向的考评方法；在一些大的公司中，总经理、管理人员或专业人员宜采用以结果为导向的考评方法，而低层次的一般员工通常采用以行为或特征为导向的考评方法。

3. 确定各类人员绩效考评指标（要素）和标准体系

由于员工绩效的多因性，为了保证绩效考评的工作质量，在对考评者和被考评者及考评方法做出明确的定位之后，需要根据考评方法及其对象的特点，进行绩效考评指标和标准体系的设计。一般来说，考评的指标应当具有代表性和典型性，考评指标的数量不宜过多，要少而精，考评的标准体系要具体明确，易于考评者和被考评者理解和掌握。

4. 对绩效管理运行程序的要求

一般来说，在明确了"谁来考，考核谁？""怎么考？""考什么？"等一系列问题之后，需要对绩效管理的运行程序、步骤提出具体明确的要求。主要应考虑以下几个问题。

（1）考评时间的确定。主要包括考评时间和考评期限的设计两方面。考评时间除取决于绩效考评的目的，还应服从于企业人力资源与其他相关的管理制度。在一般情况下，考评时间要与考评目的、企业管理制度相协调，以定期提薪和奖金分配为目的的绩效考评总是定期进行的，而且与企业的薪酬奖励制度的要求相适应、相配套。每年提薪的企业，其考评期限为一年，一般应在上一年度的年终进行，以便根据员工绩效的考评结果，确定其未来的薪金水平。每年两次分配奖金的企业，其考评期限控制在 6 个月，分别在年中和年终进行。用于培训的考评，可以在员工提出申请时或企业发现员工的绩效降低或是有新的技术和管理要求时组织进行，以便正确地进行员工培训与技能开发的需求分析，制订有针对性的培训计划和培训实施方案。用于员工晋升晋级的绩效考评，其考评时间一般是在出现职位空缺或准备提升某类人员的时候进行，它属于不定期的绩效考评。

（2）工作程序的确定。上级主管与下属之间所形成的考评与被考评的关系是企业绩效管理活动的基本单元。从企业单位的全局来看，绩效管理需要按一定的时间顺序按部就班地一步一步推进。

6.2.2 绩效实施

绩效实施是连接绩效计划和绩效考评的重要的中间环节，是在完成企业绩效管理系统的基础上，组织全体员工贯彻绩效管理制度的过程，耗时最长。该阶段主要包括两方面内容：进行持续不断的绩效沟通和收集绩效信息。

1. 绩效沟通

绩效沟通是指在绩效评价周期内，管理者在日常工作中对员工进行指导和监督，并就绩效问题不断地与员工进行沟通交流，及时发现并解决问题，帮助员工实现绩效目标。

绩效沟通的目的是通过沟通随时对计划进行调整，让员工了解到在执行过程中需要的信息，同时让管理者了解需要的信息。

绩效沟通的内容主要包括：工作进展情况如何？哪些方面的工作进行得好，哪些方面的工作遇到困难和障碍？团队和员工是否在正确达成目标的轨道上运行，如果偏离目标，管理者应该采取什么纠错措施？管理者能为员工提供何种帮助？是否有外界发生的变化影响着工作目标，若目标需要进行改变，如何进行调整？

绩效沟通包括正式沟通和非正式沟通两大类。

2. 绩效信息的收集

绩效信息的收集是指有组织地系统收集被评估者的绩效表现所做的一些观察和记录。

绩效信息收集的目的是为绩效考评提供事实依据，提供改进绩效的事实依据，发现绩效问题和优秀绩效的原因，作为劳动争议中的证据，尽早发现潜在的问题。

绩效信息收集的内容包括目标和标准达成情况，员工因工作或其他行为受到的表扬和批评情况，证明工作绩效突出或低下所需要的具体证据，管理者和员工就绩效问题进行访谈的记录等。

绩效信息收集的方法主要包括观察法、工作记录法、他人反馈法、定期抽查法、项目评定法、关键事件记录法、减分搜查法及指导记录法等。

6.2.3　绩效考评

绩效考评是绩效管理的一个重要环节，一般是在评价周期结束时，运用相应的评价方法，收集有关信息，对员工完成绩效目标的情况做出评价。绩效考评的评价过程和结果的客观、公正、科学与否直接决定绩效管理的效果，并对人力资源管理的其他职能产生极大的影响。该部分内容将在本章6.3节和6.4节做详细介绍，这里不再赘述。

6.2.4　绩效反馈与面谈

绩效反馈与面谈是绩效考评结束后，管理者与员工进行面对面的沟通，告知员工绩效评价的结果，并总结员工在绩效考评期限内取得的成绩和存在的问题。在这个阶段，管理者提出对员工的期望和鼓励，员工向管理者提出困难和请求，为下一轮的绩效计划的制订做出相应的准备。

1. 绩效反馈与面谈的目的

（1）员工了解自己在本绩效周期内的业绩是否达到所定目标，行为态度是否合格，双方达成对评估结果一致的看法。

（2）探讨绩效未合格的原因所在，并制订绩效改进计划。

（3）管理者向员工传递组织的期望。组织的愿景目标及未来期望是要通过管理者来传递给员工的，在反馈与面谈中进行传递是一个合适的时机。

（4）双方对下一个绩效周期的目标进行协商，形成个人绩效合约。绩效合约是一份正式的书面约定，将管理者和员工双方讨论的结果列为具体的条目记录下来，既有助于员工清楚自己要完成的任务有哪些，又有助于管理者在绩效周期结束时来对员工绩效进行评估。

2. 绩效反馈与面谈的主要内容

绩效反馈与面谈时双方就以下内容进行沟通：本次绩效考核的目的和考核标准；员工的工作表现及考核结果；管理者对员工的每一项工作目标达成情况的意见及对员工绩效的期望；员工的看法；员工在绩效期间内工作表现的优点和有待于进一步改进的地方；员工绩效的改进措施；新一轮绩效考评周期内企业和主管对员工绩效的期望；新的绩效考评标准；员工希望管理者提供的帮助。

3. 绩效反馈与面谈中应注意的问题

刘经理在绩效反馈与面谈时的狼狈

永泰公司的刘经理在午餐时对另一个经理说："今天早上我突然想起今天是绩效反馈与面谈的最后一天了，可我还没有给下属洪某做绩效反馈与面谈，于是我把他从预算会上叫了出来。他说没时间准备，我对他讲了几个我不满意的地方，并好心告诉他怎样改正错误，而他却只是一个劲儿地说他在几个问题上不同意我的说法，并要我对每个批评都举例说明。我简直不敢相信他的反应，我得到的反应只有愤怒和沉默。是否现在人们都太自我了？平时看他还挺不错的，但是他在绩效反馈与面谈过程中似乎很不高兴。你说他怎么回事？"

事后，洪某找到刘经理说："您来考核我，依据是什么？我对考核结果也不认可。"同时，洪某也请教刘经理："您给我最低分，那我怎样做，才能做得更好？"刘经理又没有明确地答复……

洪某也很困惑：在整个面谈中，不指导我，又没告诉我做的方法……

——资料来源：王小刚．战略绩效管理最佳实践实战案例解析［M］．中国经济出版社，2013．

绩效反馈与面谈是绩效考评后续非常重要的环节，应当给予足够充分的重视。绩效反馈与面谈为管理者与员工讨论工作业绩、挖掘其潜能、拓展新的发展空间提供了良好的机会。同时，上下级之间进行面谈，能够更全面地了解员工的态度和感受，从而加深了双方的沟通和了解。各级考评者应当掌握绩效反馈与面谈的技巧，每个考评人都应当学会并有效地运用这一工具。

（1）反馈与面谈应当是经常性的，而不应当一年一次。

（2）反馈与面谈应做好面谈时间和面谈地点的准备。

（3）在反馈与面谈之前让员工本人先对个人的绩效进行自我评价。

（4）鼓励员工积极参与绩效反馈过程。

（5）沟通时注意倾听，重心放在"我们"。

（6）通过赞扬肯定员工的有效业绩。

（7）把重点放在解决问题上，应侧重思想、经验的分享，而不是指手画脚地训导、批评。

（8）将绩效反馈集中在行为或结果上，而不是人的身上。

（9）反馈与面谈应具体，像考核一样要有明确的量化指标或行为。

（10）制订具体的绩效改善目标，然后确定检查改善进度的日期。

6.2.5 绩效结果总结及应用

绩效结果总结及应用阶段是绩效管理循环期行将结束时的一个重要的阶段。在这个阶段，各个管理的单元即主管与下级（考评人和被考评人）之间需要完成绩效考评的总结工作，各个部门乃至全公司，应当根据各自的职责范围和要求，对绩效管理的各项活动进行深入全面的总结，完成绩效考评的总结工作，同时做好下一个循环期的绩效管理的准备工作。

绩效考评的最终目标是为了促进企业与员工的共同提高和发展。因此，每一轮绩效考评活动结束之前，各级主管都要将考评的结果反馈给每个被考评者，上下级之间对本期绩效考评活动做一次全面的回顾，总结经验，发扬成绩，纠正错误，以利再战。

1. 企业绩效管理系统全面诊断的主要内容

在绩效管理的总结阶段，为了提高人力资源和企业的整体管理效率，人力资源部门应当对企业绩效管理系统进行一次全面的诊断分析。通过绩效诊断分析发现的问题，应及时反馈给有关的主管和员工，这样做既有利于保证企业总体系统的有效运行，也有利于提高员工的素质和工作质量。

在绩效管理的总结阶段，企业绩效管理系统全面诊断的主要内容如下所述。

（1）对企业绩效考评制度的诊断。例如，现行的绩效考评制度在执行的过程中，哪些条款得到了落实，哪些条款遇到了障碍难以贯彻，绩效考评制度存在着哪些明显的不科学、不合理、不现实的地方需要修改调整。

（2）对企业绩效管理体系的诊断。例如，绩效管理系统在运行中存在着哪些问题，各个子系统之间健全完善的程度如何，各子系统相互协调配合的情况如何，目前亟待解决的问题是什么，等等。

（3）对绩效考评指标和标准体系的诊断。例如，绩效考评指标与评价标准体系是否全面完整、科学合理、切实可行，有哪些指标和标准需要修改调整，等等。

（4）对考评者全面、全过程的诊断。例如，在执行绩效考评的规章制度及实施考评的各个环节中，有哪些成功的经验可以推广，有哪些问题亟待解决；考评者自身的职业品质、管理素质、专业技能存在哪些不足，有哪些方面亟待提高才能满足管理的要求等。

（5）对被考评者全面、全过程的诊断。例如，在企业绩效考评的各项活动中，员工持有何种态度，通过参与绩效考评活动，员工有何转变，在实际工作中取得何种成果，职业品质和素养有哪些提高，等等。

（6）对企业组织的诊断。对被考评者全面、全过程的诊断是对企业各级组织诊断分析的基础和前提，在对绩效考评的诊断活动中，最重要的是及时发现员工绩效不高的原因，因为它是导致组织总体效率低下的重要因素。绩效不佳的原因可以分成两种：一种是个体原因，如能力不足、个人努力程度不够等；另一种是组织或系统的原因，如目标设置不科学、工作流程不合理、组织领导不得力、规章制度不健全等。绩效诊断应当先找出组织或系统的原因，再考虑个体原因。员工是查找原因的重要渠道，但要努力创造一个宽松的环境，确保员工不会因为明白真相、吐露实情而受到责难。一旦查明原因，各级主管和员工应群策群力，制订出可行的改进计划，明确今后的发展方向和目标，并为之共同努力。

2. 绩效考评结果的应用

绩效考评结果应用于人力资源管理的各个环节，主要体现在以下6个方面。

（1）人力资源规划。通过考核，为企业提供总体人力资源质量优劣程度的确切情况，获得员工晋升和发展潜力的数据，以便为企业未来的发展制订人力资源规划。

（2）招聘和选择。根据绩效考核，可以确认招聘和选择员工时采用何种评价指标和标准，以便提高绩效的预测效度，提高招聘的质量并降低招聘成本。

（3）人力资源开发。根据绩效评价的结果，分别制订员工在培训和发展方面的特定需要，以便最大限度地发展他们的优点，使缺点最小化，实现：① 增强培训效果，降低培训成本；② 适才所需；③ 在实现组织目标的同时，帮助员工；④ 发展和执行他们的职业生涯规划。

（4）薪酬方案的设计与调整。绩效评价的结果为报酬的合理化提供决策的基础，使企业的报酬体系更加公平化、客观化，并具有良好的激励作用。根据绩效考核结果可以确定：① 增强的标准和提薪的方式；② 奖金的标准和分配方式；③ 为有贡献的人追加特别福利和保险等。

（5）正确处理内部员工关系。公平的绩效评价为员工在提薪、奖惩、晋升、降级、调动、辞退等重要人力资源管理环节提供公平客观的数据，减少人为因素对管理的影响，因而能够保持组织内部员工的相互关系建立在可靠的管理基础之上。

（6）对员工潜在能力的认识。员工潜在能力的状况是预测员工未来工作绩效的重要依据。组织的未来发展，在很大程度上依赖员工潜在能力的发展空间。通过绩效考核结果认识到：员工现实的绩效与员工现实的能力相关，员工未来绩效往往取决于员工的潜在能力。

考评结果决定调岗调薪

李某是一家证券公司的职员，主要负责数据核算工作。该公司有一项很特别的制度：在年度考核中的总成绩列入末尾的员工，将被公司安排做杂务工，月薪、待遇等也将成倍减少。据称，这一规定是经过公司高层专门会议决定并列入公司制度中的。在该制度执行的几年时间内，所有年度考核末位的员工都自动离职，公司对末位者调岗降薪的处理方式俨然成了逼迫员工主动离职的手段。

李某在去年的考评中，总成绩位于倒数第二，因此对自己今年的年度考核"前景"很是担忧。

——资料来源：李伟. 调岗调薪谁说了算[J]. 人力资源开发与管理，2013（11）：94.

6.3 绩效考评的实施

绩效考评是指考评主体对照既定的工作目标或绩效标准，采用科学的考评方法，评定员工的工作任务完成情况、员工的工作职责履行程度和员工的个人发展情况等，并将上述评定结果反馈给员工的过程。

一般来说，绩效考评可以分为两大类，即判断型绩效考评和发展型绩效考评。

判断型绩效考评主要是以评定员工过去的工作绩效为目的，将考评结果与工资及其他经济利益联系起来，强调对过去绩效的测量比较。在判断型绩效考评过程中，凡是符合组织价值观的行为就会得到认可和奖励，不符合的行为将会得到限制和扼杀。

发展型绩效考评主要是以提高员工将来的工作绩效为目的，它着眼于员工未来的绩效，重点放在员工未来的发展上。因此，在发展型绩效考评过程中，管理者与员工是一种伙伴关系，管理者会提供一种开放和建设性的反馈以创造激励性环境。

6.3.1 绩效考评的原则

绩效考评是员工在整个职业生涯中都要接触到的问题,为了满足员工渴望得到公正评价的要求,实现绩效考评应有的多方面作用,绩效管理专家们认为,应当在绩效考评中确立以下基本原则。

1. 明确化、公开化原则

企业的绩效考评标准、考评程序和评价责任都应当有明确的规定并向全体员工公开,而且在考评中应当严格遵守这些规定。这样才能使职工对绩效考评产生信任感,对考评结果持理解、接受的态度。

2. 客观考评原则

绩效考评应当根据明确规定的考评标准,针对客观考评资料进行评价,尽量避免掺入主观性的因素和感情色彩。也就是说,首先要做到"用事实说话",使考评建立在客观事实的基础上;其次要做到被考评者与既定考评标准作比较,而不是在人与人之间作比较。

3. 及时反馈原则

考评的结果(评语)一定要及时反馈给被考评者本人,否则就起不到考评的教育作用。在反馈考评结果的同时,应当向被考评者就评语进行说明解释,肯定成绩和进步,说明不足之处,提供今后努力的方向。

4. 差别化原则

考评的等级之间应当有鲜明的差别界限,针对不同的考评结果在工资晋升、使用等方面应体现明显差别,从而使考评有激励性,能激发员工的上进心。

6.3.2 绩效考评主体

考评主体的选择直接影响着考评结果的信度和效度,合格的考评主体应当满足的理想条件是:熟悉被考评者的工作表现;了解考评者的工作内容和工作性质;能将观察结果转化为有用的评价信息,公正客观地提供考评结果。一般而言,员工在组织中的关系是上有上级,下有下属,周围有自己的同事,组织外部还可能有客户,因此可能对员工工作绩效进行评价的候选人有以下几种类型。

1. 员工的直接上级

直接上级通常熟悉员工的工作而且有机会观察员工的工作表现,由于上级对员工承担直接的管理责任,能较好地将员工的工作与组织的目标联系起来。因此,授权他们考评是大多数评估体系中最常见的方法。但是,如果单纯依赖直接上级的评价结果,那么直接上级的个人偏见、个人之间的冲突和友情关系将可能损害评价结果的客观公正性。为了克服这一缺陷,许多实行直接上级评价的企业都要求直接上级的上级检查和补充考评者的考评结果,而在有些企业,则综合几个与某一被考评者有关的几位主管人员的评价结果以达到提高评估质量的目的。

2. 员工的同事

同事对被考评者的职务最熟悉、最内行,对被评价同事的情况也很了解。特别是在员工的工作指派经常变动,或者员工的工作场所与主管人员的工作场所是分离的时候,主管人员通常很难直接观察到员工的工作情况,这时可以采用同事考评,采用同事考评要求同事之间必须关系融洽、相互信任、团结一致，相互间有一定交往与协作，而不是各自为战的独立作业。这种办法多用于专业性组织，如大学、医院、科研单位等，企业专业性很强的部门也可使用。这种方法潜在的问题是同事间可能相互吹嘘，因为所有的同事坐在一起互相考评，碍于面子和各自的利益容易出现高估的情形；还有可能造成相互猜疑，影响同事关系。

3. 员工的下属

下级人员可以直接了解上级的实际工作情况、信息交流能力、领导风格、平息个人矛盾的能力与计划组织能力，因此下级员工的评价有助于管理者的个人发展，有利于管理者诊断自己的管理风格。但是，需要注意的是，如果员工认为自己的主管有可能了解每个人的具体评价结果，那么他们就可能对自己的上级给予过高的评价。在使用下级考评时，上下级之间的相互信任和开诚布公是非常重要的。因此，在下级人数较多时，可以使用匿名评价。

4. 员工的自我评价

这就是通常所说的自我鉴定。员工作为最了解自己所作所为的人，自我评价能使其全面陈述对自身绩效的看法。这一方法能够减少员工在评价过程中的抵触情绪，在工作评价和员工个人工作目标结合在一起时很有意义。但是，自我评价的问题是自我宽容，常常与他人的评价结果不一致，因此，比较适合于个人发展用途，但不适合于人事决策。不难发现，有效的工作规范和员工与主管人员之间良好的沟通是员工自我评价发挥积极作用的前提。此外，经验表明，员工和主管人员双方关于工作绩效衡量标准的看法的一致性越高，双方评价结果的一致性也就越高。

5. 客户的评价

客户，即员工服务的对象。在某些情况下，客户可以为个人与组织提供重要的工作情况反馈信息。虽然客户评价的目的与组织的目标可能不完全一致，但是客户评价结果有助于为晋升、工作调动和培训等人事决策提供依据。

6. 外界考绩专家或顾问

这些人有考绩方面的专门技术与经验，理论修养也很深厚，而且他们在公司中无个人瓜葛，较易做到公允。他们被请来，是会得到本应担任考评者的干部们的欢迎的，因为可以省去自己本需花费的考评时间，还可免去不少人际矛盾。被考评的下级也欢迎，因为专家不涉及个人恩怨，较易客观公正。公司也欢迎，因为专家们在行，在各部门所用的考评方法与标准是一致的，具有可比性，而且较为合理。但是成本较高，而且他们对被考评的专业可能不内行。

从以上介绍可以看出，6 类绩效考评主体在进行考评时各有利弊。为了使得考评结果尽量客观、公正、全面，令被考评者心悦诚服，很多企业首推 360 度全方位考评法。360 度全方位考评法就是利用被考评者个人、同事、客户、下属、直接上级等作为考评主体对被考评者进行全面的考评。目前采用这种考评方法的企业很多。

JJABT 的 360 度绩效评估实例

为了使绩效评估有更广阔的发展前景，也为了员工发展的需要，科罗拉多州丹佛市的强生高级行为技术（Johnson & Johnson Advanced Behavioral Technology, JJABT）公司已经建立了一个新的 360 度绩效评估系统，新系统使员工能够将自己的理解与上级、同事、下属和外部客户的观点作比较。

公司的管理人员认为，贯彻这一系统的关键因素是选择适当的评估执行人。为了建立起一个评估执行人群体，JJABT 公司的员工列出与其交往的关键的内部和外部客户，并从中推选出 5～10 名组成评估执行人群体。每位员工的上级仍然对评估负有最终的责任，同时还要确保员工所选的评估执行人适当，这么做可以防止被评估者选择支持他的客户或同事以求得到较高的评定等级。

一旦经理决定了评估执行人选，评估分类也应该做出清晰的定义。由于上级最了解员工个人的工作任务和目标，因此其他各类评估人最好评估他所能够直接观察到的员工的工作行为。JJABT 公司的 360 度评估包括以下各项：

- 员工是否在解决问题、做出决定和满足客户需求时具有时间观念？
- 员工是否清晰表达他或她的需求/期望？
- 员工是否与其他员工共享信息或帮助他人？
- 员工是否倾听其他员工的建议？
- 员工是否为满足未来需求而制订计划？
- 员工是否按计划执行任务？

评估人按照 1（需要提高）～5（非常优秀）的评定等级对员工的上述项目进行评级。同时，评估人还可以在空白处填写评语。

员工的上级负责对资料进行整理并做出最终的绩效评定。这一评定代表了不同评估者的意见和上级对员工工作的反馈。特别地，经理将得出一个平均分及其在各项的分布。

根据公司的经验，反馈不能仅仅看其表面价值。比如，当评估者给出极端高或极端低的绩效评定结果时，必须要引起高度注意。JJABT 公司的经理人员认为，关键是要找出数据的变化趋势或模式。如果评估者的反馈信息比较模糊或存在问题，那么经理人员可以要求一个评估者或者其他评估者给出附加的反馈信息。经理人员在总结了全部数据之后，就可以安排正式的评估面谈了。

为了确保公正，评估者可以选择对他提供的反馈信息公开或匿名。如果评估者要求对他所提供的信息匿名，那么经理人员在评估面试时必须确保这一点。然而，如果评估者愿意公开他的评估信息，则经理人员可以在评估面谈时引用评估者的反馈信息。通过这种方式，公司期望 360 度绩效评估不仅是一个评估工具，更是一个促进交流，提高员工自身发展和改进工作的综合体系。

——资料来源：强生 360 度绩效考核案例［EB/OL］. (2014-03-17)［2016-03-13］. http://wenku.baidu.com/.

6.3.3 绩效考评的一般程序

1. 制订计划

为了保证绩效考评顺利进行，必须事先制订计划。首先要明确绩效考评的目的和对象，然后再根据目的、对象选择重点的评估内容、评估时间和方法。

考评目的不同，则评估对象也不同。例如，为晋升职称而进行的考评，其对象是专业技术人员；为选拔后备领导干部而进行的考评，也是在有限范围内进行的；而评选先进、决定提薪奖励的考评往往在全体员工中进行。

考评目的和对象不同，重点评估的内容也不同。例如，为发放奖金，应以评估绩效为主，这是因为发放奖金的管理意图就是为了奖励员工改进绩效，着眼点是当前行为；而提升职务，既要评估绩效，更要注意其品德及能力，着眼点是发展潜力。

考评目的、对象和内容不同，评估的时间也不能一样。例如，思想觉悟及工作能力是不会迅速改变的，因此评估间隔期可长一些，一般是一年一次；工作态度及绩效则变化较快，间隔期应短些，以便随时调整管理措施。不过也要视考评对象而异，生产、销售人员的勤、绩可每月评估，而专业技术人员、管理人员的工作短期内不易见效，评估过于频繁，不但无实际意义，反而容易助长短期行为，因此，以一年一次，至多半年一次为好。

考评的方法与考评的需求内容是相互关联的。例如，为评选先进，考评往往通过相互比较，择优推举；而决定是否要进行培训，考评则要以职务或岗位标准为尺度，找出差距。

2. 技术准备

绩效考评是一项技术性很强的工作。其技术准备包括拟定、审核考评标准，选择或设计考评方法，培训考评人员等内容。

1）考评标准的准备

绩效考评必须有标准，以作为分析评价员工的尺度。一般分为绝对标准和相对标准。

（1）绝对标准。如顾客满意率要达到 85% 以上，文化程度要达到大学本科，等等。这个标准是客观的，不以被考评者为转移，因此可对每个员工单独进行评定，确定合格与否。

（2）相对标准。如在评选先进时，规定 15% 的员工可评为各级先进，就是采取相互比较的办法。此时每个人既是被比较的对象，又是比较的尺度，因而标准在不同的被考评群体中往往有差别，而且无法对每一个人单独做出"行"或"不行"的评判。

这里所说的考评标准的准备，主要是指绝对标准的准备。这些标准包括绩效标准、行为标准及任职资格标准，有的企业把它们称为职务规范（岗位规范）。

2）考评方法的选择或设计

根据考评目的确定需要哪些信息、从何处获取这些信息及采用何种方法收集这些信息，这就是选择、设计考评方法要解决的问题。常用的收集、记录考评信息的方法有：考勤记录、工作日记、评报表、备忘录、现场视察记录、立功记录、事故报告等。

3）考评人员的培训

为了保证考评质量，应对考评人员进行培训，使他们掌握考评原则，熟悉考评标准，掌握考评方法，克服常见偏差。

3. 收集资料信息

绩效考评结果常常决定一个人在组织中的地位和前途，所以作为考评基础的信息必须真实、可靠、有效。如何收集到信息？日本企业的经验是随时收集、形成制度。其主要方法有以下几种。

（1）生产记录法。生产、加工、销售、运输、服务的数量、质量、成本等均按规定填写原始台账。

（2）定期抽查法。由专职人员定期抽查生产、加工、服务的数量、质量，并做好详细记录。

（3）考勤记录法。出勤、缺勤及原因，以及是否请假，均一一记录在案。

（4）项目评定法。采用问卷调查形式，指定专人对员工逐项评定。

（5）减分抽查法。根据职务要求、岗位规范规定应遵守的项目，制订出违反规定的扣分办法，逐日或定期进行登记。

（6）限度事例法。抽查在通常线以上的优秀行动或通常线以下的不良行动，对特别好、特别不好的事例记录下来。

（7）指导记录法。不仅记录下属的行动，而且将主管的意见及下属的反应也记录下来，既可考察下属，又可考察主管的领导工作。

4. 分析评价

这一阶段的任务是对员工个人的德、能、勤、绩等做出综合性的评价。分析评价是一个由定性到定量再到定性的过程，其过程如下所述。

（1）员工每一个评价项目如工作数量、工作质量、出勤率、协作精神、创新意识等评定等级一般可分至 3 ～ 5 等，五等级划分一般可按表 6-3 描述的尺度进行。

表 6-3　员工考评等级划分表

等　级	优	良	合　格	稍　差	不合格
表现	非常出色	比组织期望水平高	达到组织期望的基本要求	比组织期望水平低，但不妨碍业务	水平低，已妨碍业务
以出勤为例	全年无迟到	常常几个月无迟到	每月允许迟到 1 ～ 2 次	3 ～ 4 次	5 次以上

（2）对员工的评价项目量化。为了将不同性质的项目综合，就必须分别予以量化，即赋予不同评价等级以不同数值。赋值方法很多，以五等级为例，可有如表 6-4 所示的四种。

表 6-4　考评项目赋值方法选择表

等　级	优	良	合　格	稍　差	不合格
等差非对称赋值	5	4	3	2	1
等差对称赋值	2	1	0	-1	-2
累进对称赋值	3	1	0	-1	-3
不对称非等差赋值	2	1	0	-2	-4

（3）对同一项目不同考评结果的综合。有时由若干考评者对某一员工同一考评项目同时进行评估，但得出的结果不一定相同，为综合这些评估意见，可采用算术平均法或加权平均法综合。

（4）对不同项目的考评结果的综合。例如，要从总体上评价一个人的能力时，就要将其知识、推理判断能力、社会交际能力、语言表达能力等综合起来；在决定是否为一个员工提薪时，要将其工作成绩、工作态度及能力综合起来。因此，必须将各个项目分配权数。确定各评估项目权值的主要根据是考评的目的、被考评者的阶层及具体职务。考评的目的不同，同一项目在整个评价体系中的地位就不同，赋予的权值也不一样。例如，性格对于职务安排与提升有较重要的意义，一个性格内向、不善交际的人难以胜任销售部门领导职务。但性格对于提级提薪奖励不应有什么影响，一个不适当销售经理的人未必不能当研究部主任，其贡献未必小于性格开朗、善于交际者。而纪律性和坚持性对安全保卫人员至关重要，创造性对于产品开发人员的能力则是首要因素。阶层不同，同一要素地位也不同。表 6-5 是日本某企业推荐提薪因素权数表。

表 6-5　日本某企业推荐提薪因素权数表

因素	考评维度	管理层	中间指导层	操作层
成绩	工作质	25	20	—
	工作量	25	10	—
	小计	50	30	—
态度	纪律性	—	8	20
	协作性	—	8	20
	积极性	10	12	20
	责任性	10	12	20
	小计	20	40	80
能力	知识技能	4	8	10
	判断能力	6	5	10
	筹划能力	5	5	—
	交涉能力	5	5	—
	指导管理能力	10	7	—
	小计	30	30	20
合计		100	100	100

具体职务不同，同一要素地位不同。例如，营业部门容易取得成绩，人事部门的成绩则不容易看出来。因此，工作成绩对营业部门员工的权数就会比对人事部门员工的权数大。

5. 绩效考评反馈

绩效考评反馈即将绩效考评的意见反馈给被考评者。一般有两种形式：一是绩效考评意见认可；二是绩效考评面谈。所谓绩效考评意见认可，即考评者将书面的考评意见反馈给被考评者，由被考评者予以同意认可，并签名盖章，如果被考评者不同意考评意见，可以提出异议，并要求上级主管或人力资源部门予以裁定；绩效考评面谈，则是通过考评者和被考评者之间的谈话，将考评意见反馈给被考评者，征求被考评者的看法。同时，在绩效考评面谈中，考评者要就被考评者的要求、建议与新一轮工作计划的制订等问题与被考评者进行广泛的沟通。绩效考评面谈记录和绩效考评意见也需要被考评者签字认可。

6.3.4　绩效考评误差的来源及预防措施

绩效考评结果的效度和信度直接影响着绩效考评的目的能否实现，但由于绩效考评过程中考评者本身的弱点和判断中的干扰，常常导致考评结果产生误差，难以反映员工的真实工作绩效。

1. 绩效考评误差的来源

（1）绩效考评标准不明。考评项目和考评因素的选择是否恰当、是否全面和是否相关，是抽象含混，还是具体明确，对考评结果影响很大。如果考评标准不明，则不同的考评者可能对"好""中""差"等绩效做出非常不同的解释，从而造成考评者掌握标准的宽、严程度及理解程度大相径庭，进而造成考评结果的误差。

（2）晕轮效应。晕轮效应是指在考评过程中，考评者往往看见被考评者某一特定方面表现优异，就以偏概全，断定他别的方面一定也好；反向亦是如此。这种现象经常发生于被考评者与其主管是非常好的朋友或关系非常恶劣的情形，尤其是在对那些没在量化标准的因素（如主动性、工作态度、人际关系、工作质量等）进行考评时，晕轮效应会表现得更加明显。

（3）趋中倾向。趋中倾向是指硬套"两头小、中间大"的一般性规律，不从事实出发；或由于没有仔细考察下级的表现而不愿给出"最优"与"最劣"的极端评语，于是坚持"平均主义"，对被考评者一视同仁，都评个"中等"。例如，如果考评等级范围为 $1 \sim 7$ 个，考评者一般避免做出最高（6 或 7）或最低（1 或 2）的极端性判断，而趋于取中间（$3 \sim 5$）的评定等级。

（4）偏松或偏紧倾向。这是一种与趋中倾向相反的现象，即在考评过程中，有些考评者给所有的被考评者的等级都很高或很低，正如有的教师喜欢给高分而有的教师则喜欢给低分一样。这种过分宽松或过分严格的现象在使用图表等级考评法时显得尤为重要。

（5）考评者的偏见。考评者对被考评者有偏见，也是导致考评结果失真的重要原因。这种偏见包括种族、年龄、性别、性格，等等。例如，考评者对与自己关系不错、性格相投的人会给予较高的评价；而有的考评者对女性、老年人等持有偏见，往往会过低地评估他们的工作行为。这无论对晋级、提升还是发展而言，都造成了人为的不公平障碍。

（6）第一印象。被考评者给考评者的第一印象，有时也会给考评结果带来误差。因为不同的考评者具有不同的性格，所以他们对第一印象的处理方面也有所不同。例如，有些考评者对第一印象好的被考评者的考评结果往往偏高；相反，有些考评者对第一印象好的被考评者的要求却过于严格，所以考评结果则可能偏低。这样由于对第一印象的处理方法不同，考评结果就可能出入很大，也会影响考评的准确性。

（7）外界压力。考评者在考评过程中的压力可能来自两个方面：上级和下级。在这种情况下，上级为了提拔某人，或给熟人晋级，或涉及人员的裁留问题，就可能给考评者施加一定的压力；就被考评者而言，因为考评意义重大，有时会找考评者质问，这也给考评者造成评估上的压力，这些压力都会在一定程度上造成考评结果的失真，有时影响极坏。

（8）对比效应。对比效应是指把某一被考评者与其前一位被考评者进行对比，从而根据前一位考评者的印象和偏爱而做出的与被考评者实际工作情况有偏差的结论。例如，如果考评者接待的前一位被考评者，在考评者看来各方面表现都很出色，那么在对比之下，就可能会给后一位考评者带来不利的影响。相反，如果前一位考评者的工作业绩及表现很差，那么后一位被考评者就可能被高估。

2. 绩效考评中误差的控制

（1）确定恰当的考评标准。考评标准尽可能准确、明白，尽量使用量化等客观标准，以减少考评者主观的干扰。

（2）选择正确的考评方法。每一种考评方法都有其自身的优点和缺点，如排序法可避免趋中倾向的出现，但在被考评者们工作成绩都优秀的情况下，排序法则容易使被考评者产生不平衡心理。所以，一定要根据考评对象、考评目的等具体情况的不同，选择最有效的考评方法。

（3）选择适当的考评时间。根据工作的特点选择适当的考评时间，对考评的质量也有重要影响。一般而言，两次考评的间隔要适当，不宜过长，也不要过短。因为工作考评的最主要目的是促进工作的开展，所以如果考评间隔过长，则不利于及时发现和纠正问题，也不利于及时激励先进、鞭策后进。相反，如果考评间隔短，不仅会使被考评者产生厌倦的对抗心理，而且被考评者的优缺点也没有充分表现，容易流于形式，也达不到考评目的。

（4）对考评者进行相关的培训。对考评者进行有关晕轮效应、趋中倾向、偏松或偏紧倾向等方面的培训，会有助于避免问题的发生。在实际培训过程中，可通过录像或幻灯的形式向受训者提供一些有关工作考评的案例，并要求他们对案例中的人进行考评，然后把每位受训者的考评结果以图解的形式表示出来，并逐一讲解各种不同的错误（如趋中倾向、晕轮效应等）。例如，如果一个受训者对所有的考评特征（如工作质量、数量等）的评定等级都一样，那么培训者就可能指出这是由于受训者犯了晕轮效应的错误，然后培训其做出正确的评价并对受训者在评价过程中所犯的错误一一加以分析。

6.4 绩效考评的方法

科学而有效的绩效考评方法，应该具有有效性、可靠性和准确性的基本特征。这种要求反映了首先从评价方法上，要能够保证组织对员工工作绩效做出更客观、更有价值的评价，以利于组织人事决策、利于员工改进工作及自身的发展，并使绩效考评真正成为提高绩效的有力工具和手段。

6.4.1 行为导向型主观考评方法

行为导向型主观考评方法主要是依据一定的标准或设计好的维度对被考评者的工作行为进行的主观评价。具体方法包括排列法、选择排列法、成对比较法和强制分布法等。

1. 排列法

排列法也称排序法、简单排列法，是绩效考评中比较简单易行的一种综合比较的方法。它通常是由上级主管根据员工工作的整体表现，按照优劣顺序对员工依次进行排列。有时为了提高其精度，也可以将工作内容做出适当的分解，分项按照优良的顺序排列，再求总平均的次序数，作为绩效考评的最后结果。

这种方法的优点是简单易行，花费时间少，能使考评者在预定的范围内组织考评并将下属进行排序，从而减少考评结果过宽和趋中的误差。在确定的范围内可以将排列法的考评结果作为薪酬调整或人事变动的依据。但是，由于排列法是相对对比性的方法，考评是在员工间进行主观比较，不是用员工工作的表现和结果与客观标准相比较，因此具有一定的局限性，不能用于比较不同部门的员工，个人取得的业绩相近时也很难进行排列，也不能使员工得到关于自己优点或缺点的反馈。

2. 选择排列法

选择排列法也称交替排列法，是简单排列法的进一步推广。选择排列法利用的是人们容易发现极端、不容易发现中间的心理，在所有员工中，按照某一特定的绩效维度，或者根据员工的整体绩效状况，首先挑出最好的员工，然后挑出最差的员工，将他们作为第一名和最后一名，接着在剩下的员工中再选择出最好的和最差的，分别将其排列在第二名和倒数第二名。依此类推，最后将所有员工按照优劣的先后顺序全部排列完毕。

选择排列法是较为有效的一种排列方法，采用这种方法时，不仅上级可以直接完成排序工作，还可以将其扩展到自我考评、同级考评和下级考评等其他考评的方式之中。

3. 成对比较法

成对比较法亦称配对比较法、两两比较法，此法要将全体被考评员工逐一配对比较，按照两两比较中被评为较优的总次数确定等级名次。其基本程序是：首先，根据某种考评要素，如工作质量，将所有被考评人员两两比较，按照被评为较优的总次数进行排列；其次，再根据下一个考评要素进行两两比较，得出本要素被考评人员的排列次序；依此类推，经过汇总整理，最后，求出被考评者所有考评要素的平均排序数值，得到最终考评的排序结果。

成对比较法是一种系统比较程序，有一定的合理性。应用此法时，能够发现每个员工在哪些方面比较出色，在哪些方面存在明显的不足和差距。在涉及的人员范围不大、数目不多的情况下宜采用本方法。但如果员工的数目过多，不妨设总人数为 n，仅对某一个要素进行两两配对，其配对的次数将达到 $n(n-1)/2$，这样不但费时费力，其考评质量也将受到制约和影响。表 6-6 为成对比较法的示例。

表 6-6　成对比较法：工作质量要素考评表

	A	B	C	D	E	F	排序
A	0	+	+	+	+	+	6
B	−	0	+	+	−	+	4
C	−	−	0	−	−	+	2
D	−	−	+	0	−	+	3
E	−	+	+	+	0	+	5
F	−	−	−	−	−	0	1
汇总	−5	−1	+3	+1	−3	+5	

注：纵列员工与横列员工对比，优者画"＋"，差者画"－"。

4. 强制分布法

强制分布法也称强迫分配法、硬性分布法等，这种方法假设员工的工作行为和工作绩效整体呈正态分布，那么按照状态分布的规律，员工的工作行为和工作绩效好、中、差的分布存在一定的比例关系，处于中间状态的员工应该最多，而处于两端的员工相对较少。强制分布法就是按照一定的百分比，将被考评的员工强制分配到各个类别中。从实务操作来看，类别一般分为五类，从最优到最差的具体百分比可根据需要确定，可以是 10%，20%，40%，20%，10%，也可以是 5%，20%，50%，20%，5%，等等。

强制分布法较适合在人数较多情况下评估总体状况，简易方便，可以避免考评者过分偏宽、偏严或高度趋中等偏差的发生。不过此法缺少具体分析，在总体偏优或偏劣的情况下，难以实事求是地做出评价。

6.4.2 行为导向型客观考评方法

行为导向型客观考评方法则是依据完全确定性指标对被考评者的工作行为进行的客观评价。具体方法包括关键事件法、行为锚定等级评价法、加权选择量表法等。

1. 关键事件法

一般来说，从这一次考评到下一次考评之间，上级应该搜集情报以使考评尽可能公平公正。如果未能做到这一点，考评就可能只是依据模糊的记忆来判断。为了克服这个缺点，J. C. 弗兰根发展了一种客观的方法来收集考评资料，称为"关键事件法"。在某些工作领域内，员工在完成工作任务过程中，有效的工作行为导致了成功，无效的工作行为导致了失败。关键事件法的设计者将这些有效或无效的工作行为称作"关键事件"。考评者要记录和观察这些关键事件，因为它们通常描述了员工的具体行为及工作行为发生的具体背景条件。关键事件法共有 3 个基本步骤：① 当有关键事件发生时，填在特殊设计的考核表上；② 摘要评分；③ 与员工进行评估面谈。

关键事件法对事不对人，以事实为依据，考评者不仅要注重对行为本身的评价，而且要考虑行为的情境，可以用来向员工提供明确的信息，使他们知道自己在哪些方面做得比较好，而在哪些方面做得不好。例如，一名保险公司的推销员，有利的关键事件的记录是"以最快的速度和热情的方式应对顾客的不满"，而不利的关键事件的记录是"当获得保险订单后，对客户的反映置之不理，甚至有欺骗行为"。需要注意的是，关键事件法考评的内容是下属特定的行为，而不是他的品质和个性特征。由于这种方法强调选择具有代表最好或最差行为表现的典型和关键性活动事例作为考评的内容和标准，因此一旦考评的关键事件选定了，其具体方法也就确定了。

采用关键事件法具有较大的时间跨度，可以贯穿考评期的始终，与年度、季度计划结合在一起。本方法可以有效弥补其他方法的不足，为其他考评方法提供依据和参考。其主要优点是：为考评者提供了客观的事实依据；考评的内容不是员工的短期表现，而是整个考评期内的整体表现；以事实为依据，保存了动态的关键事件记录，可以全面了解下级是如何消除不良绩效、如何改进和提高绩效的。关键事件法的缺点是：对关键事件的观察和记录费时费力；能做定性分析，不能做定量分析；不能具体区分工作行为的重要性程度，很难使用该方法在员工之间进行比较；上级主管必须确实能着眼于正、反两面的事实，否则考评就会有偏差，员工也无法公正地接受评估。

2. 行为锚定等级评价法

行为锚定等级评价法也称为行为定位法、行为决定性等级量表法或行为定位等级法。这一方法是关键事件法的进一步拓展和应用。它将关键事件和等级评价有效地结合在一起，通过一张行为等级评价表（如图 6-1 为考评商场售货员处理顾客退货的行为锚定评价量表）可以发现，在同一绩效维度中存在一系列的行为，每种行为分别表示在这一维度中的一种特定绩效水平，将绩效按等级量化，可以使考评的结果更有效、更公正。

行为锚定等级评价法的具体工作步骤如下。

（1）进行岗位分析，获取本岗位的关键事件，由其上级主管人员做出明确简洁的描述。

（2）建立绩效评价的等级，一般为 5～9 级，将关键事件归并为若干绩效指标，并给出

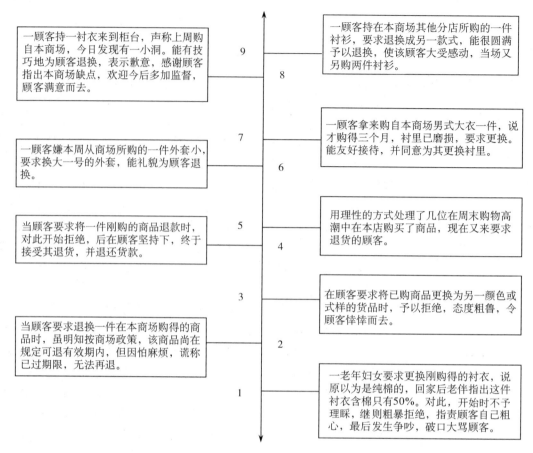

图 6-1　考评商场售货员处理顾客退货的行为锚定评价量表

确切定义。

（3）由另一组熟悉该岗位的管理人员对关键事件做出重新分配，将它们归入最合适的绩效要素及指标中，确定关键事件的最终位置，并确定出绩效考评指标体系。

（4）审核绩效考评指标等级划分的正确性，由第二组人员将绩效指标中包含的重要事件，由优到劣，从高到低进行排列。

（5）建立行为锚定法的考评体系。

行为锚定等级评价法的最大优点是为考评活动提供明确的典型行为锚定点，考评者在实际考评时就有了评分尺度。此外，这些附有具体行为描述性的文字，也有助于被考评者较深刻地了解自己工作的状态，找到具体改进的目标。

然而，此法的缺点也很明显。一方面，行为锚定等级评价法设计和实施的费用高，比许多其他考评方法费时费力；另一方面，由于典型行为的描述文字数量总是有限的，不可能涵盖被考评者实际中的各种各样的行为表现，考评者很有可能对既定的行为锚定等级评价表持有异议，而不严格按照既定的评分标准进行考评，从而影响量表的可信度。

3. 加权选择量表法

加权选择量表法是用一系列的形容性或描述性的语句来说明员工的各种具体的工作行为和表现，并将这些语句分别列在量表中，作为考评者评定的依据。在打分时，如果考评者认为被考评者的行为表现符合量表中所列出的项目，就做上记号，如画"√"或者画"×"。

加权选择量表法的具体设计方法是：① 通过工作岗位调查和分析，采集涉及本岗位人员有效或无效行为表现的资料，并用简洁的语言做出描述；② 对每一个行为项目进行多等级评判，合并同类项目，删去缺乏一致性和代表性的事项；③ 求出各个保留项目评判分的加权平均数，将其作为该项目等级分值。加权选择量表法实例如表6-7所示。

表6-7　加权选择量表法实例

如果员工有下列行为描述的情况则打"√"，否则打"×"	等级分值 $\sum A_i = 1$	考评结果
1. 布置任务时，经常与下级进行详细的讨论	A_1	☐
2. 识人能力差，不能用人所长	A_2	☐
3. 在进行重要的决策时，尽可能地征求下级的意见	A_3	☐
4. 不但对工作承担责任，也能放手让下级独立地进行工作	A_4	☐
5. 经常深入员工，观察他们，并适时地予以表扬	A_5	☐
6. 对下级进行空头许诺	A_6	☐
7. 能耐心倾听别人提出的批评，或下级的意见和建议	A_7	☐
8. 在做出重大决策之前，不愿意听取其他人的意见	A_8	☐
9. 为保住自己的面子，不考虑下级会有何感受	A_9	☐
10. 明明是自己的失误，错怪了下级，也不向下级道歉	A_{10}	☐

6.4.3　结果导向型评价方法

结果导向型的考评方法是以实际产出为基础，考评的重点是员工工作的成效和劳动的结果。一般来说，主要有四种不同的表现形式：目标管理法、绩效标准法、直接指标法和成绩记录法。

1. 目标管理法

目标管理法是管理者与每位员工一起确定特定的可检测的目标，并定期检查这些目标完成情况的一种绩效考评方法。它的指导思想是管理的成功有赖于自我调节，体现了现代管理的哲学思想，是领导者与下属之间双向互动的过程。目标管理法的最大特点是其目标是由上下级共同协商确定的，具体完成目标的方法由下级决定并定期提供反馈，上级起指导帮助作用。在期限终了时，上下级一起进行工作评估，总结经验教训并商讨下一期目标。

实行目标管理的目的在于通过各级目标的确定、评估、鉴定、实现，激发全体成员的创造性和工作热情，使其发现自己在组织中的价值和责任，从中得到满足感，并在工作中实行"自我控制"，从而更好地为实现组织的总目标做出自己的贡献。目标管理法主要包括以下两个方面的重要内容：一是必须与每位员工共同制订一套便于衡量的工作目标；二是定期与员工讨论其目标的完成情况。

目标管理法的基本步骤如下所述。

（1）战略目标设定。考评期内的目标设定首先是由组织的最高领导开始的，由他们制订总体的战略规划，明确总体的发展方向，提出企业发展的中长期战略目标及短期的工作计划。

（2）讨论确定部门目标及个人目标。部门目标是由各部门领导和他们的上级共同制订的。部门领导就本部门目标与部门下属人员展开讨论，并要求他们分别制订自己个人的工作计划。

（3）工作绩效考评。部门领导就每一位员工的实际工作成绩与他们事前商定的预期目标加以比较，对工作结果进行审查。

（4）提供反馈，实施控制。目标实施过程中，管理者提供客观反馈，监控员工完成目标的进展程度，比较员工完成目标的程度与计划目标，根据完成程度指导员工，必要时修正目标。在一个考核周期结束后，留出专门的时间对目标进行回顾与分析。

目标管理法的评价标准直接反映员工的工作内容，结果易于观测，所以很少出现评价失误，也适合对员工提出建议，进行反馈和辅导，增强了责任心和事业心。但是，目标管理法没有在不同部门、不同员工之间设立统一目标，因此难以对各员工和不同部门间的工作绩效做横向比较，不能为以后的晋升决策提供依据。

东芝公司的目标管理

目标管理作为一种先进的管理方式，并非由日本人首创，但是东芝公司接受和借鉴了德鲁克的"目标管理"理念，并将其应用到实践，有效提升了企业的绩效。

东芝公司的目标管理主要包括以下四个部分：

1. 制订目标。在目标管理的实施过程中，东芝公司首先把目标的制订放在首位。在制订目标时要求：（1）员工的目标必须和企业的目标保持一致；（2）每个人都要制订切实的目标。在制订目标时，必须遵守以下原则：如目标数量不宜过多，目标的内容具体明确，目标难度略高于本人能力，不能失去长远的观点，等等。

2. 目标管理的特征。目标管理的特征主要包括两点：（1）直接结合经营需要的一贯性，即目标管理必须从企业的整个经营体制出发，保持完整的一贯性；（2）以个人为中心提高能力，即每个人的个体目标是按照个体的能力、适应性和性格等特点来确定的。

3. 目标管理的结构。首先，恰如其分地明确每个人的任务。其次，适宜地明确每个人的成果目标，只要目标确定下来，就以具体形式把权限放给每个人，并保证他们在自我控制下开展工作。最后，进行成果评价，通过评价为实现下一步的目标而努力。因此，东芝公司目标管理的结构是：确定目标—下放权力和自我控制—评价成果。

东芝公司目标管理的前提是相信每个人的能力和积极性，明确个人的工作和任务，然后通过权力下放和自我控制，确立好整体目标体系和个体的目标体系。在目标管理的最后阶段，实施成果评价，并与绩效考核挂钩，给予相应的奖惩措施，提高员工的积极性。

4. 目标管理的实施。东芝公司在实施目标管理的过程中，主要强调：（1）坚持少而精主义和能力主义；（2）坚持"信任下级"的原则，适当下放权限，建立上下级之间的信任，尽可能地为员工实现目标创造条件，并进行有重点的全面管理；（3）依据目标达到程度，实现的困难程度和员工的努力程度三要素对相关成果进行评价，进行奖惩，以保持目标管理的有效性；（4）要求每位员工独立自主地实现目标；（5）在实施过程中，注意人际关系及其他手段和措施，如企业文化等。

东芝公司目标管理尽管取得了巨大成效，在很多方面值得发扬其优点，但是仍有一些不足之处有待提高。有些可能是东芝公司目标管理过程中所固有的不足，还有些可能是目标管理本身的缺陷，如某些职位的人员目标难以设定、目标设定效率低浪费了很多不必要的时间、目标管理与人事管理的联系不适度等。

——资料来源：王春莉．对东芝公司目标管理的案例分析[J]．中国市场，2011：12.

2. 绩效标准法

绩效标准法与目标管理法相似，它采用更直接的工作绩效衡量的指标，通常适用于非管理岗位的员工，衡量所采用的指标要具体、合理、明确，要有时间、空间、数量、质量的约束限制，要规定完成目标的先后顺序，保证个人目标与组织目标的一致性。

绩效标准法比目标管理法具有更多的考评标准，而且标准更加详细具体。依照标准逐一评估，然后按照各标准的重要性所确定的权数，进行考评分数汇总。

由于被考评者的多样性，个人品质存在明显差异，有时某一方面的突出业绩和另一方面的较差表现有共生性，而采用这种方法可以克服此类问题，能对员工进行全面的评估。绩效标准法为员工提供了清晰准确的努力方向，对员工具有更加明确的导向和激励作用。该方法的局限性是需要占用较多的人力、物力和财力，需要较高的管理成本。

3. 直接指标法

直接指标法在员工的衡量方式上，采用可监测、可核算的指标构成若干考评要素，作为对下属的工作表现进行评估的主要依据。例如，对于非管理人员，可以衡量其生产率、工作数量、工作质量等。工作数量的衡量指标有工时利用率、月度营业额、销售量等。工作质量的衡量指标有顾客不满意率、废品率、产品包装缺损率、顾客投诉率、不合格品返修率等。对管理人员的工作评估可以通过对其员工的缺勤率、流动率的统计来实现。

直接指标法简单易行，能节省人力、物力和管理成本。运用本方法时，需要加强企业基础管理，建立健全各种原始记录，特别是一线人员的统计工作。

4. 成绩记录法

成绩记录法是新开发出来的一种方法，比较适合于从事科研教学工作的人员，如教师、工程技术人员等，因为他们每天的工作内容不尽相同，无法用完全固化的衡量指标进行考量。

这种方法的步骤是：先由被考评者把自己与工作职责有关的成绩写在一张成绩记录表上，然后由其上级主管来验证成绩的真实准确性，最后由外部的专家评估这些资料，决定个人绩效的大小。

因本方法需要从外部请来专家参与评估，因此，人力、物力耗费很高，时间也很长。

本章小结

绩效是员工工作行为和工作结果的综合体，呈现多维性、多因性、动态性的特点。

绩效管理是人力资源管理体系中的核心内容，是指为了达成组织的目标，通过持续开放的沟通过程，形成组织目标所预期的利益和产出，并推动团队和个人做出有利于目标达成的行为。绩效考评不等于绩效管理，绩效考评只是绩效管理的一个环节。

绩效考评是指考评主体对照既定的工作目标或绩效标准，采用一定的考评方法，评定员工的工作任务完成情况、员工的工作职责履行程度和员工的发展情况等，并将上述评定结果反馈给员工的过程。一般来说，绩效考评可以分为两大类，即判断型绩效考评和发展型绩效考评。

一个完整的绩效管理过程通常包括五个阶段，即绩效计划阶段、绩效实施阶段、绩效考评阶段、绩效反馈与面谈阶段和绩效结果总结及应用阶段。绩效计划阶段是绩效管理的起点和准备阶段，绩效实施和绩效考评阶段是绩效管理的关键环节，绩效反馈与面谈是绩效考评的后续阶段，不容忽视。绩效结果总结及应用阶段是绩效考评的终点，又是一个新的绩效考评工作循环的始点。

绩效考评应遵循明确化、公开化原则、客观考评原则、及时反馈原则及差别化原则。绩效考评的主体应尽量多元化，包括员工的直接上级、下级、员工本人、同事、客户等。要注意避免考核中的误差。

绩效考评的方法总体上可分为行为导向型主观考评方法、行为导向型客观考评方法和结果导向型的考评方法。

行为导向型主观考评方法主要是依据一定的标准或设计好的维度对被考评者的工作行为进行的主观评价。其具体方法包括排列法、选择排列法、成对比较法和强制分布法等。

行为导向型客观考评方法则是依据完全确定性指标对考评者的工作行为进行的客观评价。其具体方法包括关键事件法、行为锚定等级评价法、加权选择量表法等。

结果导向型的考评方法是以实际产出为基础，考评的重点是员工工作的成效和劳动的结果。一般来说，其主要有四种不同的表现形式：目标管理法、绩效标准法、直接指标法和成绩记录法。

 习题

▷ **思考题**

1. 如何理解绩效管理的内容？
2. 绩效考评都有哪些方法？并请评价各种方法的适用性。
3. 绩效考评的主体有哪些？
4. 绩效考评的一般程序是什么？
5. 绩效考评误差的来源有哪些？可以采取哪些预防措施？

▷ **讨论题**

1. 如何理解绩效管理是人力资源管理的核心？
2. 如何理解绩效管理是中国企业人力资源管理的滑铁卢？

▷ **自测题**

1. 绩效管理中耗时最长的环节是（　　　）。
    A. 绩效计划　　　　B. 绩效实施　　　　C. 绩效考核　　　　D. 绩效指标的设计
2. 把每一个员工与另外所有的员工一一进行比较的绩效考核方法是（　　　）。

A. 因素考核表法　　　　B. 交替排序法　　　　C. 强制分布法　　　　D. 配对比较法

3. 绩效面谈的最终目的是（　　　）。

　　A. 告知结果　　　　　　B. 绩效改进　　　　　C. 员工满意　　　　　D. 营造氛围

4. 在绩效考核过程中，所有员工不管干得好干得坏，都被简单地评定为"中"的等级，这种现象被称为（　　　）。

　　A. 晕轮效应　　　　　　B. 居中趋势　　　　　C. 个体偏见　　　　　D. 偏松或偏紧倾向

5. 绩效考核中的强制分配法在确定优、中、差各等级人数比例时遵循的是正态分布规律，即（　　　）。

　　A. 按"两头小，中间大"分布　　　　　B. 按"两头大，中间小"分布
　　C. 按"从小到大"分布　　　　　　　　D. 按"从大到小"分布

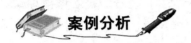

案例分析

绩效考核一团糟

　　马库斯·辛格，一位印度裔美国人，是俄勒冈州纽波特市的研究与评价办公室的一位经济学家。到 2011 年，他已经 40 岁了；在过去的十年里，他一直为纽波特市工作。在此期间，他被上级视为高于平均绩效水平的员工。大约在 10 个月前，马库斯·辛格从工业发展部门调到了新成立的研究与评价办公室。作为整体重组的一部分，工业发展部门的其他雇员也被调走了。

　　不久后，新的任职部门的领导者维克托意识到雇员绩效应该予以正式和客观的评估，于是签署了一项指令，要求所有下属部门领导对其下属雇员的绩效进行正式的评估，并附带备忘录，作为用于评估的新的绩效考核形式的副本。加斯·弗赖尔是研究与评价办公室的领导（除了加斯·弗赖尔，研究与评价办公室由马库斯·辛格、杰森·塔夫脱、苏珊·马斯曼、理查德·加尔、玛莎·费策尔、胡安·奥尔蒂斯等经济学家和一名秘书康妮·米勒组成），他允许下属雇员在绩效考核过程中提出一些意见。加斯·弗赖尔让研究与评价办公室的每位成员完成自我评估和同事间的评估。在审查这些评估之后，加斯·弗赖尔完成了每位被评估者最终的官方评估。在把表格送到维克托的办公室之前，他会私下与每位成员会面并回顾和解释对他们的评价，要求研究与评价办公室的每位成员签字并表示同意这个评价结果。

　　在将评价结果呈交给维克托大约一周时间后，加斯·弗赖尔收到了来自维克托的回复说他的评价是不能被接受的。加斯·弗赖尔不是唯一收到这种回复的部门领导。维克托说在检查来自不同下属部门完成的评估表时，没有一位雇员得到了公正或满意的评价，多数雇员在每一个类型中均被评为"杰出"。维克托认为各个下属部门领导都太宽松了，并要求他们以更加客观和批判的态度重新做评估。此外，由于部门的加薪预算很大程度上是以雇员评级分布为基础的，所有的雇员都被评为"杰出"则会超出预算范围。

　　加斯·弗赖尔把领导的要求向下属雇员解释，并要求他们这次秉持更加客观的态度重新评定。让加斯·弗赖尔惊讶的是，新的评定结果与第一次没有很大区别。相信自己在这个问题上没有别的选择后，加斯·弗赖尔只能单方面地对下属进行评定，并与他们讨

论评价结果。

当马库斯·辛格发现加斯·弗赖尔在每一个类型上对他的评定均为较低等级时很不高兴。尽管马库斯·辛格签字确认了第二份评估表的评估结果，但他并不同意这个评价结果。杰森·塔夫脱是研究与评价办公室的另一位经济学家，第二份评估表中他仍然得到了所有都是"杰出"的评价结果。

马库斯·辛格和杰森·塔夫脱都拥有经济学硕士学位，但是杰森·塔夫脱在纽波特工作不满两年，并且只有24岁。最近，市长收到一封来自主要政府机构领导的信件，信件中表扬马库斯·辛格和杰森·塔夫脱的杰出的研究。在部门里，马库斯·辛格与加斯·弗赖尔、杰森·塔夫脱及其他同事的关系一直很好，然而在某些场合，他发现当他强烈坚持自己的意见时会和同事有严重的分歧。

在马库斯·辛格和杰森·塔夫脱签字确认了评定结果后，加斯·弗赖尔让他们去维克托的办公室，在那里评定结果将最终进入员工的永久档案。三周后，部门进行加薪表彰；马库斯·辛格没有收到加薪表彰，他被告知是由于他的不杰出的评定结果造成的。然而，他确实收到了无论绩效评价的结果如何，所有员工都会拿到的1 200美元。

马库斯·辛格拒绝与加斯·弗赖尔进行交流。自从他们讨论过这个评定结果后，仅通过秘书康妮·米勒或者采用书面形式交流。马库斯·辛格失去了所有的动力，并且向同事抱怨他所受到的不公正的评价。尽管每天8点准时上班，下午5点之前绝不会离开，但是他花费大部分时间在工作时间读书或者看报。

——资料来源：斯内尔，伯兰德. 人力资源管理 [M]. 张广宁，译. 15版. 大连：东北财经大学出版社，2011.

思考题

1. 你怎样看待本案例中的问题？这些问题可以避免吗？如何避免？
2. 请对绩效考核中使用同级评估和上级评估的优缺点进行评论。
3. 如何解决马库斯·辛格的问题？
4. 如果你是加斯·弗赖尔，你会如何管理类似马库斯·辛格这类的员工？如何做到绩效考核的公平与公正？

第7章

薪酬管理

> 关键的因素不是一个公司付给员工多少薪酬，更重要的是如何设计和管理薪酬系统，并传递这方面的信息。

——韦恩·肖卡

学习目标

1. 了解薪酬管理及福利的意义。
2. 了解薪酬管理发展的趋势。
3. 了解弹性福利制度的种类。
4. 理解薪酬、报酬、工资和福利的含义。
5. 熟悉薪酬的功能及薪酬体系的内容。
6. 掌握薪酬管理的原则和影响因素。
7. 掌握薪酬体系设计的实施步骤。
8. 掌握福利的分类。

引 言

美国西雅图华盛顿大学的校方曾经选择了一处地点，准备在那里修建一座体育馆。消息一传出，立即引起了该大学的教授们的强烈反对。因为场馆一旦建成，就会挡住美丽的湖光山色。

原来，与当时美国的平均工资水平相比，华盛顿大学教授们的工资要低20%左右。很多教授之所以接受华盛顿大学较低的工资，完全是出于留恋西雅图的湖光山色。他们甚至得意地说，华盛顿大学的教授的工资，80%是以货币形式支付的，20%是由美好的环境来支付的。这种偏好，后来被华盛顿大学的经济学教授们戏称为"雷尼尔效应"。

——资料来源：http：//www.ceconlinebbs.com/FORUM_ POST.

企业若想留住关键员工，具有竞争力的薪酬起着至关重要的作用，但薪酬的竞争力不仅体现在水平上，因为"高薪"却留不住"高人"的现象也时有发生。上述案例中，虽然华盛顿大学的薪酬水平相比而言并不具有绝对优势，但是却成功"虏获"了教授的心，关键点在何处？应该如何来设计员工的薪酬水平？在设计中要考虑哪些因素？如何解决公司因薪酬所带来的人员流动问题呢？本章将通过对薪酬管理知识的介绍来解决以上提到的这些问题。

7.1 薪酬概述

7.1.1 薪酬的定义及构成

1. 薪酬的定义

绩效和薪酬是员工与企业的互相承诺，任何一个组织的发展和组织目标的实现都有赖于组织中员工的工作努力和劳动付出，而员工在付出劳动的同时也应该得到回报来满足其生存和发展的需要。简单地说，薪酬就是对员工劳动付出的补偿和回报。

要了解薪酬的含义，必须注意区分报酬、薪酬、工资三个术语。

1）报酬

员工为某一个组织工作而获得的各种他认为有价值的东西统统称为报酬。[①] 广义上讲，报酬分为经济性报酬和非经济性报酬两种。

经济性报酬包括直接经济报酬和间接经济报酬。其中，直接经济报酬是指能够直接以货币形式表现出来的基本工资、加班工资、绩效工资、奖金、津贴、补贴、股权、红利、利润分享等；间接经济报酬是指间接的以货币形式表现，可以衡量的各类保险、各类补助（住房）、员工服务及特权（优惠、服务）、带薪休假等福利。

非经济性报酬指企业为员工所创造的良好的工作环境及由工作本身的内在特征、组织的特征等所带来的非经济性的心理效用。其中，工作本身所带来的效用包括工作的趣味性、工作的挑战性、工作的责任、工作中的成就感、在工作中发挥个人才干的机会与舞台、获得褒奖的机会、个人成长培训发展机会、弹性工作制、弹性报酬、工作分担、缩减的周工时数；工作环境带来的效用包括和谐的同事关系、领导者的个人品质与风格、舒适的工作条件（办公室、办公设备）、知识与信息的共享、团队氛围；组织特征所带来的效用包括组织在业界的声望与品牌、组织在产业中的领先地位、组织高速成长带来的前景与机会、组织的管理水平、企业文化。

区分经济性报酬和非经济性报酬的界限是：某种报酬是不是以金钱形式提供的，或者能否以货币为单位来加以衡量。

2）薪酬

薪酬（compensation），又叫经济性报酬，是指员工因为雇佣关系的存在而从雇主那里获得的所有各种形式的经济收入及有形服务和福利。

简单的薪酬结构可表示如下：

$$薪酬＝工资＋奖金＋福利＋津贴$$

---

① 引自：刘昕. 薪酬管理［M］. 北京：中国人民大学出版社，2007：4.

谷歌公平合理的薪酬体系

在谷歌，员工享有丰厚的年薪且都持有公司的股票。据美国著名雇主评价网 Glassdoor 调查显示，谷歌软件工程师当前的平均基本年薪为 12.8 万美元，位居美国公司 2014 年度薪酬和福利待遇榜单首位。

谷歌还为所有正式员工发放股票期权，并且每年都会根据员工上一年度的业绩表现再授予股票期权。业绩表现越好的员工，会得到更高的工资、奖金和股票期权，从而保障员工的收入与绩效充分接轨。

在奖金体系方面，公司的奖金并不根据工作量分配，而是依赖于项目的重要程度。员工即使负责一个很小的产品，甚至暂无应用前景，但是只要能证明自我的想法正确，同样能够获得不菲的奖金，这保障了员工开发新项目的利益，避免了员工的经济损失。

在经济收益激励的同时，谷歌还实行了一套特有的激励机制。每个季度末，公司会将每一个项目向所有员工公示，并贴上每个人的名字和照片，以尊重和肯定员工的工作价值，激发员工的积极性。

此外，公司还为员工提供多样、丰厚的福利，表现在：为员工免费供应美食、24 小时开放的健身房、游泳池、温泉水疗、按摩服务、医疗服务、营养咨询师，安排演讲、瑜伽课程，提供干衣机、班车等。据介绍，谷歌员工还能享受到公司提供的"遗嘱福利"。谷歌公司首席人力官拉兹洛·博克此前在接受媒体采访时表示，谷歌公司的员工如果在职期间死亡，其配偶或伴侣将在接下来的十年中，获得此人原本薪水的 50%。除了去世员工十年薪水的 50%，配偶还可以获得该员工在公司里的股份。如果他们有孩子，这些孩子将每月获得 1 000 美元，直至 19 岁。如果孩子是全日制的学生，则可以一直领到 23 岁。谷歌多样化的福利体系充分保证了员工的积极性和创造力，使得每位员工所在团队的业绩更加出色，从而提高公司的整体收益。

——资料来源：徐海涛，钟泉盛.谷歌：独特管理模式激发企业创新活力 [N/OL]. 经济参考报 . 2014-12-05 [2016-03-21].

3）工资

工资（wage or salary），又叫直接薪酬，是指用人单位支付给劳动者的直接的货币数额，包括基本工资、加班工资、绩效工资、奖金、津贴、补贴。或者按照国家统计局的定义，工资是指计时工资、计件工资、奖金、津贴、补贴、加班加点工资、特殊情况下支付的工资（休假）。

从以上的分析可以看出，广义的薪酬就是报酬，狭义的薪酬就是经济性报酬；广义的工资就是直接薪酬。目前有一些国外学者将薪酬范围扩大了，认为薪酬就是报酬。

本书所讲的薪酬是狭义的薪酬概念，指能够直接或间接以货币形式提供和计量的经济收入及有形服务和福利，主要包括工资、奖金、津贴、福利和股权等多种形式。

2. 薪酬的构成

薪酬包括直接薪酬和间接薪酬。

1）直接薪酬

直接薪酬即直接经济报酬，包括基本工资和可变工资两部分。

基本工资：又称为不变工资，主要是以一定的货币定期支付给员工的劳动报酬，以员工所在的部门、岗位、职务及员工个体间的劳动差异包括熟练程度、复杂程度、责任大小及劳动强度为基准，根据劳动定额完成情况或工作时间而定。基本薪酬是员工劳动收入的主体部分，一般占薪酬总量的50%～60%，也是确定其他劳动报酬和福利待遇的基础。基本工资具有相对稳定性和固定性的特点，不能及时反映劳动者的实际劳动数量及质量的变化。通常基本工资由最低工资、年功工资、职位工资、技能工资等几个部分组成。

可变工资：与基本工资相对应的是可变工资，以员工超额有效劳动、所在的劳动条件和劳动强度等为依据计算所得的报酬，具体分为奖金、津贴、股票及分红等形式。在辅助薪酬中，又以奖金、津贴为主要形式。奖金是根据员工超额完成任务或以优异的工作绩效而计付的薪酬，旨在鼓励员工提高劳动生产率，也可称为绩效薪酬。津贴是为了补偿和鼓励员工在恶劣的工作环境下劳动而计付的薪酬，有利于吸引劳动者到脏、苦、险、累的岗位上工作。可变工资和组织效益与劳动者个人的能力及付出有直接关系。不同的组织员工和同组织中的不同员工之间，可变工资水平的差异很大。

2）间接薪酬

间接薪酬即间接经济报酬，主要包括福利、保险和服务等，是指组织为了吸引或维持员工而支付的作为基本工资补充的若干项目，给予员工的各种形式的待遇，如住房、用车、带薪休假、节假日工资、工作午餐、医疗保健，等等。间接薪酬与直接薪酬的不同在于前者不是以员工向企业供给的工作时间为单位来计算的，通常不考虑员工的实际绩效如何，对于处于同一工作层次上的所有员工来说都是可以获得或是可以获得其中的一部分，这取决于组织对间接薪酬的控制。如果组织将间接薪酬的部分组成用来奖励绩效，那么这些会成为激励性的薪酬，如为绩效优秀的员工提供更多的带薪假期，而其余的则可以通过公平的分配和标准化的员工待遇来强化组织的凝聚力，培养员工的归属意识。一般来说，间接薪酬的费用是由雇主全部支付的，但有时也要求员工承担其中的一部分。

7.1.2 薪酬的功能

薪酬既是企业为员工提供的收入，同时也是企业的一种成本支出，它体现的是企业和员工之间的一种利益交换关系。

1. 薪酬对于员工的功能

（1）经济保障功能。薪酬是绝大部分员工的主要收入来源，薪酬水平的高低直接关系到员工及其家属的家庭生活状态和生活水准，对于员工及其家庭的保障作用是薪酬的首要功能。

（2）心理激励功能。薪酬不仅仅是员工的劳动所得，它在一定程度上反映着员工自身的价值，代表企业对员工工作和个人能力的认同及企业支持员工未来发展的意愿。薪酬中的固定部分和可变部分，尤其是可变部分，如果设计合理将可以对员工产生很强的激励作用。激励功能是薪酬对于员工的核心功能。

（3）社会信号功能。薪酬水平的高低和职业声望关系紧密。一般来讲，职业声望较高的职业薪酬水平相对比较高；部分薪酬水平高的职业，职业声望会随之升高。员工薪酬水平的高低代表了员工在企业中的地位和层次，反映一个人在社会中所处的位置，间接地传递着员工的受教育程度、生活水准、价值取向等信号。

（4）补偿功能。从薪酬的定义可以看出，薪酬实际上是员工和企业的一种交易，是企业用于补偿员工由于付出劳动而应得到的物质和精神保障。

推销明星的跳槽

小李大学毕业后到一家中外合资公司当推销员，他对这个岗位很满意，因为不仅工资高，而且采用的是固定工资制，令他不用担心佣金少了丢人。随着他对业务的逐渐熟练及客户关系圈的建立，小李的销售额一直呈现上升势头。

进入该公司的第二年，小李在第三季度就完成了全年的定额，销售经理召他去汇报工作，并表扬他是"公司的推销明星"。

到了第三年，虽然公司把小李的定额提高了 25%，但是小李仍然估计自己准能在第四季度初完成。然而，小李却觉得心情并不舒畅，因为他听说本市其他同行业企业都在大搞销售竞赛和奖励活动，小李开始觉得目前的状况有点像"大锅饭"。于是小李在年终时主动找销售经理谈了自己的看法，并提议实行佣金制，但是被销售经理以"这不符合本公司文化"为由拒绝了。不过令销售经理大为吃惊的是，小李在谈话后的第三天就被实行"多劳多得，上不封顶"奖励制度的竞争对手公司挖去了。

——资料来源：推销明星的跳槽 [EB/OL].（2015 – 06 – 12）[2016 – 03 – 25].http://www.doc88.com/p-3985355451220.html.

2. 薪酬对于企业的功能

（1）控制经营成本。企业薪酬水平的高低将直接影响企业在招聘和保留员工时的吸引力，薪酬水平高，有利于企业吸引和保留员工，但较高的薪酬水平又会增加企业的成本，进而削弱企业在产品市场上的竞争力。所以，企业要想在竞争中处于不败之地，必须合理调整薪酬水平和结构，达到既能吸引和保留人才，又能控制经营成本的双赢目标。

（2）强化企业文化。薪酬管理能够约束员工的行为，体现企业文化，传达企业的价值观及对员工的要求。企业薪酬制度与企业文化相融合时，合理的薪酬将会对员工的工作行为、态度、业绩起到强化的作用，有利于企业文化的塑造和强化，有利于企业整体绩效的改进。

（3）支持企业变革。与企业战略相适应的、合体的薪酬设计使员工管理与企业运作相适应，薪酬通过作用于员工个人、工作团队和企业整体来创造出与变革相适应的内部和外部氛围，有效地推动企业变革。

7.2 薪酬管理的内涵与发展

7.2.1 薪酬管理概述

薪酬管理是人力资源管理的一项重要职能，是指组织在国家宏观控制分配政策和法律法规允许的范围之内，根据其内部管理的制度和有关规定，按照一定的分配原则和制订的各种激励措施对员工进行分配，并且不断进行拟定薪酬计划和预算、制订管理政策、控制成本、加强与员工沟通、做出有效性评价的薪酬分配的持续而系统的组织管理过程。

1. 薪酬管理的意义

薪酬管理是企业工资的微观管理，也是企业在国家的宏观经济控制的工资政策允许范围之内，灵活运用各种方法与手段，制订各种激励措施与规章制度，在员工中贯彻按劳分配原则的过程。薪酬管理的核心就是如何科学、合理地实现按劳取酬，制订公平、公开、公正的薪酬标准。合理有效的薪酬管理对企业管理具有重要的作用。

（1）薪酬政策和体系总是和组织发展战略密切联系并为其服务的。组织的生命周期一般包括产生、成长、成熟、消退各阶段。在各个战略阶段，也有相应的薪酬计划与之相适应。

（2）科学有效的薪酬管理是组织吸引、保留人才，不断提高员工队伍素质的重要手段。薪酬管理在组织人力资源管理中扮演着重要的角色。首先，较高的薪酬是组织吸引、保留人才，提高员工队伍素质的重要手段。其次，薪酬是调动员工积极性的最基本手段。

（3）有效的薪酬管理有助于调和劳资矛盾。薪酬是企业合理配置劳动力，提高企业效率的杠杆。企业作为一个生产组织，可以通过薪酬水平的变动，将组织目标和管理者意图传递给员工，促使员工个人行为与企业组织行为融合，调节员工与组织之间、员工与员工之间的关系。

（4）薪酬的多少直接影响着员工本人的消费水平、经济地位和社会地位。从员工个人的角度来说，人们劳动的目的是以劳动换取薪酬，薪酬的多少和形式不仅直接影响着员工本人的消费水平、经济地位，而且决定着员工的社会地位。

（5）薪酬管理在整个企业管理系统中还起着配置和协调的作用。在企业管理系统中，薪酬管理是企业管理系统中的一个子系统，它与企业其他管理系统有机地结合在一起，管理者通过薪酬变动调节企业各生产环节的人力资源，实现企业内部各种资源的有效配置。

2. 薪酬管理的内容

（1）薪酬的目标管理，即薪酬应该怎样支持企业的战略，又该如何满足员工的需要。

（2）薪酬的水平管理，即薪酬要满足内部一致性和外部竞争性的要求，并根据员工绩效、能力特征和行为态度进行动态调整，包括确定管理团队、技术团队和营销团队薪酬水平，确定跨国公司各子公司和外派员工的薪酬水平，确定稀缺人才的薪酬水平及确定与竞争对手相比的薪酬水平。

（3）薪酬的体系管理，不仅包括基础工资、绩效工资、期权期股的管理，还包括如何给员工提供个人成长、工作成就感、良好的职业预期和就业能力的管理。

（4）薪酬的结构管理，即正确划分合理的薪级和薪等，正确确定合理的级差和等差，还包括如何适应组织结构扁平化和员工岗位大规模轮换的需要，合理地确定工资宽带。

（5）薪酬的制度管理，即薪酬决策应在多大程度上向所有员工公开和透明化，谁负责设计和管理薪酬制度，薪酬管理的预算、审计和控制体系又该如何建立和设计。

3. 薪酬管理的原则

合理有效的薪酬管理应具备公平性、竞争性、激励性、经济性、合法性、战略性6大原则。

1）公平性原则

薪酬管理要求公平，这是最主要的原则。员工对薪酬的公平感也就是对薪酬发放是否公正的认识和判断，是设计薪酬制度和进行薪酬管理时必须首先考虑的。这里的公平性包括外部公平性、内部公平性、个人公平性。

（1）外部公平性：指组织的薪酬水平应与同行业或同一地区同等规模的不同组织中类似职务的薪酬基本相同，因为对从事这种职务的人的知识、技能与经验的要求相似，他们各自的贡献也基本相似。外部公平性强调的是本组织薪酬水平与其他组织的薪酬水平比较时的竞争力，关注同行业之间薪酬水平的相对高低。在考虑本组织的薪酬制度时，无论如何都应考虑自身的环境和经营目标及组织文化的影响，其目的是吸引和留住最优秀的员工。如果组织不能保证这种公平性，就难以吸引和留住足够数量的合格员工。

（2）内部公平性：指组织内部不同职务所获得的薪酬应与各自的贡献成正比。它强调的是一个组织内部不同工作之间、不同技能水平之间的薪酬水平应相互协调，这意味着组织内的报酬水平相对高低应以工作的内容为基础或是以工作所需要的技能复杂程度为基础，以工作对组织整体目标实现的相对贡献为基础，也可以是工作内容或技能要求的某种组合。内部公平性强调根据各种工作对组织整体目标实现的相对贡献大小来支付报酬。

（3）个人公平性：指组织内部相同岗位的人所获薪酬间的比较。要使员工认识到，只要在相同职务上，做出相同的业绩，都将获得相同的报酬。具体地讲，就是员工报酬水平因相关因素产生的差异应合理，如个人绩效差异、承担相同工作或同技能员工的资历差异等。

为了保证薪酬管理的公平性，组织的领导层要注意：组织的薪酬制度要有明确一致的原则作指导，并有统一的、可以说明的规范作依据；薪酬制度要有民主性与透明性，当员工能够了解和监督薪酬政策与制度的制订和管理，并能对政策有一定参与和发言权时，猜疑与误解便易于冰释，不公平感也会显著降低；要为员工创造机会均等、公平竞争的条件，并引导员工把注意力从结果均等转到机会均等上来。只有在收入与贡献相比均等的基础上，机会也均等，才是真正意义上的公平。

2）竞争性原则

这是指在社会上和人才市场中，企业的薪酬标准要有吸引力，才足以战胜其他企业，招聘到所需要的人才。企业可根据自己的薪酬战略、财力水平、所需人才可获得性的高低、所想留住人才的市场价格等具体条件决定到底付给员工何种水平的薪酬；但要有竞争力，则企业的薪酬水平至少不应低于市场平均水平。一般来说，在同行业中处于领先水平的企业，其薪酬水平也会处于领先水平。因此，在制订薪酬制度时，不妨先了解一下同行业的其他企业，尤其是实力相当的竞争对手，以及虽属不同行业但与企业在人才市场上争夺人才的企业的薪酬水平，然后使本企业的薪酬标准稍高一些。同时，企业的薪酬战略还必须与企业的发展阶段相适应。

3）激励性原则

这就是要在企业内部各类、各级职务的薪酬水平与员工在工作中贡献分配保持一致的原则。激励性体现了薪酬管理对员工的激励作用。在企业内部各类、各级职务的薪酬水准上，适当拉开差距，真正体现按劳分配的原则。只有这样，才能不断激励员工掌握新知识，提高业务能力，创造出更佳的业绩。因为当他们业绩突出，就能获得比别人更多的报酬；相反，如果企业内部不同类别、等级的职务之间薪酬相差不大，将难以产生足够的吸引力，优秀的、能力出众的员工就可能不甘于埋没自己的才华而辞职，那些没有辞职的员工的工作积极性也难以提高。在国有企业中，尤其要克服过去那种平均主义"大锅饭"的现象，应根据职位对企业的重要性程度，根据员工个人绩效，在员工收入上适当拉开差距。

4）经济性原则

提高企业的薪酬水准固然可提高其竞争性与激励性，但同时企业支付给员工的报酬是企业所生产的产品或服务的成本的重要组成部分，过高的劳动报酬必然导致人力成本的上升，不可避免地会提高产品在市场上的价格，从而降低企业的产品在市场上的竞争力。所以，薪酬制度不能不受经济性的制约，要在成本许可的范围内制订薪酬，而且企业薪酬系统的各个方面都要平衡，基本工资、奖金或奖励、津贴与福利的结构都要注意经济性的原则。不过企业领导在对人力成本进行考察时，不能仅看薪酬水平的高低，而且要看职工绩效的质量水平。事实上，后者对企业产品的竞争力的影响远大于成本因素。此外，人力成本的影响还与行业的性质及成本构成有关。

5）合法性原则

企业薪酬制度必须符合国家的政策与法律法规。我国劳动法中，有许多有关薪酬方面的法律条文，它们应作为企业在制订薪酬制度时的依据。例如，《中华人民共和国劳动法》第50条规定："工资应当以货币形式按月支付给劳动者本人。不得克扣或者无故拖欠劳动者的工资。"再如，《中华人民共和国劳动法》第48条规定："国家实行最低工资保障制度。最低工资的具体标准由省、自治区、直辖市人民政府规定，报国务院备案。用人单位支付劳动者的工资不得低于当地最低工资标准。"另外，国家还有关于员工的所得税比例，工厂安全卫生规定，女职工的特殊保护，员工的退休、养老、医疗保险等规定，也是企业薪酬制度的根据。

单位扣减员工工资是否合法

2010年3月5日，小张入职上海市某印刷有限公司，职位为业务经理，双方协商签订劳动合同。双方在合同中约定，其试用期工资为2 500元，转正后为3 000元。2010年8月，小张代表公司与某造纸厂签订采购合同。合同签订后，造纸厂因生产原因无法按时交货，要求延期交货。公司领导知道后，以小张办事不力为由，决定扣发其当月工资。小张不服，为此向当地劳动争议仲裁委员会提起仲裁，要求公司支付工资。

因为小张已经按照劳动合同的约定提供了正常的劳动，根据《劳动法》第五十条的规定，印刷公司应按约定向小张按时足额支付工资，不得克扣工资。然而印刷公司却借口小张工作失误，擅自克扣其应得工资，构成了违法克扣工资。因此，在本案中，劳动争议仲裁委员会支持了小张的请求。

——资料来源：单位扣减员工工资是否合法［EB/OL］.（2012－06－28）［2016－03－27］. http://www.chinahrd.net/article/2012/06-28/52955-1.html.

6）战略性原则

薪酬管理往往也可称为战略薪酬管理，薪酬制度的建立要符合企业的战略目标。战略性原则强调企业设计薪酬时必须从企业战略的角度进行分析，制订的薪酬政策和制度必须体现企业发展战略的要求。企业的薪酬不仅仅只是一种制度，更是一种机制；合理的薪酬制度能够驱动和鞭策那些有利于企业发展战略的因素的成长和提高，同时使那些不利于企业发展战略的因素得到有效的遏制、消退和淘汰。因此，企业设计薪酬时，必须从战略的角度分析哪些因素重要，哪些因素不重要，并通过一定的价值标准，给予这些因素一定的权重，同时确定它们的价值分配，即薪酬标准。

7.2.2 薪酬管理的影响因素

要制订一个科学合理的、富有吸引力的薪酬制度，首先应了解影响薪酬管理的诸因素。概括起来，这些因素主要包括外在因素和内在因素两个方面。

1. 外在因素

1）国家的有关政策和法令法规

与其他领域一样，关于工资的政策法规在决定薪酬管理方面起着相当重要的作用。为配合建立和完善社会主义市场经济，自 20 世纪 90 年代以来，我国相继出台了一些新的法律法规，如 1994 年 7 月 5 日公布的《中华人民共和国劳动法》中，对法定假日、加班工资、工资分配原则、最低工资标准及社会福利和保险又做了明确规定；此后劳动部于 1994 年 10 月 8 日、1994 年 12 月 6 日、1994 年 12 月 26 日先后发布了《劳动部关于实施最低工资保障制度的通知》《工资支付暂行规定》《违反〈中华人民共和国劳动法〉行政处罚办法》，这些有关工资的法规从宏观上对企业的薪酬管理进行了干预，从法律上为我国职工的工资及福利待遇提供了最低保障。2008 年所推出的"三法两条例"更是从法定福利、试用期工资、加班费、拖欠工资拒付工资申诉时效、带薪年休假等多方面保护了劳动者的合法权益。此外，国家还对禁止使用童工、保护妇女和残疾人等方面已经做出相关规定，企业在制订薪酬政策时是必须遵守的。

2）社会平均工资水平和经济发展水平

随着经济的增长和人们生活水平的提高，员工的工资也在快速增长。近年来在我国，尤其是大中城市，工资增长率始终维持在较高水平。社会平均工资的快速增长使各企业薪酬水平也必须随行就市而增长，否则将难以跟上市场水平而处于落后状态，削弱企业对人才的吸引力，削弱企业的竞争优势。

经济发展水平和劳动生产率是影响企业薪酬水平的重要因素。一般来说，当地的经济发展处在一个较高的水平，其劳动生产率高时，企业员工的薪酬会较高；反之，企业员工的薪酬会较低。在我国，目前经济发达的地区与经济不发达的地区之间的薪酬之间就存在差距。沿海地区经济发展水平较高，大城市经济发展水平较高，因此这些地区企业员工的薪酬较高。我国的劳动力价格在不同地区有所不同，这是由各地的消费水平、劳动力结构、劳动生产率等因素造成的。

3）劳动力市场的供需关系

劳动力市场上的供求状况的变化决定着企业对员工人力成本的投入，从而影响企业员工薪酬水平的变化。在市场经济条件下，员工的才华和工作能力成为一种商品、一种经济资源、一种生产要素，企业对员工的需求也要符合市场规律。同其他资源一样，人力资源也存在一个市场，也有价格，这个价格就是雇主支付给雇员的薪酬。在市场经济中，每一种经济资源都会受到供求关系的影响，供过于求时，价格下跌，供不应求时，价格就上涨。人力资源也不例外。当经济处于高速增长时期时，市场对人才的需求增加，进而造成员工工资的上升；相反，在经济处于低迷的时候，人员过剩，市场不再需要那么多的人，所以不仅员工的薪酬会随之减少，还会使一部分人失业。总之，劳动力供求对薪资水平的影响可以归纳为：如果市场上可供企业使用的劳动力大于企业需求时，则企业的薪酬水平相应会降低；反之，企业的薪酬水平相应会提高。

4）地区及行业的特点与竞争状况

这里的特点也包括基本观点、道德观与价值观。沿海与内地、基础行业与高科技新兴行业，国有大中型企业密集地区与三资企业集中地区等之间的差异，必然会反映到其薪酬政策上来。经济发展的差别往往会造成不同国家、地区、行业形成不同的劳动力价格。此外，本地区、本行业、本国的其他企业，尤其是竞争对手对其员工所制订的薪酬政策与水准，对企业确定自己员工薪酬的影响甚大，这又被称为"比较规范"。倘若市场上竞争对手众多，成本控制就变得特别重要，竞争激烈使企业不能将加薪的成本转嫁到消费者身上，即不能大幅提升产品价格。在此情况下，非经济报酬（如晋升和培训机会等）会比实际加薪较为务实。

5）当地的生活水平

这个因素从两层意义上影响企业的薪酬政策：一方面，生活水平高了，员工们对个人生活的期望也高了，无形中对企业造成一种制订较高的薪酬标准的压力；另一方面，生活水平高了，也可能意味着物价指数要持续上涨，物价变动会直接影响员工生活消费品价格的变动，在生活必需品价格普遍上涨的情况下，保证员工的基本生活需要与企业的生产经营不受影响，企业必须考虑加薪。但这些因素对基本工资的确定并不起着决定作用，只在调整时需要考虑。

6）行业薪酬水平的变化

行业薪酬水平的变化主要取决于行业产品的市场需求和行业生产率两大因素。当产品需求上升时，薪酬水平可有所提高；当行业劳动生产率上升时，薪酬水平也可以在企业效益上升的范围之内按比例提高。由于历史原因和现实需要，各行业的员工对报酬的期望是不同的，因此也影响了企业的报酬系统。例如，金融行业、信息行业等员工对报酬的期望较高，而纺织行业、环卫行业等员工对报酬的期望较低。

7）工会的组建率和维权力度

劳资谈判是影响工资的一个主要因素。工会对于薪酬管理的影响，主要体现在集体协商制度下，员工组织有权与企业和用人单位就企业员工的薪酬水平、薪酬决定、薪酬差异及分配、支付形式等内容进行集体协商，签订工资集体合同。因此，作为劳动力市场上的一方代表，工会力量、工会的行动直接影响企业薪酬水平的变动。强有力的工会与资方协商的工资水平与没有组织的劳资双方协商的工资水平存在显著差异。工会组建率高，维权力度大，薪酬水平可能就偏高；反之，工会组建率低，维权力度小，薪酬水平就偏低。

2. 内在因素

1）企业的经营状况与支付能力

在劳动成本增加而生产量和其他输入量不变的情况下，生产率会降低，故企业应小心考虑如何平衡加薪与生产率的关系，同时也要考虑公司经营状况和财政支付能力。但经营状况是不断变换的，而经营好坏也无绝对的判断标准，员工们一般不愿凭此来评价公司付酬的合理性。在企业中，员工薪酬水平受制于公司的利润与其他的财务资源，而企业的支付能力取决于员工的生产率，企业经济效益的好坏直接决定了员工个人收入水平。一般来说，资本雄厚的大公司和盈利丰厚而正处于发展上升的企业，对员工付酬也较慷慨；反之，规模较小或处于不景气中的企业，则需要量入为出。另外，企业的高层管理者在保持和提高员工士气，吸引高质量的员工，降低离职率、改善员工生活标准等方面所持的态度也会对薪酬产生重要影响。

2）工作的特点和条件

这是组织在考虑薪酬在不同工作间的差异时必须考虑的客观因素，工作责任、工作要求、工作条件和工作类别都会不同程度地影响薪酬的总体水平和具体薪酬的构成。一般来说，工作责任重大、工作活动对组织的生存和发展有重大影响的一般薪酬水平较高；工作对技能和任职资格有特殊要求的薪酬水平较高；工作条件的好坏也是影响员工报酬高低的重要条件；工作的劳动强度和危险性越高，其工资与福利的水平也越高。

3）工会组织和劳资谈判

劳资谈判是影响工资的一个主要因素。在市场经济中，工会作为劳动者本人利益的代表，同雇主或雇主集团通过谈判订立团体协议，就工作条件、工资水平等达成一致的看法，改善在雇佣关系中劳动个体所处的不利地位。由于工资对劳动者来说是收入，对资方来说则是成本，因此两者在工资问题上是互相冲突的。在这种情况下，双方的谈判和势力对工资水平的影响就比较明显。对劳动者来说，工资水平的高低取决于它是否有强大的工会组织，以及采取何种策略以达到增加工资的目的。

4）企业的发展阶段

企业的发展阶段不同，其经营战略不同，则企业的薪酬战略也不同。企业薪酬战略应与企业战略相适应。在一些处于迅速成长阶段的企业中，经营战略是以投资促进公司成长。为了与经营战略保持一致，薪酬战略应该刺激形成一个创业型的管理群体，因此企业应该着重使高额薪酬与高中等程度的刺激和鼓励相结合（风险越大，薪酬越高）。在处于成熟阶段的企业中，经营战略基本上以保持利润和保护市场为目标，所以薪酬策略应以奖励市场为主。要做到这一点，则应使平均薪酬水平与中等程度的刺激和鼓励及标准福利水平相结合。在处于衰退阶段的企业中，最恰当的战略是获得利润并向别处投资。要实现这样一种战略目标，就必须使标准福利与低于中等水平工资相结合，并把适当的刺激和奖励直接与成本控制联系在一起。

5）企业的管理哲学和企业文化

企业的文化价值观显然会对薪酬管理有很大的指导与影响作用。例如，有的企业推崇个人主义，因此薪酬差别很大，有的企业提倡集体合作主义，因此薪酬差别较小；有的企业提倡冒险，因此工资很高，但福利较差，有的企业提倡安全、稳定，因此工资较低，但福利较好。

薪酬管理策略的选择及设计在很大程度上是由企业领导的态度决定的，高层领导对于整个内外环境形势的判断、对薪酬问题的理解和重视程度及对于保持和提高士气、吸引高质量的员工、降低离职率、改善员工的生产水平的种种愿望，以及对员工本性的认识及态度等，都会对企业的薪酬水平和薪酬策略产生影响。其中，最主要的是企业领导对员工本性的认识及态度：那种认为员工们所追求的只是物质上的满足，只有物质刺激才能让他们好好工作的企业领导，和认为员工们不仅从本性上有多方面的需求，而且具有自觉性的企业领导，在薪酬政策的制订上显然是会大相径庭的。

总之，影响企业间和企业内部劳动者之间薪酬水平及变动的因素很多，在所有这些影响因素中，外在因素起着宏观调节和导向的作用，内在因素则起着决定性的作用。事实上，企业在制订其薪酬政策时，是会综合地权衡所有这些内外因素的。除上述因素外，企业还可能会根据自身情况进行特殊考虑的。

7.2.3 薪酬管理的发展趋势

全球化步伐加快，国际竞争越演越烈，客户对产品与服务的期望与预期不断提高，企业对员工个人技能及组织整体能力的要求日益提高，原有的薪酬管理模式也在发生变革，其整体表现如下。

（1）薪酬设计更趋于人性化，全面薪酬计划和自助餐福利计划较受重视。随着企业性质和管理模式的根本性变革，员工的需求层次更加多样化，很多企业的薪酬成分也发生了实质性的变化，薪酬设计更为人性化。例如，"诺基亚北京公司薪酬体系"的"现金福利"部分包括中国每一个传统节日的现金福利发放：春节为每个员工发放现金福利600元，元旦200元，元宵节100元，中秋节200元，国庆节300元。

全面薪酬既不是单一的工资，也不是纯粹的货币形式的报酬，它还包括精神方面的激励，如优越的工作条件、良好的工作氛围、培训机会、晋升机会等，这些方面也应该很好地融入到薪酬体系之中。内在薪酬和外在薪酬应该完美结合，偏重任何一方都是跛脚走路。物质和精神并重，这就是目前提倡的全面薪酬制度。

弹性福利制又称为"自助餐式的福利"，是一种有别于传统固定式福利的新型员工福利制度，是采用选择性福利，即让员工在规定的范围内选择自己喜欢的福利组合。弹性福利制强调的是让员工依照自己的需求从企业所提供的福利项目中来选择组合属于自己的一套福利"套餐"。每一个员工都有自己"专属的"福利组合。另外，弹性福利制强调"员工参与"的过程，希望从别人的角度来了解他人的需要。

（2）薪酬分配形式由货币主导型向资本主导型过渡。以货币为主传统的薪酬分配方式已不占主流，长期的员工激励计划日益受到关注。长期激励的薪酬计划是相对于短期激励计划而言的，它是指企业通过一些政策和措施引导员工在一个比较长的时期内自觉地关心企业的利益，而不是只关心一时一事。其目的是留住关键的人才和技术，稳定员工队伍。其主要方式有：员工股票选择计划（ESOP）、资本积累项目（capital accumulation programs）、股票增值权（stock appreciation rights）、限定股计划（restricted stock plans）、虚拟股票计划（phantom stock plans）和股票转让价格（book value plan）等。长期计划的实施对象主要有两类：一是企业高层管理人员，因为对经营者的激励和行为约束更有助于企业的长期发展；二是一些高科技企业核心技术人才和一些企业的销售骨干。

（3）宽带型薪酬结构日益流行。在1990年以前，美国只有少数企业使用宽带薪酬；到1994年，有150～200家企业使用宽带薪酬；而到1998年，将近300个企业在实施宽带薪酬。美国薪酬协会、翰威特公司分别在1994年和1998年进行了两次调查，结果表明，绝大多数企业（1994年为91%，1998年为87%）认为宽带薪酬是实施工资战略、管理成长的有效工具，是一种非常有效的人力资源管理方法。

宽带型薪酬结构是对传统上那种带有大量等级层次的垂直型薪酬结构的一种改进或替代。它是指对多个薪酬等级及薪酬变动范围进行重新组合，从而变成只有相对较少的薪酬等级及相应的较宽的薪酬变动范围。

员工"宽薪"企业开心——J 公司宽带薪酬设计实践

J 公司是一家以制造港口起重自动化设备为主的研发、生产、销售一体化的民营企业，现有员工 500 余人。随着产品产量的加大与销售业务的扩展，该公司在员工薪酬管理方面遇到不少困难和问题。这给公司的 HR 敲响了警钟——员工对现行工资制度意见很大，薪酬所应有的激励作用根本没有体现出来，严重制约了公司的发展。为了解决以上问题，J 公司的 HR 部门打算尝试引入宽带薪酬体系，具体设计方案如下。

首先，诊断薪酬，找出"病因"。要设计一套合理有效的宽带薪酬体系，首先要对公司在薪酬管理方面存在的问题进行诊断。公司 HR 在研究了工资分配制度及相关报表后，结合对公司管理人员的访谈，了解到现有的薪酬制度中：（1）员工的奖金发放无成文制度可遵循，全凭管理层的一句话；（2）工资与员工个人技能和能力脱钩；（3）工资与员工具体工作表现脱节；（4）员工的工资结构以固定工资为主，这形成了干多干少一个样，干好干坏一样拿的心态，员工缺乏工作的动力与压力；（5）工资与公司整体绩效关联不大。

其次，分析工作岗位。通过工作分析可以明确与薪酬决策有关的工作特征，包括：岗位对企业战略的贡献，工作所需知识及能力水平，工作职责、工作任务的复杂性与难度，工作环境条件等；而进一步实施岗位评价所得到的岗位价值序列，则可较好地保证企业内部薪酬的公平性。J 公司设计薪酬体系的基础是岗位技能工资，它从员工的岗位价值和技能因素两方面来评价员工的贡献。以工作分析和岗位评价所得结果为依据，把公司所有 200 多个岗位分为核心层 A、中间层 B 和基层 C 三个层次，以及管理类、技术类、销售类、专业类、行政事务类和工勤类六大类别。

再次，确定宽带薪酬的激励导向。薪酬结构必须体现公平与激励原则。为了体现薪酬体系的激励导向，在进行设计时既要顾及员工的基本利益，同时也要引导、激励员工创造更多价值；既要保证岗位之间的公平性，也要体现差异性。综合考虑各方面因素，J 公司的整个薪酬体系包含有三种不同的薪酬制度，即普通员工和中层管理人员的月薪制、高层管理人员与核心技术人员的年薪制及销售人员的单设薪酬体系。

J 公司新的薪酬结构包括岗位技能工资（等级工资）、绩效工资、附加工资和福利工资四个部分。其中可体现宽带薪酬体系与一般薪酬体系区别的主要是岗位技能工资和绩效工资两个部分。其中，岗位技能工资实行职等和职级双重界定。岗位技能工资较为明显地体现出宽带薪酬体系的特点。在对岗位进行了三个层次、六个类别的划分基础上，又按岗位重要性细分为十个等级。岗位技能工资入等、入级的原则是：根据岗位评价入等，根据能力评价入级。绩效工资采取公司、个人综合挂钩。绩效工资分为季度绩效工资和年度绩效工资两种。季度绩效工资的核算分为非销售人员的和销售人员的绩效工资。

最后，工资核发。为了保证工资发放的平稳性，在薪酬体系设计时规定：员工的季度绩效工资额按季度确认，按月发放。本季度每月发放的绩效工资是该员工上一季度绩效工资的月均值。年度绩效工资按年度进行确认，发放时间为次年 2 月。

J 公司使用宽带薪酬体系接近半年时间，成效良好。各类员工的工作积极性普遍增强；核心人员稳定性增强，员工离职率均有所降低；各部门内部的员工团队意识加强，业绩得到明显改善。所以说,员工"宽薪"了,企业开心了。

———资料来源:宽带薪酬案例[EB/OL].(2013-11-22)[2016-03-30].http://www.caecp.cn/News/News-1961.html.

(4)集体谈判将越来越在员工薪酬福利的决议中扮演关键角色。集体谈判工资论是工会发展的产物。集体谈判决定工资,是指职工代表与企业代表依法就企业内部的工资分配制度、工资分配形式、工资收入水平等事项进行平等协商,在协商一致的基础上签订工资协议的行为。集体谈判增强了员工民主参与管理的意识,有助于企业劳动关系的稳定。我国已经在非国有企业和部分改制的企业中试行了多种形式的工资集体协商制度,原劳动和社会保障部在2000年11月公布了《工资集体协商实行办法》。集体谈判是国外薪酬管理的一项重要内容,在西方已有百年的历史,积累了相当丰富的经验,值得我们借鉴。随着劳动者维权意识的增强,工会组建力度和维权力度的加大,谈判工资必将成为薪酬管理发展的一大主流趋势。

(5)薪酬制度公开化,支付方式透明化日趋明显。关于薪酬的支付方式到底应该公开还是透明,这个问题一直存在比较大的争议。虽然保密薪酬制度可以减少人事摩擦,降低企业薪酬管理的难度。但实行保密薪酬制的企业经常出现这样的现象:强烈的好奇心理使得员工通过各种渠道打听同事的工资额,使得刚制订的保密薪酬很快就变成透明的了,即使制订严格的保密制度也很难防止这种现象。既然保密薪酬起不到保密作用,不如直接使用透明薪酬。

为了使得薪酬管理更加科学化,增加员工的公平感,应当将薪酬制订的依据、等级、薪酬差距等相关内容公开化,或者让员工参与薪酬制度的设计。

7.3 薪酬体系及其设计

7.3.1 薪酬体系

薪酬体系由决定员工所获得的总薪酬水平及其各部分构成比例的所有制度组成。由于在薪酬构成中,基本薪酬是薪酬构成中相对稳定的收入,为员工提供最基本的经济保障。一般来讲,薪酬体系主要是由基本薪酬决定的体系。

目前有三种基本薪酬体系:职位薪酬体系、技能薪酬体系、能力薪酬体系。其中,职位薪酬体系是以工作本身为确定基本薪酬的依据,是目前运用得较为广泛的一种薪酬体系。技能薪酬体系是以员工所掌握的技能为确定基本薪酬的依据,能力薪酬体系是以员工所拥有的能力为确定基本薪酬的依据,这两种薪酬体系是以人为基础的。

1. 职位薪酬体系

职位薪酬体系是企业根据员工所从事工作的价值确定员工的基本薪酬的一种薪酬体系。它是首先对职位本身的价值做出客观的评价,然后根据评价的结果而赋予承担这一职位的人与该职位价值相当的薪酬的一种基本薪酬决定制度。职位薪酬体系是一种比较传统的确定员工基本薪酬的制度,它最大的特点是员工担任什么样的职位就得到什么样的薪酬。

1)职位薪酬体系的特点

优点:广泛使用,容易操作;通常用来确定基本工资;实现了同工同酬和按劳分配;针对职位进行薪酬管理,操作比较简单、成本低;容易取得内部和外部的平衡;有利于提升员工增强技能的积极性。

缺点：只考虑职位而不考虑人的因素，在员工晋升无望时往往会降低其工作积极性；职位薪酬相对稳定，不能很好地激励员工。

2）职位薪酬体系实施的前提条件

（1）工作分析比较到位。

（2）职位说明书制订规范、系统且具有时效性。

（3）能够很好地掌握和应用职位评价技术。

（4）职位的内容是否稳定。

（5）人岗是否匹配。

（6）企业是否存在较多的职级。

（7）企业的薪酬水平是否足够高。

2. 技能薪酬体系

技能薪酬体系是组织根据员工掌握的与工作密切相关的技能的深度和广度来支付薪酬的一种报酬制度，它可分为深度和广度两种技能薪酬体系。企业在确定员工基本的薪酬水平时所依据的是员工所掌握的技能水平。这种薪酬体系通常适用于工作比较具体且能清晰界定的技术人员、生产人员。

1）技能薪酬体系的特点

优点：激励员工不断关注自身技能的提高，从而能够不断地提升个人价值；在一定程度上能够激励优秀人才安心工作；有利于团队合作能力的提升。

缺点：要求企业为提高员工技能，必须付出更多的投入，成本高；技能薪酬体系的设计和管理要比职位薪酬体系复杂得多，管理成本增加；高技能的员工未必有高的产出；界定和评价技能不容易；员工着眼于提高自身技能，忽视整体目标；对已达到技能等级顶端的人才激励效果不大。

2）技能薪酬体系实施的前提条件

（1）组织内部员工所从事的工作具备深度和广度的技能。

（2）管理层认可技能薪酬体系的应用。

（3）企业需要建立一套培训体系对员工进行技能培训。

3. 能力薪酬体系

能力薪酬体系是指企业在确定员工基本的薪酬水平时所依据的是员工所具备的能力或是任职资格。

能力是一系列的技能、知识、行为特征及其他个人特性的总称，实际上是指能够增加价值以预测未来成功的重要因素。

1）能力薪酬体系的特点

优点：激励员工不断完善自我提升能力；在一定程度上体现了以人为本的经营理念。

缺点：能力界定比较困难。

2）能力薪酬体系实施的前提条件

（1）适合于技能和行为对于强化组织的竞争力至关重要的一些行业或企业。

（2）知识型员工和专业型员工为主。

（3）扁平化的组织结构，管理灵活，强调员工持续开发和能力不断提升。

（4）建立以能力为中心的整体人力资源模式。

7.3.2 薪酬体系的设计

1. 确定付酬原则与策略

确定付酬原则与策略对组织薪酬方案设计有着重要的意义，因为付酬原则是企业文化的一部分，对薪酬方案设计的各个环节都具有重要的指导作用，它包括对员工本性的认识（人性观），对员工总体价值的评价，对管理人员及高级技术人才所起作用的估计等企业的核心价值观。要形成真正按贡献大小决定收入分配的共识，并在它的指导下制订工资分配的政策与策略，如工资等级之间的差距，工资、奖金和福利费用的构成比例等。

2. 职务设计与分析

这是薪酬制度建立的依据，其操作程序和方法在本书第 3 章已经介绍过，这里不再重复。

3. 职务评价

这是保证内在公平的一个重要环节，是确定员工薪酬的重要依据，因而对其精确性有相当高的要求，职务评价的结果以具体的金额形式来表示每一职务对本企业的相对价值，它反映了组织对各职务任职者的要求。但是，这些表示职务相对价值的金额并不就是各个任职者的真正薪酬额。员工的真正薪酬额还要经过外部的薪酬状况调查，在实现外部公平的基础上，并再经过组织内部的薪酬分级和定薪后才能完成。

4. 薪酬结构设计

经过职务评价之后，可得到表明每一职务对组织相对价值的顺序、等级、分数或象征性的金额，使企业内所有职务的薪酬都按统一的贡献率原则定薪，保证组织薪酬制度的内在公平性。但这是属于理论上的价值，它必须转换成实际的薪酬值才有实用价值。这就需要进行薪酬结构的设计。所谓薪酬结构，是指在组织结构中各项职位的相对价值及其对应的实付薪酬间的一种关系。这种关系以某种原则为依据，形成一定的规律。这种关系和规律通常以"薪酬曲线"来表示，使其更直观、更清晰、更易于分析和控制，也更易于理解。

5. 外部薪酬状况调查及数据分析

外部薪酬状况调查主要是对本地区、本行业，尤其是主要竞争对手的薪酬的调查，从而了解某一特定岗位劳动力市场的价格，以此作为组织确定薪酬水平的重要参考依据。进行外部薪酬状况调查的目的是要保证企业薪酬制度的外在公平性。调查的数据来源及渠道首先是公开的资料，如国家和地区统计部门、劳动人事部门、工会等公开发布的资料，图书馆及档案馆中的统计年鉴等工具书，人才交流市场与有关组织、有关高等学校、研究机构及咨询单位等的调查研究结果。其次，可以通过抽样调查等方式获取第一手的资料。最后，还可以通过招聘过程了解到外部工资状况的一些数据资料。调查内容包括：薪酬的支付范围、平均起薪线、现在支付的平均薪酬水平，等等。

6. 薪酬分级和定薪

在职务评价之后，企业根据其确定的薪酬曲线，将众多类型的职务工资归并组合成若干等级，形成一个薪酬等级（或称职级）系列，就可以确定企业内每一职务具体的薪酬范围，保证员工个人所得薪酬的公平性。

7. 薪酬制度的执行、控制与调整

组织薪酬制度建立后，如何把它付诸实施进行适当的控制和调整，真正发挥其应有的功能，则是一个长期而复杂的工作，需要根据制度的运行状况和企业经营环境的变化而进行灵活调整。薪酬的调整大致分为绩效性调整、生活指数调整、效益性调整、工作经验性调整 4 个类别。

7.4 福利管理

7.4.1 福利概述

福利在劳动经济学中被称为"小额优惠"，是薪酬体系的重要组成部分，是员工的间接报酬。它是企业为满足员工的生活需要，除工资与奖金以外向员工个人及其家庭所提供的实物和服务等一切待遇。

1. 福利的特点

福利是既不以员工对企业的相对价值，也不以员工当前的贡献为基础的，它的涵盖面很广，形式多样，且成本也高。具体而言有如下特点。

（1）针对性。企业为员工提供的福利如消费品与劳务等都具有明显的针对性。一项福利往往是针对员工的某项需要而设立的，因而有时会有很强的时间性，如员工的夏季的防暑费、冬季的取暖费等。

（2）集体性。企业为员工提供的福利设施一般是员工集体消费或共同使用的公共物品，如员工食堂、员工俱乐部等都具有集体性这一重要特征。

（3）补偿性。企业提供的福利只起到满足员工生活有限需求的作用，不像工资是满足基本需要的。作为员工工资的一种补充形式，福利只是对员工为企业提供劳动的一种物质补偿。

（4）均等性。福利的均等性是指企业所提供的福利是针对所有的履行劳动义务的本企业员工，不管是谁，只要符合条件都可以享受。因劳动能力、个人贡献及家庭人口等因素的不同，造成了员工之间在工资收入上的差距，这种差距对员工的积极性有一定的影响，福利的均等性在一定程度上起着平衡劳动者收入差距的作用。

2. 福利的作用

福利作为培育员工对企业的归属感和忠诚度的独特手段，历来为管理者所重视。福利管理是企业人力资源管理的一环。适当的福利管理，不但可以减少组织的营运成本，还可以提高员工的满意感和忠诚度，减低员工流失率，更可以增加组织在劳动市场的竞争力而吸引更好的人才。西方企业实施员工福利计划开始于 20 世纪 20 年代。随着社会经济的发展，这部分支出占全部劳动力成本的比重越来越大。目前在发达国家，福利和保险费与工资的比例几乎接近 1：1，并有超过工资的发展趋势。

与工资和奖金等不同，福利是企业整体薪酬体系中免费赠送的部分，它的提供似乎与员工的工作业绩无直接关系，但实际上还是有关系的，因为不同的岗位和不同的级别，所享受的福利是大不一样的。企业福利的根本目的是促进经营目标的实现，即通过优越的福利待遇和条件来吸引并留住员工，以使企业形成稳定的员工队伍，而不是仅仅为了改善员工家庭的生活条件。因此，福利经常被视为一种用于组织招募、激励和稳定员工的工具，最重要的是应使员工意识到企业为他们提供的福利是其作为组织一员所获得的全部薪酬中的一部分。

员工福利的主要作用如下所述。

（1）吸引并留住高素质员工。人们在寻找职业时，越来越把优厚福利作为重要的选择标准。在人才竞争不断加剧的环境下，各个组织在强调具有竞争力工资薪酬的基础上，通过提供丰富多样、具有吸引力和富有竞争力的福利，满足员工不同方面的需要。例如，住房是员工生活中的一件大事，一些公司在为员工缴纳住房公积金的基础上，还根据员工的工作年限和级别为他们提供数量不等的无息贷款，工作达到一定期限后，还可以免去一部分贷款的偿还。员工福利在吸引和留住员工方面所起的作用是现金薪酬所起不到的。实际上，许多福利设计都和工龄有关，成为员工的一种长期投资，员工一旦离开企业，就会永远失去。

（2）通过合理的福利设计，可以有效节约成本。人才竞争的加剧增加了劳动力成本的投入，而劳动力成本增加可能会影响到组织的综合竞争力。而增加员工的福利支出：首先，可以使组织和员工个人都能享受到税收待遇优惠；其次，员工福利可以充分发挥规模效益的优势，组织能够以较低的费率购买保险，通过保险形式组织可以用较少的投入使员工得到更多的保障；最后，近年来发展起来的自助式福利计划，在满足了员工不同方面需求的同时，也使总的福利支出降低。

（3）有助于组织良好形象的树立。一个组织的福利计划反映了该组织的组织文化、员工管理的理念。失业、医疗、工伤等保险为员工提供了全方位的劳动和生活保障；餐厅、班车、员工文娱活动等体现出组织对员工各方面的关怀。所有这些员工福利都有助于树立组织的良好形象。

（4）有利于提高企业的生产率。福利具有吸引人才的功能，间接降低了员工的离职率，节约了新员工的招聘、选拔、委派及岗前培训费用；员工生活得到照顾，使其减少了对家庭的后顾之忧，从而创造一个稳定、舒适的工作和生活环境，有助于体力和智力的恢复；员工因福利而增加了满意感，减少了缺勤率。

（5）激励员工的重要手段。全面而完善的福利制度有利于员工的生存和安全需要，增加职业安全感。同时，福利体现了企业对员工生活的关心，使员工因受到周到的体贴和照顾而体会到企业大家庭的温暖，产生出一种大家庭的成员感和归属感，增强了认同感与忠诚度、责任心与义务感，使员工与企业结成利益共同体。这是企业一种宝贵的持久的激励力和无价的资产。

ICLL 的弹性福利计划

ICLL 是一家大型信息技术公司，坐落在美国。ICLL 的福利允许员工选择较高的薪金加较低的一揽子福利计划，或者选择较低的薪金加较高的一揽子福利计划。该方案包括的福利有：养老金计划、免费午餐、公司产品打折、汽车保险、节假日时间的买卖、牙科保险、危重疾病计划及托儿津贴等。对享有的所有福利权利的计算，公司是依据员工本应获得的薪金进行的，弹性方案没有改变总收入在福利上的支出比例。

除此以外，公司还为每个员工开立了灵活支出账户。所谓灵活支出账户是指员工在付税之前，可将一部分收入转入用于支撑某些福利的账户。这些灵活的支出账户容许员工将税前的货币收入用来购买额外的福利。

这种福利措施出台的实质是公司真正从员工角度出发而提出的，公司的员工在一个相当宽泛的范围内自主决策，满足自己的最大需求。虽然这一项目的推出增加了公司的管理难度，但成本的降低和员工满意度的提升却为公司带来了更大的收益。

——资料来源：ICLL 的弹性福利计划［EB/OL］.（2015-09-13）［2016-04-01］. http:// www. ahsrst. cn/a/201509/58507. html.

7.4.2 福利的分类

依据福利的构成可以将福利分为法定福利和企业补充福利。

1. 法定福利

法定福利又称基本福利，是指按照国家法律法规和政策规定必须发生的福利项目，其特点是只要企业建立并存在，就有义务、有责任且必须按照国家统一规定的福利项目和支付标准支付，不受企业所有制性质、经济效益和支付能力的影响。法定福利主要包括社会保险、住房公积金和休假制度。这里所说的社会保险是指基本养老保险、基本医疗保险、失业保险、工伤保险、生育保险，它们和住房公积金合起来即通常所讲的"五险一金"。

（1）养老保险。养老保险是社会对因年老丧失劳动能力的劳动者提供物质帮助的制度。符合养老保险资格的人，按规定退休以后，不论其劳动能力如何，都能享受退休的劳保待遇。养老保险改革的主要措施是，国家、企业和个人三方面共同筹集养老基金，实行个人储蓄和统筹并行的养老保险方式，在个人交费形成的养老金储存基础上，用企业和国家筹集的统筹养老金加以补充和平衡，切实保障退休人员的基本生活。

（2）医疗保险。这是法律保障的公共福利中最主要的一种福利，组织必须为每一位正式员工购买相应的医疗保险，确保员工患病时能够得到一定的经济补偿。

我国企业改革医疗保险制度的总体设想是：把现行的职工医疗费用分为两部分，一部分是建立社会统筹的基金，另一部分是记入个人账户。职工患病，先从个人账户中支付医疗费；个人账户支付不足时，即个人支付的费用超过本人工资的一定比例或者患了规定的大病，从社会统筹基金中报销一定比例的医疗费。作为过渡措施，在社会统筹基金和个人账户之间，还可以设置用人单位的医疗调剂金；将来这笔调剂金也可以逐渐转化为用人单位补充医疗保险。

（3）失业保险。失业保险是社会对暂时没有工作报酬的劳动者提供物质帮助的制度。失业保险基金由企业和员工共同缴纳。失业保险要有一定的享受条件，从未就业过的社会成员、自动辞职或自行脱离劳动岗位的人员不能享受失业保险。失业者处于规定的失业期内，依据曾经就业的时间长短而分别规定，一般最长不超过 24 个月。失业保险待遇标准通常按高于社会救济标准，低于社会平均工资水平来确定。

（4）工伤保险。为了使员工在由于种种意外事故受伤致残时得到相应的经济补偿，组织应该为每一位员工购买工伤保险。工伤保险待遇的享受条件是职工因工伤残或者患职业病。工伤保险的费用按国际惯例由用人单位一方承担，职工个人不缴费，工伤保险实行"无责任补偿"原则。即不论职工本人在事故中是否有责任，只要符合规定条件，都要支付工伤保险金。我国对工伤保险制度的设计是：实行差别费率和浮动费率办法。差别费率即按照不同行业工伤事故和职业病发生频率的高低，分别确定不同的工伤保险费率；浮动费率即按照各个企业实际发生的工伤和职业病情况，在本行业费率幅度之内，每年调整一次费率，发生事故频率低则费率逐年降低，事故频率高则提高费率。工伤待遇包括因工负伤停止工作治疗期间的工伤津贴、医疗费用、按照伤残等级和职业病等级给付的补助金等。

工伤保险改革的方式是在企业单方负担保险费用的基础上，加强社会化管理，包括由社会保险机构调剂使用工伤保险基金、审核工伤保险待遇资格等内容。

（5）生育保险。生育保险是为保障女职工在生育期间得到必要的经济补偿和医疗保健，均衡企业间生育费用负担而设立的一种社会保险。生育保险对因生育而暂时丧失劳动能力的女职工从社会角度提供补偿，体现了对妇女生育的社会价值的承认与肯定，缓解了企业生育费用负担畸轻畸重的矛盾、对于维护企业参与公平竞争、促进妇女就业和竞争上岗都有着重要的意义。

（6）住房公积金。住房公积金是单位及其在职职工缴存的长期住房储金，是住房分配货币化、社会化和法制化的主要形式。住房公积金制度是国家法律规定的重要的住房社会保障制度，具有强制性、互助性、保障性。单位和职工个人必须依法履行缴存住房公积金的义务。职工个人缴存的住房公积金及单位为其缴存的住房公积金，实行专户存储，归职工个人所有。

（7）休假制度。目前我国的休假制度主要包括公休假日制度、法定节假日制度、年休假制度、探亲假制度。（详见8.2节）

2. 企业补充福利

企业补充福利又叫"边缘福利"，是指在国家法定的基本福利之外，由企业自定的福利项目。如果说法定福利是保障员工基本生存的一种社会福利的话，企业补充福利则是企业为满足员工更高层次的需求，提高员工生活水平和生活质量而提供给员工的附加福利。企业自主决定的福利形式是多样的，提供的服务也是多方面的，其目的是使员工对组织产生一种依赖感和忠诚感，提高企业的凝聚力。企业补充福利项目的多少、标准的高低，在很大程度上要受到企业经济效益和支付能力的影响及企业出于自身某种目的的考虑。

企业补充福利的项目五花八门，主要有企业养老计划、医疗和意外伤害的商业保险、除住房公积金外为员工提供的住房补贴或无息贷款、免费住房、企业的带薪休假、女工卫生费、通信补助、内部优惠商品、贷款担保、企业组织的员工活动，以及为员工提供的其他生活性服务，如心理咨询、班车、餐厅等。

7.4.3　福利的发展趋势——弹性福利制度

1. 弹性福利

弹性福利又叫自助餐式福利，产生于20世纪的美国，是指员工可以从企业所提供的各种福利项目中选择最适合自己需要的一套福利方案。它有别于传统的福利方式，具有一定的灵活性，使员工更有自主权。员工可以从企业所提供的一份列有各种福利项目的"菜单"中自由选择其所需要的福利，组合成属于自己的一套福利"套餐"。在自助式福利计划中，企业控制的是每个员工享受福利项目的总成本，而不考虑其享受的福利内容；而员工则可以通过选择福利项目最大限度地满足其个人需求。

2. 弹性福利制度的设计原则

在制订自助式福利制度时，企业应遵循以下原则。

（1）弹性福利项目的设计要符合法律法规的规定，企业应向每位员工提供法定福利。

（2）弹性福利体系应该体现员工真正的需求，根据员工的薪酬、年资或家庭情况等因素确定每位员工的福利限额及范围。

（3）弹性福利体系要经济。企业提供的员工福利计划比该员工应享受的福利计划所提供的服务范围小而且少于福利限额时，应提供其他福利或以现金支付差额；企业提供的员工福利比该员工应享受的福利范围大而且费用超出福利限额时，超出费用由员工自行支付。

（4）核心福利应定期评审和变更内容。定期评审以保持核心福利的效用性；非核心福利则根据员工的选择，可适当增加新内容并列入福利清单中。

3. 弹性福利制度的种类[①]

（1）附加型弹性福利计划。这是最普遍的自助式福利计划，它是在现有的福利计划之外，再提供其他不同的福利措施或扩大原有福利项目的水准，让员工去选择。

（2）核心加选择型福利计划。这种自助式福利计划由"核心福利"和"选择福利"两部分组成。"核心福利"是组织提供的基本福利，员工个人不能自主选择。可以随意选择的福利项目则全部放在"选择福利"之中，这部分福利项目都附有价格，可以让员工选购。

（3）福利套餐型福利计划。这种福利计划是由企业设计出不同的"福利组合"，每一个组合所包含的福利项目或福利标准都是不一样的，员工只能选择其中一个福利组合，而不能选择福利项目组成套餐。

（4）弹性支用账户。弹性支用账户是一种比较特殊的弹性福利制度。员工每一年可从税前总收入中拨取一定数额的款项作为自己的支用账户，并以此账户去选择购买企业所提供的各种福利措施。拨入支用账户的金额不需扣缴所得税，不得年度延续使用，也不可以以现金形式发放。也就是说，账户中的金额如未能于年度内用完，余额就归企业所有。

（5）选高择低型福利计划。选高择低型福利计划提供几种项目不等、程度不一的福利组合供员工选择，以组织现有的固定福利计划为基础，再据此规划数种不同的福利组合。这些组合的价值和原有的固定福利相比，有的高，有的低。如果员工看中了一个价值较原有福利措施还高的福利组合，那么他就需要从薪水中扣除一定的金额来支付其间的差价。如果他挑选的是一个价值较低的福利组合，就可以要求企业发给其间的差额。此类型的弹性福利，员工至少有 3 种选择：① 所选择的福利范围和价值均较大，需从员工的薪资中扣除一定的金额来补足；② 所选择的范围和价值相当于原有的固定福利措施；③ 所选择的福利价值较低，可获现金补助差额，但该项现金必须纳税。

4. 对弹性福利制度的评价

1）弹性福利制的优点

对员工而言，员工可根据自己的情况，选择对自己最有利的福利。这种由企业所提供的自我控制，对员工具有激励作用，同时也可以改善员工与企业的关系。

对企业而言，弹性福利制通常会在每个福利项目之后标示其金额，这样可以使员工了解每项福利和成本间的关系，让员工有所珍惜，并方便企业管理和控制成本；可减轻福利规划人员的负担，由员工自选的福利项目，员工较不易抱怨；使该企业较易网罗优秀人才。

2）弹性福利制度的缺点

弹性福利的设计要比传统的福利设计更复杂，给承办人员造成很大的负担，也会增加行

---

① 刘洪. 薪酬管理［M］. 北京：北京师范大学出版社，2007：344-346.

政费用；有时员工的福利选择会使成本增加；部分员工在选择福利时，未仔细了解该项目，结果选择了不实用的项目，从而造成了浪费。

本章小结

报酬、薪酬、工资是三个不同的概念。报酬是员工为某一个组织工作而获得的各种他认为有价值的东西，分为经济性报酬和非经济性报酬。薪酬即为经济性报酬，是员工因为雇佣关系的存在而从雇主那里获得的所有各种形式的经济收入及有形服务和福利。薪酬包括直接薪酬和间接薪酬，其中直接薪酬即通常所说的工资，间接薪酬即通常所说的福利。薪酬对于员工来讲有经济保障功能、心理激励功能、社会信号功能、补偿功能；对于企业来讲有控制经营成本、强化企业文化、改善经营绩效、支持企业变革等功能。

薪酬管理是人力资源管理的一项重要职能，是指组织在国家宏观控制分配政策和法律法规允许的范围之内，根据其内部管理的制度和有关规定，按照一定的分配原则和制订的各种激励措施对员工进行分配并且不断进行拟定薪酬计划和预算、制订管理政策、控制成本、加强与员工沟通、做出有效性评价的薪酬分配的持续而系统的组织管理过程。

合理有效的薪酬管理应遵循公平性、竞争性、激励性、经济性、合法性、战略性等原则。

薪酬管理目前呈现出五大趋势：薪酬设计更趋于人性化，全面薪酬计划和自助餐福利计划较受重视；薪酬分配形式由货币主导型向资本主导型过渡；宽带型薪酬结构日益流行；集体谈判将越来越在员工薪酬福利的决议中扮演关键角色；薪酬制度公开化，支付方式透明化日趋明显。

薪酬体系包括职位薪酬体系、技能薪酬体系、能力薪酬体系。其中，职位薪酬体系是以职位为基础，技能薪酬体系和能力薪酬体系是以人为基础。一般来讲，薪酬体系设计包括七大步骤。

福利是间接薪酬。福利按照构成分为法定福利和企业补充福利。随着员工需求的多样化和个性化，弹性福利制度越来越受企业推崇。

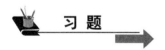 习 题

思考题

1. 阐述薪酬的定义和构成。
2. 薪酬管理需要遵循哪些原则？
3. 影响薪酬管理的因素有哪些？
4. 职位薪酬体系有哪些优缺点？
5. 阐述福利的含义及特征。
6. 弹性福利制度有哪些分类？

⇨ **讨论题**

1. 讨论大学生的起薪为何比农民工低？
2. 经济新常态下企业如何制订有竞争力的薪酬政策？
3. 讨论经济性报酬和非经济性报酬各自的适用范围和激励力度。
4. 谈谈对"重赏之下必有勇夫"和"高薪跳蚤"的理解。

⇨ **自测题**

1. 间接薪酬指的是（　　）。
   A. 基本工资　　　　　　B. 绩效工资　　　　　C. 福利　　　　　　D. 激励工资
2. 林区野外津贴属于（　　）。
   A. 劳动性津贴　　　　　　　　　　　B. 地域性津贴
   C. 保健性津贴　　　　　　　　　　　D. 职务性津贴
3. 同一组织中不同职位的人所获薪酬与职位贡献成正比体现了薪酬设计中的哪个原则（　　）。
   A. 公平性　　　　　　　B. 激励性　　　　　　C. 竞争性　　　　　D. 合法性
4. 以员工的职位价值为基础支付工资的工资制度称为（　　）。
   A. 职位工资制　　　　　B. 能力工资制　　　　C. 技能工资制　　　D. 绩效工资制
5. 员工的基本养老保险费由企业和员工个人共同负担，企业和员工个人按工资收入的一定比例共同缴纳，其中员工个人缴纳额为其工资收入的（　　）。
   A. 1%左右　　　　　　　B. 2%左右　　　　　　C. 8%左右　　　　　D. 20%左右

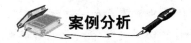
案例分析

IBM 高绩效的薪酬管理

21 世纪以来，越来越多的企业在"走出去"战略的实施上，步伐开始明显加快，并且具备了更多实质性的内涵。然而企业国际化的过程中，最主要的制约因素就是人才问题。里奇特是 IBM 企业系统、个人系统、软件及科技集团负责薪酬的主管，他说"为了争夺软件工程师和信息技术专业人才，我们每天都要全力作战。我们面对的是一个卖方市场。"如何形成吸引、培养和留住人才的现代企业机制？如何制订合理的薪酬体系，使得企业战略与人才能够和谐地发展？在这方面 IBM 采取了一套独特而有效的薪酬管理体系，成功地吸引和激励了一大批高端人才。

1. 设计不同的薪酬模式，吸引不同层次的人才

IBM 的转型始于 20 世纪 90 年代中期，当时郭士纳开始掌舵，帮助 IBM 止住了在信息技术市场自由落体般的滑落。里奇特说，郭士纳尝试在企业文化中重新注入活力，进行重新定位。这意味着要设计出不同的职业和薪酬模式。"如果你无法吸引人才，你就不能做这个生意。"里其特说。于是，1995 年到 2004 年之间，IBM 对其整体报酬模式进行了巨大的变革。IBM 打破了原来的薪酬格局："给经理们一大罐子的钱，让他们来决定薪酬，我们向对待成年人那样对待他们。结果怎么样呢？确实有效。总的来说，我们坚定地依靠各级经理来做出重要的薪酬决策，而他们从来没有让我们失望。"

企业需要吸引、保留和激励人才以取得成功。全面报酬体系则是一种将企业为达到这一目的的各种要素进行战略整合的工具。全面报酬体系的基础是薪酬和福利。全面报酬体系中的"工作体验"部分则具有杠杆作用，它同薪酬及福利计划一起，共同构成适合于企业为员工设计的最为完善的全面报酬体系模型。此外，针对不同层次的员工，实施股票期权。在这方面，IBM 坚持认为并非所有员工都应该有期权，但公司开始区分哪些员工应该获得期权。"尽管我们是在和一些腰包极为肥厚的公司竞争，我们仍然能吸引到真正优秀的人才，我们必须继续努力，提供富有挑战性的工作、自我管理及员工可以发挥作用的工作场所。"

2. IBM 公司的薪酬发放方式

在 IBM，每一个员工工资的涨幅，会有一个关键的参考指标，这就是个人业务承诺计划PBC。制订承诺计划是一个互动的过程，员工和其直属经理坐下来共同商讨这个计划怎么做才能切合实际，几经修改后其实是和直属经理立下了一个一年期的军令状。到了年终，直属经理会在员工的军令状上打分，直属经理当然也有个人业务承诺计划，上头的经理会给他打分，大家谁也不特殊，都按这个规则走。IBM 的每一个经理掌握了一定范围的打分权力，可以分配他领导的那个组的工资增长额度；他有权利决定如何将额度分给这些人，并具体到每一个人给多少。

3. IBM 的个人业绩评估

主要从三个方面来考察员工的工作情况。第一是致胜（win）。胜利是第一位的，首先员工必须完成在 PBC 里面制订的计划，无论过程多么艰辛，到达目的地最重要。第二是执行（executive）。执行是一个过程量，它反映了员工的素质，执行是非常重要的一个过程监控量。第三是团队精神（team），在 IBM 埋头做事不行，必须合作。IBM 是非常成熟的矩阵结构管理模式，一件事会牵涉到很多部门，有时候会从全球的同事那里获得帮助，所以团队意识应该成为第一意识，工作中随时准备与人合作。

4. IBM 为员工就薪酬福利待遇问题提供多种双向沟通的途径

如果员工自我感觉良好，但次年年初却并没有在工资卡上看到自己应该得到的奖励，会有不止一条途径让员工提出个人看法，包括直接到人力资源部去查自己的奖励情况。IBM 的文化中特别强调 two-way communication——双向沟通，不存在单向的命令和无处申述的情况。IBM 至少有四条制度化的通道给员工提供申述的机会。

5. IBM 的薪金保密制度

IBM 的薪金是背靠背保密的，薪金没有上下限，工资涨幅也不定，没有降薪的情况。如果员工觉得工资实在不能满足自己的要求，那只有走人。如果因为工资问题要辞职，IBM 公司不会让员工的烦恼没有表达的机会，人力资源部会非常诚恳地对其进行挽留。IBM 会根据情况，询问员工的真实要求是什么。一是看员工的薪金要求是否合理，是否有 PBC 执行不力的情况。如果是公司方面存在不合理的情况，IBM 会进行改善。IBM 对待优秀员工非常重视。二是看员工提出辞职是以跳槽为目的，还是有别的原因。通过交谈和调查，IBM 会让每一个辞职的员工以一种好的心态离开 IBM。

为了使自己的薪资有竞争力，IBM 专门委托咨询公司对整个人力市场的待遇进行了非常详细的了解，IBM 员工的工资涨幅会根据市场的情况有所调整，以使自己的工资有良好的竞争力。经过改革，IBM 的薪酬体系有了巨大的转变。尽管 IBM 的努力还在进行，全面报酬管理已经在为 IBM 描绘新的路线图方面发挥了重要作用。

——资料来源：美国 IBM 薪酬管理案例［EB/OL］.（2012-09-05）［2016-04-03］http://
　　　　　　bbs.wspost.com.

思考题

1. IBM 薪酬管理的高绩效性体现在哪些方面？为什么？
2. IBM 的薪酬体系由哪些薪酬构成？它们之间的关系是怎样的？
3. IBM 的薪酬体系对我国企业的薪酬管理具有什么样的借鉴意义？

第8章

劳动关系管理

除了心存感激还不够，还必须双手合十，以拜佛般的虔诚之心来领导员工。

——日本经营之神松下幸之助

 学习目标

1. 了解劳动关系及企业劳动关系的含义。
2. 理解劳动关系的影响因素。
3. 理解企业在招聘时应遵循的原则和应该注意的问题。
4. 熟悉劳动关系的确认条件。
5. 熟悉工作时间和休息休假的相关规定。
6. 掌握劳动争议的处理原则、途径及程序。
7. 掌握劳动合同的订立、变更、终止和解除条件。
8. 掌握《中华人民共和国劳动争议调解仲裁法》的新规定。

引 言

2012年8月24日，诺基亚通信系统技术（北京）有限公司的万先生因岳母去世，回湖南老家处理丧事，并于8月28日返回北京。2012年9月5日，该公司以万先生"连续旷工3天以上"为由，做出与其解除劳动合同的决定。万先生于2013年6月申请仲裁，要求该公司继续履行合同，被仲裁委及一审法院驳回。北京市二中院审理后认为，万先生在休假前曾通过电子邮件向该公司说明了其要休假，并要求相关人员告知如何办理请假手续，但相关人员并未明确答复，该公司的员工手册对此也未明确说明。2014年9月，北京市二中院终审改判，支持万先生诉求。

——资料来源：王增辉. 2014全国十大劳动争议典型案例（年终盘点）[EB/OL].
（2015-05-15）[2016-04-03]. http://china.findlaw.cn/lawyers/article/
d421060.html.

上述案例是2014年全国十大劳动争议典型案例之一。

劳动关系是社会经济生活中处于核心位置的综合性概念，是一切社会关系的轴心。没有和谐的劳动关系，就不可能有社会主义和谐社会。"三法两条例"的实施为建立和谐劳动关系做了法律上的准备。本章从劳动关系的界定、劳动关系管理、工会、劳动争议等几个方面，讲述在"三法两条例"实施后，我国企业劳动关系管理中应注意的问题。

8.1 劳动关系

8.1.1 劳动关系的概念

1. 劳动关系的含义

劳动关系是在就业组织中由于雇佣行为而产生的关系，指管理方或者管理方团体（多为行业协会）与劳动者或劳动者团体（一般是工会）之间产生的，由双方利益引起的，表现为合作、冲突、力量和权利关系的总和。

《中华人民共和国劳动法》（以下简称《劳动法》）中所称的劳动关系是指劳动者与用人单位之间在劳动过程中发生的关系。

本书所指的劳动关系是劳动者个人或劳动者组织（如工会）与雇主或雇主组织及管理当局在劳动过程中所发生的权利义务关系，包括与劳动内容、劳动条件、劳动时间、劳动合同期限、劳动报酬、劳动纪律、劳动保护、社会保险、福利等有关的劳动争议及其处理关系。

2. 劳动关系的称谓

劳动关系在不同国家有着不同的具体称谓，如劳资关系、雇佣关系、劳工关系、产业关系等。在不同的社会形态中，受生产资料所有制性质的制约及一个社会经济、政治、文化、意识形态等因素的影响，劳动关系的内涵与性质的界定各不相同。在日本，一般将其称为劳使关系，主要是强调劳动力所有者和劳动力使用者之间的关系；在欧美发达国家中，第二次世界大战前，大多将其称为雇佣关系、劳资关系，在第二次世界大战后，大多数国家将其称为员工关系；在我国的台湾地区至今将其称为劳工关系，在祖国大陆，党和政府一般将其与公有制企业"平等对待"，一律称为劳动关系。

3. 企业劳动关系

企业劳动关系是指企业劳动力使用者或雇主与企业劳动者或雇员在实现劳动的过程中所结成的与劳动相关的社会经济利益关系。

企业劳动关系要成立须满足如下条件。

（1）发生在企业实现劳动的过程中。

（2）主体是劳动力使用者和劳动力所有者。

（3）劳动者成为企业的成员并遵守企业的规则。

8.1.2 劳动关系的影响因素

企业劳动关系的表现取决于劳动者及劳动者组织（劳方）和雇主、雇主组织及管理当局之间力量的对比，双方力量的对比受到经济环境、政治法律环境、社会文化环境、行业竞争环境等外部因素的影响，同时也受到企业的组织结构、所处生命周期阶段、企业文化等内部因素的影响。

1. 影响劳动关系的外部因素

（1）劳动力市场的供求状况。劳动力的供求关系是决定劳动力市场价格和配置的最主要因素，这个因素会直接影响到企业主和员工之间的雇佣谈判力量，从而影响双方的合作与冲突。

当劳动力市场供给大于需求时，员工可选择的就业机会相对较少，员工在组织内退出的力量减弱，企业辞退力量较强，可替代员工较多，员工在和雇主讨价还价中处于劣势地位，雇主趋于强势力，而供给结构上的同质性又导致了雇工之间的竞争多于团结。相反，当劳动力市场需求大于供给时，员工可选择的就业机会较多，员工在组织内退出的力量增强，而雇主由于寻找和培训合适替代者的难度和成本较大导致雇主辞退的力量减弱，员工在和雇主讨价还价中处于强势地位，要求增加薪酬、改善劳动条件的机会就会增加。

（2）经济发展水平。一般来说，经济发展水平越高，员工的整体素质较高，员工的维权意识和维权能力越强，与雇主谈判的力量也越强。相反，经济发展水平越低，员工的整体素质较低，所从事的都是可替代性较强、技术含量低的工种；员工维持基本的生活需求越强烈，为了维持生计，员工越能忍气吞声，进而导致员工的岗位力量较弱，劳动关系整体呈现"强资本、弱劳动"的态势。

（3）政策环境。政策环境包括货币政策和财政政策、就业政策、教育和培训政策。在诸多环境政策中，就业政策对于劳动力市场及就业组织中的劳动关系的影响最为直接。就业政策往往会通过对劳动力供求状况的调整来改变劳方和雇佣方劳动力市场的力量。货币政策和财政政策通过改善经济环境影响劳动力市场的供求，进而影响劳动关系。教育和培训政策对劳动关系具有更加长期的影响，主要是通过人力资本投资，改变劳动者的知识技术结构，从而改变不同种类的劳动力市场供求和企业的资本与劳动的比重。

（4）法律制度。完善的法律体系是经济活动正常稳定运行的基础。对劳动关系影响最大的法律是劳动法及其相关法律法规。劳动法以规范劳动行为、调整劳动关系为主要内容，并以保护劳动者的合法权益为立法宗旨，一般包括促进就业制度、劳动合同制度、集体谈判与集体合同制度、劳动标准制度、职业技能开发制度、社会保险制度、劳动争议处理制度、劳动监察制度和法律责任等内容。劳动法规完善与否直接影响劳动关系的稳定与否。比如，2008 年《中华人民共和国劳动合同法》（以下简称《劳动合同法》）等"三法两条例"的相继实施，有利于处于弱势群体的劳方更好地维护自身的合法权益。

（5）社会文化环境。社会文化环境由各国各地区甚至各工种的主流传统习惯、价值观、信仰等组成。文化的影响是潜在的、不易觉察的，不具有强制性，但无处不在。比如，日本特有的等级秩序、武士阶层严格的身份制度，对日本人职业伦理观念的形成与发展有着重大的影响，是终身雇佣制度能够在日本长期立足的基本依据。此外，日本企业与工会通过劳工协商制协调和稳定劳资关系，很少出现激烈的劳资矛盾冲突。在我国的三资企业中，外资雇主与本地劳工由于不同的文化背景，双方沟通了解不足，存在彼此对企业经营管理、劳工管理法令与制度、领导方式、工作方式等许多方面认知上的差距，造成人员管理上的冲突。

2. 影响劳动关系的内部因素

（1）组织结构。企业采用不同的组织结构也会有不同的劳动关系。多层级的直线式组织结构，由于存在高度的劳动分工、较多的规则条例、较多的直接监督，工作的技术含量较低，员工容易表现出厌倦、疲劳、高离职率、低满意度。而采用扁平化组织结构的企业，权利分散，没有高度标准化的分工和繁杂的规则条例、过多地直接监督约束员工，员工自我成就感较强，不容易对工作产生厌倦。

（2）企业所处的生命周期阶段。企业处在不同的生命周期阶段，劳动关系表现会有所差异。在初创期，企业经营状况不稳定，人力资源管理比较片面，雇主和雇员都不容易建立长期的合作关系，而在短期合作时，利益的对立会时常凸显。在快速发展期到成熟稳定期，企业的经营状况比较明确、稳定，市场份额、员工队伍都相对稳定，企业已有了比较成熟的人力资源管理体系，雇主和雇员的利益趋于"双赢"，劳动关系比较和谐。但当企业进入衰退期时，经营状况欠佳，业务萎缩调整，人力资源部门会采取裁员、岗位调整等涉及员工根本利益的行动，此时劳资冲突将不可避免。

（3）企业文化。企业文化强调价值观和核心思想，能够统一员工的思想，具有强大的凝聚功能和激励效果。强调民主的企业文化，赋予企业独具特色的经营思想、经营作风、组织结构与决策方式，成为凝聚企业内部各种力量的"黏合剂"；能够对员工形成一种激励，这种激励是基于企业与员工之间的相互信任和理解；有利于"心理契约"的达成，从而具有凝聚功能，进而有利于建立起一种和谐的劳动关系。相反，官僚式的、领导"一言堂"式的企业文化则容易产生劳资关系的对抗。

（4）企业所处的行业。企业所处的行业不同，劳动关系表现也不同。劳动密集型行业，对员工的知识技能要求不高，员工的可替代性较强，员工的岗位力量较弱，加上维权意识较弱，被克扣工资、延长工时等现象时有发生；而技术密集型和资本密集型的行业，要求员工有知识并掌握较高的技能，这类员工可替代性差，员工的岗位力量较强，且有较强的维权意识，员工在和雇主谈判时要求待遇、工作环境、个人发展等的机会就大，劳资关系趋于稳定和谐。

8.1.3 劳动关系的形成和确认

《劳动合同法》第 7 条规定："用人单位自用工之日起即与劳动者建立劳动关系。"其第 10 条又规定："用人单位与劳动者在用工前订立劳动合同的，劳动关系自用工之日起建立。"从这两条不难看出劳动关系成立时间起始于用工之日，并不一定与劳动合同签订日一致。

劳动合同的确认取决于以下 4 个条件。

（1）主体具有对立性。劳动关系主体的对立性表现在两个方面。一是构成劳动关系一定存在法律认可的双方主体，包括劳动者和用人单位。单一主体不构成劳动关系，或者一方符合主体资格，另一方不符合主体资格，也不构成劳动关系。二是双方权利义务对立，即一方所享有的权利正好是另一方应承担的义务。只有权利主体，没有义务主体；或者仅有义务主体，不存在权利主体，均不构成劳动关系。

（2）主体具有统一性。也就是说，劳动关系虽然存在双方主体，但是作为劳动关系一方主体的劳动者一定要成为另一方主体用人单位的成员。劳动者成为用人单位的成员应当同时具备两个标志：一是劳动者在劳动过程中接受用人单位的管理和指挥；二是遵守用人单位的规章制度。

（3）客体具有对立性。劳动关系的客体是劳动，作为劳动关系客体的劳动具有对立性的表现是，劳动者所拥有的劳动和用人单位所需要的劳动处于分离状态，要将两者结合起来，需要支付劳动报酬。因此，构成劳动关系客体的劳动一定是职业的、有偿的劳动，无偿劳动不构成劳动关系。

（4）客体具有统一性。构成劳动关系客体的劳动既对立，又统一。统一性主要表现在构成劳动关系客体的劳动者的劳动一定要成为用人单位生产经营过程的一个环节，即劳动者一定是为用人单位的生产经营过程而劳动，脱离了用人单位生产经营过程处于其他目的和意图而从事的劳动不构成劳动关系。

可见，是否构成劳动关系，能否被确认为劳动关系，必须同时具备上述 4 个特征，不具备其中任何一个特征，都不构成劳动关系。劳动关系与雇佣关系、劳务关系是不同的。

需要明确的是，劳动关系的认定标准有其适用上的受限制性。是否成立劳动关系不仅是个法律问题，因其重要性同时也是一个社会与经济问题。由于社会与经济发展的需要，劳动关系的认定标准可因相应的国家政策形成适用上的例外。

8.2　企业劳动关系管理

《劳动合同法》在内容上突出地表现出两大特征：一是劳动者单边倾斜性立法；二是加重企业违法成本。《劳动合同法》的颁布对企业人力资源的管理带来了巨大的影响，在很多管理环节甚至是颠覆性的影响。

8.2.1　员工招聘管理

《劳动合同法》在很多条款上，都加大了对劳动者利益的保护力度，有些地方甚至超过了国外劳动立法的相关规定，企业即将面临用工"高成本"时代，所以企业应严格按照新法的要求，严把"进口关"，招聘中宁缺毋滥。

1. 招聘应遵循的原则

1）反歧视原则

企业在撰写招聘广告、进行招聘时，切忌出现歧视用语和行为。

《劳动合同法》第 12 条规定："劳动者就业，不因民族、种族、性别、宗教信仰不同而受歧视。"

《中华人民共和国就业促进法》第 3 章从第 25 条到第 31 条，共 7 条，都在倡导公平就业。

《中华人民共和国就业促进法》第 25 条规定："各级人民政府创造公平就业的环境，消除就业歧视，制订政策并采取措施对就业困难人员给予扶持和援助。"其第 26 条规定："用人单位招用人员、职业中介机构从事职业中介活动，应当向劳动者提供平等的就业机会和公平的就业条件，不得实施就业歧视。"其第 27 条规定："国家保障妇女享有与男子平等的劳动权利。用人单位招用人员，除国家规定的不适合妇女的工种或者岗位外，不得以性别为由拒绝录用妇女或者提高对妇女的录用标准。用人单位录用女职工，不得在劳动合同中规定限制女职工结婚、生育的内容。"其第 28 条规定："各民族劳动者享有平等的劳动权利。用人单位招用人员，应当依法对少数民族劳动者给予适当照顾。"其第 29 条规定："国家保障残疾人的劳动权利。各级人民政府应当对残疾人就业统筹规划，为残疾人创造就业条件。用人单位招用人员，不得歧视残疾人。"其第 30 条规定："用人单位招用人员，不得以是传染病病原携带者为由拒绝录用。但是，经医学鉴定传染病病原携带者在治愈前或者排除传染嫌疑前，不得从事法律、行政法规和国务院卫生行政部门规定禁止从事的易使传染病扩散的工作。"其第 31 条规定："农村劳动者进城就业享有与城镇劳动者平等的劳动权利，不得对农村劳动者进城就业设置歧视性限制。"

2）反欺诈原则

招聘中用人单位和劳动者应本着诚实守信的原则，如实相告各自的情况。

《劳动合同法》第 8 条规定："用人单位招用劳动者时，应当如实告知劳动者工作内容、工作条件、工作地点、职业危害、安全生产状况、劳动报酬，以及劳动者要求了解的其他情况；用人单位有权了解劳动者与劳动合同直接相关的基本情况，劳动者应当如实说明。"

《劳动合同法》第 26 条规定："下列劳动合同无效或者部分无效：以欺诈、胁迫的手段或者乘人之危，使对方在违背真实意思的情况下订立或者变更劳动合同的；用人单位免除自己的法定责任、排除劳动者权利的；违反法律、行政法规强制性规定的。"

伪造证书实现就业美梦 劳动合同被判无效

2008 年 11 月 28 日北京一家生活用品公司与杨女士签订劳动合同，约定杨女士任该公司培训部副经理，月工资 4 000 元，合同期为一年。合同签订当天，杨女士入职开始工作，2009 年 3 月 26 日，该公司接到杨女士的请假单。之后杨女士再未到岗工作，属于旷工。该生活用品公司后来发现，签订合同时，杨女士提供的学历为某大学英语教育专业本科文凭，但与此大学联系求证得知，杨女士的毕业证书系伪造。因此，该生活用品公司认为杨女士存在欺诈行为，根据我国《劳动合同法》的规定，双方的劳动合同应属无效。故该生活用品公司将杨女士诉至法院，请求判令确认双方劳动合同无效，并拒绝支付杨女士 2009 年 3 月 1 日至 5 月 11 日的工资 4 625.07 元及 25% 经济补偿金 1 156.27 元和被告解除劳动合同的经济补偿金 1 604.71 元。

法院经审理认为，根据我国《劳动合同法》的规定，以欺诈等手段使对方在违背真实意思的情况下订立的劳动合同，由仲裁机构或者人民法院确认无效。本案中，双方在签订劳动合同时，被告在明知其毕业证书系伪造的情况下，仍然向该生活用品公司出示该证书，使该公司陷入错误认识后与其签订了劳动合同，因此，法院确认双方签订劳动合同应属无效。劳动合同被确认无效后，劳动者已付出劳动的，用人单位应当向劳动者支付劳动报酬。2009 年 4 月 1 日之后，杨女士并未向该生活用品公司提供劳动，因此，该生活用品公司将杨女士工资发放至 2009 年 3 月。最终法院判决：双方劳动合同无效，该生活用品公司仅需向杨女士支付 2009 年 3 月的工资。

——资料来源：韩涛.伪造证书实现就业美梦 劳动合同被判无效（节选）[EB/OL].
（2010-02-21）[2016-04-05]. http://www.chinacourt.org/html/article/
201002/21/395834.shtml.

3）反担保原则

自 2008 年 1 月 1 日起，企业招聘员工不得要求员工提供担保或收取证件和押金。

《劳动合同法》第 9 条规定："用人单位招用劳动者，不得扣押劳动者的居民身份证和其他证件，不得要求劳动者提供担保或者以其他名义向劳动者收取财物。"其第84条规定："用人单位违反本法规定，扣押劳动者居民身份证等证件的，由劳动行政部门责令限期退还劳动者本人，并依照有关法律规定给予处罚。用人单位违反本法规定，以担保或者其他名义向劳动者收取财物的，由劳动行政部门责令限期退还劳动者本人，并以每人五百元以上二千元以下的标准处以罚款；给劳动者造成损害的，应当承担赔偿责任。劳动者依法解除或者终止劳动合同，用人单位扣押劳动者档案或者其他物品的，依照前款规定处罚。"

4）劳动合同书面化原则

《劳动合同法》实施以后，企业在招聘录用员工后不与员工签订劳动合同，将带来很大的风险。

《劳动合同法》第10条规定："建立劳动关系，应当订立书面劳动合同。已建立劳动关系，未同时订立书面劳动合同的，应当自用工之日起一个月内订立书面劳动合同。"其第14条规定："用人单位自用工之日起满一年不与劳动者订立书面劳动合同的，视为用人单位与劳动者已订立无固定期限劳动合同。"其第82条规定："用人单位自用工之日起超过一个月不满一年未与劳动者订立书面劳动合同的，应当向劳动者每月支付二倍的工资。用人单位违反本法规定不与劳动者订立无固定期限劳动合同的，自应当订立无固定期限劳动合同之日起向劳动者每月支付二倍的工资。"

2. 企业在招聘时应注意的问题

（1）合理制订招聘计划。用工人数的增加，不仅增加了用工成本，还在某种程度上意味着劳动法律风险的增加。即使在试用期内解除劳动合同，企业都得有举证义务，且如果证据不够充分或程序不够完备的话，企业都可能败诉，所以企业应根据企业战略和用工需求合理制订招聘计划。

（2）明确设定"录用条件"。《劳动合同法》第39条规定，用人单位在试用期与劳动者解除劳动合同，在试用期间被证明不符合录用条件的，用人单位有举证义务。要想利用"不符合录用条件"来解除处于试用期内的不合格员工，用人单位首先必须对"录用条件"有一个明确具体的规定。在招聘广告中明确录用条件，不但可以使员工明白岗位要求，为员工指明努力的方向，还有了明确的证据和理由认定员工"不符合录用条件"而进行合理合法的解聘，从而保障用人单位的权益。设定"录用条件"时，要明确化、具体化，能量化的尽量量化，不能量化的要细化，尽量避免空泛化、抽象化。

（3）把好员工招聘关。"人岗不匹配"是企业产生冗员的主要原因。在员工招聘过程中，企业应改进招聘选拔方式，采用科学的测评手段，进行适当的背景调查，加强入职体检，保证新员工的知识、技能、潜质、道德、健康状况符合岗位之需，减少因选人不当而产生的人力成本。

（4）合法约定试用期。《劳动合同法》与《劳动法》比较，对试用期的规定进行了调整，《劳动合同法》规定劳动合同期分为三种：劳动合同期限三个月以上不满一年的，试用期不得超过一个月；一年至三年的，试用期不超过二个月；三年以上和无固定期限的，试用期不超过六个月。三个月以内的劳动合同、完成一定任务的劳动合同及非全日制用工不得约定试用期。所以，企业在约定试用期时，要按照《劳动合同法》的相关规定，试用期应被包括在劳动合同期限内。

（5）明确解除劳动合同的条件。为避免招聘到不恰当人选所带来的难以解雇或支付经济补偿金等不必要的麻烦，企业在招聘人选、确定并与之签订劳动合同时，应在劳动合同或劳动合同附件中明确规定解除劳动合同的条件。

8.2.2 劳动合同管理

劳动合同不仅是确立劳动关系的凭证、建立劳动关系的法律形式、维护双方合法权益的法律保障，更是劳动者和用人单位之间确立、变更和终止劳动权利和义务的协议。

1. 劳动合同的特征

劳动合同是合同的一种，它除具备合同的一般特征外，还有其自身的基本特征。

（1）劳动合同的主体是特定的，一方是具有法人资格的用人单位或能独立承担民事责任的经济组织和个人，另一方是具有劳动权力能力和劳动行为能力的劳动者。

（2）劳动合同具有身份性质，即劳动者和用人单位在履行劳动合同的过程中，存在着管理关系，劳动者一方必须是用人单位的一名员工，接受用人单位的管理并依法取得劳动报酬。

（3）劳动合同内容以法定为主、商定为辅，即劳动合同的内容必须遵守国家的法律规定，如工资、保险、保护、安全生产等。

（4）劳动合同一般情况下往往涉及第三方的物质利益，即劳动合同的内容往往不仅限于当事人的权利和义务，有时还需要涉及劳动者的直系亲属在一定条件下享受的物质帮助权。

2. 劳动合同的内容

劳动合同的内容具体表现为劳动合同的条款，一般分为法定条款（必备条款）和约定条款（可选择条款）。前者由法律规定，没有这些条款劳动合同便不能成立；后者则由用人单位和劳动者协商产生，在不同的情况下，有不同的内容。

根据《劳动合同法》第 17 条的规定，劳动合同的必备条款如下。

（1）用人单位的名称、住所和法定代表人或者主要负责人；

（2）劳动者的姓名、住址和居民身份证或者其他有效身份证件号码；

（3）劳动合同期限；

（4）工作内容和工作地点；

（5）工作时间和休息休假；

（6）劳动报酬；

（7）社会保险；

（8）劳动保护、劳动条件和职业危害防护；

（9）法律、法规规定应当纳入劳动合同的其他事项。

以上 9 款必备条款中的第 1 款、第 2 款、第 4 款的"工作地点"、第 5 款、第 7 款和第 8 款的"职业危害防护"是《劳动合同法》较《劳动法》补充的内容。

约定条款是指除法定的必备条款外劳动合同可以具备的条款。《劳动合同法》在这方面的规定比《劳动法》更为明确。《劳动合同法》第 17 条规定："劳动合同除前款规定的必备条款外，用人单位与劳动者可以约定试用期、培训、保守秘密、补充保险和福利待遇等其他事项。"

3. 劳动合同的类别

根据订立合同的具体目的不同，劳动合同可分为录用合同、聘用合同、借调合同、内部上岗合同、培训合同等。

根据在同一份劳动合同上签约的劳动者人数不同，可分为单个劳动合同和集体劳动合同。

根据劳动合同的期限不同，可分为固定期限的劳动合同、无固定期限的劳动合同和以完成一定的工作为期限的劳动合同。固定期限的劳动合同须在合同书中明确合同期限；无固定期限的劳动合同应在合同书中明确规定终止劳动合同的条件；以完成一项工作为期限的劳动合同是以某项工程任务的完成期限为合同期限。

4. 劳动合同的订立

1）劳动合同订立的原则

《劳动合同法》第 3 条规定："订立劳动合同，应当遵循合法、公平、平等自愿、协商一致、诚实信用的原则。"其中，"公平"和"诚实信用"是《劳动合同法》较《劳动法》所增加的内容。"公平"原则是指劳动合同的内容应当公平、合理，也就是在符合法律规定的前提下，劳动合同双方公正、合理地确立双方的权利和义务。"诚实信用"就是在订立劳动合同时要诚实，讲信用，如在订立劳动合同时，双方都不得有欺诈行为。这样的规定体现了"公平"对于劳动者的现实意义，而"诚实信用"对于倡导诚实美德，促进和谐劳动关系的建立也起到了积极作用。

"平等自愿、协商一致"的原则是指劳动者和用人单位都有权利自由选择合同的对方当事人，并在平等的地位上进行协商，从而达成一致的协议。一方强迫、胁迫或乘人之危与对方达成的协议是违法无效的。

"合法"原则是指劳动合同的订立不得与法律、法规相抵触，这是劳动合同有效并受国家法律保护的前提条件。其基本内涵是：订立劳动合同的主体合法、目的合法、内容合法、程序合法、形式合法、行为合法。

2）劳动合同订立的程序

劳动合同的订立程序就是签订劳动合同必须履行的法律手续。根据我国《劳动法》和《劳动合同法》的有关规定和实践，签订劳动合同的程序如下。

（1）要约。即用人单位通过公布招聘规章或就业规则、自愿报名、全面考核、择优录用等程序提出要约，寻找并确定要约方劳动者。

（2）签订劳动合同书。劳动合同书要在双方介绍各自的实际情况的基础上签订。用人单位应如实介绍本单位的生产、工作情况及具体的生产任务。劳动者应如实介绍自己的专长和身体健康状况。双方经过协商，就劳动合同的内容取得一致意见后签名、盖章。用人单位要盖法人章或劳动合同专用章，而劳动者须本人签名或盖章。

（3）鉴证劳动合同。根据原劳动部 1992 年 10 月 22 日颁发的《劳动合同鉴证实施办法》（劳力字〔1992〕54 号）第 3 条的规定，劳动行政部门是劳动合同的鉴证机关。各级劳动行政部门应配备专门人员负责劳动合同鉴证工作。劳动合同鉴证的具体工作由合同签订地或履行地的劳动行政部门承办。签订劳动合同时，应由劳动行政部门为当事人提供鉴证，依法审查，证明劳动合同的真实性和合法性，以利于劳动合同的认真履行，而且一旦发生劳动争议时，也便于调解和仲裁。

3）劳动合同的续订

劳动合同期满，经当事人协商一致，可以续订劳动合同。续订劳动合同不得约定试用期。

5. 劳动合同的变更

劳动合同的变更是指劳动合同在履行过程中，经双方协商一致，对合同条款进行的修改或补充，具体包括工作内容、工作地点、工资福利的变更等。其实质是双方权利、义务发生改变。合同变更的前提是双方原已存在合法的合同关系，变更的原因主要是客观情况发生变化，变更的目的是继续履行合同。劳动合同的变更一般是指内容的变更，不包括主体的变更。

1）变更原则

劳动合同的变更原则为协商一致、依法变更。《劳动合同法》第 35 条规定："用人单位与劳动者协商一致，可以变更劳动合同约定的内容。变更劳动合同，应当采用书面形式。变更后的劳动合同文本由用人单位和劳动者各执一份。"

2）变更条件

劳动合同的变更条件包括：订立劳动合同时所依据的法律、法规和规章发生变化，则应当依法变更劳动合同的相关内容；订立劳动合同时所依据的客观情况发生重大变化，使得劳动合同无法履行，当事人要求变更其相关内容，如企业转产、劳动者丧失部分劳动能力等；用人单位发生合并或者分立等情况，原劳动合同继续有效，劳动合同由继承权利义务的用人单位继续履行。

6. 劳动合同的解除与终止

1）劳动合同的解除

劳动合同解除是劳动合同在期限届满之前，双方或单方提前终止劳动合同效力的法律行为。解除分为法定解除和协商解除。

法定解除是指法律、法规或劳动合同规定可以提前终止劳动合同的情况。

协商解除是指双方经协商一致而提前终止劳动合同的法律效力。但要注意的是：用人单位提出，双方协商一致，用人单位须给予劳动者相应的经济补偿；劳动者提出，双方协商一致，用人单位可以不给劳动者经济补偿。

2）劳动合同的终止

劳动合同终止是指劳动合同期限届满或双方当事人约定的终止条件出现，合同规定的权利、义务即行消灭的制度。劳动合同终止一半是由于合同双方本身的因素或法律规定或不可抗力所致。《劳动合同法》第 44 条规定："有下列情形之一的，劳动合同终止：劳动合同期满的；劳动者开始依法享受基本养老保险待遇的；劳动者死亡，或者被人民法院宣告死亡或者宣告失踪的；用人单位被依法宣告破产的；用人单位被吊销营业执照、责令关闭、撤销或者用人单位决定提前解散的；法律、行政法规规定的其他情形。"

8.2.3 工作时间及休息休假

劳动者的工作时间和休息休假是劳动合同中的必备条款，劳动者与用人单位订立劳动合同时，都可以依照《劳动法》及《劳动合同法》的相关规定来协商约定。工作时间是法定工时制度，休息日是法定权利，休假是法定福利。

1. 工作时间

工作时间又称为法定工作时间，是指国家法律规定的劳动时间，是劳动者为履行工作义务，在法定限度内应当从事劳动或工作的时间。工作时间主要是指劳动者每天应工作的时数或每周应工作的天数，具体表现为工作小时、工作日、工作周。工作日是工作时间的基本形式。

1）标准工作时间

1995 年 3 月 25 日《国务院关于职工工作时间的规定》第 3 条规定："职工每日工作 8

小时，每周工作 40 小时。"其第 7 条规定："国家机关、事业单位实行统一的工作时间，星期六和星期日为周休息日。企业和不能实行前款规定的统一工作时间的事业单位，可以根据实际情况灵活安排周休息日。"不难理解，我们国家目前实行的每日工作 8 小时为"标准工作日"，每周工作 5 天为"标准工作周"。

2）缩短工作时间

并不是所有的企业能够严格按照"标准工作时间"执行，所以《国务院关于职工工作时间的规定》第 4 条规定："在特殊条件下从事劳动和有特殊情况，需要适当缩短工作时间的，按照国家有关规定执行。"目前我国实行缩短工作时间的主要有：矿山、井下、高山、高温、低温、有毒有害及特别繁重或过度紧张的劳动；夜班工作；哺乳期的女职工。

3）延长工作时间

延长工作时间就是平常所说的加班加点，是指在企业执行的工作时间制度的基础上延长工作时间。凡在法定节假日和公休假日进行工作称为加班；凡在正常工作日延长工作时间称为加点。

《劳动法》第 42 条规定："有下列情形之一的，不受《劳动法》第 41 条限制可以延长工作时间：发生自然灾害、事故或者因其他原因，威胁劳动者生命健康和财产安全，需要紧急处理的；生产设备、交通运输线路、公共设施发生故障，影响生产和公众利益，必须及时抢修的；法律、行政法规规定的其他情形。"

企业要求员工加班加点须有一定的限度并要支付相应的报酬。《劳动法》第 41 条规定："用人单位由于生产经营需要，经与工会和劳动者协商后可以延长工作时间，一般每日不得超过 1 小时；因特殊原因需要延长工作时间的，在保障劳动者身体健康的条件下延长工作时间每日不得超过 3 小时，但是每月不得超过 36 小时。"其第 44 条规定："有下列情形之一的，用人单位应当按照下列标准支付高于劳动者正常工作时间工资的工资报酬：安排劳动者延长工作时间的，支付不低于工资的百分之一百五十的工资报酬；休息日安排劳动者工作又不能安排补休的，支付不低于工资的百分之二百的工资报酬；法定休假日安排劳动者工作的，支付不低于工资的百分之三百的工资报酬。"

4）不定时工作时间

不定时工作时间是相对标准工时而言的一种工时制度，是每天没有固定时间上下班限制的工作时间制。适用于工作性质和职责范围不受固定工作时间限制的劳动者。不定时工时制采用弹性工作时间等适当的工作和休息方式，不受法律规定的日延长工作时间标准和月延长工作时间标准的限制，但应确保职工的休息休假权利和生产、工作任务的完成。根据《关于企业实行不定时工作制和综合计算工时工作制的审批办法》第 4 条的规定，目前可以实行不定时工作制的职工主要有以下几类。

（1）企业中的高级管理人员、外勤人员、推销人员、部分值班人员和其他因工作无法按标准工作时间衡量的职工。

（2）企业中的长途运输人员、出租汽车司机和铁路、港口、仓库的部分装卸人员及因工作性质特殊需机动作业的职工。

（3）其他因生产特点、工作特殊需要或职责范围的关系，适合实行不定时工作制的职工。

5）综合计算工时

综合计算工时工作制是针对因工作性质特殊，需连续作业或受季节及自然条件限制的企业的部分职工，采用的以周、月、季、年等为周期综合计算工作时间的一种工时制度，但其平均日工作时间和平均周工作时间应与法定标准工作时间基本相同，即平均日工作时间为8小时，平均周工作时间为40小时（5天）。超过法定标准工作时间部分，应视为延长工作时间，应按规定支付职工延长工作时间的工资。另外，实行综合计算工时工作制的职工，在法定休假节日、休息日轮班工作的，应视为正常工作，企业无须履行《劳动法》第41条所规定的延长工作时间的手续。但在劳动报酬上，法定休假节日轮班的应按加班处理。

《关于企业实行不定时工作制和综合计算工时工作制的审批办法》第2条和第5条规定："综合计算工作时间工时制只适用于符合下列条件之一的企业职工，国家机关和事业单位则不适用这一工时形式：（1）交通、铁路、邮电、水运、航空、渔业等行业中因工作性质特殊，而连续作业的职工；（2）地质及资源勘探、建筑、制盐、制糖、旅游等受季节和自然条件限制的行业的部分职工；（3）其他适合实行综合计算工时工作制的职工。"

中央直属企业、企业化管理的事业单位实行不定时工作制和综合计算工时工作制等其他工作和休息办法的，须经国务院行业主管部门审核，报国务院劳动行政部门批准。地方企业实行不定时工作制和综合计算工时工作制等其他工作和休息办法的审批办法，由省、自治区、直辖市人民政府劳动行政部门制订，报国务院劳动行政部门备案。

关于不定时工作制加班的界定，企业因生产或工作特点实行不定时工作制的同实行综合计时工时制一样必须符合国家规定的条件并履行了国家规定的审批程序。

2. 休息休假

休息休假是指劳动者在国家规定的法定工作时间外自行支配的时间。休息休假主要有以下几种类型。

1）工作日内的间歇时间

一般为1至2小时，最少不能少于半小时。

2）工作日间的休息时间

为保证劳动者在下一个工作日开始时体力和精力得到恢复，一般为15至16小时。

3）每周公休假日

这是劳动者工作满一周后的休息时间。《劳动法》第38条规定："用人单位应当保证劳动者每周至少休息1日。"《国务院关于职工工作时间的规定》第7条规定："国家机关、事业单位实行统一的工作时间，星期六和星期日为周休息日。企业和不能实行前款规定的统一工作时间的事业单位，可以根据实际情况灵活安排周休息日。"

4）法定节假日

（1）全体公民的节日。自2008年1月1日我国全体公民的法定节假日规定为：元旦（1天）、春节（3天）、劳动节（1天）、国庆节（3天）、清明节（1天）、端午节（1天）、中秋节（1天），共11天。

（2）部分公民节日及纪念日。教师节、妇女节、青年节、儿童节、中国人民解放军建军纪念日。

（3）少数民族的节日。

5）探亲假

探亲假是指享有保留工作岗位和工资的职工依法探望与自己不住在一起，又不能在公休假日团聚的配偶或父母的带薪假期。探亲假不包括探望岳父母、公婆和兄弟姐妹。新婚后与配偶分居两地的从第二年开始享受探亲假。此外，学徒、见习生、实习生在学习、见习、实习期间不能享受探亲假。

根据《国务院关于职工探亲待遇的规定》第 3 条的规定，探亲假期分为以下几种。

（1）探望配偶，每年给予一方探亲假一次，假期为 30 天。

（2）未婚员工探望父母，每年给假一次，假期为 20 天，也可根据实际情况，2 年给假一次，假期为 45 天。

（3）已婚员工探望父母，每 4 年给假一次，假期为 20 天。

探亲假期是指职工与配偶、父母团聚的时间。另外，根据实际需要给予路程假。上述假期均包括公休假日和法定节日在内。

（4）凡实行休假制度的职工（例如，学校的教职工），应该在休假期间探亲；如果休假期较短，可由本单位适当安排，补足其探亲假的天数。

6）年休假

2008 年 1 月 1 日实施的《职工带薪年休假条例》第 2 条规定："机关、团体、企业、事业单位、民办非企业单位、有雇工的个体工商户等单位的职工连续工作 1 年以上的，享受带薪年休假（以下简称年休假）。单位应当保证职工享受年休假。职工在年休假期间享受与正常工作期间相同的工资收入。"

《职工带薪年休假条例》第 3 条规定："职工累计工作已满 1 年不满 10 年的，年休假 5 天；已满 10 年不满 20 年的，年休假 10 天；已满 20 年的，年休假 15 天。国家法定休假日、休息日不计入年休假的假期。"

休假天数依法定，工作年限累计算

老杨 2012 年 6 月 1 日入职某印刷厂，担任操作工一职，双方签订了一年期限的劳动合同。2013 年 5 月 31 日劳动合同到期后，该印刷厂决定终止劳动合同，不再续签，并同意向老杨支付终止劳动合同的经济补偿金。

老杨提出该印刷厂还要向其支付带薪年休假工资补偿，但该印刷厂称，根据本厂的规章制度，新入职员工第一年享受 5 天的带薪年休假，老杨实际上也休了 5 天年休假，无须再补偿。

老杨则提出自己是 21 年工龄，每年应该享受 15 天年休假。后双方诉至劳动仲裁委，仲裁委裁决该印刷厂支付了老杨 10 天的带薪年休假工资。

本案中，老杨虽然在该印刷厂仅仅工作了一年，但老杨的累计工作年限是 21 年，他来到印刷厂就应该享受每年 15 天的带薪年休假。该印刷厂规定的新员工第一年享受 5 天休假，对老王来说，因违反"累计工作年限已满 20 年的，年休假 15 天"的强制性规定而不发生拘束力，所以，仲裁委员会支持了老杨的请求。

——资料来源：李海英. 带薪年休假案例［EB/OL］.（2013－11－19）［2016－04－09］.
http://www.66law.cn/domainblog/51214.asp.

8.2.4 劳动保护

1. 劳动保护的意义和任务

劳动保护是指为了保护劳动者在劳动生产过程中的安全与健康，做好预防和消除工伤事故，防止职业中毒和职业病，改善劳动条件等方面所进行的工作和采取的措施，总称劳动保护。劳动保护是人力资源保护中最核心的保护，也是满足职工的安全需要，激发其劳动热情的必要方面。因此，做好劳动保护工作具有十分重要的意义。

首先，劳动保护是实现安全生产，使生产能顺利进行的重要保证。安全和生产是互相联系、相辅相成的，生产必须安全，安全保证生产，离开了安全，生产也就不能正常进行，而离开了生产去讲安全，也就没有什么实际意义了。因此，安全与生产必须同时抓好，不能偏倚。同时，劳动保护对调动职工的积极性，促进生产的发展具有重要作用。在生产中，切实保证职工的安全和健康，使他们免除后顾之忧，就会激发他们的积极性，安心做好工作。此外，在生产过程中，不安全的因素是客观存在的，这些不安全的因素，通过人们的主观努力，是可以控制，可以防止的。因此，在生产过程中要加强劳动保护工作，同各种不安全因素做斗争，对保证安全生产、调动职工的劳动积极性具有重要意义。

劳动保护工作的基本任务在于：保证安全生产，不断改善劳动条件，减少和消除劳动中的不安全、不卫生因素，满足职工安全需要，使不安全的、有害健康的作业实现安全化，使繁重的体力劳动变为机械化、自动化，做到文明生产；实现劳逸结合，规定职工的工作时间、休息时间和休假制度，保证劳动者有适当的休息时间和休假日数，保证劳动者的休息和娱乐，这是劳动力维持再生产的需要，也是提高职工生活质量的需要；根据女职工的生理特点，对女职工要实行特殊保护；组织好工伤的救护，保证劳动者一旦发生工伤事故，能立即得到良好的治疗；做好职业中毒和职业病的预防工作和救治工作。

2. 劳动保护的内容

劳动保护的内容一般包括安全生产技术、劳动卫生、劳动保护制度。这三方面的内容在实践中应相互结合，共同实施。

（1）安全生产技术。安全生产技术是为了消除生产中引起伤亡事故的潜在因素，保证职工在生产中的安全，在技术上采取的各种措施的综合。它主要解决防止和消除突发事故对于职工安全和威胁方面的问题。不同行业要经常注意解决的安全技术问题是不相同的。

（2）劳动卫生。劳动卫生是指在劳动生产中为了改善劳动条件，避免有毒有害物质危害职工健康，防止发生职业中毒和职业病而采取的技术组织措施。它主要是解决对职工健康的威胁问题。

（3）劳动保护制度。职工的安全和健康，不仅同安全生产技术及劳动卫生有关，也同劳动保护制度有关。因此，建立和正确执行科学合理的劳动保护制度，也是劳动保护的一个重要方面的内容。

劳动保护制度一般包括两个方面的内容：一方面是属于生产行政管理的制度，如安全生产责任制度、安全教育制度、安全生产的监督检查制度、工伤事故的调查分析处理制度、加班加点的审批制度、卫生保健制度、劳保用品发放制度及特殊保护制度等；另一方面是属于生产技术管理的制度，如设备维护检修制度、安全操作规程等。

8.3　工会

工会的形成始于西方国家，是依赖于工资生活的工人，基于自身利益的改善而借助集体组织的力量，与企业资方订立合理的劳动合同而逐渐发展起来的。工会是我国劳动者参与民主管理的一种基本形式，对于建立和谐劳动关系有着很重要的影响。工会问题一直是劳动关系研究中的热点。

8.3.1　工会概述

由于社会制度和国情的不同，工会的性质、地位和作用在不同的国家有着很大的差别。在西方国家，劳动者完全处于劳动力市场之中，劳动者寻求工作与劳动力市场的供求状况关系很大。在大多数情况下，劳动力市场对雇主是有利的，雇主通常具有控制雇佣人数的优势，这便导致了在劳资关系的讨价还价方面，雇主优于雇员。企业在对它本身有利的情况下，经常做雇佣条件的调整。雇员为了抵消资方讨价还价的力量便产生联合起来的需要，通过代表劳动者利益的组织的力量来平衡劳资关系。这种组织便是工会。

1. 工会的概念

工会是由雇员组成的组织，主要通过集体谈判的方式代表雇员在工作场及整个社会中的利益。

企业工会是中华全国总工会的基层组织，是工会的重要组织基础和工作基础，是企业工会会员和职工合法权益的代表者和维护者。

2. 工会的职权

工会的职权主要有：通过职工大会、职工代表大会等形式参与民主管理或与用人单位平等协调；代表职工与企业谈判和签订集体合同；对劳动合同的签订和履行进行监督；参与劳动争议的调解和仲裁；对用人单位遵守劳动纪律、法规的情况进行监督。

8.3.2　工会的法律保障

1. 企业工会主席

企业工会主席是工会委员会的领导者，是负责企业工会委员会日常工作的具体负责人。

根据《企业工会工作条例（试行）》第 27 条规定，企业工会主席的职权主要包括以下几方面。

（1）负责召集工会委员会会议，主持工会日常工作。

（2）参加企业涉及职工切身利益和有关生产经营重大问题的会议，反映职工的意愿和要求，提出工会的意见。

（3）以职工方首席代表的身份，代表和组织职工与企业进行平等协商、签订集体合同。

（4）代表和组织职工参与企业民主管理。

（5）代表和组织职工依法监督企业执行劳动安全卫生等法律法规，要求纠正侵犯职工和工会合法权益的行为。

（6）担任劳动争议调解委员会主任，主持企业劳动争议调解委员会的工作。

（7）向上级工会报告重要信息。

（8）负责管理工会资产和经费。

2. 工会的法律保障

1）工会负责人的岗位保障

《中华人民共和国工会法》（以下简称《工会法》）规定职工二百人以上的企业、事业单位的工会，可以设专职工会主席，从而以法律形式肯定了工会专职工作人员的岗位位置，保障了基层企事业单位有一定的专职工会工作人员的具体人数。

2）任职资格的限制

《工会法》规定企业主要负责人的近亲属不得作为本企业基层工会委员会成员的人选，以保障工会站在职工的立场发挥代表和维护职工权益的作用。《企业工会工作条例（试行）》也明确规定企业行政负责人、合伙人及其近亲属不得作为本企业工会委员会成员的人选。

3）对工会负责人劳动关系的保护

不得随意调查、罢免工会主席；当任期超过劳动合同期限时，劳动合同期限应当顺延；《工会法》第 17 条、第 18 条、第 51 条从实体内容和程序上对调动和罢免工会主席做出了限定性规定，并对随意调动工会干部工作岗位，对工会工作人员进行打击报复的行为明确了相应的法律责任，从法律上为工会主席、副主席提供了任职保障。

《工会法》第 17 条规定："工会主席、副主席任期未满时，不得随意调动其工作。因工作需要调动时，应当征得本级工会委员会和上一级工会的同意。罢免工会主席、副主席必须召开会员大会或者会员代表大会讨论，非经会员大会全体会员或者会员代表大会全体代表过半数通过，不得罢免。"

《工会法》第 18 条规定："基层工会专职主席、副主席或者委员自任职之日起，其劳动合同期限自动延长，延长期限相当于其任职期间；非专职主席、副主席或者委员自任职之日起，其尚未履行的劳动合同期限短于任期的，劳动合同期限自动延长至任期期满。但是，任职期间个人严重过失或者达到法定退休年龄的除外。"

《工会法》第 51 条规定："违反本法规定，对依法履行职责的工会工作人员无正当理由调动工作岗位，进行打击报复的，由劳动行政部门责令改正、恢复原工作；造成损失的，给予赔偿。对依法履行职责的工会工作人员进行侮辱、诽谤或者进行人身伤害，构成犯罪的，依法追究刑事责任；尚未构成犯罪的，由公安机关依照治安管理处罚条例的规定处罚。"

针对工会干部因维护职工权益而被企业单方面解除劳动合同的问题，《工会法》第 52 条第 2 款的规定为保护工会干部的劳动权利提供了法律依据。《工会法》第 52 条第 2 款规定，工会工作人员因履行《工会法》规定的职责而被解除劳动合同的，由劳动行政部门责令恢复其工作，并补发被解除劳动合同期间应得的报酬，或者责令给予本人年收入二倍的赔偿。

上海：工会主席替职工维权遭公司报复　办公室内被打伤

"我是上海贯裕能源科技有限公司工会主席石超，就因为我履行工会主席职责、维护职工权益，竟然遭到该公司的打击报复，先被调离岗位，后又因调岗问题被部门主管打伤进了医院！" 2013 年 12 月 19 日晚上，《劳动报》记者接到了这样一个投诉电话，电话那端的声音有几分哽咽，情绪十分激动。

要求续签集体合同被拒绝

2013年12月20日一早，记者驱车赶往嘉定区中心医院，在急诊室拥挤的走廊上，记者找到了仍留院观察的石超，躺在病床上的他左眼肿大，无法睁开，左脸颊缝针的伤口用纱布包着，检查报告显示他"鼻骨骨折"，身上那件来不及换下的工作服上还留着斑斑血迹。

在病床边，记者还见到了前来看望石超的嘉定区总工会法律保障部部长陈佳和嘉定工业区总工会主席齐鹏。

石超介绍，上海贯裕能源科技有限公司成立于2007年，目前职工数约为190人。成立当年他进入公司，此后担任体系保证课副课长，2011年当选为公司的工会主席。"担任工会主席后，我积极履行职责，并按照嘉定工业区总工会的要求，每年与该公司开展工资专项集体协商。"不过石超表示，自2012年该公司法人更换以来，工会工作总是遭到阻挠。"先是去年我根据预算向行政方申请拨缴工会经费，但被行政方直接拒绝；然后在2013年5月，去年签订的工资专项协议到期，我向行政方发出要约要求进行协商续签，却接到了该公司的不续签声明。"对于石超的说法，他的一位同事予以证明。并补充说，在2013年5月，该公司在没有进行任何民主程序的情况下，变更了《员工手册》，取消了关于工龄工资、"三八节"福利等条款。"事后，我们和工会主席都找HR交涉过，但对方说这是上头的意思，说改就改了。"这位员工表示，对于该公司的行为，员工们心里都很不满。石超和我们其他一些员工都跟该公司交涉过。

"作为工会主席，维护员工权益是我的职责所在。"石超告诉记者，当发现该公司未给一些员工缴纳社保费后，他也曾找到行政方为员工说话，还以工会的名义向该公司发出了《关于员工投诉试用期公司不缴社会保险一事》的函，要求该公司进行改正。"万万没想到，这些做法竟招致该公司不满，继而对我进行打击报复。"

"新主管"办公室内动拳脚

石超说，2013年10月8日国庆长假后的上班第一天，他走进办公室，却发现自己的电脑密码被更改、工作邮箱被注销、工作信息被拷走。"当时我一下子懵了，不知所措，此后我几乎处于待岗状态。"2013年12月4日，该公司老板梁昌明拿给他一份盖有该公司公章的"工作安排说明"，未经任何协商就将他从质保调岗至行政。记者随后看到了这份"工作安排说明"，其中写道："因公司需要……，安排您从即日起专门负责公司品质管理体系的制度和程序的编写工作，并且每天要书写工作日志向行政部EHS主管汇报工作进度。"石超在原部门工作一直很努力，2012年的考核成绩是"A+"；而新安排的岗位的工作内容与石超原来从事的质量管理工作毫不相干。

因为不同意调岗，石超仍坚持在原来部门上班。"2013年12月19日下午3点左右，新调来的行政部EHS主管陈某来找我，质问我为何不去新岗位。还没说几句，他就突然挥出一拳，重重地打在我的脸上。我被打倒在地，还来不及反应，他就对我又踢又踹，鲜血顿时从脸上直淌下来。"石超说，被打后，他报了警，后来还是同事开车送他到医院。让他心寒的是，事发后，该公司并没有任何负责人发出任何声音。

记者在石超的病历记录上看到了医院的诊断：左脸颊挫伤、眼睛肿、鼻骨骨折。

得知石超被打的消息，嘉定区总工会法律保障部部长陈佳和嘉定工业区总工会主席齐鹏第一时间赶到医院了解情况。他们告诉记者，关于石超反映的情况，确有其事。"我们态度很明确，而且一直全程参与，支持企业工会依法履职，我们曾就工资协商、工会经费缴纳等多项事宜与该公司行政方交涉多次，但都没有结果。"齐鹏告诉记者，2013 年 9 月份，公司有关人员来工业区总工会咨询"如何罢免工会主席、如何解除工会主席的劳动合同"等事宜，工业区工会详细地介绍了相关的法律规定，也给对方做了工作，从那时起到现在，他们已与该公司交涉了 11 次。"我们也就此直接与该公司老板沟通过，向他说明，罢免工会主席、解除工会主席的劳动合同，以及调岗，都必须严格依法行事。石超被打之后，我们当晚就介入了此事，工业区党委指出，要坚决维护工会主席的合法权益。"

记者联系了几位上海贯裕能源科技有限公司的员工，从他们口中得知，该公司不肯续签工资专项集体合同、未经征询意见就修改员工手册、不给部分员工缴纳社保费等情况的确存在。

——资料来源：凤凰资讯．上海：工会主席替职工维权遭公司报复 办公室内被打伤（节选）[EB/OL]．（2013 - 12 - 21）[2016 - 04 - 12]．http://news.ifeng.com/society/1/detail_2013_12/21/32346410_0.shtml.

4）从事工会工作的时间和物质保障

《工会法》第 39 条的规定为工会工作者提供了从事工会活动时间的保障、基层干部活动需要占用生产时间的保障；第 41 条、第 48 条规定了基层工会干部的工资福利待遇及县以上各级工会离休、退休人员的待遇。

5）工会的经费和财产保障

《工会法》第 42 条、43 条、44 条、46 条对工会财产权及其他权益做了明文规定以保障工会正常开展活动。工会经费的来源主要包括：工会会员缴纳的会费；建立工会组织的企业、事业单位、机关按每月全部职工工资总额的百分之二向工会拨缴的经费；工会所属的企业、事业单位上缴的收入；人民政府的补助；其他收入。企业、事业单位无正当理由拖延或者拒不拨缴工会经费，基层工会或者上级工会可以向当地人民法院申请支付令；拒不执行支付令的，工会可以依法申请人民法院强制执行。工会经费主要用于为职工服务和工会活动。工会的财产、经费和国家拨给工会使用的不动产，任何组织和个人不得侵占、挪用和任意调拨。

8.4 劳动争议与处理

在现代社会，劳动争议是一种较为普遍的社会现象，其中有的属于既定权利的争议，即因适用劳动法和劳动合同、集体合同的既定内容而发生的争议；有的属于要求新的权利而出现的争议，即制订或变更劳动条件而发生的争议。正确地处理劳动争议对维护和谐的劳动关系，有效利用人力资源并发挥人力资源潜力具有重要的意义。

8.4.1 劳动争议的含义及种类

劳动争议又称劳动纠纷，是指具有劳动关系的员工和用人单位双方在执行劳动法律法规或履行劳动合同过程中因行使劳动权利、履行劳动义务而发生的纠纷。劳动争议的当事人是指劳动关系当事人双方——员工和用人单位（包括自然人、法人和具有经营权的用人单位），即劳动法律关系中权利的享有者和义务的承担者。

劳动争议按照不同的划分标准，可分为以下几种。

（1）按照劳动争议当事人人数多少的不同，可分为个人劳动争议和集体劳动争议。

个人劳动争议是劳动者个人与用人单位发生的劳动争议；集体劳动争议是指劳动者一方当事人在 3 人以上，有共同理由的劳动争议。如果员工一方当事人虽然为多数，但争议的事项、理由各不相同，这些争议虽都是针对同一企业，但不能被称为集体劳动争议，应当分别申请仲裁，分别处理。只有有共同理由和共同的请求，才能以集体劳动争议的形式申请调解、仲裁、诉讼。

（2）按照劳动争议的内容，可分为：因确认劳动关系发生的争议；因订立、履行、变更、解除和终止劳动合同发生的争议；因履行集体合同发生的争议；因企业开除、除名、辞退职工和职工辞职、自动离职发生的争议；因执行国家有关工作时间和休息休假、工资、保险、福利、培训、劳动保护的规定发生的争议；因劳动报酬、工伤医疗费、经济补偿或者赔偿金等发生的争议等。

（3）按照当事人国籍的不同，可分为国内劳动争议与涉外劳动争议。国内劳动争议是指我国的用人单位与具有我国国籍的劳动者之间发生的劳动争议；涉外劳动争议是指具有涉外因素的劳动争议，包括我国在国（境）外设立的机构与我国派往该机构工作的人员之间发生的劳动争议、外商投资企业的用人单位与劳动者之间发生的劳动争议。

8.4.2　劳动争议的引发原因

劳动争议产生的原因十分复杂。有的是由于劳动关系双方没有订立契约合同，遇到问题时各自从自己的利益出发，引起纠纷；有的虽有合同，但合同订立得过于笼统，不能具体界定双方的责、权、利；有的则是契约、法规不合理或已不适应新形势，使一方甚至双方不能接受；还有的是对契约的理解有差异，引起争执；当然也有不承认契约、法规的约束，一方提出无理要求从而引发纠纷的。

在我国现阶段，引发劳动争议的原因主要有以下几种。

（1）人员流动争议。例如，员工要求调动或辞职，用人单位可能会因其是业务骨干采用扣压档案等办法"强留"，从而引起争议；再如，有的员工寻找到了更好的工作单位而自动离职，甚至带走了经营或技术秘密，引发争议等。

（2）劳动合同争议。此种争议主要是在劳动合同是否延续，以及劳动合同的解除是否合法、合理等方面存有矛盾。

（3）劳动报酬争议。此种争议主要是指员工在工资标准、工资调整、工资支付方式及时间等方面有意见，如员工认为没有得到应有的提薪、企业拖欠员工工资等。

（4）劳动保护争议。例如，在有害作业场所，员工就改善工作条件、提供劳动防护用品及发放有害作业津贴等与企业有分歧。另外，女工在孕期、哺育期的工作安排常常也会引起劳动争议。

（5）劳动保险争议。例如，员工是否能够退休、如何计算工龄确定退休工资及因工还是非因工患病、负伤、致残、死亡的争议等。

（6）处罚争议。此种争议主要是指管理者采用惩罚手段整顿劳动纪律，被罚者不服引起争议，如员工认为处罚事实错误、处罚不公或是上级故意打击报复等。

（7）因签订和履行集体合同所发生的争议。

8.4.3 劳动争议的处理

1. 劳动争议处理的原则

（1）合法原则。所谓合法原则，就是在处理劳动争议的过程中，处理机构必须坚持以事实为依据、以法律为准绳，在查清事实、明辨是非的基础上，依据劳动法律法规和政策做出处理。处理的结果不得违反国家现行法律法规和政策的规定，不得损害国家利益、社会公共利益或他人的合法权益。

（2）公正原则。公正原则是指劳动争议处理机构在处理劳动争议时，要秉公执法，不能偏袒任何一方，要依据客观实际和相关的法律法规做出判断和裁决。公正是处理劳动争议的基本要求之一，是使争议合理解决的前提。劳动争议双方当事人的法律地位是平等的，平等地享受权利和履行义务。任何一方都不能把自己的意志强加于另一方。为了实现公正原则，劳动争议处理实行回避制度。

（3）及时处理原则。劳动争议发生后，往往直接损害到一方当事人的合法权益，如不及时迅速地加以处理，将会影响职工的生活，影响生产劳动的正常进行，甚至影响社会安定。因此，一旦发生劳动争议，当事人双方应及时进行协商，协商不成的应及时向劳动争议处理机构申请处理。劳动争议处理机构也应该对申请处理的劳动争议案件，依据法律、法规所规定的时限，抓紧审查和做出处理决定，保证按时结案。另外，处理劳动争议案件过程中和对处理的结果，当事人不履行决定的，要及时进行解决，以保证案件的顺利处理和处理结果的最终落实。

（4）调解原则。我国《劳动法》第 80 条中规定了"在用人单位内，可以设立劳动争议调解委员会"；在第 79 条中规定"劳动争议发生后"，首先，"当事人可以向本单位劳动争议调解委员会申请调解"，调解不成再申请仲裁，对仲裁不服可以再起诉。而且，《劳动法》第 77 条第 2 款还规定："调解原则适用于仲裁和诉讼程序。"2008 年 5 月 1 日实施的《中华人民共和国劳动争议调解仲裁法》（以下简称《劳动争议调解仲裁法》）将调解程序规定为劳动争议案件进行仲裁、诉讼活动前的程序，劳动争议调解工作得到强化；同时，缩短了调解期限，提高了调解效率，体现了可把矛盾、纠纷化解在基层，促进劳动关系的规范稳定的立法理念。

2. 劳动争议处理的途径

我国《劳动法》第 77 条规定："用人单位与劳动者发生劳动争议，当事人可以依法申请调解、仲裁或者提起诉讼，也可以协商解决。"根据这一规定，劳动争议处理的途径有以下几种。

（1）协商。协商是指发生劳动争议的双方当事人在尊重事实，明辨是非，依据法律并充分考虑对方利益的情况下，通过谈判、磋商，在双方达成共识的基础上解决纠纷的形式。《劳动争议调解仲裁法》第 4 条规定："发生劳动争议，劳动者可以与用人单位协商，也可以请工会或者第三方共同与用人单位协商，达成和解协议。"协商的前提是双方自愿，协商的基础是取得一致。对协商后达成的协议，争议双方可以执行，也可以不执行，不执行协商协议的叫协商不成。协商解决争议的特点在于省时、便利、节省费用，又能及时解决争议，防止损失的扩大。

协商并不是必备环节。《劳动争议调解仲裁法》第 5 条规定："发生劳动争议，当事人不愿协商、协商不成或者达成和解协议后不履行的，可以向调解组织申请调解；不愿调解、调解不成或者达成调解协议后不履行的，可以向劳动争议仲裁委员会申请仲裁；对仲裁裁决不服的，除本法另有规定的外，可以向人民法院提起诉讼。"

（2）调解。调解是指在第三人的主持下，在查清事实、分清是非的基础上，依照法律法规和政策，规劝说服争议双方当事人相互谅解，就争议事项自愿达成协议，从而使争议得以解决的方式。劳动争议调解是处理劳动争议的基本方式。通过调解把大量纠纷解决在基层，有利于保护争议双方的合法权益，有利于维护正常的生产秩序和工作秩序，有利于促进当事人之间的团结。但是，调解并不是处理劳动争议的必须程序，当事人任何一方不愿调解，可以直接向有管辖权的劳动争议仲裁委员会申请仲裁。

（3）仲裁。仲裁就是居中裁断，也称"公断"，是由第三方或第三人对劳动关系双方发生的劳动争议在事实上做出的评断。我国的劳动仲裁是指劳动争议仲裁委员会为解决劳动争议而做出裁决的劳动执法活动。

（4）诉讼。劳动争议诉讼是人民法院根据劳动法律法规审理劳动争议案件的活动，是人民法院通过司法程序解决劳动争议的手段。诉讼的最大特点在于它的权威性，对于生效的法律文书，双方当事人必须履行。

（5）集体合同争议的协调处理。《劳动法》第84条规定："因签订集体合同发生的争议，当事人协商解决不成的，由当地人民政府劳动行政部门组织有关各方协商处理。因履行集体合同发生争议，当事人协商解决不成的，可以向劳动争议仲裁委员会申请仲裁；对仲裁裁决不服的，可以自收到仲裁裁决书之日起十五日内向人民法院提起诉讼。"

（6）女职工劳动权益受到侵害发生的劳动争议的处理。女职工劳动权益受到侵害发生的争议，按照《中华人民共和国妇女权益保障法》的规定，当事人有权要求有关部门处理，或向妇女组织投诉。

3. 劳动争议的处理机构

根据《劳动法》和《劳动争议调解仲裁法》的规定，我国目前处理劳动争议的机构主要有调解机构、仲裁机构、诉讼机构。

1）调解机构

《劳动争议调解仲裁法》第10条规定："发生劳动争议，当事人可以到下列调解组织申请调解：企业劳动争议调解委员会；依法设立的基层人民调解组织；在乡镇、街道设立的具有劳动争议调解职能的组织。企业劳动争议调解委员会由职工代表和企业代表组成。职工代表由工会成员担任或者由全体职工推举产生，企业代表由企业负责人指定。企业劳动争议调解委员会主任由工会成员或者双方推举的人员担任。"从此条不难看出，目前调解劳动争议的机构主要有三个：企业劳动争议调解委员会、依法设立的基层人民调解组织和在乡镇、街道设立的具有劳动争议调解职能的组织。其中，企业劳动争议调解委员会是依法成立的调解本单位发生的劳动争议的群众性组织。这一规定是《劳动争议调解仲裁法》区别于《劳动法》的地方，扩大了劳动争议调解组织的范围，整合了社会上现有各种调解组织参与劳动争议的处理，进一步强化、规范了劳动争议调解工作。

2）仲裁机构

劳动争议仲裁委员会是国家授权、依法独立地对劳动争议仲裁的专门机构。劳动争议仲裁委员会按照统筹规划、合理布局和适应实际需要的原则设立。省、自治区人民政府可以决定在市、县设立；直辖市人民政府可以决定在区、县设立。直辖市、设区的市也可以设立一个或者若干个劳动争议仲裁委员会。劳动争议仲裁委员会由劳动行政部门代表、工会代表和企业方面代表组成。上述三方代表人数相等；劳动争议仲裁委员会的组成人员应当是单数。劳动争议仲裁委员会下设办事机构，负责办理劳动争议仲裁委员会的日常工作。

3）诉讼机构

审理劳动争议案件的是各级人民法院的民事审判庭。人民法院是国家审判机关，也担负着处理劳动争议的任务。劳动争议当事人对仲裁委员会的裁决不服、进行起诉的案件，人民法院民事审判庭负责受理。

4. 劳动争议的处理程序

（1）劳动争议协商。

（2）劳动争议调解。劳动争议调解委员会调解劳动争议的步骤为：① 申请调解；② 受理；③ 调查；④ 调解；⑤ 制作调解协议书。

（3）劳动争议仲裁。劳动争议仲裁委员会仲裁劳动争议的步骤为：① 提交仲裁申请书；② 案件受理，并组成仲裁庭；③ 调查取证；④ 调解；⑤ 仲裁裁决。

（4）劳动争议诉讼。

8.4.4　《劳动争议调解仲裁法》的新规定

（1）延长了申请仲裁的时效。《劳动争议调解仲裁法》将申请仲裁的时效由"发生劳动争议之日起 60 天"调整为"当事人自知道或者应当知道其权利被侵害之日起一年内"，即延长到了一年。从维权角度看，为广大劳动者争取了更多的回旋时间。

此外，《劳动争议调解仲裁法》还规定了一种不受仲裁时效限制的特殊情形："劳动关系存续期间因拖欠劳动报酬发生争议的，劳动者申请仲裁不受仲裁时效期间的限制。但是，劳动关系终止的，应当自劳动关系终止之日起一年内提出。"也就是说，只要劳动者没有离开用人单位，双方劳动关系存续，无论用人单位拖欠工资多久都可以要回来。

（2）缩短了仲裁期限。《劳动争议调解仲裁法》缩短了劳动争议仲裁裁决的时限，规定仲裁裁决的劳动争议案件，一般自仲裁委受理仲裁申请之日起 45 日内结束，符合规定的可以延长，但是延长期限不得超过 15 日。经延长逾期未做出仲裁裁决的，当事人可以就该项劳动争议事项向人民法院提起诉讼。

（3）部分案件实行"一裁终局"。"一裁终局"就是劳动仲裁委员会的仲裁裁决为终局裁决，裁决书自做出之日起发生法律效力。

根据《劳动争议调解仲裁法》第 47 条，除该法另有规定的以外，追索劳动报酬、工伤医疗费、经济补偿或者赔偿金，不超过当地月最低工资标准 12 个月金额的争议，以及因执行国家的劳动标准在工作时间、休息休假、社会保险等方面发生的争议，仲裁裁决为终局裁决，裁决书自做出之日起发生法律效力。

"一裁终局"是为了提高部分劳动争议案件的处理效率，部分案件一裁就终局，不必再走完劳动争议处理的全部程序。也就是说一裁终局的不再上法院，这样少了一个时间比较长的诉讼环节，有一部分案件的周期就可以大大缩短。缩短的这些案件规定为数额较小的、事实简单的和有明确国家标准的案件。

当然，如果劳动者对仲裁裁决不服的，可以自收到仲裁裁决书之日起 15 日内向人民法院提起诉讼。也可以按照本法第 49 条的规定，在劳动争议仲裁委员会做出终局裁决后，用人单位认为裁决出现：① 适用法律、法规确有错误；② 劳动争议仲裁委员会无管辖权的）；③ 违反法定程序的；④ 裁决所根据的证据是伪造的；⑤ 对方当事人隐瞒了足以影响公正裁决的证据的；⑥ 仲裁员在仲裁该案时有索贿受贿、徇私舞弊、枉法裁判行为6 种情况之一时，可自收到仲裁裁决书之日起三十日内向劳动争议仲裁委员会所在地的中级人民法院申请撤销裁决，人民法院经组成合议庭审查核实裁决有 6 种情形之一的，应当裁定撤销。

（4）减轻了当事人的经济负担。《劳动争议调解仲裁法》第 53 条规定："劳动争议仲裁不收费。劳动争议仲裁委员会的经费由财政予以保障。"劳动争议仲裁不收费，这样可以大大降低劳动者的维权成本。

（5）合理地分配了举证责任。《劳动争议调解仲裁法》进一步明确了举证责任倒置，赋予用人单位更多的举证责任，但是劳动者也有适当的举证义务。

《劳动争议调解仲裁法》第 6 条规定："发生劳动争议，当事人对自己提出的主张，有责任提供证据。与争议事项有关的证据属于用人单位掌握管理的，用人单位应当提供；用人单位不提供的，应当承担不利后果。"

《劳动争议调解仲裁法》第 39 条规定："当事人提供的证据经查证属实的，仲裁庭应当将其作为认定事实的根据。劳动者无法提供由用人单位掌握管理的与仲裁请求有关的证据，仲裁庭可以要求用人单位在指定期限内提供。用人单位在指定期限内不提供的，应当承担不利后果。"

（6）劳动争议地域管辖明确。劳动合同签订地、公司所在地、劳动合同履行地等，应该由哪个劳动争议仲裁委员会管辖，该法做出了明确规定。《劳动争议调解仲裁法》第 21 条规定："劳动争议仲裁委员会负责管辖本区域内发生的劳动争议。劳动争议由劳动合同履行地或者用人单位所在地的劳动争议仲裁委员会管辖。双方当事人分别向劳动合同履行地和用人单位所在地的劳动争议仲裁委员会申请仲裁的，由劳动合同履行地的劳动争议仲裁委员会管辖。"从而确立了劳动合同履行地劳动争议仲裁委员会具有优先仲裁权。

（7）规定了共同当事人。《劳动争议调解仲裁法》第 22 条规定："发生劳动争议的劳动者和用人单位为劳动争议仲裁案件的双方当事人。劳务派遣单位或者用工单位与劳动者发生劳动争议的，劳务派遣单位和用工单位为共同当事人。"从此条可以看出，采用劳务派遣方式的用工单位和劳务派遣单位为共同当事人。

北京：首次适用《劳动争议调解仲裁法》判案，员工获赔

因离职后仍有部分工资迟迟拿不到手，2008 年 4 月，小常等 4 名员工将北京奥绿特有机农业技术发展有限公司（以下简称奥绿特公司）告上了法庭。2008 年 6 月 13 日北京市朝阳区人民法院依据 2008 年 5 月 1 日刚刚实施的《劳动争议调解仲裁法》判决支持了小常等4 人的诉讼请求，依法判决奥绿特公司支付这 4 名员工工资、加班费、经济补偿金等共计52 000 余元。据悉，这是北京法院首次适用《劳动争议调解仲裁法》判决案件。

据小常讲，2007 年 4 月 5 日，当时 23 岁的小常入职奥绿特公司，担任开发拓展部经理职务。然而，从当年 5 月份起，公司就开始拖欠员工工资。2007 年 11 月 13 日，小常从公司离职。然而至今，公司仍拖欠着小常几个月（2007 年 8 月到 11 月 13 日）的工资。小常称，他曾多次与公司总经理协商，但均未果。和小常有着同样经历还有卢先生、袁先生和张先

生。无奈之下，2008 年 3 月，小常等 4 人向朝阳区劳动争议仲裁委员会提起了申诉，但是，3 月 25 日，小常等 4 人却接到了《不予受理通知书》，理由是他们的申诉超过了 60 天的时效。无奈，他们又将该公司告上了法庭，要求该公司支付拖欠的工资、各种补贴，并给付经济补偿金总计 79 000 余元。

庭审中，奥绿特公司辩称：一方面，小常等 4 名员工的起诉未经过仲裁裁决，其起诉不符合规定；另一方面，他们的起诉也已经超过了 60 天的时效规定。

法院经审理认为，用人单位应当以货币形式按月支付劳动者工资，不得克扣或者无故拖欠劳动者的工资。奥绿特公司应当补发拖欠员工的工资。关于是否超过申诉时效的问题，法院认为，2008 年 5 月 1 日实施的《劳动争议调解仲裁法》规定了劳动争议申请仲裁的时效期间为一年，故 4 位原告主张的诉讼请求并未超过该法规定的申诉时效。因被告未及时发放工资，故应当支付拖欠工资 25% 的经济补偿金。最终，法院判决奥绿特公司支付小常等 4 人工资、加班费、经济补偿金等总计 52 000 余元。

据悉，这起案件系北京法院首次适用 2008 年 5 月 1 日刚刚实施的《劳动争议调解仲裁法》判决的案件。本案争议的申诉时效问题是此次出台的《劳动争议调解仲裁法》较《劳动法》的重要变化之一。《劳动法》第 82 条规定申诉时效期间为 60 日，这一规定是为了尽快解决劳动争议。但是在劳动争议处理的实践中，由于劳动争议的情况较为复杂，当事人尤其是劳动者一方往往因不能在 60 日内申请仲裁，致使其合法权益不能得到法律救济。因此，为了更好地保护劳动者的合法权益，《劳动争议调解仲裁法》对申请时效期间制度进行了完善，增加了时效中止、中断制度，并将时效期间由原来的 60 日延长至 1 年。据法官介绍，尽管《劳动争议调解仲裁法》规定的时效是针对仲裁而言的，但是出于保护劳动者权益的考虑，本着本法的立法精神，法院对这起诉讼案件也适用了新的规定。

——资料来源：石岩. 北京：首次适用《劳动争议调解仲裁法》判案，员工获赔［EB/OL］.（2008-06-13）［2016-04-15］. http：//www.chinacourt.org/html/article/200806/13/307172.shtml.

本章小结

劳动关系是劳动者个人或劳动者组织（如工会）与雇主或雇主组织及管理当局在劳动过程中所发生的权利义务关系，包括劳动内容、劳动条件、劳动时间、劳动期限、劳动报酬、劳动纪律、劳动保护、社会保险、福利等及有关的劳动争议及其处理关系。劳动关系在不同国家存在着不同的具体称谓，如劳资关系、劳使关系、雇佣关系、劳工关系、产业关系等。

劳动关系的影响因素包括外部影响因素和内部影响因素。

劳动关系自用工之日起建立。劳动合同的确认取决于主体具有对立性、主体具有统一性、客体具有对立性、客体具有统一性四个条件。

企业招聘应做到：合理制订招聘计划、明确设定"录用条件"、把好员工招聘关、合法约定试用期、明确解除劳动合同的条件。

劳动合同是确立劳动关系的凭证，包括必备条款和约定条款。订立劳动合同，应当遵循合法、公平、平等自愿、协商一致、诚实信用的原则。劳动合同的订立程序是签订劳动合同必须履行的法律手续。劳动合同期满，经当事人协商一致，可以续订劳动合同。续订劳动合同不得约定试用期。劳动合同的变更是指劳动合同在履行过程中，经双方协商一致，对合同条款进行的修改或补充，具体包括工作内容、工作地点、工资福利的变更等。变更原则为协商一致、依法变更。劳动合同解除是劳动合同在期限届满之前，双方或单方提前终止劳动合同效力的法律行为。劳动合同终止是指劳动合同期限届满或双方当事人约定的终止条件出现，合同规定的权利、义务即行消灭的制度。

劳动者的工作时间和休息休假是劳动合同中的必备条款。工作时间是指劳动者为履行工作义务，在法定限度内应当从事劳动或工作的时间，分为标准工作时间、缩短工作时间、延长工作时间、不定时工作时间、综合计算工时五种类型。休息休假是指劳动者在国家规定的法定工作时间外自行支配的时间，包括工作日内的间歇时间、工作日间的休息时间、每周公休假日、法定节假日、探亲假、年休假。

劳动保护一般包括安全生产技术、劳动卫生、劳动保护制度。

工会是由雇员组成的组织，主要通过集体谈判的方式代表雇员在工作场所及整个社会中的利益。工会问题一直是劳动关系研究中的热点。

劳动争议又称劳动纠纷，是指具有劳动关系的用人单位和员工双方在执行劳动法律法规或履行劳动合同过程中因行使劳动权利、履行劳动义务而发生的纠纷。劳动争议处理应按照《劳动争议调解仲裁法》的规定采用协商、调解、仲裁、诉讼四个程序。

习 题

思考题

1. 如何理解员工招聘中的反歧视原则。
2. 劳动合同的内容包括哪些？
3. 劳动保护的意义是什么？
4. 在我国现阶段劳动争议引发的原因有哪些？

讨论题

1. 国有企业、外资企业、私营企业的劳动关系有何异同？
2. 全面二胎政策放开后对女性劳动者在职场有哪些影响？

自测题

1. （   ）是指基于劳动合同，为获取工资而有义务处于从属地位，为他人提供劳动的人员。
   A. 雇员　　　　　　　　　　　　B. 用人单位主管
   C. 雇主　　　　　　　　　　　　D. 劳动力使用者
2. 劳动合同中的试用期限条款属于劳动合同的（   ）。
   A. 法定条款　　　　　　　　　　B. 约定条款

C. 工作期限条款   D. 必备条款

3. 依据《劳动合同法》的规定，劳动合同的试用期限最长不得超过（   ）。

    A. 六个月   B. 四个月

    C. 三个月   D. 两个月

4. 在劳动关系的调整方式中，（   ）的基本特点是体现劳动关系当事人双方的意志。

    A. 劳动合同   B. 民主管理制度

    C. 集体合同   D. 劳动法律法规

5. （   ）是由企业职工经过民主选举产生的职工代表组成的，代表全体职工实行民主管理权利的机构。

    A. 创新开发委员会   B. 质量管理小组

    C. 技术参与工作组   D. 职工代表大会

 案例分析

案例 8-1

劳动关系的认定

    2013 年 1 月美籍华人 FRANK 由美国 SINE 公司派到常州，来组建常州华威动力技术有限公司（该公司系美国 SINE 公司与常州几家公司合资在常州设立的外资企业）。美国 SINE 公司与 FRANK 先后签署了两份协议书，协议书分别载明："我很高兴向您提供 SINE 公司副总经理一职。……您的第一笔工资将在 SINE 常州分公司运营后立即支付……"；"我很高兴向您提供 SINE 公司旗下之常州华威动力技术有限公司副总经理一职。如果您决定加入我们，您的月薪将为 8 333 美元（税后）……工作地点在（常州）。您将直接向 SINE 公司首席执行官汇报工作……" FRANK 与常州华威动力技术有限公司未签订书面劳动合同，而其工资实际由常州华威动力技术有限公司支付，每月为 8 333 美元。FRANK 实际工作至 2013 年 6 月 27 日。FRANK 于 2014 年 6 月 27 日申请仲裁，请求：常州华威动力技术有限公司支付未签订书面劳动合同的二倍工资 206 666.68 元（2013 年 2 月 23 日至 2013 年 6 月 27 日）。

    主要事实认定：FRANK 实际是受美国 SINE 公司委任，指派来组建、管理常州华威动力技术有限公司，并直接向美国 SINE 公司的首席执行官负责的。虽然 FRANK 工资实际由常州华威动力技术有限公司发放，但因 FRANK 的工作及生活均在常州，由常州华威动力技术有限公司人代为支付 FRANK 工资更符合情理。

    处理结果：FRANK 与常州华威动力技术有限公司不存在劳动关系，对于 FRANK 的仲裁请求，不予支持。

思考题

    FRANK 与常州华威动力技术有限公司是否存在劳动关系？为什么？

案例 8-2

小张的请求是否合理

2015 年 10 月期间，小张到大陆 A 公司应聘。最后一次面试中，双方口头确认小张的劳动合同期限为 4 年，试用期为 3 个月。2015 年 11 月 1 日，小张入职 A 公司，A 公司领导口头再次强调小张的试用期为 3 个月，并称 11 月底将签订书面劳动合同。2015 年 11 月 19 日，A 公司书面通知小张："因你试用期间工作出现差错，表现欠佳，不符合录用条件，现 A 公司决定与你解除劳动关系，即日生效……"

几天后，小张申请劳动仲裁，主张其本人不存在试用期，入职后即为正式员工，A 公司以"试用期间不符合录用条件"为由解雇本人属于违法解除，A 公司应支付违法解除的赔偿金。

思考题

1. 你认为小张的请求是否合理？为什么？
2. 通过此案例，你认为用人单位应当如何避免此类劳动争议的发生？

第9章

跨文化人力资源管理

> 造成文化差异的根本原因就是距离。在不同的国度，与不同的人群缩短文化的距离，就是跨文化的经营，跨地域的管理。

——斯特里斯·康奈

 学习目标

1. 了解跨国公司人力资源管理的客观环境。
2. 理解跨文化人力资源管理的含义。
3. 掌握跨国公司人力资源管理的模式。
4. 掌握跨国公司人力资源管理的方法。
5. 比较美、日等不同国家人力资源管理模式的特点。

 引　言

如果一双标价 800 元的耐克鞋和一双标价 700 元的李宁鞋摆在消费者面前，消费者会选择耐克鞋；如果一双标价 330 元的李宁鞋和一双标价 250 元的安踏鞋摆在消费者面前，消费者无疑会选择安踏鞋。不是国际化大品牌，还想收取大品牌的高价，这就是李宁目前在消费者眼中的形象。

曾经在 20 世纪 90 年代成为中国本土体育品牌领先者的李宁，2012 年伊始就成为媒体关注的热点。不是因为李宁的业绩，而是多年来对于李宁诸多来自外部和内部杯葛（即 boycott，是指联合抵制某个个人或公司，包括拒绝购买、销售，或其他形式的贸易）的阶段性了结：以 TPG 团队（美国私人股本集团）为代表的新的战略合作伙伴和投资人团队的进入、原行政总裁的退出。之后，李宁开始推进实施一系列的精简和收缩策略，明确说明未来将更加关注中国的市场，关闭了在欧洲的合作平台。

此外，负面信息屡屡传出：位于美国波特兰的设计中心已流失一半雇员；与美国合作伙伴 Foot Locker Inc. 的协议已中止，与西班牙代理商成立的销售公司也宣告破产；公司发布预警称，2012 年第四季度订货总订单金额出现高双位数下降，全年营业收入及利润恐将出现负增长；截至目前，李宁总计已经关闭了 1 200 家门店。这些都被外界视为李宁品牌国际化的最终失败。

有人说，这是由于李宁的企业发展战略规划制订失误造成的；李宁应首先以中国市场为中心，然后慢慢地走向国际化，而不该过于急迫。但是，上述结果并不能说明以李宁为代表的中国企业国际化的失败，也不应认为李宁品牌国际化决策是错误的；相反，这恰恰说明中国企业的国际化将是个相对漫长的过程。在这个过程中的每一种尝试，都是对中国企业走向国际成功模式的有益贡献和积极探索。从这个意义上讲，今天李宁品牌国际化步伐的减慢或停滞，只不过是暂时的迷失，也正是为将来的勃发而积蓄资源和能力。即使当前处于不利的竞争和运营环境，李宁目前依然严守国内市场地位第二、本土体育品牌第一的行业地位。

——资料来源：http://www.nbd.com.cn/articles/2012-09-12/681544.html.

进入21世纪以来，全球经济一体化的趋势越来越明显，越来越多的企业正在向国际市场进军，但是各国之间不同的文化背景、地域环境都成为国际化趋同的障碍。为保证企业成功走向世界，有效地进行跨文化人力资源管理，正确分析并解决各国之间的文化差异带来的人力资源管理问题，对于企业"走出去"战略的顺利实现至关重要。如同李宁一样，多数企业在实现国际化的道路上面临着诸多困难。人力资源管理国际化就是其中最大的挑战之一，本章将探讨跨文化人力资源管理的内涵与特点、人力资源管理模式选择及跨国公司人力资源的选聘、培训、绩效与薪酬管理等问题。

9.1 跨文化人力资源管理的含义

9.1.1 跨文化管理的产生

跨文化是伴随着贸易和生产的国际化，特别是跨国公司的出现和发展而成为日趋世界性的文化现象。当跨国公司在性质上越来越全球化时，要形成一种起支持作用的企业文化就比较困难。不同文化背景的人具有不同的价值取向、不同的思维方式和不同的行为表现。这些人同在一个企业内共事，在日常的生活和生产经营管理中按照各自的文化定式行事，必然产生文化的交叉碰撞，从而导致了跨国公司内部的文化摩擦。

跨文化管理起源于国际商贸往来，而后经历商业时代、开发时代、政治让与时代和国家化时代等多个发展阶段。

从20世纪70年代后期开始，跨文化管理学在美国逐步形成和发展。它研究的是在跨文化条件下如何克服异质文化的冲突，进行卓有成效的管理。其目的在于如何在不同形态的文化氛围中，设计出切实可行的组织结构和管理机制，最合理地配置企业资源，特别是最大限度地挖掘和利用企业人力资源的潜力和价值，从而最大化地提高企业的综合效益。由于企业的决策和文化环境有关，而文化差异会影响经理们的管理方式及下属对不同管理方式的适应性，并对人力资源管理的各个职能都产生潜在的冲击力。跨文化经营蕴含着文化的交流、冲突与碰撞，以及文化的摩擦、融合与再生。通过有效的跨文化管理，其目的就是要将不同的民族特性、价值观念和文化传统与先进的管理方法有机地融为一体，并将之应用于企业经营管理的各个方面。跨文化经营已成为影响企业经营与管理成功与否的重要因素。

9.1.2 跨文化人力资源管理的内容

通用电气前董事长杰克·韦尔奇说过，如果想让列车车速增加 10 km/h，只需要加一加马力，但要想让车速增加一倍，则必须更换铁轨了；同样地，资产重组可以一时提高公司的生产力，但若没有文化上的改变，就无法维持高生产力的发展！文化建设与管理是企业的一条精神生命线，它与企业的发展状况紧密相关。由于跨文化管理不足，中国企业全球化经营一年的损失高达一千个亿。这个数据发出警告：必须重视跨文化的企业文化建设与管理。

所谓跨文化人力资源管理，就是对来源于不同文化背景的人力资源进行整合和融合，其所关注的问题是带有文化特点的个体行为与另一种文化之间会发生的冲突、冲突的范围和影响、冲突的文化原因及如何减少冲突的对策，等等。

跨文化人力资源管理的内容相当丰富，具体包括以下几个方面：从管理的职能方面来说，跨文化人力资源管理可分为跨文化沟通、跨文化激励、跨文化领导和跨文化决策；从企业经营的各方面来说，跨文化人力资源管理可以分为企业内部的跨文化管理、企业外部的跨文化管理。

企业内部的跨文化管理包括人力资源开发中的跨文化管理、研发中的跨文化管理、生产中的跨文化管理、全面质量管理中的跨文化管理、企业文化建设中的跨文化管理。

企业外部的跨文化管理包括市场营销中的跨文化管理、公共关系中的跨文化管理、广告中的跨文化管理。

6 个维度诠释多元文化　IBM 事在为人

对员工的工作和生活进行整合，对不同年代的员工区别管理，支持女性的职业发展，关注残障员工……IBM 多元文化无论如何演变，都万变不离其宗——发现人的需求，满足人的需求。

"钱不是问题。"IBM 大中华区人力资源总监白艳对即将要实施的两项计划充满信心。第一个是"幼儿园计划"，为 IBM 员工的子女联系最好的幼儿园，解决员工们的后顾之忧；第二个是"保姆计划"，IBM 邀请了专业的家政培训老师，定期为员工的保姆做培训，解决员工们的基础生活问题。

长久以来，IBM 就一直在努力完善着多元文化管理递进的过程。IBM 把多元文化最初的时期称为 Diversity 1.0 时期，"给当地提供一个机会均等的工作机会"成为 IBM 多元文化最初的诉求；进入 Diversity 2.0 时期，女性员工发展和弹性办公成为重点，而这个时期的标志性事件是 2003 年 IBM（香港）任命了第一位女性总经理；2006 年部分员工实现了在家办公。

如今在 Diversity 3.0 时期，IBM 倡导的是"全球整合"。白艳从 6 个维度诠释了 Diversity 3.0 的精髓：对员工的工作和生活进行整合，即工作的同时兼顾对家人的照顾；对不同年代的员工区别管理，为他们创造相互了解的条件；继续支持女性的发展，营造一个男女平等的竞争氛围；关注残障员工，为他们创造无障碍的工作条件；对不同地域、不同文化背景的员工进行沟通辅导，培养每个员工对多民族、多种族、多样文化的包容心理；为不同性取向的员工创造一个平等、开放和包容的环境。

现在，IBM又提出对员工工作和生活"整合"的全新概念。这就意味着员工完全可以依据自己的需求，去设定自己理想的工作时间。IBM的"弹性办公"主要有5种体现形式：移动办公、在家办公、非全日制办公、个性化工作时间、停薪留职。以移动办公为例，因为全球业务的需要，IBM的业务人员出差的频率会比较高，所以任何地方都可以是他们的办公场所。只要有网络，在任何时间、任何地点，管理层都能和业务人员进行沟通，如开视频会议等。所以，移动办公一点儿都不会影响工作效率。

IBM的人力资源部为此专门做了一个针对"80后"员工的调查，调查发现中国的"80后"有别于其他国家的"80后"，原因是中国的"80后"多是独生子女，对父母的依赖远远大于国外的"80后"。针对这个现象，IBM为他们提供了一个相互帮助的工作环境。在这样的体制下，员工可以利用学到的本领来展现自己的能力，同时公司还可以帮助他们挖掘潜能，在双赢的情况下，公司和员工结成的是很好的"伙伴关系"。

在IBM，培养女性员工不仅被看成一种道义和责任，更被视为是一项公司级的战略任务。IBM为女性营造了众多多元文化的工作氛围，让她们能够各展所长。比如，IBM女性多元文化俱乐部、女性论坛、女性圆桌会议、女性读书会等都是公司推行女性多元文化的成果。

IBM不会排斥任何一种类型的人，它对每个个体都会同样尊重、包容、理解和支持，更不会因为文化、国家、宗教的不同而有歧视。

全球每60人中就有一位是残障人士。作为有责任感的企业公民，IBM从不将对残障人士的关爱仅仅停留在口头上：IBM从残障员工的聘用、针对残障人士研发一系列软硬件信息技术和产品、推动相关技术标准和法规的制订等各个方面的努力，推动了计算机及信息技术的飞速发展并惠及世界残障人士。

除此以外，对于有着不同性取向的员工，IBM也为他们创造了一个开放和包容的环境。总之，不论员工是否存在性别、身体状况、种族、宗教还是其他方面的不同，IBM的多元文化都会为他们每个人提供平等的机会，IBM也试图努力让每位员工都有一颗包容和关心别人的心。

无论是"弹性办公"的方式，或是将要实施的"幼儿园计划""保姆计划"，都体现了IBM对于员工的尊重与关心，这样做的结果就是——激发了员工的忠诚、智慧与潜力，为IBM带来了无穷的活力与凝聚力。

——资料来源：6个维度诠释多元文化［EB/OL］.（2010-01-06）［2016-04-18］. http://www.sina.com.cn.

9.1.3 跨文化人力资源管理的特征

跨文化人力资源管理的特征主要表现在两个方面。

1. 管理的复杂性

（1）组织界限越来越模糊，管理制度越来越有弹性，需要有更强的管理灵活性。

（2）招聘员工时需要从全球的视角来考虑其来源，培训过程中还要注意培训文化的适应与融合性，以及如何在更大的地理范围内更有效地配置培训资源。

（3）由于企业员工来自不同的国家，在不同的文化环境下工作的过程中，文化冲突的产生不可避免；如何解决这种文化冲突问题，促进不同文化之间的融合就显得非常重要。

（4）在跨国企业中，沟通与协调成为企业有效管理的必要条件。管理层内部、管理层与员工之间、员工与员工之间常常会出现由于文化和语言不同而产生的沟通障碍甚至是误会，从而阻碍了企业的正常运行。例如，在合资企业中，不同投资者任命的管理人员在共同进行管理和决策时，管理层内部难以沟通和协调；而独资企业的沟通问题主要产生在母公司所任命的管理者与其下属员工之间。

（5）更多地关心员工个人生活成为有效管理的必要内容。为了对母国员工和第三国员工进行有效的管理，跨国企业的人力资源管理需要对员工的个人生活给予更大程度的关注。人力资源部门需要确保驻外人员的国外住房安排、医疗保险及各种薪酬福利等。许多跨国企业业还设有"国际人力资源服务"部门负责协调上述工作。

（6）各国劳动关系的历史背景、政治背景和法律背景等都不同，如果不了解东道国的劳动关系现状，则较容易出现冲突与摩擦，因此劳动关系的问题成为跨文化人力资源管理的一个重要而敏感的问题。

外籍总裁与中国下属的失败沟通

飞利浦照明公司某区人力资源副总裁（美国人）与一位被认为具有发展潜力的中国员工交谈，想了解这位员工对自己今后五年的职业发展规划及期望达到的位置。这位中国员工并没有正面回答问题，而是开始谈论起公司未来的发展方向、公司的晋升体系，以及目前他本人在组织中的位置，等等。讲了半天也没有正面回答该人力资源副总裁的问题。该人力资源副总裁大惑不解，没等他说完已经有些不耐烦了，因为同样的事情之前已经发生了好几次。

"我不过是想知道这位员工对于自己未来五年发展的打算、想要在飞利浦照明公司做到什么样的职位罢了，可为何就不能得到明确的回答呢？"谈话结束后，该人力资源副总裁忍不住向人力资源总监甲抱怨道。"这位老外总裁怎么这样咄咄逼人？"谈话中受到压力的员工也向人力资源总监甲倒苦水。作为人力资源总监，甲明白双方之间不同的沟通方式引起了隔阂，虽然他极力向双方解释，但要完全消除已经产生的问题并不容易。

这是一个典型的跨文化交流失败的案例。在此案例中，这位人力资源副总裁是美国人，而那位员工则是中国人；由于出生在两个不同的国度，他们的思维方式、生活习惯、文化背景、教育程度、文化差异等众多方面都存在着差异。假设这位中国员工从正面直接回答了该人力资源副总裁的问题，他的回答显然会违反中国人一向谦虚、委婉的传统心理习惯。中国人一般会认为：太直接反而暴露出自己很有野心，高傲自大的缺陷；谦虚反而可以给自己留有后路，万一做不到那个理想的位子，也不至于丢面子，被人耻笑。恰恰相反，美国人一向简单明了，很直接，这也是他们一贯的思维方式。正是这位中国员工和该人力资源副总裁不同的文化背景，造成了他们之间沟通的障碍。

——资料来源：跨国公司中国员工跨文化沟通挑战与应对策略［EB/OL］.http://www.njliaohua.com/lhd_5luqh2xkbs2xzhu2l5g4_1.html.

2. 人才本土化的客观必要性

由于企业经营的国际化和跨国企业之间竞争的需求，与传统国内人力资源管理相比，跨国企业人力资源管理具有实现人才本土化的客观必要性。这主要表现在以下几个方面。

（1）增强东道国对子公司的信任感。大量的东道国人员进入跨国公司的当地子公司担任管理工作，一方面提高了东道国员工的就业率；另一方面提高了与东道国市场的融合程度，增强了东道国对子公司的信任感。

（2）降低子公司的经营管理成本。在通常情况下，公司对于派往国外子公司的母国管理人员（即外派人员），不但要在人员选聘、培训上投入大量经费，同时这些外派人员还要享受比在本国工作更高额的津贴和补贴、母国与东道国之间的往返差旅费用等。而直接聘用子公司东道国人员，则会避免上述支出。

（3）有利于公司熟悉东道国市场。由于东道国员工更熟悉本国的风俗习惯、消费者需求、市场动态及政府方面的各项法规，因此使用东道国员工有利于跨国公司更快地熟悉东道国市场的情况，实现市场拓展。

9.2 跨国公司人力资源管理概述

9.2.1 跨国公司的定义

跨国公司是指在本国拥有一个基地，在多个国家设立子公司，并在整个世界范围内获取和分配资金、原材料、技术和管理资源以实现企业整体目标的大企业。跨国公司按照它的全球战略在世界范围内配置资源，安排生产，以便获得垂直的和水平的分工利益及规模经济效益，享有接近于垄断状态的好处。跨国公司是当代世界发达国家对外投资、进行资本输出的重要形式。如何运用科学的方法选择和使用各类管理人才，并最有效地调动他们的积极性、主动性和创造性，最大限度地挖掘每个人的潜力，以确保其整体目标的实现，是跨国公司国际人力资源管理的根本任务。

随着世界各地经济的相互依赖的不断增强，国际经济交流日益扩大，许多公司走向了国际市场。可以这样说，我们已经进入了一个国际贸易迅速发展的时代。一个地区的工业很快就发展扩大到另一个地区。它的出口市场在不断扩大，新的出口市场在不断产生。公司与公司之间、国家与国家之间的技术交流不断得到加强。在世界经济这种新的发展趋势中，世界各大公司在国外进行投资的现象已成为现代组织所面临的现实。这种国与国之间的相互投资，促进了跨国公司的形成和发展。

9.2.2 跨国公司的发展概况

跨国公司早在 19 世纪末，在主要资本主义国家就已开始处于萌芽阶段，只是当时主要投资于金融保险、铁路、航运、公用事业、采矿业及种植业等部门，从事制造业的较少。第二次世界大战以后，随着国际经济政治形势的变化及科学技术和生产国际化的发展，跨国公司也得到迅速发展。目前，跨国公司发展的特点如下。

（1）制造业成为跨国公司投资比重最大的部门，服务业投资也呈逐步上升趋势，而采掘业和种植业投资明显下降。

（2）跨国公司投资场所多集中于发达国家，占跨国公司全部投资的 3/4，投资于发展中国家的降到不足 1/4。

（3）20 世纪 60 年代后期以来，日本、德国经济实力相对增强，加大了对外投资的比重，并将大量资本投向美国，提供技术和技术服务方面发展迅速。

（4）近年来，针对发展中国家国有化政策和外资逐步退出政策，跨国公司作为直接投资的替代方式，非股权安排日益增多。

跨国公司的管理体制随其组织形式的演变大致经历了 3 个阶段：独立的组织结构、国外地区分部组织结构和全球性组织结构。独立的组织结构体现了海外子公司较大的自主性，总公司对子公司不直接控制。国外地区分部组织结构是通过增设一个国外分部，加强对国外子公司的直接控制与协调。全球性的组织则是公司总部从全球角度将国内和国外业务统一起来，统一安排资金和利润分配。全球性组织结构又可按职能、产品、地区和混合等特点分为以下 4 种分部形式。

（1）职能分部组织形式的跨国公司，是按制造、销售、财务等职能分部来管理公司有关的全球业务。它比较适合于公司规模较小、产品系列不太复杂的跨国公司。

（2）产品分部组织形式的跨国公司，是由公司总部确定发展总目标和策略，按产品种类设立分部，以分部作为该产品在全球产销活动的基本单位。它适用于公司规模庞大、产品系列复杂和技术要求较高的跨国公司。

（3）地区分部组织形式的跨国公司，是由公司总部制订全球性的经营策略并监督各地区分部的执行，分部负责该地区的经营责任，控制和协调该地区的一切产销活动。它比较适合于产品种类少、生产技术和市场销售条件较为相似的跨国公司。

（4）混合分部组织形式的跨国公司，是按产品及地区结合起来设置分部。随着跨国公司生产经营范围的不断扩大，开始出现一个管理人员的国际商业工作市场。最初，跨国公司的生产经营仅局限于某一种产品或某一个地区，但随着时间的推移，它们的经营范围日益扩大。今天，跨国公司的经营业务范围已扩大到包括产品和制造技术的开发、原材料控制、避免进口限制、有效利用资金与管理技术等活动在内的许多国际商业贸易活动。

9.2.3 跨国公司人力资源管理模式

不同的跨国公司可能适用不同的人力资源管理模式。跨国公司实施人力资源管理的模式有很多，其中最有代表性的有民族中心原则、多中心原则、全球中心原则和地区中心原则 4 种。

1. 民族中心原则

在民族中心原则这种管理模式中，跨国公司将本国母公司的政策与操作方法直接移植到海外子公司，这些子公司遵循母公司的人力资源管理习惯，由母公司派出的本国员工管理。同时，母公司对子公司的政策实行严密的控制，员工评价和晋升也采用母公司的标准。在这种情况下，人力资源经理就需要在公司总部的规定与东道国当地的员工可以接受的政策之间进行协调，工作的难度比较大。

在采取民族中心原则的跨国公司中，各地子公司的重要职位都应由母国人担任，当地员工仅占据低层次的辅助性职位。

民族中心管理模式产生的原因主要有以下几个方面。

（1）技术对跨国公司经营的重要性。跨国公司认为，东道国人缺乏一个经理人员必备的技术和业务专长，尤其是在子公司刚形成的初期，因而不得不主要依靠母国员工。

（2）当子公司的经营涉及不受立法保护的尖端技术或重要机密时，跨国公司认为只有从总公司派去的员工才比较可靠。

（3）母公司派出的本国员工更熟悉母公司的战略目标、政策、管理风格和制度，有利于使子公司在经营哲学、管理风格等方面与母公司同步，而东道国的当地人往往不能了解，难以同总部保持默契的配合。

（4）认为当地人素质差、经验少，不能胜任中高层管理职务。

（5）总部对子公司的控制比较弱，当公司集团的利益同东道的民族利益发生冲突时，当地人的民族主义倾向可能使他们把自己的民族利益放在首位，而母国人在同样情况下与母公司总部具有良好的人际关系，能有效地保持与公司总部的联系，对母公司更加忠诚，倾向于维护公司集团的利益。

（6）出于培训和发展国内经理人员的需要。

（7）东道国人分为彼此对立的不同民族和派系，雇佣属于其中的经理人员，可能使子公司卷入东道国的帮派冲突及政治旋涡之中。

（8）由于东道国政府对劳动力流动的控制，跨国公司雇不到合格的经理人员，不得不从母国雇员中挑选。

所有这些因素在不同程度上使母国人更适合于在各地子公司担任管理职务。

但是，典型的民族中心原则也存在明显的弊端。

（1）民族中心原则容易使总部忽视东道国环境条件的重要性，产生把母公司的管理风格、方法等生硬地引进国外子公司的倾向。

（2）这种政策限制了当地有才干的经理人员的提升，不利于调动他们的积极性，也不利于充分开发和利用当地的人力资源。

（3）派出国人员存在语言、工作方式和生活习惯等文化隔阂，需要很长时间适应东道国政治、经济和文化生活，因而难以有效开展日常生产经营活动；生活环境的改变，尤其是由发达国家派往发展中国家，居住环境和生活条件不如在母国方便、舒适，也不利于子公司经理的家庭稳定和生活安排，进而影响他们的工作积极性和工作效率。

（4）民族中心原则的成本太高，派往国外的管理人员，其工资待遇和各种补贴往往要大大高于母公司同级别的管理人员，要保留和维持一个母国经理人员在国外所需的开支在很多情况下足以雇佣两个甚至三个当地经理人员。

（5）民族中心原则往往和东道国政府关于管理人员当地化的希望相矛盾，容易引起与东道国的民族摩擦，从而不利于改善同当地政府的关系。由于这些弊端及当地环境和对当地商业机会的了解相对于技术专长变得更为重要，越来越多的跨国公司开始放弃纯粹的民族中心原则，向多中心原则靠拢。

2. 多中心原则

在这种管理模式中，母公司与子公司基本上是相互独立的，各子公司实行适合当地特定环境的人力资源管理政策，主要管理人员也由当地员工担任。在这种情况下，子公司的人力资源经理有很大的自主权，工作起来也比较简单。

采用多中心原则的跨国公司在人力资源管理方面分别对待每一国家层次的组织，雇佣母国人作为母公司的经理人员，雇佣当地人作为国外子公司的管理人员，把国外子公司基本上交给当地人管理。

多中心原则的管理模式有许多明显的好处。

（1）当地人精通当地语言，熟悉当地的文化和习惯，没有语言障碍和文化隔阂，不需要进行相应的适应性培训。

（2）由于当地人熟悉当地的商情、经济体制和相关的政策法规，有利于发现和利用东道国潜在的商业机会，尽快打入当地市场。

（3）雇佣东道国当地人有助于同顾客、员工、政府机构及工会等公共组织建立良好的关系。

（4）当地人的任职期限一般较长，避免了经理人员的频繁调换，有助于保持企业经营政策的连续性。

（5）如果东道国是发展中国家，聘用当地经理会减少维持他们正常工作和家庭生活的费用，从而降低跨国经营成本。

（6）为当地人提供了晋升和出国学习的可能性，有利于激发他们的责任感和工作热情。

（7）可以缓和东道国民族主义情绪和政府干预的压力，改善子公司的外部经营环境。

多中心原则虽然避免了民族中心原则的许多缺点，但也有自己的弊端。比如，当地国民会难以缩小子公司和跨国公司整个系统之间的距离；他们一生所受的教育及所处的文化环境使他们没有融入跨国公司、成为其一部分的准备；他们由于对做生意有不同的观念和个人价值观，可能会发生文化的冲撞；他们可能对经营管理诀窍和成为母公司进行国外扩张基础的技术开发没有足够的知识，还有一种内在的滞留性——一旦一位本地经理晋升到海外子公司的最高位置，他们再度晋升的可能性极小，职业范围的狭窄可能影响他自己的情绪并且阻碍其下属的提拔。雇佣当地国民的政策还可能给总部或从外国子公司来的年轻经理们造成困难，使他们难以在外国获取工作经验并培养自己在多种文化环境中进行沟通、协调及实行有效监督的能力。这样的政策不可能创造一支国际行政管理人员的队伍，使之在需要的时候能在各单位之间进行调动，它也使那些没有国外实际工作经验的母国行政人员的地位固定化，并让这些人占有总部的较高位置，他们拥有对于公司战略和资本分配的决策权，却没有领导国外附属机构的实际经验。

3. 全球中心原则

在这种管理模式中，公司总部与各个子公司构成一个全球性的网络，该网络被看作是一个经济实体，而不是母公司与各个子公司的一个简单集合，全球中心原则下的人力资源管理政策服务于整体最优化的目标，因此，既可以有在整个网络中普遍适用的政策，也可以有局部适用的政策。

在这种原则下，跨国公司雇佣的管理人员除母国人和东道国当地人之外，还有第三国人。也就是说，在全世界范围内挑选最合适的员工来从事母公司和海外子公司的管理，而不考虑他们的国籍和工作地点，这一点与跨国公司在全球范围内分配资源的特点相一致，代表了跨国公司人力资源政策的发展趋向。跨国公司雇佣第三国人的具体原因可能是选择面广，容易发现素质高、管理能力强、跨国经营经验丰富的管理人员；也可能是素质好的当地经理人员十分缺乏，而母国又没有能干而且愿意到国外任职的雇员；还可能是第三国雇员与东道国有共同的语言及相近的文化背景，同母国雇员相比，具有更大的文化适应性，更容易适应东道国的社会、文化环境，而且和母国人一样，不具有民族主义倾向。此外，雇佣第三国人的成本也可能比保持母国人在国外任职要低。这种雇佣第三国公民的政策正日渐流行。

从表面上看，全球中心原则似乎比民族中心原则和多中心原则都有效。然而，这种管理模式目前受到了一定的限制，只有少数跨国公司采用这一原则。

全球中心原则的限制性因素主要有以下几个方面。

（1）东道国希望让当地人担任外国公司的管理职务，因而常对经理人员的来源进行限制。

（2）成本太高，执行有困难，全球中心政策要求全面的投资，要在经理人员及其家属的语言训练及文化定向培训、家庭迁徙、国外生活津贴等方面进行大量支出。

（3）在弥合管理哲学和管理风格等差异方面，需要较长的时间。

（4）受东道国政治和外交关系的影响，第三国公民的国籍有时会成为敏感问题。由于国家之间的争端，东道国政府会拒绝给跨国公司选择的第三国公民发放签证。

（5）子公司中东道国的当地员工会对第三国公民产生抵触情绪，抱有不合作或嫉恨态度，不利于第三国公民开展工作。

（6）这种模式要求对工作人员进行高度集中的控制，因而削弱了当地经理人员所钟爱的选择自己工作团队的特权。

4. 地区中心原则

在多中心原则和全球中心原则之间还存在一种地区中心原则，这种原则与全球中心原则并无本质的区别。在这种管理模式中，子公司按照地区进行分类，如欧洲区、北美区等。为国外子公司配置员工时，它也不考虑员工的国籍，只是要求子公司的经理人员来自东道国所在的某一地区，各个地区内部的人力资源政策尽可能地协调。在这种模式中，地区内部的协调与沟通的程度很高，而在各个地区与公司总部之间的沟通与协调是非常有限的。在地区中心原则和全球中心原则下，子公司的人力资源经理都需要在整体的人力资源、战略要求与当地具体的人力资源管理政策之间进行平衡。上述 4 种不同人力资源管理模式的对比如表 9-1 所示。

表 9-1 4 种不同人力资源管理模式的对比

	民族中心原则	多中心原则	全球中心原则	地区中心原则
组织的复杂程度	母公司复杂，国外子公司简单	各地子公司情况不同，具有较大的独立性	复杂	在地区层次上有较大独立性
决策权的分配	集中在总部	交给各地子公司	全球范围内总部与子公司相互配合，共同决策	地区分部与子公司共同决策
文化特征	母国文化	东道国文化	全球文化	地区文化
人员	本国员工担任管理人员	东道国员工担任管理人员	最好的员工被安排到最合适的地方	本地区内各国员工担任管理人员
评价标准	母国标准	各国当地标准	通用标准并使之适合各地具体情况	在区域层次上决定

以上 4 种人力资源管理模式各有利弊，都不能为跨国公司人力资源管理的复杂性提供完整的答案。因此，在现实世界中多数跨国公司开始采取的是一种灵活的混合型政策，即在总部主要雇佣母国经理人员，在国外子公司关键的高层管理职务由母国人担任，雇佣一些东道国人从事管理工作；在存在地区性组织的情况下，则根据具体情况分别由母国人、东道国人或第三国人担任不同的地区性职务。不同跨国公司所采取的混合政策可能偏向于不同的理想

模式，也可能都接近于同一模式，但程度不同。

9.2.4 跨国公司人力资源管理的客观环境

影响跨国公司人力资源管理的客观环境主要包括东道国的政策和法律环境、文化环境及经济环境等。

1. 政治和法律环境

政治和法律是影响跨国公司人力资源管理的重要因素。各国的政治体制特点和稳定性不尽相同，法律体系的完善程度也不尽相同，而公司要求在一个政治体制相对稳定，法律体系相对完善的情况下运作，所以从事国际人力资源管理首先要对一国的政治和法律环境进行了解和分析。

世界各国都有自己的有关劳工和就业的法律，跨国公司往往被各国千差万别的劳工法搞得晕头转向。比如，美国的《民权法》第 7 章规定，消除性别和种族歧视，其中包括在就业和工资方面的歧视，要求雇主不得以种族、肤色、宗教、性别或民族出身为理由，对一个申请工作者或一个雇员非法地予以歧视。又如，德国《企业组织法》规定，企业职工委员会是保护职工利益的组织核心，在雇佣 5 名以上具有长期选举权职工的企业中，必须设立企业职工委员会。

几乎所有的东道国，尤其是发展中国家，都十分希望外国公司雇佣自己的本国公民，以尽可能地为本国人创造就业机会。即使像美国这样的发达国家，对外来移民就业问题也有详细的法律规定，除非被雇佣者有特殊的才能和素质，美国公司想雇佣外国人也十分困难。此外，东道国政府还对外国公司中外国人的数量或比例进行一定的限制。这种限制不仅是为迫使外国公司雇佣东道国人，而且也是为了促使外国公司增加对当地人的培训，把当地人提拔到公司较为重要的管理岗位。由于不同跨国公司的行业特点和战略不同，这些规定对跨国公司的国际职员配备政策通常是一种制约。

2. 文化环境

文化对人力资源管理的影响是众所周知的，文化对国际人力资源管理同样具有重要影响，它涉及国别文化的差异影响。文化差异不仅存在于一国内部，更存在于不同国家之间。各国内部的文化差异已是相当大了，只要看看中欧和其他国家的宗教的、民族的冲突就可见一斑。对跨国公司，要求不同语言、不同宗教信仰、不同行为价值观的人在一起共事，其难度就可想而知了。因此，文化对国际人力资源管理的影响更大。我们这里所讲的文化是广义的文化，主要包括语言、价值观念与行为准则、教育、宗教、风俗习惯等。

第一，语言。语言是人类行为中最基本的一个方面，它是不同文化间存在差异的最明显标记，它反映了每种文化的特征、思维过程、价值取向及其间的人类行为。学习一种语言事实上等于学习一种文化。世界各国的语言文字非常复杂；据统计，世界各国语言分属 11 个语系，共 3 000 余种，其中超过 5 000 万人口使用的语言有 13 种。在国际经贸活动中最重要的语言当属英语了。世界上约有十分之一的人口采用英语为基本语言，约 7 亿人口以英语为第二语言，30 个国家以英语为官方语言。在非英语国家中，许多大公司也以英语为公司语言，以便于国际交流和国际交往。另外，许多国家国内使用多种语言。如果国内讲两种语言，那个国家就通常存在两种不同的文化。加拿大的英语区和法语区的明显划分就是语言划分文化的典型例证。

语言是人们相互沟通的重要手段，沟通又在企业管理中起着十分重要的作用。在跨国公司内部，如何在不同的语言间进行沟通是相当重要的问题。当然，在国际经济联系与交往已相当普遍的今天，投资者尽可不必精通东道国语言。例如，通过雇佣当地的经理人员或雇佣十分熟悉和了解当地文化和语言的外国人员做经理人员，就可以大大减少语言带来的隔阂。但是，这并不等于不必了解当地语言。实际上，使用某一语言的社会集团对自己的母语都具有强烈感情。若想要得到或争取某一社会集团的支持，使用该社会集团的母语，不仅能进行满意的思想交流，而且还会增加亲切感。

　　沟通方式除了通过正式语言（书面语言与口头语言）进行外，在现实中，人们之间的沟通往往还会通过无声语言如形体语言等进行。无声语言是指那些非文字或口头的暗示。在国际交往中，跨国公司管理人员应了解本国及东道国文化中的无声语言。无声语言中的形体语言包含的内容很多，如手势、跺脚、摇头等。语言交流及无声语言中一个很重要的文化因素就是身体距离。在不同文化背景下的人有不同的距离语言。

　　第二，价值观念与行为准则。在一定社会中的人们对工作、时间、合作、变革和风险等的态度对经济活动有着深刻的影响，因而它们与跨国公司人力资源管理关系密切。

　　（1）工作动机与价值观。各个国家和地区文化环境与经济环境的差异会导致工作动机和价值观的不同。欧洲人特别注重权利和地位，因此他们的经营管理方式就比美国的要正式得多。美国人欣赏创新精神与成就，在一般情况下，对于过于困难或较容易的事情并不具有多少激情。日本人对提升、金钱和奋斗表现出浓厚的兴趣。人们推测，日本人的成就感与追求成就的动机或许就是他们的驱动力。

　　（2）时间观。由于民族之间的文化不同，人们对时间的概念也有所不同。在美国，人们非常注重时间观念。他们无论工作、开会、上课，还是吃饭、约会、看电影，都很讲究准时。另外，在美国对所提之事必须迅速答复，表示重视所提之事。而在日本，有时却故意延迟答复，但并不表示没有兴趣，而旨在迫使对方让步。在美国常给予对方一个最迟时限，而在中东这将会被认为是一种粗野的行为。在美国如被要求在室外等候，会被认为是一种侮辱。

　　时间观在很大程度上受经济发展水平的影响。现代化工业进程逐渐加快了生活节奏，改变着人们的时间观，因而发达国家与发展中国家时间观差异就显示出来了。发达国家视时间为金钱、为生命，人人都感到时间紧迫，尤其是追求高成就的人。而发展中国家特别是落后国家生活节奏缓慢，将时间看作是一种自然条件的循环，人们对准时、对时间效率的态度较差，持一种宿命论态度。在同一国家，发达地区和落后地区也存在类似的时间观差异。对跨国公司来说，对待时间要采取灵活的态度。

　　（3）合作观。合作是企业开展经营活动的重要条件之一，但不同文化对如何合作的看法存在很大差异，从而有个人主义和集体主义价值观的区分，实际上它反映了某个社会中盛行的个人与集体之间的关系。社会常规会对个人与其所属组织之间的关系产生很大的影响。例如，在集体主义价值观念盛行的社会里，社会常规往往要求人们更多地从感情上和其他方面依靠组织集体，而组织集体也会相应地对他们负起广泛的责任。日本就是这方面非常典型的例子。

　　当然，一个组织内部的合作程度，除了社会常规之外，还取决于其他许多因素，如人员的教育程度、工作经历、组织本身的历史和企业自身规模的大小。就企业内部上下级的合作而言，有些文化赞同分工式合作，有些文化则赞同参与式合作。合作方式与信任程度有关。不同国家人们之间的信任程度不同。人们越是互相信任，就越愿意并能够相互之间建立亲密的关系。

（4）变革观与风险观。跨国公司通常将新技术、新产品、新管理方式等带进东道国。在许多情况下，要改变传统的东西就可能遭到当地的抵制。抵制的程度因国家固守传统的程度而异。一般来讲，传统文化越悠久的国家越趋向保守，越年轻的国家则偏见越少。

跨国经营人员要认识到，在一般情况下，缓慢进行累积的变革比之迅猛变革更易为人所接受。新观念与传统文化态度及其价值观越相容，则越能很快地被接受。与变革紧密相连的是不确定性的潜在风险。接受变革则取决于人们愿意承受风险的程度。避免不确定性的意识被认为是文化的一个重要方面。各国有不同的风险意识，有的较强，有的较弱。比如，根据专门的问卷测定，相对于其他欧美国家，英国人避免不确定性的意识较弱。

第三，教育。教育是社会文化中不可分割的组成部分，它在一国文化中具有特殊地位，是历史文化延续的一种重要手段。它是一个学习的过程，是传授知识与信息的过程。同时，教育通过特定的人、特定的时间和特定的形式对文化价值观念产生作用。教育包括正式教育和非正式教育两种形式。正式教育是在学校所受到的正规训练。非正式教育包括在家庭或社会所受到的教育。

如果不了解一个国家或社会的教育水平和教育体系，跨国公司就很难在该国进行有效管理。如果一个国家或地区的教育水平高，企业所有的管理与操作工作均可通过在当地招聘来解决。而在教育水平低的国家里，企业要根据当地工人的实际能力和习惯进行强化培训，才能获得具有较高技能水平的雇员。另外，一个国家的教育水平和类型决定着跨国公司提供再培训的时间和费用，并决定着职工的沟通能力。同时，教育的质量决定着职工培训的程度和类型，影响着分权管理的程度和可以采用的沟通体系。

第四，宗教。宗教是文化的重要组成部分。从宏观层次看，宗教影响着语言、社会结构、经济制度及其他大量的社会文化成分。从微观层次看，宗教影响或决定着一个社会中团体与个人的行为。只有了解某种宗教，才能更好地透视那些展示在文化表象上的内心世界或思想行为。宗教还给文化加上了精神和道德规范，提供活动准则。多数宗教都要求人们有公心、少贪婪、不冲动，从而使这些成为有关文化中的行为准则。宗教影响妇女在某一个文化中的社会经济地位。有些工作岗位可能限制妇女进入，或者男女同工不同酬。

跨国公司要注意宗教在一个社会里的重要程度。在宗教发挥作用较小的社会里，人们对外国人所犯的宗教上的错误往往比较宽容。而在以宗教信仰为基础的社会里，人们不会容忍外国人在宗教上所犯的错误。跨国公司还应了解各宗教彼此之间的宽容程度。在宗教信仰相当重要的社会里，信仰某种宗教的人会认为自己的宗教是正确的，而其他宗教是错误的。在同一个跨国公司里，信仰不同宗教的员工会在宗教问题上具有潜在的矛盾。在这种情况下，跨国公司应尽可能避免宗教矛盾，减少产生矛盾的机会。

跨国公司的经理人员由来自不同国家的员工组成，而这些员工在进行决策时，是不是百分之百地忠实于公司组织，可能成为问题。事实上，有不少经理人员，尤其是东道国的经理人员，在进行决策时往往倾向于首先考虑到自己本民族的利益，总是使公司的活动尽可能地有利于自己的国家。这种民族主义倾向常使有关的决策偏离对实现跨国公司的全球战略目标而言的最优点。跨国公司不愿在中、高层管理岗位上雇佣东道国人，其重要原因之一是为了避免东道国人的民族主义倾向对公司组织造成不利影响。

第五，风俗习惯。风俗习惯是人们自发形成的习惯性的行为模式，是一定社会中大多数人自觉遵守的行为规范。风俗习惯遍及社会生活的各个方面，包括饮食习俗、服饰化妆习俗、送礼习俗、节日习俗及经商习俗等。世界上不同国家的风俗习惯千差万别，甚至在同一国家里，不同地区也会有极不相同的习俗，从而对人力资源管理产生不同的影响。

3. 经济环境

经济因素也是影响国际人力资源管理的重要因素之一。经济因素主要是指一国的经济发展状况、对外投资政策、税收政策及货币政策等。

各国的经济状况千差万别，许多不发达国家愿意接受国外投资，以创造更多的国内就业机会。对跨国公司而言，不发达国家的劳动力一般比母国劳动力物美价廉得多；当然这只是一个因素，跨国公司成功与否还取决于一国的货币波动情况及政府在收入转移等方面的政策措施。在许多发达国家，特别是一些欧美国家，虽然失业不断增长，但政府对就业及工资水平的管制程度依然是相当高的，对个人和公司税收政策也不够宽松。所以，从事国际人力资源管理，必须对一国的经济因素进行认真分析。

9.3 跨国公司人力资源管理的方法

9.3.1 跨国公司人员的来源

根据西方发达国家跨国公司招聘员工的经验，跨国公司的高层管理人员一般由母公司派出；中层和基层管理人员则从东道国、第二国或母公司选拔；其他员工，尤其是一线的操作工人，基本上是在东道国配备。由此可见，跨国公司在挑选管理人员时，可以有三类员工供选择：母公司员工、东道国员工和第三国员工。这三类不同来源的员工对跨国公司而言各有其优点和缺点。

1. 母公司员工

母公司员工是指员工来自于母公司所在国。根据国际人力资源管理经验，跨国公司的中高层管理人员、技术专家一般由母公司派出。

母公司员工作为驻外管理人员到海外分公司工作，这对跨国公司而言，在发展的初期非常重要，也是最理想的。这些外派人员熟悉母公司的经营战略、经营方式及各项政策，可以很好地贯彻母公司的宗旨和意图，使海外分公司与母公司保持良好的沟通，从而确保分公司与母公司在目标、政策等方面保持一致。另外，获外派机会的母公司员工可以获得国际性工作的经验，这对员工个人的发展及提高母公司员工的整体素质都是非常有利的。

但是挑选母公司员工作为驻外管理人员，也存在一些缺点。一是外派人员可能需要很长时间适应东道国文化、语言、政治和法律环境，在这段时间里他们很可能因为不熟悉情况而做出错误的决策；二是为外派人员及其家庭所支出的挑选、培训、报酬及维持费用过高，增加了跨国公司的经营成本；三是这种人员配备方法限制了东道国员工的提升机会，可能会导致这部分员工的低生产率和高流动率，也不利于海外分公司的管理层与下属的有效沟通与合作。

2. 东道国员工

东道国员工指的是那些在海外分公司工作的当地员工。东道国员工一般为中层和基层管理人员及一线的操作工人。跨国公司通常招聘东道国员工来管理海外分公司，也有少部分东道国员工被招聘到母公司工作。在跨国公司发展到一定阶段，公司也积累了比较丰富的国际企业管理经验以后，就可以考虑开发和利用东道国的人力资源。从东道国招聘员工有许多优点。一是可以克服语言和其他方面的障碍，使东道国管理人员很快就能适应新工作岗位的要求，而且也有利于分公司管理层与当地员工之间的沟通，使当地员工对分公司产生归属感；二是可以加深东道国政府和当地社会对分公司的良好印象，进一步与其建立良好关系；三是从东道国招聘员工可以大大节约成本，这一方面是因为东道国当地工资水平较低，跨国公司可以花较少的钱招聘到高质量的管理人员，另一方面也是指可以节约由母公司外派管理人员所导致的高额培训维持费用。

但是招聘东道国员工也有不足的地方。一是东道国员工不一定熟悉母公司的宗旨、政策、战略及经营方式，因此往往不能起到作为母公司与分公司之间桥梁的作用；二是可能受强烈的民族意识影响，难以做到全心全意为母公司服务。

3. 第三国员工

第三国员工是指母国和东道国之外的第三国员工。西方发达国家的跨国公司自从第二次世界大战以来，纷纷设法从第三国选择合格的人才。从第三国招聘员工的优点在于：一是这些人才一般都是职业的跨国经营者，他们精通外语，了解其他国家的文化，因此他们比母公司外派人员更熟悉东道国的情况，可以更快地进入工作角色；二是招聘第三国员工在薪酬和福利方面的成本要低于母公司的外派人员；三是有利于公司塑造真正的国际形象。

使用第三国员工也有不少缺点：一是这种招聘方法通常需要花费大量的时间和费用，成本要高于东道国员工；二是第三国员工可能存在与东道国员工和母公司员工之间沟通上的困难；三是有些国家对雇佣这类人才很敏感，甚至会拒绝其入境或工作。

管理专家认为，随着跨国公司的发展，国际人力资源管理者必须考虑招募来自不同国家的人力资源。采取这样的人事政策与跨国公司的经营优势相一致。跨国公司不但应该在全球范围内合理地调配和利用物质资源、金融资源和技术，也应该在全球范围内合理地调配和使用人力资源，使跨国公司的经营优势得到充分发挥。

9.3.2 跨国公司人员的选聘

由于跨国公司的员工涉及东道国员工、母国员工、第三国员工三个方面，因此跨国公司人力资源选聘的标准也会因此而有不同的要求。

1. 跨国公司人员的选聘

1）母国外派人员或第三国人员的选聘标准

当代跨国公司在选聘海外高层经理时，越来越重视海外工作经验和跨国经营管理的才能。对于母国外派人员或第三国人员的筛选，要考虑以下几个方面的要求。

（1）专业技术能力和管理能力。这主要包括技术技能、行政技能和领导技能。对于母国外派人员的选聘，专业技术能力和管理能力是非常重要的标准。近来有关对英国、美国、德国跨国公司的研究表明，这些公司在甄选外派人员或第三国人员时非常倚重相关的专业技术能力和管理能力。

（2）文化适应能力。除了专业技能和管理能力，外派人员或第三国人员还需具备一定的跨文化适应能力，能够适应在东道国的生活、工作和商业环境，以便确保他在新的环境中正常开展工作。跨国公司的外派人员或第三国人员应该具有很强的文化移情能力（即能够用东道国的文化思维来看待问题）。实践证明，跨国公司外派人员或第三国人员失败的原因常常是由于文化适应能力比较低，而不是技术和职业技能方面有什么困难。在对外派人员进行面试的时候，应该特别注意应聘者接受不同的风俗习惯、宗教观念、生活环境和人情世故的能力，以及很快适应东道国的政治体制、法律法规和管理方式的能力。

（3）外语能力。熟练地使用东道国的语言，是筛选外派人员或第三国人员的一个重要的标准，因为语言方面的差异是进行跨文化沟通最大的障碍。但是，一些发达国家的跨国公司对语言能力的重视程度，相对要小于前两个方面。这也可能与英语的普遍使用有关。对中国的跨国公司来说，筛选母公司外派人员或第三国人员时，候选人是否能熟练掌握英语这一世界性通用的语言无疑是一个重要标准。

（4）家庭因素。母国外派人员或第三国人员在国外工作时间可能比较长，在这种情况下，公司还要考虑其配偶及家庭因素的影响。配偶是否支持跨国外派，该家庭是否为双职工，他们自身的适应性如何，到其他国家后子女的教育问题等都会影响到外派人员成功与否。

（5）应聘者的国外工作经历。跨国公司在挑选外派人员或第三国人员的时候，最好的一条规则通常是：基于候选人过去的工作经历，可以对他在将来的工作岗位上能否取得成功做出最好的预测。跨国公司主要注重候选人的个人工作经历和非工作经历、教育背景和语言技能等方面的特点可以证明其能够在不同的文化环境中生活和工作，甚至几次利用暑假到海外旅行的经历，或者参与与外国学生交往活动的经历，似乎也能使跨国公司相信，他们在海外能够更为顺利地完成必要的适应过程。

2）东道国人员的选聘标准

跨国公司以哪种方式进入东道国市场是确定东道国人员选聘标准时必须考虑的重要因素之一。如果跨国公司独立在国外设立分公司，这样的分公司一般会试图恢复总公司的主要特征，雇佣员工时会更为谨慎。如果是通过兼并或收购当地公司建立分公司，则会在很大程度上保持原有的人力资源管理方式，通常会更主动地利用当地现有的劳动力。

通常情况下，跨国企业对于东道国人员的选聘，除了要注重他们的能力、经验之外，还特别注意各个国家的不同文化背景因素。例如，美国很注重员工的技术能力，而在印度、韩国、拉丁美洲等国家和地区则常常出现重裙带关系、轻技术的现象。按照西方人的观点，积极主动、毛遂自荐的申请人可能得到比较高的评价，但在一个高集体主义的文化中，这种"卓尔不群"的行为则使其很难与其他员工融洽相处。

另外，由于跨国公司的员工需要适应不同文化环境的合作伙伴，因此东道国人员的选聘还要求具备较强的心理素质和自我调节能力，因为具备高心理素质的员工可以给跨国公司带来许多好处，如提高工作效率、节省培训开支、改善组织气氛、提高员工士气、提高组织的公众形象、增加留职率、改进生产管理、减少错误解聘、减少赔偿费用、降低缺勤（病假）率、降低管理人员的负担等。

2. 跨国公司人力资源选聘的实施

由于不同的国家有不同的文化，因此国际人力资源选聘在不同的企业有不同的做法，且各个跨国公司的选聘标准和方式也不尽相同，但招聘到最优秀的人才是他们一致的目标。所以，我们可以从不同之中找到许多相同或相似之处。

1）高级管理人员的选聘

跨国公司选聘高级管理人员，一般注重以下 3 个主要环节。

（1）初步面试。初步面试通常由跨国公司的人力资源部主管主持进行，通过双向沟通，使公司方面获得有关应聘者学业成绩、相关培训、相关工作经历、兴趣偏好、对有关职责的期望等直观信息。同时，也使应聘人员对公司的目前情况及公司对应聘者的未来期望有初步的了解。面试结束后，人力资源部要对每位应聘人员进行评价，以确定下一轮应试人员的名单。

其具体操作程序是：第一步，就应聘者的外表、明显的兴趣、经验、合理的期望、职务能力、所受教育、是否马上能胜任、过去雇佣的稳定性等项目从低（1 分）到高（10 分）打分；第二步，就职务应考虑的优缺点，如对以前职务的态度、对职业生涯或职业期望等做具体评议，应聘者提供的书面材料也供评价参考。

（2）标准化测试。标准化测试通常由公司外聘的心理学者主持进行。通过测试进一步了解应聘人员的基本能力素质和个性特征，包括其基本智力、认识思维方式、内在驱动力等，也包括管理意识、管理技能技巧。目前，这类标准化测试主要有"16 种人格因素问卷""明尼苏达多项人格测验""适应能力测验""欧蒂斯心智能力自我管理测验""温得立人事测验"等。标准化测试的评价结果，只是为最后确定人选提供参考依据。

（3）仿真测验。仿真测验是决定应聘人员是否入选的关键。其具体做法是，应聘者以小组为单位，根据工作中常碰到的问题，由小组成员轮流担任不同角色以测试候选人处理实际问题的能力。整个过程由专家和公司内部的高级主管组成专家小组来监督进行，一般历时两天左右，最后对每一个应试者做出综合评价，提出录用意见。"仿真测验"的最大特点是应聘者的"智商"和"情商"都能集中表现出来，它能客观反映应聘者的综合能力，使企业避免在选择管理人才时"感情用事"。

2）一般人力资源的选聘

跨国公司一般人力资源的选聘大体可以归纳为以下 3 个环节。

（1）多渠道发布人才需求信息，建立人才储备库。要保证选聘活动的成功，企业应首先建立自己的人才库。建立人才库的目的在于任何时候公司出现职位空缺，都能在最短的时间内找着合适的候选人来填补。如果总是等到需要的时候再去寻找候选人，就可能花很长时间也找不到合适的人员，或者不得不降低对人才的要求，以便尽快填补职位的空缺。为了做到这一点，公司必须经常性地对人员的需求情况进行分析，提前发布公司的招聘信息以吸引人才，而不应等职位上出现空缺之后再去考虑吸引人才。尤其对于那些关键的职位或者劳动力市场供不应求的职位，更应该早做准备。网景公司（Netscape）为了获取人才不遗余力。网景公司产品销售量（6 000 万套网上浏览器）和收入超过以往任何软件新秀。这意味着网景公司必须马不停蹄地增加人员。1994 年 2 月网景公司成立时仅有 2 名员工，一年后增加到 350 人。现在，该公司的员工总数超过 2 000 人。负责职员招聘和安排的 Margie Mader 讲得很明白："在这里，招聘员工是战略举措，人人都要参与进来。"

现在，发布招聘信息的渠道多种多样，包括公司的主页、各种招聘网站、人才招聘会、校园招聘会、猎头公司、员工推荐和其他的广告媒体。可以在公司的主页上开辟一个专栏来发布公司的招聘信息，最好能把公司所有职位的招聘信息都放上去并注明全年招聘，而对那些近期需要招聘的职位可以单独注明。不管选择何种媒介，一旦获得有关应聘者的相关材料后，公司应认真对待，详细了解应聘者各方面的信息，并确定进一步评价的人选。然后，根据评价的结果来决定是否录用。如果应聘者表现特别优秀，而公司又确实没有相应的职位空缺，就应该把应聘者加入公司的人才储备库，以便公司将来有职位空缺时能及时与应聘者取得联系。

（2）优化人才评价指标。人才评价指标是人才选聘的依据和标准。一般而言，招聘人员总喜欢将应聘者的学历和工作经历等作为人才选聘标准。然而，这常常有失偏颇。因此，在进行选聘之前，进行科学的分析，确定应聘者的哪些特征作为评价指标是十分重要的。

其基本程序如下。

首先，明确公司希望任职者所承担的任务角色，即公司需要任职者从事哪些方面的工作。一方面要考虑任职者近期需要从事的工作，另一方面也要根据公司业务发展的需要，考虑一段时间之后任职者需要从事的工作。

其次，通过对该职位的上级、前任、同事和客户进行访谈，来找出任职者要完成工作任务所必须应付和处理的关键事件。比如，市场经理可能必须应付和处理的关键事件包括：对竞争对手意外的产品降价做出反应；做出产品的市场定位；招聘、培养和留住有潜能的产品经理等。

最后，根据关键事件确定对应聘者的评价指标，即胜任特征（competency），如需要某方面的技术知识，知道如何去激励员工，具备较强的分析能力等。同时，还需要考虑这些评价指标能否支持公司文化。

另外，还应根据应聘者即将进入的工作团队的综合指标，适当调整对应聘者的要求。考虑到迅速变化的竞争环境和团队工作模式，一般还应考虑加入学习能力、团队合作和创新能力等评价指标。雅虎公司是美国加州主攻国际互联网搜索产品的企业，其成功的秘诀在于，先决定聘用哪类人员，迅速筛除不合条件者，然后制订一套技术手段，对剩下的求职者进行测评，看他们是否具备公司所需要的特质。杰出雅虎员工的核心特性有以下四个方面的要求：第一，人际技能；第二，影响力范围；第三，既能收紧，又能放开，即雅虎公司需要的人应能干实事，能调动各种手段完成项目，这叫"收紧"，但同时他们又能放得开，看到全局，即能够看到该项目对公司的竞争力有何影响；第四，热爱生活。

值得注意的是，在所有的选聘评价指标中，应该特别注重那些难以通过培训来改变的评价指标。比如，美国西南航空公司就曾经拒绝过另外一家公司跳槽来的飞行技术特别优秀的飞行员，原因是这名飞行员的工作态度不是很好，而团队合作和服务意识等很难通过培训来改变。同样，PeopleSoft 公司在选拔 MBA 时，与候选人学业上的成就相比，更关注候选人是不是一个团队成就导向的人，关注他们在业余时间的主要活动，以及生活哲学等。而非常不同的是，国内很多公司往往过分注重与工作任务相关的技能。

（3）选择有效的评价方法。从实践来看，跨国公司在选聘人力资源时广泛使用了面谈、标准化测试、评价中心、简历、工作试用测试、雇员推荐等选拔和甄别方法，其中面谈被认为是最广泛使用且最有效的方法，评价中心次之。

现择其常用的人力资源选聘方法介绍如下。

首先，简历筛选。与通常的雇员选拔一样，在挑选外派人员时，考虑候选人过去的工作经历是有益的，因为工作经历是对候选人在将来的岗位上能否取得成功的一种最好的预测。

在选派驻外人员时，候选人跨文化工作的经历就格外重要。像高露洁-帕尔莫利夫这样的公司在甄选外派人员时，就注重其个人工作经历和非工作经历、教育背景和语言技能方面的特点等，尽量挑选那些能够证明自己可以在不同的文化环境中生活和工作的员工。

其次，实况预演。实况预演也是跨国公司常用的一种重要的外派人员甄选方法。无论是潜在的外派者还是他们的家庭，都需要向他们提供与未来新工作中可能存在的困难有关的所有信息，以及与所要派驻国家的文化优点、文化缺点和风俗习惯等方面有关的所有可获得的信息。采用这种方法能够使外派的新雇员避免"文化震荡"。

最后，书面测试。书面测试仍然是有效选拔驻外人员的重要方法。一般而言，这种书面测试的设计和使用必须紧扣企业的特点。许多公司还同时设计和使用一些用于一般目的的测试，这些测试的主要目的是考察候选人的态度和个性特点等是否有利于他们成功地完成海外工作。

此外，跨国公司在东道国选聘员工时除了应用上述所提供的方法进行评价外，还需要了解和适应当地习惯。譬如，在西欧的一些国家里，由政府负责公民的职业介绍事务，不允许私人机构插手。在瑞士，无论是雇主、工会、同事还是下级人员，都参与人员招聘的全过程。但跨国公司要适应当地的招聘和选拔方式并非轻而易举。在日本，要吸引最优秀的潜在管理人才需要同日本大学的教授保持密切的私人关系，而大多数外国公司并不具备这种联系。对美国公司而言，这种招聘方法可能违背了公平竞争的道德原则。因此，跨国公司在选择招聘方法时需要经常权衡遵循母国习惯，获得他们认为"合适"的职位人选机会与遵循当地传统的成本与收益。当然在东道国仅仅挑选员工常常是不够的，通常在招募新员工以后，需要对其进行培训才能真正成为公司所需要的雇员。

不管采用什么评价方法，都应该考察评价方法的信度（评价方法的一致性程度）和效度（评价结果的准确性程度），并确保信度和效度达到一定的标准。公司把人员招聘进来以后，整个选聘过程还有重要的一环没有完成——对选拔效果的评估。应该对所选聘的人进行一段时间的跟踪，来看看他们在测评过程中的结果与实际的业绩是否具有较高的一致性。通过这种评估，可以发现所确定的评价指标是不是合适，现存的评价方法是不是可靠和准确，进而改进评价指标，完善评价方法。

9.3.3 跨国公司人员的培训

1. 外派人员的培训

大多数的外派人员，无论是母国人员，还是第三国人员，大部分是从跨国公司内部挑选的，但是也有一部分的外派人员是从外部雇佣的。为了确保这些外派人员能尽快适应新的工作环境，必须实施有效的培训计划。对外派人员进行的培训有别于国内企业对员工的培训，其主要目的是帮助他们增强跨文化适应能力，因此外派人员的培训主要包括以下几个方面。

1）启程前培训

启程前培训一般包括以下几个组成部分。

（1）文化意识培训。文化意识培训可以确保外派人员在海外分公司工作能够适应新的工作环境，并且在新环境中并不感到孤单。文化意识培训的内容一般包括东道国的情况介绍（如东道国的政治制度、政府机构、经济体制、历史背景、文化传统、生活经济条件等）、跨文化的技能训练（如正确认识东道国与本国之间的文化差异、价值观差异，正确处理与东道国同事的关系等）、工作任务和职责待遇的介绍等。文化意识培训的内容是由以下因素决定的：一是与东道国文化的接触程度；二是两国文化的差异程度。具体来说，如果外派人员与东道国同事之间交往频率较低，而且东道国与母国的文化差异也不大，那么文化意识培训的重点应该是放在与外派人员的工作任务有关的事务上（例如，如何按照东道国的风俗习惯完成工作任务），相对来说，这类培训的严格程度比较低；如果工作性质决定了外派人员必须与东道国同事频繁接触，而且东道国与母国之间的文化差异巨大，那么培训的重点理所当然应该放在跨文化技能的开发上，培训的严格程度要高于前者。

（2）预备访问。除了文化意识培训以外，启程前培训计划中另外一项常用的方法是预备访问。预备访问就是在外派人员正式上任前，把他们派往东道国作一次旅行。对这些外派人员来说，预备访问可以帮助他们评估自己在新环境中的适应能力及对新职位的兴趣。同时，预备访问还可以帮助他们详细了解在东道国的工作环境，并明确哪些方面需要在今后的培训中进一步加强。但是这种培训方法也存在一些缺点：一是预备访问耗费的成本较高；二是那些精心筛选出来的候选人可能因为不满意东道国的实际状况而不愿接受新的任命。

（3）语言培训。语言培训是启程前培训方案中的以下两个方面的内容。

① 英语培训。英语是一种国际性的通用语言。对于一些母语非英语国家的跨国公司来说，外派人员启程前的培训中很重要的一部分便是英语培训。即便是一些讲英语的国家如美国、英国、澳大利亚等，也开始越来越强调语言训练的重要性了。

② 东道国语言培训。外派人员如果能熟练讲东道国语言，可以帮助外派人员及时获得更多更确切的有关东道国经济、政府和市场的信息，无疑可以提高他们的工作效率和谈判能力。而对每个外派人员对东道国语言的熟练和流利程度的要求，则应根据其外派职位的性质和特点，及其与东道国同事、政府官员、顾客打交道的频繁程度而定。

2）抵达后培训

外派人员到达东道国以后，真正的调整和适应阶段开始了。在这一阶段，跨国公司还应安排以下培训内容，以便让外派人员尽快适应新的工作角色和工作环境。这些培训一般包括以下几个方面。

（1）周围环境介绍。包括分公司所在地的基本情况，如语言特点、民风民俗、交通状况、商店银行的分布情况等。这些介绍能帮助外派人员及其家庭尽快熟悉周围的生活环境，有利于他们缩短适应期。

（2）工作单位和东道国同事介绍。这是分公司向外派人员介绍公司的基本情况，包括今后工作的部门、具体的工作要求和绩效标准，尤其重要的是今后将共事的同事。最好的培训方法是请已经有海外工作经验的人给外派人员讲述在分公司工作的亲身体会，这样能减轻外派人员的陌生感和紧张情绪。

（3）实际工作情况介绍。这部分培训的重点是，再次强调在不同文化背景下不同的工作方式，尤其是因文化背景不同而导致的与母公司截然不同的管理方式和工作方法。许多研究表明，外派人员工作失败的主要原因在于，他们不能适应不同的工作环境和工作习惯。因此，加强对外派人员实际工作环境的介绍是至关重要的。

3）持续性开发培训

这种培训包括技能扩展培训、职业生涯开发计划和企业培养使用计划。对外派人员的持续性开发培训可以让外派人员安心在国外工作。许多员工不愿意接受外派任务，主要原因在于担心外派工作不利于其职业生涯开发的持续性。这种持续性的开发培训将保证外派人员和其他员工一样被纳入职业生涯开发的体系中，并且使外派人员认识到在国外的经历有助于其将来的快速发展。

4）回返性调整培训和工作安置准备培训

这种培训包括消除文化休克的培训、接纳和安置等一系列的培训。出国前的培训主要从工作、人际关系和综合性几方面培训外派人员的调整能力。通过培训，可以帮助外派人员顺利完成任务。回返性调整培训则是使外派人员尽快地从长期的国外生活的经历中摆脱出来，消除他们在接受本国生活时可能产生的障碍，并给予外派人员对新的人际关系网络所需要的适应期。

2. 东道国员工的培训

随着跨国公司的兴起，尤其是人力资源自身素质对于跨国公司的生存与发展越来越重要，人们也开始越来越多地关注有关东道国员工的培训问题。由于文化的差异，跨国公司应该将对所在国员工的培训委托给当地的分公司。培训项目基本上是本土化的。尽管如此，许多跨国公司还是通过制订富有激励作用的培训方案，在海外分公司成功地执行统一的培训计划，从而提高了培训的效率。这种做法在针对操作人员进行技能培训时尤其重要，因为对东道国员工的培训通常是一些操作技能和工作方法的培训。

对于那些因工作需要调到总公司或其他海外分公司工作的东道国员工，其培训内容就不再是简单的技能培训了。一般跨国企业做这些调动的原因是多方面的：有的是为了获取在分公司工作所必要的技能而被派往总公司；有的则是向总公司的同事传递某些他们特殊的知识和技能；有的则是跨国公司出于建立一种集体认同感的需要。

因此，这部分东道国员工同样面临着跨文化适应的问题。从这一点考虑，对这些东道国员工，与外派人员一样，启程前培训也是必不可少的，尤其是跨文化的调整和适应方面的训练。在设计与执行东道国员工的启程前培训计划时，当地分公司的管理部门，尤其是人力资源管理部门，必须首先明确这些员工外调的目的与要求，并就这些内容取得总公司的认同；其次还必须确保分公司有足够的资源实施这些培训。

在实施培训计划时，值得注意的一点是必须强调语言能力的培训。东道国员工必须具备一定的语言能力才能胜任外调的工作安排。否则，他们与总公司同事交流时会产生障碍，从而影响他们的工作或学习效果。

对东道国员工进行培训往往会出现这样一种情形：所在国的劳动力成本很低，但由于投入一定资金对东道国员工进行培训，反而提高了劳动力的成本。接受培训的这些员工有可能离开企业，到竞争对手那里供职。这样一来企业遭受的损失将更大。因此，对东道国员工的培训直接关系到跨国公司的劳动力成本。另外，对东道国员工的培训内容、培训方法的选择及培训的投入将直接影响到分公司的经营绩效。

9.3.4 跨国公司人员的绩效考核

跨国公司人员的绩效考核是跨国公司人力资源管理的重要环节。做好绩效考核有助于制订更有效的人员选拔和招聘标准，并为人员培训方案和战略性发展计划的制订提供依据。同时，科学的绩效考核也能使员工明确他们的行为标准和要求，从而实现组织的战略发展方向和员工业绩的统一。

1. 跨国公司人员绩效考核的特点

与一般的绩效考核相比，跨国公司人力资源考核中的绩效管理具有一定的特殊性。

（1）考核目的中更重视个人、团队业务和公司目标的密切结合。绩效考核的目的通常是为薪酬、晋升等提供依据，但是跨国公司人力资源管理中的绩效考核不仅仅是为员工薪酬调整和晋升提供依据，而且加入了许多新的因素。其更重视个人、团队业务和公司目标的密切结合，将绩效考核作为把相关各方的目的相结合的一个契合点，同时在工作要求和个人能力、兴趣和工作重点之间发展最佳的契合点。例如，摩托罗拉公司绩效考核的目的是：使个人、团队业务和公司的目标密切结合；提前明确要达到的结果和需要的具体行为；提高对话质量；增强管理人员、团队和个人在实现持续进步方面的共同责任；在工作要求和个人能力、兴趣和工作重点之间发展最佳的契合点。

（2）考核指标的设计突出战略方向与业绩的统一。跨国公司人力资源管理中绩效考核的主要指标包括战略方向和业绩。这与一般企业通常关注业绩有很大的差别，跨国公司人力资源绩效考核的过程中，特别突出了战略方向，这样有利于实现公司的长远发展。业绩固然重要，但是战略不能因此而受到忽视。在业绩考核指标设计中要全面地反映战略方向和业绩的统一，较为全面、合理、综合地反映一个员工各方面的业绩。而所有这些方面对一家企业来说都是不可少的。例如，摩托罗拉员工每年制订的工作目标包括两个方面：一是战略方向，包括长远的战略和优先考虑的目标；二是业绩，包括员工在财政、客户关系、员工关系和合作伙伴之间的一些作为和员工的领导能力、战略计划、客户关注程度、信息和分析能力、人力资源开发、过程管理法等。

（3）持续不断的绩效沟通贯穿于整个绩效管理过程。跨国公司人力资源管理中流行将员工看成是公司的伙伴的管理理念，反映在绩效管理中便是通过持续不断的绩效沟通来达成公司与员工之间的绩效共识。例如，欧美企业就将业绩计划看成是动态的，同时把工作业绩也看成是动态的，这样就能在出现问题之前或出现问题时消除影响业绩的障碍。持续业绩沟通是一个双方追踪进展情况，找到影响业绩的障碍及得到双方成功所需信息的过程。这被跨国公司的外派人员看成是影响其职业生涯发展的重要因素，也是促进员工不断改进和提高工作绩效，激励他们努力工作的有效手段。

（4）重视绩效诊断与辅导。由于跨国公司人力资源管理不仅要面对不同文化背景的挑战，还特别强调员工个人目标与公司经营目标的完美结合，从而实现公司和员工的"双赢"。因此，跨国公司的绩效考核特别重视对绩效的诊断与辅导。使用绩效诊断可以识别引起个人、部门甚至整个组织绩效问题或亏空的真实原因。而辅导是一个在某一特定工作问题中懂得更多知识的人帮助其员工开发自身知识和技能以提高业绩的过程。它们不是做一次或几次就能做完的事，必须渗透到绩效管理的各个环节中去。做完年度业绩回顾和系统中的其他步骤以后，又开始重新计划，根据上年度工作业绩情况，就会清楚下年度的计划应考虑的问题。更为重要的是，科学地进行员工业绩考核，根据员工能力、市场价格和业绩考核等及时地调整薪酬，这是国际人力资源管理的基本要求，也更有利于公司和员工的发展。

虽然不同国家的企业在绩效管理上存在差别，但上述特征应该是国际人力资源绩效考核共同的追求。

2. 外派人员的绩效考核

跨国公司对于外派人员的绩效考核非常重视，具体有如下 3 个环节。

（1）选择科学的绩效考核指标。跨国公司为外派人员制订的绩效考核指标一般可分为硬指标、软指标和情境指标三类。其中，硬指标是指客观的、定量的可直接衡量的指标，如投资回报率、利润率等；软指标是指以关系或品质为基础的指标，如领导风格、处理人际关系技巧等；情景指标是指那些与周围环境密切相关的绩效指标。

选择绩效考核指标时要注意以下几个方面。

① 选择绩效考核指标要考虑国外因素。在战略层次上评估子公司经理人员的关键在于明确绩效考核指标，即以什么为依据考核经理人员的管理成绩及对公司的贡献。传统上，企业通常以子公司的利润投资益率（投资报酬率）等指标作为考核其经理人员的依据。但对跨国公司而言，这种传统的考核方法并不总是有效的。对国外子公司而言，有许多因素，如东道国对外国企业的政策和方针的变化，公司的战略调整等，都在经理人员的控制能力之外，子公司的投资报酬率并不完全取决于子公司经理人员管理的成功与否。

② 行为也可以作为评价标准之一。如果以子公司的经营成果作为考核子公司经理人员的依据，那么也不能只看子公司的短期财务指标，应参考他们在维护公司信誉，搞好同东道国政府的关系及培养人才等有利于公司长远发展的行为。

③ 慎重对待财务指标。通常，财务指标可以反映企业的经营状况，但即使使用了转让价格等管理手段，计算出的子公司的账面利润也不能真实地反映子公司的经营成果。此外，在评估子公司的经营成果时，货币标准的选择也影响对子公司经营成果的考察，以母国货币表示的结果却常因汇率的波动而扭曲。

（2）确定考核执行者。对外派人员的考核一般由分公司的总经理、该员工的直接东道国主管或母公司的管理人员进行，这要视该员工的职位性质及层次高低而定。

如果考核执行者是东道国的管理人员，那么他们对外派人员的绩效状况比较了解，能够综合考虑影响绩效的各种因素。但同时他们与这些外派人员之间存在文化上的隔阂，很难抛开文化、价值观的影响从整个跨国公司的角度对其进行有效的考核。

如果考核实施者是母公司管理人员，那么对于外派人员来说，这还具有其他的重要意义，即母公司对其绩效的考核可能会对其未来的职业生涯发展有一定的影响。但是母公司管理人员对国外子公司的情况了解不多，对外派人员的日常工作情况和特点不甚了解，则考核结果的精确性会受到影响。

（3）了解绩效考核的制约因素。对国际经理人员的战略考核是一项十分复杂的工作。要比较客观地考核子公司的经理人员，必须充分考虑各种制约因素的影响，尤其是以下几个方面。

① 区分子公司经理人员的考核与子公司的考核。子公司的经营状况在一定程度上能够反映跨国企业的高层决策管理人员的表现，但要用来评价中层及基层经理人员的工作则是十分困难的。比如，子公司的投资报酬率并不完全取决于子公司经理人员管理的成功与否。同时，还要充分考虑那些子公司管理人员难以控制的因素的影响。也就是说，子公司经理人员的评价与子公司本身的评价不是一回事。

② 注重局部收益，更注重整体收益。在考核子公司的经营状况时，除利润、市场份额、生产成本等数量上的状况外，还应考察子公司的其他战略行为。一个竞争性的全球战略强调的是全球的成就，而不是一个国家或地区市场上的局部收益。

③ 建立新的财务管理制度。考虑设立一套经过会计调整，从而受汇率波动、现金流、

资产管理和转让价格等管理手段影响较小的，能比较真实地反映子公司经营成果的账户，并以此作为考核子公司的财务依据。由于不同公司的战略地位及经营目标不同，加上货币转换过程中可能出现的扭曲，因此不能以跨国公司财务指标的对比作为考核子公司经营成果的依据，而应根据跨国公司的战略计划对不同子公司制订不同的经营目标，然后根据计划目标的完成情况考核子公司中的高级经理人员，而基层经理人员的表现应由他们的上级负责考核。

3. 东道国员工的绩效考核

东道国员工的绩效考核通常是分公司在符合总公司绩效管理系统的要求下，为东道国员工建立一套员工绩效考核系统，并尽量使这套绩效考核系统符合当地有关工作行为的评价规范。

IBM 的绩效考核

传统的绩效考核，一般都是严格按照部门考核的，针对不断出现的跨部门团队有时候显得无能为力。如何做好跨部门团队的考核，如何制订一些切实可行的解决方案，成为企业管理的一个新课题。跨国公司由于先接触到跨部门团队的问题，也就先找到了一些解决办法。例如，IBM 的每一位员工都会由来自不同矢量方向的"老板"评估他的业绩，"一言堂"的现象在 IBM 不会出现。IBM 在做哈尔滨啤酒有限公司的 ERP 项目时，牵扯到 IBM 全球服务部门（IGS）、IBM 中国总部、沈阳分公司、产品部门中的无数人员协同工作。哈尔滨啤酒有限公司项目给 RS6000 事业部、GMB（工商企业）、IGS、东北区（沈阳分公司）的 IBM 项目成员的绩效分数上都添加了一笔。

IBM 采取的组织架构保证了用户感受的是"同一个声音"，因为这个项目只由一个人或者一个部门牵头负责，这个人成为该项目的 Owner，也就是项目负责人。Owner 要为该项目确定需要什么样的帮助、需要什么部门和哪个区域的人员来配合。在 Owner 的主导协调下，这些相关部门的人员集结成一个团队，为这个项目协同工作，迅速持久地进行支持。在 IBM，组织结构是"三维矩阵式"的，产品线为 X 轴，行业与职能部门为 Y 轴，按地域市场划分是 Z 轴。多维矩阵结构保证了各个部门之间相对的独立和协调，每一个处于交叉点中的员工都受到产品、区域、行业及职能四个不同方向上的影响，每一个人的工作都和其他人有相互作用。

——资料来源：王强. IBM 的绩效考核 [J]. 经理人，2009（12）.

9.3.5 跨国公司人员的薪酬管理

跨国公司合理的薪酬方案是吸引全球各地的优秀人才，引导公司现有员工行为，提高工作质量和工作效率、降低经营成本的重要手段。

1. 跨国公司人员薪酬的特点

由于跨国公司人力资源管理需要面对不同国家的社会文化与法律制度背景，薪酬不能照搬本国企业的做法。即使在本公司内部，也要面临文化多样性的矛盾，跨国公司需要开发特别的薪酬福利计划，以弥补工作人员及其家人为了国外工作所做的个人牺牲。因此，跨国公司人力资源薪酬管理面临着相当的复杂性，表现出突出的特点。

1）薪酬的多样性

薪酬的多样性包括由于员工类型的多样性而引起的不同的薪酬待遇问题、国家差异引起的薪酬货币购买力问题及文化差异引起的薪酬问题等。薪酬专业人员需要知道东道国员工、第三国员工和驻外人员之间的区别，这些区别需要在薪酬上有所体现。同时，对于各国的生活水平或生活方式及通货膨胀与货币稳定性，甚至于法律及人际关系水平而体现的货币的购买力，也需要在薪酬体系中有所顾及。例如，货币稳定性的因素使得在用母国货币支付工资时，要时常随着两国汇率的变化而变化。此外，由于国家文化的差异，子公司可能采用与母公司不同的薪酬制度，而不同国家企业的福利开支或者激励制度也会有很大的不同，这些都增加了跨国公司在海外进行薪酬管理的复杂性。

2）薪酬成本与公平问题兼顾

如果单纯就驻外人员而言，由于需要吸引总公司员工愿意前往海外工作，给予其一定的补偿，其总工资往往需要较高，这对于薪酬管理人员是一种挑战。但是这种高成本需要与跨国公司的全球竞争战略相结合起来衡量，并且可以由员工所做的贡献而获得弥补。此外，由于受外派人员到国外的薪酬与在国内得到的薪酬（包括内在性薪酬）的比较，驻外人员与公司当地员工的工资的比较，甚至所有驻外人员群体的工资的比较等诸多因素的影响，兼顾公平就成了跨国公司薪酬管理的一个重要课题。

总之，合理的国际薪酬方案，不但可以吸引全球各地的优秀人才，而且能对公司现有员工发挥行为导向的功能，还能对提高工作质量和工作效率、降低经营成本起到重要作用。

在理想的情况下，一个有效的国际薪酬政策应该具有以下特点：第一，对外派人员来说，能使海外服务工作对人们具有吸引力，并能保留合格的员工；第二，对东道国和第三国员工来说，能增强公司对外部优秀人才的吸引力；第三，使雇员在各个子公司间的调动和子公司与母公司之间的调动能顺利进行；第四，使各子公司的薪酬制度之间有稳定的关系；第五，使公司的薪酬制度与主要竞争者的薪酬制度相当。

美国学者马尔托尼奥在其《战略薪酬》中指出了跨国公司薪酬管理的一些策略方向。他指出：① 成功的国际薪酬计划应增加公司在国外的利益，应当鼓励员工到国外工作；② 设计完善的薪酬计划应最大限度地降低员工的经济风险，尽量改善员工及其家人的境遇；③ 国际薪酬计划在员工完成国外的任务时应为其提供回到国内生活的平稳过渡；④ 完善的国际薪酬计划可以促进美国企业在国外市场的最低成本和差别化战略的实现。

2. 外派人员的薪酬管理

外派人员的薪酬管理可能是跨国公司人力资源管理的主要问题。

1）外派人员薪酬的特点

一般的，外派人员的薪酬有以下几个特点。

（1）薪酬水平较高。高水平的薪酬中很大的一部分主要在各种各样的福利和总部提供的各类服务上。由于各国的福利计划通常会不一样，外派人员除了享受国内的福利以外，还可能要求继续享有母国的福利，以便为以后的回国做准备。外派人员在两国之间的活动需要很大数额的额外补贴。通常，很多跨国公司在制订这些福利措施的时候会非常的具体，以使员工认识到组织的关心。例如，在一项搬家补助当中详细地列出了很多条目：外派人员房屋出售或出租后，其离国前的临时住所；员工及其家属到国外的交通费；外派家庭在旅途中的合理费用；寻找合适的住房或等候家庭用品托运的临时住所；把家庭用品运到国外；在本国储存家庭用品。这些细致的项目是薪酬人员需要完成的工作。

（2）标准较复杂。外派人员薪酬有许许多多的制订标准，包括以本国为基础、以所在国为基础、以总部为基础和以全球为基础四种确定方式。

（3）对于外派员工的绩效薪酬尚无足够的研究。目前管理的出发点基本停留在"维持员工基本生活需要"上，许多公司采用的"资产负债表平衡法"就是从降低成本的角度对待薪酬的，对于薪酬在激励出国工作方面的作用缺乏讨论。但一个明显的事实是，外在薪酬在外派人员身上所起的作用越来越小，而内在薪酬的作用越来越大。也就是说，外派人员更需要组织对于自己的工作、家庭和职业生涯的关注与支持。所以，事实上，对于外派人员而言，福利比高薪有效，而所在国的支持又比福利与高薪有效。如今能够想得到的对外派人员的激励仅仅包括驻外津贴、困难补助和流动津贴，显然这又是一些"保健薪酬"，与公司业绩的完成并无多大关系。

外派人员薪酬的解决办法除了常用的资产负债表法，还有一些补充方法，如谈判工资。谈判工资在一些小公司里或者特殊员工身上也会有应用。在跨国公司里，谈判意味着雇员和雇主之间达成一个工资与业绩之间的协议。这种协议相对来说，成本会比较高，对于雇主来说，雇员可能完不成任务；对于雇员来说，国外多变的环境会使他们有许多顾虑，这些顾虑要用很高的协议工资来抵消。

本地员工的薪酬通常会高于这些国家企业里相同工作的员工。另外，第三国员工的薪酬在很大程度上应该和外派人员的薪酬一致。因为第三国员工可能已经熟悉了如何与不同国籍同事交往的一些技巧或者总公司的战略和文化，所以他们可能有更好的表现。对于他们的薪酬，应当按照驻外期限、职务及本职工作的完成情况来确定，给予其与母国人员相同的待遇，并且无论他们以前的生活状况如何，依然要有合适的东道国员工作为生活顾问，还要赋予其充分的与职务相对应的一套权力。

此外，跨国公司支付员工工资也要讲究艺术。对所在国员工应该入乡随俗，如基本工资和福利之间的分配比要跟所在国员工的要求一致；应该时刻关注驻外员工的困难，提供适当的补助；应该给驻外员工家庭以支持；等等。

2）外派人员的薪酬构成

外派人员的薪酬一般由基本薪酬、津贴、奖金和福利构成。

（1）基本薪酬。外派人员的基本薪酬是与其所任职务相联系的，通常是确定奖励薪金、津贴及其他报酬的基础。基本薪酬可以用母国货币或所在国货币支付。确定基本薪酬有以下两种方法。

① 按母国标准付酬。这样是为了保持外派人员与国内同事的薪酬的一致性，使得外派人员去海外工作时不会造成物质上的损失，同时对一些额外费用进行补偿，若东道国的平均水平高于母国，那么母公司会给外派人员相应的补贴。外派人员的薪酬一般在以下情况采用母国标准：外派人员到海外的任职时间较短，或者所在国的工资低于母国。

一般确定薪酬的原则是就高不就低。这种方法的优点是：消除了外派人员因薪酬不同而产生的不公平感，同时外派人员回国时也不会感到薪酬水平的巨大差距。这种方法的不足之处主要在于具体的管理非常困难，如对外派人员在所在国的生活费用及税收等的管理。另外，还容易导致外派人员与东道国员工薪酬方面的不一致，使得东道国员工产生不公平感，影响这部分员工的积极性。

② 按东道国标准付酬。外派人员的基本薪酬参照所在国员工的工资标准确定，这种方法可以避免母公司员工薪酬明显高于外派经理的现象发生，适用于母国的薪酬水平低于东道国的薪酬水平的情况。若母国的工资水平高于东道国，则公司通常用额外的福利弥补外派人员经济上的损失。采用这种薪酬制度的前提条件是：一方面公司要了解东道国从事相应工作的人员的收入；另一方面要对工作进行评价，从而确定相应的报酬水平。

这种方法的优点是：体现了与东道国国民薪酬的平等性，有助于外派人员与东道国员工之间的融合。其缺点是：员工都愿意到东道国收入较高的分公司工作；在发达国家任职的员工回母公司后，难以接受较低的工资水平，影响他们在母公司的工作积极性。

（2）津贴。津贴是跨国公司对员工在海外工作支付的补助，通常包括以下项目。

① 住房津贴。移居国外的员工在国外租到与母国条件相同的住房，可能需要支付较高的房租，跨国公司一般也要给予补贴。住房津贴经常是根据估计的或实际的情况来支付。

② 生活费用津贴。生活费用津贴用于弥补东道国与本国在食品、用具、交通、娱乐、服务和个人服务、医疗等项费用上的差额（被称为"商品与服务从价差"）。此项津贴的必要性还在于：由于在国外任职的员工及其家属初到一个国家，语言不精通，环境不熟，不知何处购物，也不懂如何杀价，支付的费用要更多。另外，即使他们具有足够的市场信息（以便购买同样的商品不必比当地人支付更高的价格），要保持正常的生活，也必须支付比在母国高得多的生活成本，原因是他们原来的生活习惯、生活方式及消费偏好一时难以改变，而要在不同的国家维持偏好和习惯可能就要更高的开支。

③ 子女教育津贴。为外派人员的孩子提供的教育津贴也是国际薪酬政策的一个组成部分。这些津贴主要用来支付孩子学习的费用、往返的交通费用、入学费用等。

④ 安家补贴。这主要用来弥补外派人员因到海外工作后发生的重新布置家庭的费用，包括搬家费用、运输费用、购买汽车的费用，甚至包括加入当地俱乐部的费用等。

（3）奖金。跨国公司外派人员获得的奖金通常以津贴的形式发放。奖金主要包括以下项目。

① 海外任职津贴。这是最普遍的一种奖励项目，用于奖励外派人员到海外工作，津贴数量取决于外派人员的职务、前往国家的类别、时间等因素，一般取底薪的10%～25%。

② 工作期满津贴。此项津贴在职工按合同工作期满时发放，以鼓励他们在整个合同期间都在海外工作。

③ 探亲津贴。跨国公司支付派出人员及其家属每年一次或多次回母国休假探亲费用。

④ 艰苦条件津贴。"艰苦条件"是指气候、卫生、政局动荡、内战和文化设施匮乏等。

（4）福利。与薪酬相比，外派人员福利的管理更加复杂。通常，大部分美国公司的外派人员均享受母国的福利计划，而有些国家的外派人员只能选择当地的社会保险计划。在这种情况下，公司一般要支付额外的费用。欧洲的母国人员和第三国人员在欧盟内享受可转移的社会保险福利。一般情况下，跨国公司为母国员工退休而制订的计划都很好，对第三国人员则做得差一些。

3. 东道国员工和第三国员工的薪酬管理

东道国员工和第三国员工的工资通常与外派人员的薪酬确定有很大的相似性。不过一般情况下，东道国员工和第三国员工的薪酬水平会低于外派人员的水平，而且他们的津贴较少，同时他们的福利也相对差一些。

跨国公司在设计和制订薪酬制度时，除了考虑对外派人员提供基本薪酬、津贴或补助以外，还应该考虑如何通过适当的基本薪酬、津贴或奖金来激励当地员工和第三国员工，因为只有通过人才本土化才能实现有效的海外管理。

为了控制成本与东道国劳动力市场水平相一致，跨国公司针对东道国员工而制订的薪酬制度，一般都是以当地薪酬水平与结构为参照标准，并做出适当调整，使子公司在薪酬方面更加具有竞争力。

9.4 人力资源管理模式的国际比较

9.4.1 美国人力资源管理模式的特点

美国人力资源管理模式是将管理与开发融于一体的市场化的综合性和开放性的人力资源管理模式。重视人力资源的开发，不断增加教育投入，重视职业教育，使每一位公民都有接受教育的机会；不断修改的移民政策，极力吸收和引进世界其他国家的人才；完全市场化的人力资源配置方式，使现有的人力资源各尽其能。

1. 人力资源的市场化配置

美国是一个典型的信奉自由主义的国家，它的人力资源市场也相当发达和完善，企业组织具有很强的开放性，市场机制在人力资源配置中发挥着基础作用。企业对人力资源的需求几乎都可以通过劳动力市场得到满足。无论是总经理、高层管理人员、技术人员，还是工人，都是通过在市场上刊登广告，经过筛选、招聘程序来进行聘用，或是通过委托职业中介或猎头公司等机构来寻找。作为供给方的劳动者，通过委托职业中介、阅读招聘广告、网上求职等方式寻找和发现就业机会，并根据劳动力市场的动向、所学专业、毕业学校、兴趣爱好、与人交往的能力等方面的竞争来获得相应的职位。劳动者在从业后如果对自己潜能有了新的认识，或者发现劳动力市场可以提供新的更理想的职业机会，便会通过劳动力市场实现职业流动或工作转换。员工甚至可以在供职期间，根据劳动力市场的需求信息参加各种培训和继续教育，调整自己的知识和技能，以谋取将来的生存空间和发展前途，为从业后进行工作转换打下可靠的基础。这些也都是通过劳动力市场实现的。

这种完全市场运作的人力资源配置，给予以个人能力实现职业流动或工作转换的员工充分的尊重和肯定，使得劳资双方都可以方便地达到自己的目的。企业和员工之间是简单的短期供求关系，没有过多的权利和义务约束。这种方式的优点在于，通过双向的选择流动，实现全社会范围内的个人与岗位之间的最优化匹配，组织可以在劳动力市场上得到需要的员工，劳动者也可在劳动力市场上找到工作。其缺点是企业员工的稳定性差，短期行为比较明显，员工流动性比较大，不利于人力资本积累，员工对企业的忠诚度较低。

2. 人力资源管理的制度化和专业化

美国文化中理性主义的特点形成了美国人力资源管理具有制度化和专业化的特点。这一特点主要体现为分工明确、责任清楚、工作程序和制度齐全，对人力资源管理各个环节的活动和一切问题的处理都要按照制度规定和计划程序进行。例如，人力资源管理部门对组织的每一个职位进行工作岗位分析，规定职位的工作责任、工作条件、能力要求、技术要求及对员工素质的其他要求。这样，既能明确反映岗位所需人才的能力状况，又能为严格录用和晋升人才奠定科学的基础。在员工招聘时，有关人员按照工作分析的规定，对应聘者进行测试和筛选，尽量使录用人员的素质和情况与岗位职能相符合。新招来的员工，按照规定的内容和程序工作，很快就能胜任岗位工作。员工的晋升、留用等都要按计划进行绩效评估，根据评估的结果进行人事决策。

美国的组织管理重视刚性制度安排，按照制度和计划的安排进行绩效评估，为员工的奖惩升降提供了依据，促进了员工之间的竞争。这种管理的优点在于，工作内容简化、易胜任，即使出现职位的人员空缺，也能很快填充。而且，简化的工作内容也易形成明确的规章和制度，摆脱了经验型管理的限制。其缺点是员工自我协调和应变能力下降，不利于通才的培养形成。

3. 注重个人能力的用人制度

美国是一个能力主义至上的国家。在美国的组织中，非常重视个人能力，不论资排辈，对外具有亲和性和非歧视性。根据员工个人的工作能力决定职位和薪酬。受到高等教育的人，可以直接进入管理阶层，受教育多的人起点较高。新员工只要能在工作中做出成绩，证明自己的能力，就可以很快地得到提拔。组织的中高层管理者既可以从内部提拔优秀员工担任，也可以选用别的企业中卓有建树者，一视同仁。员工如果有能力和良好的工作绩效，就可能很快得到提升和重用，公平竞争，不必熬年头和论资排辈。这种用人原则的优点是，拓宽了人才选择面，增加了对外部人才的吸引力，强化了竞争机制，创造了有利于人才脱颖而出的机会。其缺点是减少了内部员工晋升的期望，影响了工作积极性，并且由于忽视员工的服务年限和资历，使员工对企业的归属感不强。

4. 注重职业培训和继续教育

在美国企业界及学术界有一个共识，即人力资源是可再生资源，人的潜力开发余地大。所以，美国的企业非常重视对员工的职业培训和继续教育，以提高员工的技能，增强企业竞争力。美国的组织实行"专业化人才"培训制度，着重培训员工的专业知识，力求通过培训更新员工的知识，提高员工的技能，以此作为增强企业竞争力的途径。培训的方法多种多样，主要有企业内部培训、行业协会、职业学校等方式。培训设施先进，但总体来说，由于员工流动性较大，组织往往缺乏长远的、总体的和系统的培训计划，大量的培训工作依赖于政府行业协会、职业学校等社会人才培训渠道。美国工商企业每年用于员工培训的经费已达 2 100 亿美元，分别超过中等教育与高等教育的经费。全美 97% 的企业为员工制订了培训计划，另外选送 5% 的员工接受正规的大学教育。美国 100 家最大的工业企业用于科技人员更新、拓宽及深化专业知识的经费每年增长 25%，其中国际商用机器公司、通用汽车公司、德州仪器公司、西屋电气公司、杜邦化工公司和福特汽车公司在这方面的开支平均增长 40%。

5. 注重全球化人力资源管理

美国能发展成为经济实力和科学技术方面的世界第一流大国，其重要原因之一就是以全球化的方式引进世界其他国家的优秀人力资源。由于美国实行完全的市场经济制度，竞争环境相对公平，经济发展水平高；具有世界先进的科学技术及完善的教育发展条件；优秀人才较易在科学和技术领域得到良好的发展；美国是一个多民族的国家，也是世界上接纳各国移民最多的国家，能包容多民族的文化，并以较强的吸引能力兼收并蓄世界各种肤色、种族的各种类型的优秀人才。这为美国以全球化的方式引进世界各国的优秀人力资源打下了良好的基础。

美国又是一个资本输出和技术输出大国，许多跨国公司在世界各地设立了分公司、子公司或其他机构。因此，无论是在美国本土，还是在海外，美国公司里的员工都具有多民族、多文化背景的特征。为了适应员工这方面的特点，也为了美国公司能在目前经济全球化的大趋势中尽快地向海外扩展，美国近年来大力提倡完善企业文化，以容纳并促进多民族的员工协同工作，共创组织效益。在海外公司中，美国母公司也着重于员工的本土化政策。人力资源管理面向国际、面向全球已经是美国的组织考虑人力资源战略时必须重视的内容了。

6. 实施目标管理

目标管理的核心观点是"人是整体的统一"，员工在提高生产率和改善职业生涯质量等方面都是关键性的因素，因此长期雇佣、劳资共同决策、相对较缓的晋升和评价及工作工种的变换更新等，对于提高管理的效果是非常必要的。目标管理能够加强单个员工同主管的信息交流，能够使单个员工将他的工作同全公司的工作状况相联系，能够为员工的晋升、薪酬、奖惩提供一个比较透彻、客观的环境。其实质是尊重员工的参与意识和自我管理能力，并且能够注意上下级的不断对话。由于目标管理方法可以广泛应用于企业的各个管理层面及各个领域，并发挥出应有的效力，所以美国实力最强的500家厂商几乎都不同程度地采用了这样一种管理方法。

7. 激励方式以物质激励为主

美国企业极为强调物质刺激的作用，这也是美国企业管理"泰罗制"传统的沿袭，较多使用外部激励因素，较少使用内部激励因素。他们认为，员工的工作动机就是为了获取物质报酬，可以不向员工说明工作的意义，但必须说明工作的操作规程；员工可以不理解工作本身的价值，但必须把工作完成好才能获得相应的报酬。员工得到合理的报酬后，就不应该再有其他要求了。因此，在制订工资政策时，主要考虑工作内涵及该工作对公司经营效率所做出的贡献。在美国企业中，员工工资的95%甚至99%以上都是按照小时计算的固定工资。也就是说，员工工资很难降低，即使在企业经营困难时期也是这样，这就造成了工资具有的所谓"刚性"的特点。正是这样一种刚性工资，使得企业在经济不景气的情况下不用考虑对员工有额外的支付，减少了发展的成本。同时，企业无法说服员工通过减少工资、降低成本来帮助企业渡过难关，因此不得不选择解雇员工的做法来降低劳动力成本，从而造成员工就业的不稳定性，员工对企业缺乏信任，形成对抗性的劳资关系。

8. 市场调节员工薪酬

美国员工的薪酬水平在很大程度上受到劳动力市场的调节。首先，企业根据劳动力再生产费用和劳动力市场的供求关系及供求平衡状况，拟定各级各类技术、管理岗位及其他岗位的工资水平。组织招聘员工必须参照同类员工的平均市场薪酬水平来确定本组织所支付的薪酬。若是薪酬水平低于市场平均水平则缺乏竞争力，难以招聘到组织所需要的人才；若是薪酬水平高于市场平均水平则会增加组织劳动力的成本开支。其次，企业按照吸引人才、保持外部竞争和内部平衡等原则，参照市场平均水平确定各级各类岗位工资水平。最后，劳资双方经过工资谈判，以合同方式确定双方共同接受的工资水平。美国普遍实行"岗位等级工资制"，岗位等级主要依据"岗位评价"进行确定和划分。员工的工资一般每年调整一次，调整时考虑下列因素：劳动力市场的工资水平变化情况、消费品物价指数的变化、以绩效考评方式评定的工作绩效。

9. 对抗性的劳资关系

美国企业中的劳资关系是对抗性的。一方面，管理当局认为管理是自己的事，员工付出的劳动已经通过工资得到了补偿，不应该再有别的要求，不应该参加管理，也无权过问企业的经营情况。另一方面，员工则觉得不参加管理就不了解企业经营状况，企业为了增加利润千方百计地压低工资，自己劳动的成果大部分被企业侵占了。此外，员工担心因为不参加管理，对自己的命运无法控制，市场不景气时可能就会被解雇。由于这些原因，员工对管理层完全不信任，怀有敌对情绪，认为只有组织工会，通过斗争才能保障自己的权利。员工通过罢工或者以罢工相威胁，给企业造成足够大的损失，迫使管理当局让步，达到提高工资和提供就业保障的目的。从管理当局的角度来看，员工组织工会，要求增加工资、保障就业，是贪得无厌的表现，是通过政治力量侵犯企业根据市场规律经营的自主权。因此，企业的管理当局就认为不能随便向工会让步，而要尽量削弱和打击工会的力量。

9.4.2 日本人力资源管理模式的特点

日本是一个资源十分贫乏的国家，国土面积狭小，人口众多，人口密度很大。但是，日本没有把人口数量当成包袱，而是作为可开发的潜在的人力资源。在特有的社会文化环境和历史条件的影响下，日本形成了自己的人力资源管理模式。了解日本人力资源管理模式的特点，对我国的人力资源管理具有较强的借鉴作用。

1. 终身雇佣制

终身雇佣制是指员工进入组织以后，除了一些特殊情况（如违法或严重违反公司规定），一般都可转成终身职员，可以在该组织中工作下去，直到退休为止。终身雇佣制是日本人力资源管理模式的支柱之一，日本的很多大中型企业都实行终身雇佣制。一般公司在兴旺时有时也招一些临时工或承包合同工；碰到经济困难时，公司也许会按比例减少所有员工的工资或奖金，解雇一些临时工，相应调整长期员工的工作或减少工时。但对终身职员不解雇，而是向他们提供福利、培训等。

终身雇佣制是在特定的历史条件下形成的。明治维新后，日本资本主义迅速发展，技术、文化薄弱的日本显得人才资源严重不足。为稳定员工队伍，组织开始采用定期提薪、发放奖金、改进福利等做法，直到终身雇佣制和年功序列制的形成。终身雇佣制是与日本民众的团队意识和归属意识相适应的。忠于组织大家庭是一种道德风尚，中途辞职的员工会遭到社会舆论的斥责。而组织如果轻易解雇员工，则会被认为是不能保护自己家族的成员，难以吸引优秀的应届毕业生（高中生、大学生、研究生），使组织处于不利的竞争地位。第二次世界大战后，日本政府对大企业采取优惠政策，如在资金、人才、信息及咨询指导等方面，优先保证大企业的需要，也为大企业实行终身雇佣制创造了条件。

终身雇佣制使企业成为员工的终身劳动场所，从而使员工一方面有了"安全感"，另一方面也产生了"归属意识"，它使员工自己的命运同企业联系起来。在终身雇佣制下，组织不但不会解雇员工，还向员工提供长期的福利计划和培训计划，这种政策使员工个人更加忠实于公司，每一位员工都能在信任的基础上与公司建立长期的关系，并认识到这种关系对他们的益处。因此，当工作有所变动时，他们乐于接受，不必有任何担心，这使员工感到安全和稳定，能在组织中谋求长期的发展。另外，日本的劳动力市场对更换工作的员工存在着歧视现象，假如员工中途更换工作，工资、福利损失很多，晋升途径也要从头开始，员工更换工作利少弊多。因此，员工本身不愿意更换工作，而愿意终身服务于一个组织。

终身雇佣制的优点主要表现在以下几个方面。

（1）有利于塑造团队精神。组织与员工建立的长期稳定关系形成了"利益共同体""命运共同体"和团队精神，这使日本企业具有很强的竞争力。在这样的制度下，员工与企业命运的盛衰结合在一起。员工消除了因解雇失业造成的后顾之忧，从而积极地开发技术，提出建议。当企业由于技术和管理的原因使员工失去原有的职务时，企业不是解雇他们，而是对他们进行培训，使之能胜任新的岗位和新的工作。所以，在日本企业中，实际上很早就开始建设所谓学习型的组织了。

（2）有利于创建企业文化。"家族式"企业文化是日本企业文化的特点。这种文化并不是因为组织成员全部具有血缘关系，而是象征性的比喻。因为雇佣制度形成了员工终身为组织服务的现象，久而久之，员工就好比是家庭成员一样，忠诚于组织。"家族式"企业文化造成"内和外争"的良好气氛。所以，日本大企业内部虽然也存在着竞争，但由于"团队精神"和"共同体意识"的作用，这种竞争不是你死我活的恶性竞争，而是"争先恐后"的良性竞争，以不影响员工之间的协作和友情为前提。

2. 年功序列制

"年功序列"制度是日本人力资源管理模式的重要特点之一，它主要包括薪酬和晋升两方面的内容。新员工进入组织后，在相当长的一段时期内（一般为5～10年），工资待遇按照资历逐年平稳上升，基本没有明显的个人差异。在以后的职业生涯中，工资待遇也是随着工龄的增加而持续上升。在管理者的提拔使用和晋升制度中都规定了必需的资历。因此，组织中各层管理者的地位高低与年龄长幼之间呈现较为整齐的对应关系。年功序列制是建立在员工的年龄越大，工龄越长，熟练程度就会越高，职位或工资也应该越高的理念之上的。这种资历工资制是与终身雇佣制相适应的，是日本人力资源管理的另一个重要支柱。年功序列制是稳定组织高级管理者的保证，同时也为组织培养了各层的管理人员。因为经过多年的工作，管理者一般都具有丰富的实践经验，对组织经营状况了解详细，这又有助于管理者更好地管理组织。所以，年功序列制能够保证员工待遇逐年提高，不会造成待遇上的很大差别。

年功序列制把员工自己的命运与组织的命运结合在一起，员工只有努力工作才能使自己获得更高的报酬，才可能避免组织出现危机（信誉下降、破产、倒闭），进而不失去自己积累的年功。在组织遇到困难时，员工会主动减薪，帮助组织渡过难关。年功序列工资在很大程度上还有助于降低员工流失率。组织的核心员工进入组织后，一般不会转到其他组织。

这里需要特别指出的是，日本的终身雇佣制和年功序列制并不像许多人理解的那样是一种普遍制度。首先，终身雇佣制和年功序列制只在大型企业中实行，日本广大的中小型企业并不实行这样的制度。其次，终身雇佣制和年功序列制只在核心员工中实行，并不针对全体员工。

年功序列制的工资体系有以下两个特点。

（1）体现了一种企业与员工的借贷关系。在员工40岁以前，企业借员工的，企业压低了新员工的工资，工资增长幅度低于劳动生产率的增长；在员工50岁以后，企业还员工的，因为过了劳动盛年期，工资增长幅度高于劳动生产率增长的幅度；员工年龄40～50岁是工资增长幅度最大的时期，因为此时员工正值劳动盛年，而且家庭负担最重，较大幅度加薪有利于人心稳定。同时，新进入企业的员工的表现是以后加薪多少的依据，也是员工以后可能被提升的"档案"，这就引进了竞争机制。

（2）岗位工资比重不大，各种补助名目繁多。据统计，日本企业的补贴种类有：职务补贴、地区补贴、住房补贴、家庭补贴等 20 余种。其中，岗位工资平均只占工资总额的 25%。

3. 企业内工会

所谓企业内工会，就是以企业为单位组织的工会，它使企业和职工组成紧密的共同体。企业工会缓和了企业和员工的矛盾，有利于企业家族式的经营管理。然而，它同时又是一个矛盾的复合体：一方面，企业工会在某种程度上代表员工同资方交涉，争取自己的利益；另一方面，它又跟资方合作，从而共同保证企业的生产。总之，日本的企业内工会对建立和谐的劳资关系，促进企业兴旺发达起了积极作用。

4. 升职和评估

在日本，年资是增长工资的主要因素。在同年龄层次的人中，尤其是那些刚工作几年的人，他们之间的工资差别不大。员工们知道他们将一辈子工作在一起，公司今后对他们会有承认和奖励。因此，他们为了共同的利益而互相协作。再者，评估个人表现是将忠诚、热情、合作排在实际工作表现和知识的前面。奖励对员工心理上的影响要比经济上的影响更大。日本企业中的员工由于有长期录用的思想，所以他们并不期望有立即见效的公认和奖励。日本企业一般每年年底根据企业的经济增长情况，给员工发相当于五个月工资的红利。

5. 非专业生涯途径

终身职业可使员工在企业内轮换工作。这种长期连续培训的实践方法使员工能学到企业各方面的经验，与许多人建立同志式的关系。当个人确定了终身位置后，他们成了具有各方面才能的人，这样他们更能全面考虑自己的行为对整个组织的大目标的影响，他们也可以利用已建立的人际关系，与同事们共同合作，为实现公司总目标服务。

6. 集体决策

日语中"nemawashi"一词是"做一切准备"的意思，这是日本企业决策的特点。每个人都有一种参与企业管理的意识，因为没有所有人参与决策并表示同意，实际上任何事情都做不好。日本人认为有了意见分歧，不能靠敌对手段或靠一方压倒另一方的方式去解决，而应靠从许多渠道取得更多信息，待大家都掌握后再来一起决策。一旦决策后，大家就齐心协力去做。这也许是一个费时费力的过程，但由于最后大家的意见一致，执行起来花的时间就少了。

7. 质量圈

日本管理另一个突出的方式是质量圈（quality circle）。在第二次世界大战中战败后，日本认识到，要打开国际市场而且要在国际市场上占领主要位置，就必须提高产品质量。质量不仅仅是产品问题，还有包括按时出产品、及时交货、发票、账单准确无误，以及维修服务等一整套措施。降低上述每一项的成本都可以提高生产率。

有了以上这些认识后，日本科学家和工程师协会邀请美国的管理专家爱德华兹·丹明（Edwards Deming）到日本作关于质量控制的系列学术报告。丹明提出，一切有过程的活动，都是由计划（plan）、实施（do）、检查（check）和行动（action）四个环节组成。这四个环节循环往复，周而复始，在提高产品质量、改善企业经营管理中起积极作用。这被称为

"丹明圈"或"丹明环"。丹明强调将质量控制放在中层管理的重要性。日本将丹明的这种思想与日本的实际相结合，把质量控制的责任交给车间，就这样形成了质量圈。

每个质量圈约由8名一般工人和一名年长资深的工人组成，是比较自治的单位。在日本参加这类质量圈是自愿的，工人中每8人有一人参加质量圈。质量圈的成员都接受怎样解决问题，其中包括一些基础数学方法的训练。质量不是为解决某一问题而建立的，他们定期聚集在一起，为减少次品与废品，减少返工和停工的时间，同时也为改善工作条件，提高自我发展等问题提出解决的方法。这些成员是组织最好利用的有创造性的资源，即使他们解决问题的办法不如技术人员的办法，但工人们由于自己参与管理，积极性得到很大的提高，他们就能努力将问题解决好。

这种质量圈的管理方法充分发挥了每一个人的积极性与创造力，这正是重视人力资源管理的具体表现。

8. "通才型"培训制度

在日本，为提高员工的素质和技能而花费较多的培训费的组织屡见不鲜。在员工培训中，除了要让员工掌握专业知识和技能之外，日本还很重视对员工进行管理、人际关系、员工行为准则等方面的培训。这些培训进一步巩固了终身就业制度和员工对组织的忠诚度。具体采取"职务轮换法"进行培训，即让员工每隔3~5年就进行职务轮换，更换工种或工作部门，以培养通晓组织全局的"全才"。

9.4.3 德国人力资源管理模式的特点

德国经济在第二次世界大战后的重新崛起，一个重要的原因就是德国的高素质人才和丰富的人力资源。所以，研究德国的人才资源管理是十分有意义的。在德国，贯穿企业人力资源的一个重要思想是重视人性管理，尊重员工自身价值，给予员工参与管理的权力，强调个人与企业整体的配合。

1. 雇佣制度

德国长期以来坚持"自由择业"政策。企业主或经理有权根据实际工作需要，自行招聘或解雇员工。员工本人也有选择工作的自由。企业与员工的"双向选择"是德国企业自由雇佣制度的核心内容。企业与求职人员经过双向选择达成一致意见，求职者填写求职表，体检合格后，就成为企业的正式员工。

值得一提的是，为了在企业与员工"双向选择"的过程中最终达到"人尽其才，才尽其用"的目的，避免个人由于客观因素影响主观才能的发挥，德国各级劳动局专门提供就业指导这项服务。作为一个公益机构，德国劳动局的宗旨是为每一个有需要的人服务，形式多样并尽量做到完全满足申请者的需要。就业指导工作的关键在于，一方面正确地理解申请者的主客观愿望，另一方面在确定申请者的身体状况、智力、性格特征、兴趣爱好及人际关系等之后，同时考虑范围内的每一个职业有哪些具体要求，有无发展前途，最后提供指导。就业指导的正常工作主要包括全面介绍职业选择中的问题、职业培训的多种途径、各类职业及其发展倾向（即所谓职业方向问题）等。就业指导还负责协助选定职业之后的落实问题，即协助介绍培训岗位、协助办理各种手续等。就业指导有一整套科学的工作方法。首先由劳动局下属的职业研究所对全国的、地区的及国际劳动力市场和职业流向的现状和发展趋势进行列举的预测，以便向每一个人提供其感兴趣的职业培训情况、选择职业的可能性。同时，劳动局还大力发展就业情报工作，免费提供情报资料。此外还采取心理测试的方法，了解求职人员的智力、兴趣爱好、潜在意识倾向等。就业指导人员一般都经过专门的职业培训，工作认真负责，这些都保证了就业指导工作的质量，达到了极好的社会效果。

德国企业一向力求人员少、素质好、工作效率高。员工进入企业后，均设立人事档案；从经理、工程师到技术员都要进行定期考核，能者提薪晋级，平庸者则被劝退解职，违纪犯法者开除，实行因事定人、定岗、定位。与美国的快速提升相比，德国企业中员工的晋级比较缓慢。德国人通常认为，35 岁以上的人才具有担当管理者的资格。在企业管理人员晋级时，德国企业强调技术第一。德国企业曾有过规定，在大企业工作的各级员工必须先在大学或职业学校受过基本扎实的传统技术培训。而企业管理者则必须是技术专业毕业生；参加工作后，企业往往先把他们派遣到研究部门工作几年，然后再到实际工作部门去学习管理知识与经验，所以他们的晋级比较缓慢。即使是他们中间的出类拔萃者，也不会享受照顾待遇，通常要到 40 岁，甚至 50 岁才能出任总经理。这样就保证了企业高级管理者都是受过高等教育和有学位的人，基本上由专家来治理企业。这种做法优点在于：职员能忠于企业，领导层之间容易协调，能不断提高员工技术水平。

德国法律禁止突然解雇员工。德国法律规定，厂方应在每季度结束前 6 周宣布解雇名单，让员工有足够的思想准备和充裕的另寻职业的时间。一个员工如果工作得好，可以在一个企业连续受雇 10 年以上，这样既有利于开展公平竞争，又能保持一定的员工稳定性。

2. 劳资协调体制

德国企业的劳资协调体制是以劳资协议为核心的。根据《德国基本法》关于劳资协议谈判自主权的规定，劳资双方的代表，即工会和雇主协会有权在不受国家干预的情况下就各行业雇员的劳动工资、福利待遇、劳动条件、解约条件等自主协商，缔结劳资协议。1949 年颁行的《德国劳动标准集体协议法》规定，劳资协议包括三部分内容：缔结劳资协议双方的权利和义务、劳资关系的内容、劳资契约的缔结与终止；框架劳资协议，即具有普遍意义的、在较长时期内有效的规章条款，如休假、工作时间、工作保护、裁员保护等；工资协议是对框架协议的补充和具体化。明确规定工资薪水、工资级别、计件工资、补贴和津贴。劳资协议具有法律约束力，是劳资双方维护和发展各自利益的保障。因此，劳资协议具有保护功能、规范功能和安定功能。劳资协议一旦签订生效，在有效期间劳资双方都负有维护合约的义务。如果劳资协议的有效期届满，双方又未能达成新的一致意见，则由劳资双方信赖的中立人出面协调，通过谈判求得双方可以接受的条件，以签订新一轮的劳资协议。国家不得以任何形式强迫劳资双方接受政府意见。当有重大事件导致劳资双方发生重大矛盾或冲突，甚至雇员要求罢工时，工会与雇主协会之间往往运用以双方妥协为主要特征的一套协调机制，促使劳资双方形成"社会伙伴关系"。

职工参与决定制是德国劳资关系中的又一大特色。在西欧发达国家中，德国的职工参与决定制起源最早，制度化也最为完善。早在 1850 年，德国爱伦堡就有 4 家印刷厂成立了工厂委员会，其职能包括交流信息、咨询、共同管理福利计划、制订厂规、决定利润分享计划、解决监工与工人之间及工人内部的纠纷等。1919 年通过的宪法中，明确规定成立工厂的工人委员会。后来又出现了矿业方面很多特别规定的制度。1950 年以后，有关法律又几经修改，将工人参与的权利加大。这样，除非是利害关系特别重大的事宜，在一般经营决策与管理中，工人的参与程度得到了实质性的提高。

目前，德国企业中的职工参与决策制主要体现在以下3个方面。

（1）董事会中的工人代表。德国工业法规定，职工人数超过1 000人的企业董事会中，须有工人代表参与，行使共同决策权。董事会一般有11名董事，其中，5名代表职工，5名代表资方（即股东），还有1名中立的董事。所有董事的权利和义务相同，他们都能自由工作，不受外来指示的束缚。代表职工的5名董事也由股东大会选举，候选人须由工厂委员会、工会及工会联合会提出。5名职工代表和5名股东代表以简单的少数服从多数的原则决定第11人的人选，至少要有3名职工代表和3名股东代表同意。

（2）联合管理。德国工厂法规定，雇佣5人以上的工商企业和雇佣10人以上的农业及伐木企业，须成立工厂委员会。工厂委员会委员由全体职工以秘密和直接投票选举产生，委员任期2年。视企业工人人数的多少，委员人数可由1人至35人不等。

如果一个企业有几个工厂，只要各厂的工厂委员会中有75%以上的职工代表愿意，则可以成立联合工厂委员会。每个工厂委员会派3名代表参加联合工厂委员会。联合工厂委员会的权力并不高于单个工厂委员。它不考虑单个工厂委员会能处理的问题，而是考虑关系全公司或工厂之间的问题。

雇佣工人超过100人的企业，还应设立经济委员会，半数委员由工厂委员会指派，另半数委员则由雇主指派。经济委员会负责报告与企业经济有关的事项，如生产情形、生产方式、生产计划、财务状况、产品与市场情形，以及其他影响工人利益的事项。

（3）职工会议。德国所有国有企业的员工可以组织职工会议，由单位各部门员工代表组成。按企业的大小，代表人数可多达25人。职工代表的选举程序、权利和义务均与民营企业中工厂委员会代表相同。

在德国企业的劳资协调体制中，工会的作用不容忽视。德国的16个行业工会在劳资双方之间充当了协调角色，帮助工人参与民主管理，反映工人的疾苦与愿望，疏通资方与工人的对话。工会的润滑剂作用使工人与资方摩擦减少，这种经常性的疏导是德国工潮事件较少的重要因素。由于德国企业劳资关系比较协调，员工的民主权利得到了充分体现，从而调动了员工的积极性，大大提高了企业的劳动生产率。德国的工业劳动生产率仅低于日本，居世界第二位。

3. 德国的职工培训

德国企业的人力资源管理的一个很有特色的地方就是它的职工培训和考核制度。这一制度在德国企业已形成体系化、网络化。

在德国，职工培训有较长的历史传统。19世纪末，为适应工业发展的需要，工业界开始对青年工人进行大规模培训。到了20世纪70年代，学徒工在企业和学校同时接受培训的双轨制培训制度开始实行。第二次世界大战后，职工培训作为重建经济的一部分，受到了极大的重视，国家用法律的形式规定了受训的专业，政府各部还制订了各类工作的培训标准。据统计，在15～18岁的青年中，每两个人就有一个在职业学校学习，学徒工的培训对德国经济发展和技术水平的提高起了重大的作用。

经过多年的发展，德国的职业培训已形成了一个多阶段、多层次、多功能、形式多样、涉及面广、结构复杂的体系。德国的企业界对职工的培训方法灵活，形式多样，讲究实效。

从培训的内容上看，有职业初始培训、职业进修、转业培训和企业各级管理人员培训等。对专业人员培训往往采取让他们带着重要研究解决的问题，举办讲座，开展交流，组织短训班，其目的性、针对性、实用性非常强。职业初始培训是为某一职业提供广泛的基础训练，并传授熟练从事这一职业所必需的专业技能和知识，使受培训的人获得必要的职业经验，属于基本职业教育。职业进修是为了使培训人员能够保持并扩展知识和技能，适应技术发展或为职业晋升开辟道路。它包括了高等教育前的职业性进修并延伸至职业领域的继续教育。转业培训的目的是传授从事新的职业活动所必要的知识与技能。它存在于职业性的继续教育之中，但不是原来职业知识与技能的继续教育，而是新的职业知识与技能的开始。对企业各级管理人员培训往往采取分层次的办法。企业的高级管理人员主要依靠自学，组织他们到一个条件好的场所，开展讨论交流；对中级管理人员，大多数采取脱产培训的方法，送到培训中心去学习；对基层管理人员，往往采取晋升式的教育培训模式，十分具有激励作用，也便于企业从中物色人才，因为这一层人员直接组织工人进行生产经营活动，地位重要，作用不可取代。

德国企业进行职业培训的形式主要有以下4种形式。

（1）企业与学校相结合的"双轨制"培训。"双轨制"培训起始于1969年，并一直沿用至今，主要适用于青少年的职业初始培训。其根本的标志就是青少年在通常为私营企业受职业训练的同时，在公立的部分时间制的职业学校里受职业学校义务教育。在整个培训过程，职业学校与训练企业密切配合，在同伙式的分工合作中实现教育和训练任务。职业学校和训练企业的每一方都是一个完整训练体系不可分割的组成部分。

这种"双轨制"培训使德国三分之二的15～18岁的青年同时接受学校教育和在职培训，他们每周用1至2天时间到教室里上课，其余几天到工厂、商店和办公室去实习；"双轨制"培训方案由雇主提供资金，并得到了联邦政府的批准。学生经过训练后，可获得440个工种的合格证书。德国的这种"双轨制"培训体制和模式，经过近半个世纪的实践，发展到今天仍长盛不衰，其主要原因在于它的学用一致，理论与实际相结合的运行机制较为成功地解决了培训制度与就业制度的衔接，从而使大多数的年轻人在就业前学到一门从业技能和知识，为他们今后就业创造了很好的条件，也极大地降低了德国青年人的失业率，安定了社会秩序。另外，训练有素的新生力量源源不断地被吸收进入企业，促进了企业的发展，因此备受企业界的欢迎和推崇。

（2）企业办大学。德国大公司、大企业通常设有自己的职工培训中心。它们根据联邦职工教育法的规定，举办职业培训班。技术工人在车间劳动5年左右，然后（或同时利用业余时间）参加为期1年或3年的师傅证书或技术员证书培训。这种企业和企业联合会举办的职业培训是非常正规的成人教育，它有立法的保证、严格的考试制度及考核合格后颁发的毕业证书，其证书是联邦各州都承认的资格证书。

（3）跨企业的再培训中心。德国的再培训措施有半数都是各大企业来实施的。一些专家认为，这样会使大企业和中小企业间出现教育水平的差异过大。出于这种原因，一些州政府已建立了许多跨企业的再培训中心，以使中小企业在不承担过重财务负担和组织方面困难的情况下，对职工进行培训。

跨企业的进修班主办单位除雇主外，还有商会、工会、教会及其他机构。举办进修班的种类也很多，有技术培训班、工商管理培训班、领导人员培训班、语言学习班等。其中以科学技术方面的讲座及自动化数据处理的培训班居多。

（4）市场模拟训练公司。德国有1 000家这类公司，涉及几十种行业，组成了"德国练习公司集团"。它们向许多中小企业一样，有经理、秘书、职工，内部也同样分为原料供应、生产管理、产品销售及人事和会计等部门。与众不同的是，它不制造任何产品，一切生产程序都在纸和计算机上进行。市场模拟训练公司为学习商业和企业管理的人提供了最直观、最接近实际的学习环境。

在德国，职业培训的过程伴随着劳动者的一生。任何人不管从事什么职业，都必须接受相应的职业培训，必须取得培训合格证，才能被录用上岗。想改换职业，必须参加转业培训，取得转业培训合格证，职业介绍所才会帮助推荐和介绍新的工作。一般工人和小职员等普通员工如此，而对于中高级员工，除了必须具有相应学历证书外，录用后，也必须接受上岗的培训，才能正式上岗工作。德国的职业教育事业之所以相当普及和发达，与国家、社会团体、经济界的高度重视、密切配合及强有力的介入是分不开的，并且还在于他们建立起了一整套的职业技术教育培训的法律法规，有较完善的职业教育体系及运行机制，以及在企业职工培训方面许多有效措施和做法。这些造就了德国员工的高素质，促进了德国人力资源的开发，从而推动了德国企业的蓬勃发展。

4. 德国的职工考核

德国对职工的考核和录用制度是非常严格的。企业录用新工人都从经过培训的学员中挑选，新工人有 3 至 5 个月的试用期，考核合格后才能成为正式工人。德国企业对职工的考核，平时主要由上级主管进行，年终时实行总考核以决定是否提供或调整工作。

9.4.4　韩国人力资源管理模式的特点

1. 大力推行公务员制度

1969 年，韩国政府首次实行公务员制度，并从社会上选拔了一大批银行家、经济学家等有知识、懂经济、精通业务的人员，分别担任副总理及各部门要员。同时，政府各部门的各级官员大都要求具备大学毕业或研究生学历。这项制度从整体上保证了韩国各级政府官员和工作人员较高的文化素质，为提高政府各部门、各级管理机关的决策水平及工作效率奠定了基础。

2. 重视发展职业培训教育

20 世纪 60 年代末，韩国政府积极推动产业升级，通过政府强有力的支持、扶植，并实施了一系列相关措施，迅速扩大了钢铁、造船、电子、汽车等产业的生产能力。在这种形势下，出现了许多新的行业和岗位。为适应社会对各类技术人才的需求，同时为了使职工具备适应新行业和新岗位的工作能力，政府和地方所办的各类职业培训全面展开。由于职业培训教育的成功，造就了一批高素质的技术人才，为韩国经济的腾飞打下了扎实的人才基础。

具体来说，韩国的职业培训分成两类：一类是地方及政府组织的公众职业培训，另一类则是企业职工的在岗培训和国家批准的私人培训。公众职业培训主要是为缺乏设备和人员的地区提供培训，企业职工的在职培训是企业建立并拥有自己的培训学院，以满足技术革新和工业结构变化的要求。不论第一产业还是第三产业，超过 1 000 人的企业应该实施在职培训，如果不能执行则必须交纳一笔职业培训税。国家批准的私人培训是由劳动部根据基本职业培训法批准公司或私人法人实施培训，主要在公众培训或在职培训难以顾及的行业进行。无论是公立或私立的职业培训，其培训课程部分为基础训练、高级培训、为转换工作的培训和再训练等系统。

1963 年，韩国政府成立了"生产力发展局"。该局隶属于工贸部，下设生产力培训学院，这是韩国政府官方培训高级企业管理和技术开发人才的最高学府。为了推广和普及职业培训教育，1970 年，韩国政府又成立了"工业职业培训局"。该局隶属于教育部，下设 20 所培训学校及 38 个培训中心，并领导各行业和各社团的培训活动。韩国政府在举办培训学校的同时，鼓励企业、团体和私人开展职工教育和培训活动，使职工教育真正落到实处，这样就形成了各有重点的全国性人力资源开发和培训网络。韩国政府逐年增加教育经费的投入，每年教育经费的增长率超过国民生产总值增长率。韩国政府还允许教育部门举债，特别是借外债，用于购买国外最新尖端的科学仪器、设备和原材料等。韩国用于职业教育和职业培训的经费，除政府拨款外，主要来源于企业集资。

1984 年，韩国政府建立了"职业教育发展基金"，规定企业经营者必须替低薪员工向政府交纳相当于工薪 5% 的金额作为该项基金，用于资助薪金低、只具备初中文化或初级技术水平的员工参加政府组织的职业教育或培训。资助的项目每年由生产力发展局公布两次；生产力发展局也为私营企业开办的培训学校提供培训设备和 25% 的补助金。这就较好地调动了私营企业办学的积极性。

企业进行职业培训主要有以下几种方式。

（1）企业自办培训学院。近年来，为了赶超日本和其他工业化国家，增强技术创新能力，韩国的一些大中型企业都致力于开展职工培训活动。进入 20 世纪 90 年代后，韩国各大财团为迎接国际竞争的挑战，又通过巨额投资，纷纷自办"职业培训学院"，对在职工人或技工进行技术培训，集中培养国际经营专门人才。学员毕业后，首先满足本企业的需要，然后向别的企业提供技术人才。

（2）企业实行"产学协同"工程。韩国企业培养技术人才的另一条途径是"产学协同"，即企业同对口学校在教育、科技等方面进行合作，彼此建立合作关系。企业利用学校的设备、师资力量、研究机构培养所需人才，学校则接受企业资金，利用厂房设施教学。"产学协同"的主要特点是教育与生产实践结合较密切，为企业人才的成长缩短了培养过程。

（3）企业培养驻外业务骨干。为了适应对外扩展的需要，不少韩国企业积极培养驻外业务骨干。企业还鼓励这些派驻人员积极开展与当地各界人士的交流，以成为派驻地的专家。实践表明，企业培养的驻外业务骨干的商业意识和办事能力大大超过了培训人员。

（4）企业积极引进海外人才。除了培养本国人才以外，韩国企业也在积极引进海外优秀人才。为了有效地利用外国高科技人才的"头脑资源"，加强韩国技术研究开发力量，韩国政府制订了"聘用海外科学技术人才制度"，规定从事电子通信、生物工程、航天航空、新材料等研究开发的机构，可大力引进外国科技人才，并给予一定的资助。研究开发机构尤其是企业的研究所积极利用这一制度大力引进外国"头脑资源"。韩国企业在近两年中每年都要引进上百名外国高科技人才。

3. 招聘

在韩国，经营者的一个重要生成机制是转职。特别是由金融界、政府部门、军界、学术界转职而来的企业经营者占相当大的比重；另一种机制即是内部提拔，在本企业内部，依靠个人聪明才智，通过提拔成为企业经营者。无论是哪一种类型，韩国企业经营者生成的重要条件是学历要求——表明经营者自身素质的重要指标。

在韩国，企业劳动力主要来自于外部劳动力市场。韩国基本上形成了一定体系的劳动力市场，但企业的内部劳动力市场并不发达。在劳动力市场中，劳动者主要通过以下途径成为企业员工：公务员考试录用，占总数的 33.5% 左右；职业安排机关介绍，占 2%；学校推荐，占 4.7%；熟人介绍或其他方式，占 59.8%。但无论是通过何种方式进入企业，其学历都是至关重要的。据不完全统计，在劳动力市场中，男性被雇佣的比率按照学历高低而变化，大学毕业生为 3/4，高中毕业生为 3/5，中学毕业生为 1/2，小学毕业生仅为 7/20。

这种以学历定雇佣的劳动力吸收制度，延续到企业中，就是以学历定职位，以学历来定劳动报酬。这种不同学历间收入的差别在韩国有进一步扩大的趋势，这促使员工提高素质，使企业有充足的人力资源可甄别、吸收。

综上所述，韩国企业吸收人才的最大特点是重视教育、崇尚学历。

4. 决策

韩国企业集团的经营决策权集中于创业者及其家族。这是因为：

（1）韩国现代企业的创业历史非常短，企业集团中起始企业大多出现于 20 世纪 40 年代，企业仍处于"创业者"时代，而创业时代的决策制度特点就是权力高度集中；

（2）韩国经济的高速增长使企业的经营环境变化快而且竞争激烈，这对企业经营的要求是，根据形势的变化，加快决策速度，以便对变化了的企业经营环境做出迅速反应，唯有高度集中的决策才能做到这一点；

（3）家族式生产方式的存在，企业集团中的专职经营者和中层管理人员难以脱颖而出，对他们而言，其执行和实施职能更重要。

总体说来，这种高度集中的决策方式是与韩国企业集团的发展相适应的，但显然不能认为它就是最完美的决策方式，其最明显的不足是，阻碍了企业集团与企业内部信息的合理流动。具体来讲，一是高度集中的决策方式使企业内部每一成员只能对上负责，决策是自上而下垂直传达的，其结果必然造成企业决策的下达渠道过窄，把相当一部分人排除在决策系统之外，其代价便是企业内部信息交流不足；二是这种方式往往造成企业信息的个人垄断或外流，这无疑与"企业信息的共享原则"相悖，造成了信息交流的偏差。

为了弥补不足，韩国各大企业一方面提高决策者的素质，促使高度集中的权力使用正确；另一方面成立一些辅助机构，参与并协助做出决策，这些机构就是"秘书室""企划室""综合调整室"，其作用类似于军队中的参谋部。

5. 分配

韩国企业强调能力主义和学历主义。韩国企业的工资制度以"能力主义"为主要的分配原则，即认为职务是能力的反映，高职务应该有高报酬。所以，其工资结构为工龄工资加职务工资，由此形成的高职务-高收入机制，必然鞭策员工奋发努力，报效企业。

在劳动力市场中，学历成为企业选择劳动力的主要依据，学历差别造成劳动力供求结构的差别。在企业中，不同学历的劳动者的劳动报酬呈现出明显的差别，高学历是取得高报酬的主要原因。同时，高学历也是劳动者在企业的权力等级中取得一席之地的必要条件，因高职位又与高报酬相联系，所以职务与学历一道成为拉开劳动收入差别的一个重要因素。这种现象不仅存在于企业集团中，在中小企业中也非常普遍。这样一个有独特特点的劳动报酬确定机制可以充分激励员工重视教育，重视自我提高，从而提高企业人力资源素质，增强企业实力。

6. 劳资关系

与其他资本主义国家比较，韩国企业的劳资关系还是比较稳定协调的。其原因主要在于劳资双方力量对比极为悬殊，企业员工方面不能构成强有力的联盟来与资方抗衡。根据目前的有关法律，成立工会必须满足会员人数等一系列苛刻条件，而且只允许有一个工会存在。

企业主往往利用自身的有利条件，率先成立自己的"御用工会"。也正因员工对工会作用失去了信心，他们对加入工会的态度非常冷淡，且有继续加重的趋势。另外，韩国政府规定，除金融机构外，大学毕业的管理人员（白领工人）不能加入工会，因为管理人员对本企业的情况了解得比较清楚，在劳资交涉中容易掌握主动权。他们被排除在工会之外，极大地削弱了工会的号召力。在宏观方面，韩国政府一直把限制工会运动作为其"治安对策"的重要组成部分，把低工资作为实现经济起飞的重要措施，因而政府与企业主同属一条战线。于是必然导致工会力量的下降，但正是因为劳资双方力量对比的悬殊，韩国企业中的劳资关系表现出协调性，这对企业的发展壮大应该说是十分有利的。

三星的人力资源管理之道

三星从一个普通电子企业成长为举世瞩目的世界品牌，其成功的原因固然很多，但就其人力资源管理方面，无论从人员的吸纳、培训开发，还是激励，都有其显著的特点和风格独具的优越性。

一、人力资源的吸纳

1. "人才第一"的企业文化

三星上上下下都流传着这样的观点，即"优秀人才一人就能够养活十万人""十个一级围棋选手联合起来也不能战胜一个围棋一段选手"。三星这种"人才第一"的理念非常深入人心，是三星的一个重要企业文化。

2. 不拘一格揽人才

为了确保各种人才库，三星运营着多种会员俱乐部，从黑客、职业游戏人到新春文艺当选者，这些人都是三星人事部门感兴趣的对象。这是因为这些人的创造力和构想达到被正规教育课程所驯服的"千篇一律的人"无法追赶的水平。此外，在三星"个性"人才担大任。所谓"个性"人才就是整体看起来不算十分优秀，但在特定方面兴趣浓厚，才能超人，能够在所在领域独树一帜的人。这样的人通常不合群，在组织内部协调共事方面存在缺陷，令许多企业经营者对其不喜欢。但三星认为，"个性"人才对事业极为执着，有望成为特定领域的专家。

二、人力资源的培训与开发

1. 首创员工培训院校

为了使员工的素质达到和保持在高水平上，三星每年投资 1 亿多美元使员工脱产学习。每位员工在三星自己的学校里平均每年得到约 16 天的培训。在靠近首尔的三星人力资源开发中心，既是军营、商业学校，又是思想教育的课堂。

2. 根植"技术经营"

也就是说，技术人员不仅要精通技术，还要了解经营，这样才能有根植"技术经营"的理念。

三、人力资源的激励

1. "能力主义"考核系统

三星的人力资源管理的最大特色是按员工能力和工作业绩来分配员工的报酬、待遇、升迁发展和工作机会。例如，三星子公司首席执行官的年薪中基本工资所占比重只有 25%，其余75%是按照股价上升率和效益性指标EVA，对照目标的成果率等每年做出决定。

2. "双向流动"管理

为使人员能"流出去"，三星制订了一系列激励淘汰方案及实施细则，以"要用的人一个都不能少，不要用的人一个都嫌多"为指导思想，以本职工作、责任心、廉政建设和基本技能四个方面作为考核标准，对员工进行量值化、依据化的综合评审，据此进行人员的优胜劣汰，以使机构始终保持精简和高效。此外，"资源向人才倾斜"，吸引高素质人才持续"流进来"。在畅通流出渠道的同时，三星还极为重视拓宽人才流入的渠道。设法为人才创造一系列工作、生活上的优越条件，给空间让他们去自由发挥，营造一种崇尚知识、尊重人才、务实高效的企业氛围。"流水不腐，户枢不蠹"。为了在竞争中立于不败之地，许多员工纷纷通过学习、钻研技术、参加培训等途径，不断提高自身的综合素质。

四、人力资源管理的特色

1. 高效率的"时间管理"

三星把握商机的及时性、对市场的敏感程度、看准了就做的决策速度，在同行业中一贯为人所称道。举例来说，随着中国网改工程的全面启动，供电市场对电能表产品的需求量急剧增大。尽管当时的三星在中国已是最大的电能表生产企业之一，但其产量仍然满足不了日益增长的市场需求。为此，三星斥资在宁波开发区成立一处大型的生产厂。从规划立项、联系厂房、安装设备、培训人员到投入生产，前后只用了三个月，争取到了进一步扩大销售、抢占市场的宝贵时间。此外，锻炼和强化自身观念的"工具"在三星有很多种。比如，三星的会议纪要里面没有花哨的套文，而是条理清晰注重实效；采用这种独特的会议纪要的目的是使责任人通过既快又好的方式完成工作目标，培养和强化自身的责任心、事业心及敬业精神。

2. 优质的团结精神

三星制订了诸如"修订福利制度""员工持股制度""终身员工"等一系列制度。正因为有劳资间的相互信任，才克服了许许多多意想不到的经营危机。"劳资不疑"的精神深深植根于三星内部。

3. 三星人力开发院

从新进员工到高阶主管，三星人力开发院都有全方位设计规划的课程。人力开发院负责人认为：优秀人才是三星过去急速成长的基本原动力。三星人力开发院主要有3个目的：① 传达三星经营者的经营理念，凝聚员工共识；② 培育核心人才；③ 负责驻外人员的养成，以因应三星拓展全球版图的远见。

——资料来源：曹禹含.三星的人力资源管理之道 [J].商情，2009（20）.

9.4.5　中国人力资源管理模式的特点

1. 中国人力资源管理的特点

（1）人力资源总量过剩与结构性短缺并存。中国是一个人口大国，与之对应的是一个劳动力大国，廉价的劳动力是中国企业获得竞争优势的重要因素。但是，人们更多地关注了劳动力的数量而忽略了劳动力的质量，于是出现了企业人力资源总量过剩与结构性短缺并存的现象。

（2）人力资源管理的战略地位尚待提高。在中国企业中，人力资源管理工作一直被认为是辅助工作，没有把人力资源管理与企业战略进行充分联系，人力资源管理工作的战略地位尚待提高，不少企业人力资源管理没有得到足够重视，人力资源管理对企业竞争优势的支持作用没有充分体现出来。

（3）多数企业人力资源管理基础薄弱，缺乏先进管理思想发挥作用的环境。由于中国企业没有经过一个严格意义的科学管理时代，许多企业的效率低下，每一个岗位在企业中的作用、职责和考核标准不明确，员工对工作的忠诚度、职业道德都不能和西方企业同日而语。多数企业的人力资源管理基础薄弱，没有先进管理思想发挥作用的环境。实际中主要表现为 3 个方面。① 许多企业的绩效管理更多的是关注结果，重视考核结果与奖惩、升迁的挂钩，而忽略了员工绩效提高的过程。② 在人力资源开发与管理中，重管理、轻开发的倾向十分严重，不少企业不愿意承担员工人力资源开发的成本。与国外企业相比，中国企业在员工培训、在职学习等人力资源开发工作方面的制度建设明显不足，不能够进行有效的人力资源开发。③ 职业生涯规划与指导在中国许多企业里是一个空白，根据员工职业生涯进行的人力资源开发更是寥寥无几。

2. 中国人力资源管理的难点

（1）传统文化与价值理念的影响根深蒂固。价值体系是人们选择与判断的标准，虽然经过 20 多年的改革开放，中国的企业已经成为市场经济运行的主体。但是，由于受传统文化与价值理念的影响，要想完全与市场经济的运行模式并轨，中国企业存在着种种障碍。比如，国有企业的官本位思想不仅仅体现在对企业制度和管理系统的影响上，同时也体现在员工的职业生涯规划方面，导致其浓重的行政导向，员工职业发展通道挤在管理职位的提升这个"独木桥"上。此外，在现实工作中，因人成事的现象比比皆是。中国的企业家只能表现出"不成熟"的特征。在这样的经济社会环境下，人们无法用市场经济的法则来预测和规范企业中人的行为，无法设计真正具有激励作用的制度模式。所以，传统的思想观念若不打破，就无法建立起真正意义上的现代企业管理模式。

（2）缺乏管理机制设计的制度环境。中国企业人力资源管理机制的建设离不开公司治理结构的完善，因为人力资源管理机制必须建立在合理而规范的公司治理结构之上，而公司治理结构又反过来深刻影响企业的人力资源管理机制。由传统的国有企业转变而来的中国企业的治理结构十分复杂，加上中国传统文化的影响，使得这些曾经在中国国民经济中占有支柱地位的国有企业的治理结构成为一个讨论了多年依然没有定论的难题。在所有者缺位，而又不得不考虑所有者利益的情况下进行价值分配对管理者来说是一件非常困难的事情。因为管理者无法知道所有者对价值分配的满意度，而只是靠一种政治觉悟进行分配，这样就使经营者面临危险，人力资源管理者在制度安排上面临困境。

（3）管理基础薄弱，不利于新的管理理念的引入。现代企业人力资源管理思想适用于成熟的管理技术和员工职业化程度较高的企业。中国企业大多没有经历严格的科学管理阶段，管理基础十分薄弱。其主要表现在企业普遍缺乏"责、权、利"全方位考虑的工作设计体系，对员工职责的表述宽泛、模糊，员工缺乏对工作职责的认同和基本的职业道德，员工职业化程度不高，这些都不利于企业工作效率的提高和现代管理理念的引入。如何在这种特殊的环境下，根据企业的实际情况引入现代管理思想就成为中国企业人力资源管理的一个难题。

（4）劳动力市场和社会保障体系不完善，人才流动成本高。改革开放以来中国劳动力市场的发育取得了很大发展。比如，企业用人自主权基本确立，员工自主择业空间扩大；颁布了《中华人民共和国劳动法》，制订了一系列有关调整劳动关系的法规、规章；劳动力市场中介机构获得了发展等。所有这些政策促进了市场机制在劳动力资源的配置过程中发挥着越来越重要的作用。但是应该看到，中国劳动力市场由原有的计划经济体制向市场化的转型并没有完成，劳动力市场功能的发挥仍然具有很大的局限性，劳动力市场的发育和建设仍然面临着许多挑战和亟待解决的问题。当劳动力市场机制的作用不能够得到有效发挥时，企业在做人力资源规划、核算预期劳动成本的时候无法运用正常的市场理论来判断和预测，非市场因素太多，导致企业招聘员工的成本较高。与此同时，我国的社会保障体系还不够完善，社会保障水平偏低，覆盖范围较窄，社会保障制度在不同地区、不同所有制企业中还存在很大差距，这就导致人才在不同所有制企业间的流动成本很高。

9.4.6 人力资源管理模式的比较与选择

1. 美、日、德、韩人力资源管理模式的比较

第二次世界大战结束以来，特别是1990年以来，随着世界经济全球化进程的加快及跨国公司的逐渐增多，由企业员工的多元化带来的文化和价值观的多元化对各种管理模式提出了挑战，各个国家的人力资源管理都在相互碰撞与整合。美国引入日本的人本管理增加员工的忠诚度，日本则引进美国的能力工资制度以弥补年功序列制的缺陷。尽管由于历史基础差异和文化价值差异等方面的原因，各国人力资源管理模式具有许多的差异，并且这些模式间的差异有许多的表现形式，但是从现实的角度出发，各种人力资源管理模式在未来发展的挑战下，要想在竞争中取胜，就必须互相借鉴、互相融合，这是必然的选择。

中外许多学者对各国的人力资源管理模式进行了比较研究，提出了许多见解与看法。比如，南京大学赵曙明教授等通过对美、日、德、韩四国的人力资源管理模式的多维度的比较研究，认为这几个国家的人力资源管理模式各有本国鲜明的特点，它们在形成本国人力资源管理模式的过程中存在较大的基础差异，并遵循了不同的发展路径。它们的差异基础主要表现为历史和文化价值约束。美国和日本的人力资源管理模式由于风格上的巨大差异和各自在本国取得的卓越成功而备受瞩目。韩国则充分接受与消化美国与日本的人力资源管理模式，结合本国高丽民族的特点和历史发展进程，创造了一种混合性的韩国人力资源管理模式。这几个国家的人力资源管理模式差异，体现在人力资源管理的各个层面上，如表9-2所示。特别是美、日两国截然不同风格和特色的人力资源管理模式都在本国取得了良好的效果，有效地降低了企业的成本，提高了企业效益，增强了本国企业的核心竞争力。

表9-2　美、日、德、韩人力资源管理模式的比较

维度	美国	日本	德国	韩国
企业性质	松散的集体	有较强的内聚力	松散的集体	大家庭
等级差异	以职能联系的管理等级	非常强调普遍等级	等级弱化	普遍极为强调森严的等级制度
雇佣关系	劳资买卖关系，忠诚度低，流动频繁	终身雇佣制	双向选择，自由雇佣	准长期雇佣
人际关系	对立，人际关系淡薄，人际理性，制度化管理，顺序是法、理、情	和谐，人际微妙，和为贵，顺序是情、理、法	强调合作，照章办事，人际关系单一	企业强调员工忠于企业主

续表

维度	美国	日本	德国	韩国
培训	工会为具体工作进行在职培训，职业培训、工作表现培训、人才管理培训	为多种工作进行在职培训，经营即教育	国家、企业共同提供培训，以能力为本位，加强关键能力培训	普遍的在职培训和同工种有关的培训
管理手段	集中在特定范围的特定工作，突出专业化	工作轮换，范围灵活	专业分工严格，强调技术和工作效率	大量工作轮换，范围机动灵活
绩效评估与升迁	能力主义、强力表现、快速评价、迅捷晋升、现实回报、无情淘汰的考绩制	年功序列制和日本式的福利型管理，重视能力、资历和适应性三者平衡，晋升机会平等	小幅度定期提薪，晋升、调换工作，公平竞争的择优机制	竞争的择优机制，重视员工责任感、忠诚感
劳资关系	劳资对立、零和思维	劳资和谐，缓和劳资矛盾	政府干预，劳资协调机制，社会伙伴关系	稳定协调，工会力量弱，力量对比悬殊
市场化	市场调节，竞争-淘汰机制	市场化程度低	高度发达的人力资源市场，禁止突然解雇	发达的市场化，转职生成机制
员工参与管理	有限度地参与管理，强调各司其职	强化员工主人翁意识，员工建议制	职工参与决定制，联合管理	
招聘与引进	全球范围内的发达市场体制	重视教育，崇尚名牌大学，强调基本素质，注重与学校的合作	市场机制完善	
法律规范	法律条文众多，重视保护雇员利益	有一定的约束性法律条文	法律条文众多，政府行为规范，专业化的司法组织	政府与企业主同属一条线
薪资水准	市场化运作、能力、绩效贴现	基于教育学历和服务年限	高工资，人员精干	最初学历、能力、绩效

资料来源：赵曙明，武博. 美、日、德、韩人力资源管理与模式比较研究 [J]. 外国经济与管理，2002 (11).

2. 日、美、中人力资源管理模式的比较

通过比较日、美、中人力资源管理模式或管理文化的特点，可以发现它们分别可以被概括为主妇型管理、丈夫型管理与家长制管理。其模式如图 9-1 所示。

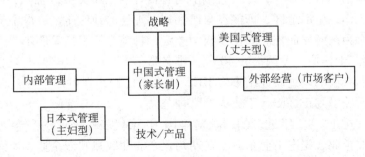

图 9-1　主妇型管理、丈夫型管理与家长制管理模式

日本式人力资源管理（主妇型管理）的主要特征是：管理精细（对内），经营周到（对

外，市场与客户），不断改善追求完美（技术，产品），短见（战略）。其总体倾向是：重内部管理与产品、技术和客户管理，轻战略与市场开拓，比较细腻、温情、认真、忠实等。一般认为，日本企业在品质管理、作业现场管理，以及对员工的教育培训等方面做得十分出色。但是比较缺乏长期战略，也不擅长组织，过于追求完美，开拓精神与勇气不够等，这些都是主妇型管理的表现。至于日本企业文化中"内协外争，亲和一致"的"家"的意识和氛围，也体现了"主妇型管理"的特点。

美国式人力资源管理可以概括"丈夫型"或"男性型"管理。其特征是：理性（对内分权与变革），开拓（对外市场的扩展性经营），创新（技术，产品），远见（战略）。其总体倾向是：重战略、市场开拓与技术创新，内部管理与产品及客户管理的精细化稍微不足，比较豪放、进取、果敢、理性等。美国企业管理崇尚努力和勇气，比较能够允许和宽容失败，主张说了就做，强调速度，重视从上到下的果断决策，以及全球化战略与引领知识经济的能力，处处显示了美国企业"丈夫型管理"的特征。

中国式人力资源管理主要是家长制管理。其特征是：粗放性（内部管理），感性型（对外市场与客户经营），适用满足性（技术，产品），机会主义（战略）。其总体倾向是：偏重产品生产与市场占有，处于一种不稳定的变动状态，比较保守、实际、权威、感性等。中国企业很难做大、做强、做长久，本身就是家长制管理的一种表现和结果。

根据国际跨文化比较学者霍夫斯泰德于 1974 年对 IBM 公司在 50 多个不同国家的员工进行的问卷调查及其以后的研究发现，如果将权力差距、个人主义与集体主义、男性度与女性度、回避不确定性四个维度作为文化比较的要素，日本和美国具有很大的差异，其中尤其以后三个维度的差异最大。比如，将个人主义与集体主义维度进行比较时，美国的得分是 91 分，名列全球第一位，即最为倾向于个人主义。而日本却只有 46 分，几乎只是美国的一半，倾向于集体主义。在回避不确定性方面，日本名列第七位，得分 92 分，而美国名列第四十三位，得分仅为 46 分，正好是日本的一半。其含义是美国更倾向于开拓未知领域并积极进取，而日本对不确定性比较谨慎，趋向保守。在男性度和女性度指数上，日本名列第一位，得分 95 分，在全世界女性度最高，而美国得分 62 分，远比日本男性度高。所谓男性度，其定义是自信，坚强，注重物质成就。其具体指标包括：收入，即有机会获取高收入；认可，即当你做出成绩，能容易得到认可；进取，即有机会从事更高级的工作；挑战，即能从事挑战性的工作，个人通过工作有一种成就感。与此对应，所谓女性度指的是谦逊，温柔，关注生活质量。其具体指标有：领导，即与直接上司有良好的工作关系；合作，即能在同事们合作很好的集体中工作；生活地区，即能在自己和家庭理想的地区生活；职业安全感，即关注职业安全感，不必为被解雇而担心。至于权力差距，日美之间虽然差距不是太大，但日本得分 54 分，排名第三十三位，美国得分 40 分，排名第三十八位，也略有差异。

如果把霍夫斯泰德的调查研究结果与 HHP 模式相比较，则可以发现，日本恰恰属于主妇型管理范畴，而美国则正好归入于丈夫型管理范畴。

某管理顾问公司于 2001 年进行的一项对中国 10 家代表性企业的问卷调查表明，在中国，无论传统工业企业、先进工业企业、初期知识企业和成熟知识企业，所有企业的共同特点是：对战略、文化、工作等维度的评价都相对较高，而对组织、沟通、制度等维度的评价普遍相对较低。这说明了中国企业缺乏规范化、制度化的内部管理，或者对其重视不够。日本学者对跨国公司在中国的合资企业的调查研究也表明，日本企业与中国企业或美国企业存在着在战略、技术与产品、内部管理、外部经营等各个方面的显著差异。比如，日本企业特别强调 5S 内部管理（整理、整顿、整洁、整齐、整肃），注重全面质量管理，注重内部的平衡与协调，注重工作与雇佣的稳定性，不喜跳槽与流动，注重客户关系，合作谨慎，严守合同等，并把这一套做法和制度全盘照搬到中国，要求中国的企业员工也丝毫不差地照学照做。日本企业的做法和制度有许多优点，但与中、美企业管理风格不同，因而也引起了很多麻烦和困扰。越是知识性高、竞争性强的员工或企业，其困扰越大。

3. 人力资源管理模式的选择

通过上述不同人力资源管理模式的比较，可以看出，在以产品大生产和制造业为主要竞争力的时代或地区，日本式管理即主妇型管理应该占有较大的优势。日本曾经以同时做到了降低成本与提高质量从而实现有效经营而称雄全世界，并以精细的内部管理特别是温情主义的人力资源管理体制和周到有效的内部沟通机制而赢得世界性的赞誉。然而进入 20 世纪 80 年代，特别 90 年代以后，随着全球化竞争的加剧和知识经济时代的到来，日本的主妇型管理越来越不适应，终于导致了日本经济的长期衰退和国际竞争力的大幅下降。在需要开拓与竞争的年代，单靠内部管理与技术及产品的改善是远远不够的，还必须要有战略的眼光和创新的勇气，即大丈夫精神。

美国式管理恰恰符合这种大丈夫精神的要求。它以领导世界潮流为己任，勇于开拓和创新，具有长远的战略眼光和理性的操作计划，并且能够包容各种不同的文化与人才，所以特别适应全球化与知识经济的挑战。美国经济从 20 世纪 80 年代开始复苏并且从总体上看越来越具有活力，美国跨国公司建立了世界性的产品与技术标准，国际化经营程度越来越高，竞争力越来越强大，这些都与其丈夫型管理具有密切的关系。

中国是一个崇尚权威的国家，并且具有几千年的"中庸"主义传统。这种文化反映在管理上，就是所谓的家长制管理。家长制管理的优点是灵活、实用、决策快速。但同时其缺点也是明显的，这就是不确定性和非规范化。中国企业一直做不大、做不强或做不久远，与此密切相关。好的"家长"能使一个濒临倒闭的企业兴旺发达，不好的"家长"则可以使一个好企业倒闭破产。人存企兴，人亡企灭，这是中国企业的规律。所以，中国式管理，即家长制管理，也许会适应于一时，适应于中小企业经营管理，但肯定不适应于全球化大企业之间的竞争和知识经济时代的管理。

然而，日、美、中管理模式虽然显示出很大的差异和不同的结果，但也都各有千秋，很难断定这几种模式一定具有特别的优劣之分，应视其各自所适用的对象与时期。也许正因如此，才出现了在不同时期及不同地区或行业，对日、美管理模式评价的极大反差。而中国式管理并不完全定型，也许这与其感性、适用、机会主义等特征不无关系，因而也不存在对其特别的褒贬意见。所以，要实现管理国际化，并不一定要照搬某一种特定的管理模式，而是应该根据当时当地的实际情况对不同的管理模式进行整合与提升，即进行管理创新。

本章小结

从一般意义上说，文化可以定义和表示为人们的态度和行为，它是由一代代传下来的对于存在、价值和行动的共识。文化是由特定的群体成员共同形成的，它形成了社会与人们共同生活的基础。社会生活在很大程度上依赖于人们的共识，这种共识就构成了特定的文化。

所谓人力资源的跨文化管理，就是如何对来源于不同文化背景的人力资源进行整合和融合，所关注的问题就是带有文化特点的个体行为与另一种文化之间会发生的冲突、冲突的范围和影响、冲突的文化原因及如何减少冲突的对策，等等。

跨国公司是指在本国拥有一个基地，在多个国家设立子公司，并在整个世界范围内获取和分配资金、原材料、技术和管理资源以实现企业整体目标的大企业。

不同的跨国公司可能适用不同的人力资源管理模式。跨国公司实施人力资源管理的模式有很多，其中最有代表性的有民族中心原则、多中心原则、地区中心原则和全球中心原则四种。

许多因素影响着跨国人力资源管理，它主要包括东道国的政策和法律、东道国的教育文化及经济发展水平等。

美国人力资源管理模式是将管理与开发融于一体的市场化的综合性和开放性的人力资源管理模式。重视人力资源的开发，不断增加教育投入，重视职业教育，使每一位公民都有接受教育的机会；不断修改移民政策，极力吸收和引进世界其他国家的人才；完全市场化的人力资源配置方式，使现有的人力资源各尽其能。终身雇佣制和年功序列制是日本人力资源管理模式的支柱，在日本经济发展的过程中发挥了重要的作用。德国企业人力资源管理的一个重要思想是重视人性管理，尊重员工自身价值，给予员工参与管理的权力，强调个人与企业整体的配合。韩国企业重视发展职业培训教育，强调能力主义和学历主义。中国人力资源管理的特点是人口总量过剩与结构性短缺并存、人力资源管理的战略地位有待提高、多数企业人力资源管理基础薄弱。传统文化与价值理念的影响根深蒂固、缺乏管理机制设计的制度环境、劳动力市场和社会保障体系不完善给我国人力资源管理带来一定的难度。

日、美、韩、德、中管理模式虽然显示出很大的差异和不同的结果，但也都各有千秋，很难断定这几种模式一定具有特别的优劣之分，应视其各自所适用的对象与时期。要实现管理国际化，并不一定要照搬某一种特定的管理模式，而是应该根据当时当地的实际情况对不同的管理模式进行整合与提升，即进行管理创新。

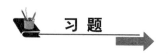 习 题

▷ 思考题

1. 何为跨文化人力资源管理？它包含哪些内容？
2. 跨国公司如何对外派人员进行培训？
3. 跨国公司外派人员的薪酬由哪几部分构成？
4. 跨国公司的人员绩效考核有哪些特点？

▷ 讨论题

1. 跨国公司人力资源管理模式主要有哪些？分别有什么特点？
2. 比较美国、日本、韩国、德国、中国人力资源管理模式的不同。

👉 **自测题**

1. 根据西方发达国家跨国公司招聘员工的经验，跨国公司的高层和中层管理人员一般由何方派出？（　　）。
   A. 母公司　　　　　　　　　　　　B. 第三国公司
   C. 东道国公司　　　　　　　　　　D. 子公司

2. 跨国公司人力资源管理模式主要有（　　）。
   A. 民族中心原则　　　　　　　　　B. 全球中心原则
   C. 多中心原则　　　　　　　　　　D. 地区中心原则

3. 以下不属于日本人力资源管理模式的特点的是（　　）。
   A. 人力资源的市场化配置　　　　　B. 质量圈
   C. 年功序列制　　　　　　　　　　D. 终身雇佣制

4. 影响跨国公司人力资源管理的客观环境因素主要包括（　　）。
   A. 东道国的政策　　　　　　　　　B. 东道国的经济发展水平
   C. 东道国的教育文化　　　　　　　D. 东道国的法律

5. 企业内部的跨文化管理包括（　　）。
   A. 研发中的跨文化管理　　　　　　B. 生产中的跨文化管理
   C. 企业文化建设中的跨文化管理　　D. 市场营销中的跨文化管理
   E. 公共关系中的跨文化管理

6. 跨国公司的分布形式包括（　　）。
   A. 职能分布组织形式　　　　　　　B. 产品分部组织形式
   C. 地区分布组织形式　　　　　　　D. 混合分布组织形式
   E. 服务分布组织形式

7. 跨国公司选择第三国员工具有（　　）的优点。
   A. 职业程度高　　　　　　　　　　B. 薪酬成本低
   C. 有利于塑造良好的国际形象　　　D. 招聘的过程和时间成本低
   E. 与母国员工交流更为顺畅

8. 请选出不属于日本的年功序列制特征的有（　　）。
   A. 体现企业与职工的借贷关系　　　B. 岗位工资的比重大
   C. 与年龄、工龄无关　　　　　　　D. 是一种普遍存在于企业的制度
   E. 补贴种类繁多

 **案例分析**

一家民企的跨国"联姻"路

1989 年，王埏下海创建了北京四维产业总公司（以下简称"四维"）。1996 年，凭借敏锐的洞察力，王埏注意到中国运钞车行业的发展机遇。他认为，进入这一行业的最佳方式是与拥有技术优势的国外企业合作。1997 年 1 月，四维与英国运钞车生产商约翰逊成立了合资的北京四维-约翰逊保安器材有限公司。2003 年，约翰逊公司遭遇经营瓶颈，订单锐

减，公司亏损严重，濒临破产。王埏意识到四维的新机会来了，开始酝酿着一场并购交易，收购对象正是他的合作伙伴兼股东——约翰逊公司。而此时的约翰逊公司，由于经营困难，也巴不得有人出资帮助他们渡过难关。2004年，四维以增发的方式获得约翰逊公司63.07%的股份，成为约翰逊公司的大股东；2007年6月，四维又购买了其余36.93%的股份，成为全资控股股东，并改制更名为四维-约翰逊实业股份有限公司（以下简称"四维-约翰逊"）。

但是并购的过程并非一帆风顺。"我们面临许多新的挑战，对我们来说，这些挑战随时有可能致命。"王埏回忆说，大多数挑战与人的因素有关。从一开始，四维在中国经理和约翰逊公司的员工之间的信任建立上就经历了很多磨难。"约翰逊公司的员工认为我们想偷走他们的技术，一旦把技术转让给我们，我们就会撤走，而这将导致大规模的裁员。同时，员工沟通情况也很差。"

2007年6月，四维对约翰逊公司的收购一结束，约翰逊公司的英国总经理就辞职了，四维很快从中国派去了两位高管，分别负责约翰逊公司的人事和财务管理及供应链管理。这两位中国高管都有非常好的教育和工作背景。但很快，中国总部和约翰逊公司的英国管理团队间的分歧就出现了。在制订约翰逊公司2007年的年度计划时，王埏希望约翰逊公司的财务状况尽快得到改善，但英国的管理团队则坚持认为他们需要更多的时间才能达到这些目标。人事主管说："王埏先生非常在意成本，他希望我们尽快把成本降下来，但是我们没法和中国公司比。"

双方的矛盾一度激化，几位英国高管甚至向王埏提出辞职。最终，王埏做出让步，双方重新制订了新的年度计划，四维召回了两位中国高管，并新任命了一名技术经理，临时担任约翰逊公司总经理一职。

这件事之后，王埏开始考虑在约翰逊公司成立管理委员会。首先，王埏请来约翰逊公司在英国的合作伙伴林博士担任管理委员会主席。林博士原来是牛津大学的教授，也曾在咨询公司工作过多年。林博士是菲律宾华人，会讲中文，多年以前就与王埏结识。林博士到任后不久就为约翰逊公司招聘了一位资深的财务总监，改善了财务管理。同时，猎头公司推荐的另一位总经理候选人也被聘请担任约翰逊公司的运营总监。2008年5月，约翰逊公司的管理委员会正式成立。管理委员会的组织结构证明是行之有效的。跨文化管理团队遏制了员工的敌对和不安情绪，管理委员会保留的原约翰逊公司销售和运营总监也让被收购方感受到尊重。

2009年，王埏为四维-约翰逊设计了一个更为宏伟的发展战略，四维-约翰逊将成为一家在多个改装车细分市场竞争的国际化企业，产品除运钞车外还包括救护车、消防车、警车等。因此，四维-约翰逊也在欧洲寻找其他符合其发展战略的并购目标：那些在各个改装车细分市场里处于领先地位的中小企业。与此同时，四维-约翰逊开始吸引大量国际化职业经理人，这些经理人需要与四维-约翰逊的战略发展方向有极高的契合度。

现在北京四维产业总公司已经成功并购了多家海外企业，正致力于成为全球领先的特种车辆制造商。

——资料来源：一家民企的跨国"联姻"路［EB/OL］.（2012-10-30）［2016-04-21］. http：//www. manaren. com/rLzygl/IV/ifla73/p-2312. html.

思考题

1. 为什么北京四维产业总公司能够成功并购英国约翰逊公司?

2. 文化差异如何影响跨国人力资源管理? 如何化解跨国人力资源管理中的冲突?

3. 从中国企业国际化的探索实践看, 它们需要面对的人力资源管理挑战有哪些? 你从中得到了哪些启示?

参 考 文 献

[1] 董克用. 人力资源管理概论[M]. 3版. 北京：中国人民大学出版社，2011.

[2] 陈维政，余凯成，程文文. 人力资源管理[M]. 3版. 北京：高等教育出版社，2011.

[3] 朱舟. 人力资源管理教程[M]. 3版. 上海：上海财经大学出版社，2009.

[4] 秦志华. 人力资源管理[M]. 4版. 北京：中国人民大学出版社，2014.

[5] 杨河清. 人力资源管理[M]. 3版. 大连：东北财经大学出版社，2013.

[6] 程延园. 劳动合同法及实施条例之HR应对[M]. 北京：中国人民大学出版社，2008.

[7] 张德，吴志明. 组织行为学[M]. 3版. 大连：东北财经大学出版社，2011.

[8] 程延园. 劳动争议调解仲裁法理解与应用[M]. 北京：中国劳动社会保障出版社，2008.

[9] 张芬霞，李燚. 人力资源管理[M]. 上海：上海财经大学出版社，2008.

[10] 郑兴山. 人力资源管理[M]. 2版. 上海：上海交通大学出版社，2010.

[11] 杨顺勇，王学敏. 人力资源管理[M]. 3版. 上海：复旦大学出版社，2008.

[12] 企业人力资源管理师专家委员会，中国劳动学会企业人力资源管理与专业开发委员会. 企业人力资源管理师：三级[M]. 北京：中国劳动社会保障出版社，2014.

[13] 李蔚田，傅航. 人力资源管理[M]. 北京：中国林业出版社，2008.

[14] 燕补林. 人力资源管理概论[M]. 南京：东南大学出版社，2008.

[15] 德斯勒. 人力资源管理[M]. 12版. 北京：中国人民大学出版社，2012.

[16] 韩智力. 员工关系管理[M]. 广州：广东经济出版社，2007.

[17] 赵曙明. 人力资源战略与规划[M]. 北京：中国人民大学出版社，2012.

[18] 王国颖，陈天祥. 人力资源管理[M]. 4版. 广州：中山大学出版社，2011.

[19] 张爱卿，钱振波. 人力资源管理[M]. 3版. 北京：清华大学出版社，2015.

[20] 郑晓明. 现代企业人力资源管理导论[M]. 北京：机械工业出版社，2002.

[21] 张德. 人力资源开发与管理[M]. 4版. 北京：清华大学出版社，2012.

[22] 赵曙明. 人员培训与开发：理论、方法、工具、实务[M]. 北京：人民邮电出版社，2014.

[23] 郑晓明，吴志明. 工作分析实务手册[M]. 北京：机械工业出版社，2002.

[24] 夏兆敢. 人力资源管理[M]. 2版. 上海：上海财经大学出版社，2011.

[25] 傅夏仙. 人力资源管理[M]. 杭州：浙江大学出版社，2015.

[26] 黄维德，董临萍. 人力资源管理[M]. 北京：高等教育出版社，2009.

[27] 赵曙明. 人力资源管理[M]. 13版. 北京：电子工业出版社，2012.

[28] 刘昕. 薪酬管理[M]. 4版. 北京：中国人民大学出版社，2014.

[29] 斯内尔，伯兰德. 人力资源管理[M]. 张广宁，译. 15版. 大连：东北财经大学出版社，2011.

[30] DESSLER G. Human resource management[M]. New York：Prentice Hall，2014.